商务实务教程

BUSINESS PRACTICE COURSE

钟懿辉 赵鑫全 ◎ 编著

·北京·

图书在版编目 (CIP) 数据

商务实务教程 / 钟懿辉，赵鑫全编著.
—北京：中国经济出版社，2020.3
ISBN 978-7-5136-6032-7

Ⅰ.①商… Ⅱ.①钟… ②赵… Ⅲ.①商务—教材 Ⅳ.①F7

中国版本图书馆 CIP 数据核字（2020）第 014259 号

责任编辑　孙晓霞
责任印制　马小宾
封面设计　任燕飞设计工作室

出版发行	中国经济出版社
印 刷 者	北京艾普海德印刷有限公司
经 销 者	各地新华书店
开　　本	787mm×1092mm　1/16
印　　张	24.25
字　　数	500 千字
版　　次	2020 年 3 月第 1 版
印　　次	2020 年 3 月第 1 次
定　　价	49.00 元

广告经营许可证　京西工商广字第 8179 号

中国经济出版社　网址 www.economyph.com　社址 北京市东城区安定门外大街 58 号　邮编 100011
本版图书如存在印装质量问题，请与本社销售中心联系调换（联系电话：010-57512564）

版权所有　盗版必究（举报电话：010-57512600）
国家版权局反盗版举报中心（举报电话：12390）　　服务热线：010-57512564

>> PREFACE 前 言

21世纪是人才竞争的时代，社会需要有理论知识、有实干精神的综合能力强的专业技术人才。我国高等教育中的经管类专业适应社会实用型人才需求，建立由计算机网络支持的模拟实验环境，开展各项相关专业的实验教学，商务实务实验教学就是落实教育部着力倡导的大学开展教学实验活动，努力培养适合社会实用型人才需求的举措之一。商务实务实验教学，包括商务项目、招投标业务、进出口业务等的实验教学，是在总结国内外商务实践经验和商务惯例与做法的基础上形成和发展起来的模拟商务项目实际操作过程的综合性实验课程，是一门具有涉内、涉外商务活动特点、实践性很强的综合性应用课程。《商务实务教程》就是专门为开展这些实验课程教学编写的一本专用教材。教材的编写坚持"适用、够用、管用"的教学指导思想，力求体现先进性、完整性、创新性和易懂性。

商务，英文为business，是指一切与买卖商品服务相关的商业事务，而狭义的商务概念即指商业或贸易。商务活动就是企业为实现生产经营目的而从事的各类有关资源、知识、信息交易等活动的总称。因此，《商务实务教程》的研究对象和主要任务是：从招投标和商务实务的角度出发，总结国内外商务项目的招投标和进出口业务实际运作经验，分析研究商务项目和货物交易的各种流程，使学生模拟商务项目的招投标和项目履约以及进出口业务活动。具体而言，本教材具有以下特点：一是合理安排章节内容。本书共分五篇、十六章，以商务项目程序为主线，充分考虑学生的认知能力，采取业务流程与循序渐进相结合的方式，先介绍商务项目的基础知识，再按招投标业务、进出口贸易实务流程和不同当事人的业务任务依序编写各个章节。二是取材力求更新。在总结我国商务项目和对外贸易实践经验和商务活动惯例与做法的基础上，大量引用近年来我国涉外公司业务实例和典型案例，参阅和引用国内外最新出版的相关教材、资料、技术标准，尤其注重反映当前我国商务项目和对外经贸政策的调整情况。三是理论教学与模拟实训结合紧密。与本教材配套的跨境项目综合实验教学平台模拟系统，不仅可以配合展示教学内容，而且能够在每章教学之后提供相应的实操训练，较好地体现了工学结合的要求，对学生和相关人员熟悉掌握教材内容具有重要的帮助。四是注重创新。随着中国快速崛起和经济全球化的不断发展，招投标业务已经成为当今国内外商务活动中使用最频繁、最有效、最实用的业务环节，大大促进了国内外的贸易和商务活动。许多国内外大型项目和大中型贸易都是通过国际招投标方式确定供应和采购双方及相关当事人的责、权、利。我国现有商务知识和操作技能的教材中，普遍缺少招投标业务的内容。作者结合自己多年从事国际招投标工作的经验，创新性地增加了招投标业务的基本模式和流程等内容，使学生走向社会后能更好地胜任相关工作。作者与北京中科致远科技有限责任公司合作开发的跨境项目综合实验教学平台中招投标模块以及教材中有关招投标业务的内容，填补了我国在该领域的空白。其中，第一章至第六章由钟懿辉执笔，第七章至第十六章由赵鑫全执笔，钟懿辉负责全书的统稿工作。

《商务实务教程》适合用作高等院校财经和经管类以及高职高专项目管理、商务管理、商务等商务专业以及其他相关专业学生进行商务实务实训和广大国内商务从业人员培训教材，同时也适合商务人员在工作实践中学习与参考使用。

《商务实务教程》得以顺利出版，要感谢中国劳动关系学院院领导，科研处、教务处、经管系等系处领导和老师给予的大力支持和帮助。教材编写过程中，参阅和引用了国内外有关论著的资料和观点，书中未一一列明，特向这些作者表示衷心感谢。北京中科致远科技有限责任公司相关领导和人员对本教材编写尤其是配套软件研发给予了大力支持，作者在此一并致谢。感谢中国经济出版社孙晓霞编辑和其他审校老师为本教材出版提出的许多有益建议。

由于时间仓促，水平有限，书中不妥之处，敬请广大读者批评指正。

钟懿辉

2019 年 10 月 18 日

CONTENTS 目录

第一篇 商务基础知识

第一章 贸易术语 ··· 2
第一节 贸易术语概述 ··· 2
一、贸易术语的含义和作用 ·· 2
二、《国际贸易术语解释通则》 ·· 3
第二节 《国际贸易术语解释通则©2010》 ······································ 4
一、《国际贸易术语解释通则©2010》基本内容和编排体例 ················· 4
二、《国际贸易术语解释通则©2010》11 种贸易术语的解释 ················ 6
三、《国际贸易术语解释通则©2010》贸易术语的选择和需注意的事项 ··· 37
思考题 ··· 39

第二章 商务项目的主要交易条件和合同 ··· 40
第一节 商务项目的主要交易条件：标的物 ···································· 40
一、货物的名称和质量 ·· 41
二、货物的数量 ··· 44
三、货物的包装 ··· 46
思考题 ··· 47
第二节 商务项目的主要交易条件：货物的交付 ······························ 48
一、交货条件 ··· 48
二、运输条件 ··· 49
三、运输保险条件 ·· 59
思考题 ··· 62
第三节 商务项目的主要交易条件：货物的价格 ······························ 62
一、商务项目货物价格组成 ·· 62
二、项目成本预算 ·· 65

1

三、确定项目货物价格须注意的事项 …………………………………………… 71
　　　思考题 …………………………………………………………………………… 72
　第四节　商务项目的主要交易条件：货款的收付 ………………………………… 72
　　一、支付工具 ………………………………………………………………………… 73
　　二、支付方式 ………………………………………………………………………… 78
　　　思考题 …………………………………………………………………………… 81
　第五节　商务项目的主要交易条件：争议的处理 ………………………………… 81
　　一、商检 ……………………………………………………………………………… 81
　　二、索赔 ……………………………………………………………………………… 83
　　三、不可抗力 ………………………………………………………………………… 83
　　四、仲裁 ……………………………………………………………………………… 84
　　　思考题 …………………………………………………………………………… 84
　第六节　商务项目合同 ……………………………………………………………… 84
　　一、商务项目合同概述 ……………………………………………………………… 84
　　二、商务项目合同的内容 …………………………………………………………… 85
　　　思考题 …………………………………………………………………………… 87

第三章　商务实务综合实验教学平台基础知识 ………………………………………… 88
　第一节　跨境项目综合实验教学平台简介 ………………………………………… 89
　　一、跨境项目综合实验教学平台简介 ……………………………………………… 89
　　二、跨境项目综合实验教学平台的开发及使用 …………………………………… 90
　第二节　跨境项目综合实验教学平台软件功能 …………………………………… 90
　　一、系统整体结构 …………………………………………………………………… 90
　　二、角色功能 ………………………………………………………………………… 91
　　三、系统核心功能 …………………………………………………………………… 93
　第三节　实验教学主要内容 ………………………………………………………… 96
　　案例分析训练 ………………………………………………………………………… 96

第二篇　寻找、确定商务项目交易伙伴

第四章　商务项目前期准备 ……………………………………………………………… 98
　第一节　企业获取对外经营权 ……………………………………………………… 98
　　一、企业注册 ………………………………………………………………………… 98

二、企业办理可对外经营手续 …………………………………………… 99
　　思考题 ………………………………………………………………………… 101
　　案例分析训练 ………………………………………………………………… 101
第二节　市场调研 …………………………………………………………………… 102
　　一、商务项目市场调研内容 …………………………………………………… 103
　　二、市场调研的方法 …………………………………………………………… 107
　　思考题 ………………………………………………………………………… 111
　　案例分析训练 ………………………………………………………………… 111
第三节　建立业务关系 ……………………………………………………………… 112
　　一、广告宣传和网络营销管理 ………………………………………………… 112
　　二、选择项目合作伙伴 ………………………………………………………… 113
　　三、发展项目合作关系，建立商务往来 ……………………………………… 114
　　案例分析训练 ………………………………………………………………… 117
第四节　商务项目前期准备在跨境项目综合实验教学平台上的操作 …………… 118
　　一、实验目的及要点 …………………………………………………………… 118
　　二、场景模拟操作说明 ………………………………………………………… 118

第五章　项目招投标 …………………………………………………………………… 127
第一节　招投标概述 ………………………………………………………………… 127
　　一、招标投标方式 ……………………………………………………………… 127
　　二、招标投标的基本流程 ……………………………………………………… 128
　　三、招标投标实施范围 ………………………………………………………… 133
　　四、招标投标原则、特征和作用 ……………………………………………… 135
第二节　招标 ………………………………………………………………………… 137
　　一、招标工作 …………………………………………………………………… 137
　　二、招标文件 …………………………………………………………………… 139
　　三、资格审查材料 ……………………………………………………………… 143
　　案例分析训练 ………………………………………………………………… 147
第三节　投标 ………………………………………………………………………… 148
　　一、投标工作 …………………………………………………………………… 148
　　二、投标文件的编制 …………………………………………………………… 149
　　三、投标价格的确定 …………………………………………………………… 155
　　四、投标注意事项 ……………………………………………………………… 158

案例分析训练 ·········· 160
　第四节　评标 ·········· 160
　　一、开标 ·········· 161
　　二、评标 ·········· 163
　第五节　中标 ·········· 172
　　一、确定中标方 ·········· 172
　　二、发出中标通知 ·········· 172
　　三、接受履约保函 ·········· 172
　第六节　商务项目招投标在跨境项目综合教学实验平台上的操作 ·········· 173
　　一、实验目的及要点 ·········· 173
　　二、场景模拟操作说明 ·········· 173

第六章　商务项目招标合同的签订 ·········· 198
　第一节　按章签订招标合同 ·········· 198
　　一、招标合同格式及条款内容规定 ·········· 198
　　二、招标合同签订时间要求 ·········· 199
　　三、合规履行合同约定义务 ·········· 199
　第二节　提交履约保函、退还投标保函 ·········· 199
　　一、中标方开立并提交履约保函 ·········· 199
　　二、招标方退还投标保函 ·········· 201
　第三节　招标合同样本 ·········· 201
　　一、国际货物采购招标合同样本 ·········· 201
　　二、国际工程项目招标合同介绍 ·········· 205
　第四节　招标合同签订在跨境项目综合实验教学平台上的操作 ·········· 210
　　一、实验目的及要点 ·········· 210
　　二、场景模拟操作说明 ·········· 210

第三篇　商务项目实务操作基本流程

第七章　招投标和银行保函交易条件下的项目实务操作流程 ·········· 220
　第一节　C组术语方式下的实务流程 ·········· 220
　　一、国际招投标阶段 ·········· 220
　　二、签订招标合同阶段 ·········· 220

三、开立履约保函、预付货款阶段 ………………………………………………… 221
　　四、备货、出运阶段 …………………………………………………………………… 222
　　五、供应方收汇阶段 …………………………………………………………………… 223
　　六、采购方提货阶段 …………………………………………………………………… 223
　　七、退还履约保函阶段 ………………………………………………………………… 223
　第二节　F组术语方式下的实务流程 ……………………………………………………… 224
　　一、招投标、招标合同签订和支付预付款阶段 …………………………………… 224
　　二、备货、出运阶段 …………………………………………………………………… 224
　　三、收汇、提货即退还保函阶段 …………………………………………………… 225
　第三节　D组术语方式下的实务流程 ……………………………………………………… 225
　　一、招投标、招标合同签订和支付预付款阶段 …………………………………… 225
　　二、备货出运和收汇阶段 ……………………………………………………………… 226
　　三、提货阶段 …………………………………………………………………………… 226
　　四、退还履约保函阶段 ………………………………………………………………… 227
　第四节　EXW方式下的实务流程 ………………………………………………………… 227
　　一、招投标、招标合同签订和支付预付款阶段 …………………………………… 228
　　二、备货出运和收汇阶段 ……………………………………………………………… 228
　　三、提货、退还保函阶段 ……………………………………………………………… 228

第八章　跨境项目综合实验教学平台的项目履行业务流程操作 …………………………… 229
　第一节　EXW或FCA/FAS/FOB、银行保函条件 …………………………………… 230
　第二节　CFR/CIF/CPT/CIP、银行保函条件 ………………………………………… 231
　第三节　DAT/DAP/DDP、银行保函条件 ……………………………………………… 231

第四篇　销售项目履约操作

第九章　履约保函条件下获取预付款 ………………………………………………………… 234
　第一节　提交银行履约保函 ………………………………………………………………… 234
　　一、银行履约保函的一般流程 ……………………………………………………… 234
　　二、银行履约保函的申请 …………………………………………………………… 235
　　三、银行保函的注意事项 …………………………………………………………… 235
　第二节　收汇备案、获得预付款 …………………………………………………………… 236
　　一、外汇核销制度之收汇核销 ……………………………………………………… 236

二、出口收汇备案 ………………………………………………………………… 238

三、预付款收讫 …………………………………………………………………… 239

第三节 收汇备案在跨境项目综合实验教学平台上的操作 ……………………… 240

一、实训目的及要点 ……………………………………………………………… 240

二、场景模拟操作说明 …………………………………………………………… 240

第十章 备货 …………………………………………………………………… 243

第一节 订货 …………………………………………………………………… 243

一、签订国内购销合同 …………………………………………………………… 243

二、下达备货通知单 ……………………………………………………………… 244

第二节 对生产过程和出货的跟单 ……………………………………………… 245

一、审单、确定样品 ……………………………………………………………… 245

二、生产跟踪 ……………………………………………………………………… 246

三、验收入库产品 ………………………………………………………………… 247

四、出货 …………………………………………………………………………… 248

五、商业发票和装箱单的制作 …………………………………………………… 248

案例分析训练 …………………………………………………………………… 250

第三节 备货的注意事项 ………………………………………………………… 251

一、严查货物的品质、规格和数量 ……………………………………………… 251

二、核实货物的包装 ……………………………………………………………… 251

三、保证货物出运时间 …………………………………………………………… 251

四、货物情况的通知 ……………………………………………………………… 251

第四节 备货在跨境项目综合实验教学平台上的操作 ………………………… 252

一、实训目的及要点 ……………………………………………………………… 252

二、场景模拟操作说明 …………………………………………………………… 252

第十一章 货物出口通关、装船 ……………………………………………… 259

第一节 货物通关介绍 …………………………………………………………… 259

一、货物通关概述 ………………………………………………………………… 259

二、关检融合整合 ………………………………………………………………… 259

三、海关进出口货物报关单的填制 ……………………………………………… 260

第二节 货物出口通关程序 ……………………………………………………… 267

一、申领出口许可证 ……………………………………………………………… 267

二、办理产地证明书 ………………………………………………………………… 269
　　三、出口通关 ………………………………………………………………………… 272
　　案例分析训练 ………………………………………………………………………… 276
第三节　货物装船 …………………………………………………………………………… 277
　　一、运输托运程序 …………………………………………………………………… 277
　　二、海洋运输货运单证 ……………………………………………………………… 279
　　案例分析训练 ………………………………………………………………………… 283
第四节　货物通关装船在跨境项目综合实验教学平台上的操作 ……………………… 284
　　一、实验目的及目标 ………………………………………………………………… 284
　　二、场景模拟操作说明 ……………………………………………………………… 284

第十二章　出口结汇、收汇核销和出口退税 ……………………………………………… 295
第一节　银行保函方式下的出口结汇 …………………………………………………… 295
　　一、供应方备齐收款所需单证 ……………………………………………………… 295
　　二、结汇 ……………………………………………………………………………… 296
第二节　收汇核销 …………………………………………………………………………… 296
第三节　出口退税 …………………………………………………………………………… 296
　　一、出口退税概述 …………………………………………………………………… 296
　　二、办理出口退税的相关手续 ……………………………………………………… 297
　　三、出口退税的计算 ………………………………………………………………… 298
　　案例分析训练 ………………………………………………………………………… 299
第四节　收汇核销和退税在跨境项目综合实验教学平台上的操作 …………………… 299
　　一、实验目的及要点 ………………………………………………………………… 299
　　二、场景模拟操作说明 ……………………………………………………………… 299

第五篇　采购项目履约操作

第十三章　支付货款 …………………………………………………………………………… 306
第一节　进口付汇核销 …………………………………………………………………… 306
　　一、外汇核销制度之付汇核销 ……………………………………………………… 306
　　二、进口付汇备案 …………………………………………………………………… 307
第二节　支付预付款 ……………………………………………………………………… 309
　　一、招标合同预付款的支付条件和金额 …………………………………………… 309

二、招标合同预付款的支付 ·············· 310
第三节 付汇在跨境项目综合实验教学平台上的操作 ·············· 314
一、实验目的及要点 ·············· 314
二、场景模拟操作说明 ·············· 314

第十四章 运输及保险的安排 ·············· 320
第一节 货物运输 ·············· 320
一、海洋运输和航空运输 ·············· 320
二、委托订舱 ·············· 325
三、运费的计算 ·············· 327
案例分析训练 ·············· 330
第二节 投保 ·············· 331
一、货运保险基本操作 ·············· 331
二、保险单 ·············· 333
案例分析训练 ·············· 334
第三节 租船订舱投保在跨境项目综合实验教学平台上的操作 ·············· 335
一、实验目的及目标 ·············· 335
二、场景模拟操作说明 ·············· 335

第十五章 进口通关、提货 ·············· 346
第一节 进口货物通关 ·············· 346
一、办理进口许可证 ·············· 346
二、进口货物通关程序 ·············· 348
三、进口货物报关单/备案清单的填制 ·············· 349
四、进口货物关税的计算 ·············· 351
案例分析训练 ·············· 353
第二节 进口提货 ·············· 353
第三节 进口通关提货在跨境项目综合实验教学平台上的操作 ·············· 354
一、实训目的及要点 ·············· 354
二、场景模拟操作说明 ·············· 354

第十六章 进口付汇、核销、退保函 ·············· 360
第一节 货款的支付 ·············· 360

一、货款支付的条件 ………………………………………………………………… 360
二、支付货款 ………………………………………………………………………… 361
第二节 付汇核销 …………………………………………………………………… 361
一、进口付汇核销 …………………………………………………………………… 361
二、进口付汇核销制度改革 ………………………………………………………… 363
第三节 履约保函的退还 …………………………………………………………… 363
第四节 货款支付在跨境项目综合实验教学平台上的操作 ……………………… 364
一、实训目的及要点 ………………………………………………………………… 364
二、场景模拟操作说明 ……………………………………………………………… 364

参考文献 ……………………………………………………………………………… 372

第一篇 商务基础知识

第一章 贸易术语

教学目标

熟悉贸易术语的含义和作用，掌握《国际贸易术语解释通则©2010》中11种贸易术语的内容。

商务项目涉及范围很广，特别是国际商务项目，货物自供应方所在地运交给采购方，往往需要经过一种或多种形式的长途运输、多次装卸和存储，这就需要承租运输工具，装货、卸货、办理货运保险、申领进出口许可证及结关纳税等手续；需支付运费、装卸费、仓储费、保险费和各种捐税及杂费等费用；还需要承担货物在运输途中可能遭灭失或损坏的风险。所有这些必然涉及供应和采购双方谁来负责这些工作，谁来承担这些费用，还必须明确谁来承担这些风险，从何时至何时承担这些风险。在商务活动中，各方当事人的责任和义务须划分明确，如果每次交易都要洽商这些问题，不但洽商内容多且麻烦，让交易成本升高，而且洽商的内容似乎还有些重复，因为在长期实践中形成了一些习惯做法，交易双方都比较认可。考虑到这些情况，大约在19世纪初，欧洲商人开始使用一些英文缩写来规定交易中洽商的某些看似重复的内容，这就产生了贸易术语。可以说，由于各国商务活动在长期反复的实践中逐步形成了一些习惯做法，为了提高工作效率，交易的当事人就需要使用贸易术语。

贸易术语作为一种商务惯例，为各国商务界所广泛承认和采纳。我们对此应该有所了解，并视供应和采购双方及交易情况合理地加以选择和运用。

第一节 贸易术语概述

一、贸易术语的含义和作用

贸易术语（Trade Terms），即贸易条件或价格术语（Price Terms），它是用一个简短的概念或外文缩写（比如 EXW、CFR 等）来表示供应和采购双方在货物交接过程中有关手续、费用和风险的责任划分。

商务项目的开展使得货物得以在更多的国家、大量且种类愈繁地销售。从事商务活动的当事人必须在不同的国家、不同的法律制度下,利用各种不同的条件来完成其所从事的同一笔交易活动。由于当事人的背景不同,立场不同,一笔交易的洽商谈判往往是艰难而又漫长的,特别是有关下列与货物的取得有着密切关系的问题,是当事人最关心的,是商务谈判中最重要的,常常成为各方当事人谈判的焦点。

(1) 供应方在哪里交货?以什么方式交货?
(2) 在什么期间内,谁来承担货物损坏和灭失的风险?
(3) 谁来负责运输?采用何种方式运输?费用由谁来承担?
(4) 需要给货物上保险吗?谁来负责?费用由谁承担?
(5) 出口和进口的通关由谁来负责并承担费用?
(6) 一笔交易需要提交哪些单证?

贸易术语则以其特有的风险、责任、费用划分方式解决了上述问题。供应和采购双方在交易洽谈、签订合同中使用某一贸易术语时,则明确了某一种手续应由谁办理,某一项费用应由谁支付,某一项风险应由谁承担,由此极大地方便了商务活动,简化了谈判内容和过程,节省了交易时间和费用,大大提高了经济效益。总而言之,随着商务数额的增加与复杂性的提升,因销售/采购合同不恰当起草引致误解与高代价争端的可能性也提高了,贸易术语这一用于商务事项的规则使得商务行为更便捷。在销售/采购合同中参引贸易术语可清晰界定各方义务,减少了各方歧义和不确定的可能性并降低法律纠纷的风险,从而促进了商务的迅速发展。

贸易术语是在商务活动,特别是商务长期实践中出现和逐步发展起来的,它具有两重性,即确定交易的交货条件,同时也用来表示货物价格的组成。贸易术语用简短的英文缩写规定了贸易中供应和采购双方在货物交接中的一些责、权、利。采用不同的贸易术语就意味着供应和采购双方承担不同的责任,也因此核算出不同的货物交易成本。

因此,贸易术语可以说明的内容包括:交货地点;货物风险转移的界限;供应和采购双方各自承担的责任、义务(风险和费用等);合同价格的构成因素;合同的性质等。

目前,对国际贸易术语的统一解释主要有三种:《国际贸易术语解释通则》(*International Rules for Interpretation of Trade Terms*,简称 Incoterms)、《1941 年美国对外贸易定义修正本》(*Revised American Foreign Trade Definition* 1941) 和《1932 年华沙—牛津规则》(*Warsaw - Oxford Rules* 1932,简称 W. O. Rules 1932)。本教材将介绍并全面运用《国际贸易术语解释通则》。

二、《国际贸易术语解释通则》

《国际贸易术语解释通则》是世界上影响最大的国际贸易术语惯例,它是由国际商会

(International Chamber of Commerce，ICC）综合各国贸易习惯，在广泛征得商务界、法律界意见的基础上，根据世界经济发展、社会科技进步和商务变化情况的需要逐步演变成为当今使用最广泛的国际贸易术语解释版本。它为商务中最普遍使用的贸易术语提供了一套解释的国际规则，以避免因各国不同解释而出现的不确定性，或至少在相当程度上减少这种不确定性。当前在我国商务业务中，大多数情况下都会选用国际商会的《国际贸易术语解释通则》。

国际商会首次编纂贸易术语的做法始于 1921 年，并于 1923 年编纂了 6 个贸易术语：FOB、FAS、FOT、FOR、Free Delivered CIF 和 C&F。1936 年 ICC 以 Incoterms 名称（International Commercial Terms 的简称）正式出版其编纂的 11 个贸易术语，副标题为 *International Rules for the Interpretation of Trade Terms*，因而中译为《国际贸易术语解释通则》。其后历经 1953 年、1967 年、1976 年、1980 年、1990 年、2000 年和 2010 年的 7 次修订。

《国际贸易术语解释通则 2000》实施以来，世界商务环境发生了日新月异的变化：随着各国之间贸易日益密切，为方便经济交流，无关税区不断扩大；集装箱运输、滚轮运输等运输方式迅速发展和普遍，运输两端延长；技术水平的不断发展更新促使商业交易中电子信息使用增加，且安全性不断提高；国际贸易术语在国内贸易中得到越来越多的应用；与货物贸易相关的新公约、协定的制定和修改，如《鹿特丹规则》《伦敦保险协会货物险条款》等，加之《国际贸易术语解释通则 2000》在实践应用中也存在一些模糊不清的问题，因此，国际商会于 2007 年发起对《国际贸易术语解释通则 2000》进行修订的动议，并组建了动议小组。修改的最终版，即《国际贸易术语解释通则©2010》于 2010 年 9 月中旬正式以国际商会第 715 号出版物出版，并定于 2011 年 1 月 1 日起实施。《国际贸易术语解释通则©2010》与以往版本不是替代与被替代的关系，以往版本的《国际贸易术语解释通则》并不失效，合同当事人仍可以选用以往版本中的术语。但是由于不同版本术语的具体权利义务不同，所以要确保使用正确的表述方法将《国际贸易术语解释通则》及其修订年份纳入买卖合同中。

第二节　《国际贸易术语解释通则©2010》

一、《国际贸易术语解释通则©2010》基本内容和编排体例

（一）《国际贸易术语解释通则©2010》概览

《国际贸易术语解释通则©2010》的主要内容有前言、如何适用《国际贸易术语解释通则©2010》的介绍、《国际贸易术语解释通则©2010》的主要特征、贸易术语的解释四部分。

前言和介绍部分解释了《国际贸易术语解释通则©2010》在合同中的应用,即它不能替代合同,虽然在合同中引用了《国际贸易术语解释通则©2010》术语,但也应当规定关于付款、物权转移和违约后果等内容。合同在引用相关术语时,也可对术语做出添加或修改。并申明了《国际贸易术语解释通则©2010》不仅适用于商务,还适用于国内贸易。

第三部分《国际贸易术语解释通则©2010》的主要特征,除了解释《国际贸易术语解释通则©2010》对《国际贸易术语解释通则2000》做出的修改外,还补充了终点操作费的承担问题和连环合同的应用问题。

第四部分中关于运输规则的内容解释了运输方式的规则和承运人、报关单、交货、交货单包装和电子记录或程序等基本概念;并通过对应方式,即 A 栏反映供应方的基本义务,B 栏反映采购方的基本义务,对 11 种贸易术语进行详尽的解释。

(二)《国际贸易术语解释通则©2010》的贸易术语概览

《国际贸易术语解释通则©2010》定义了 11 种贸易术语,并按照适用的运输方式将这 11 种贸易术语分为两组(见表 1-1),第一组共 7 种贸易术语,且适用于任何运输方式或多种运输方式的贸易术语;第二组共 4 种贸易术语,且只适用于海运和内陆水运的贸易术语。

表 1-1 《国际贸易术语解释通则©2010》11 种贸易术语名称及分组情况

分组		贸易术语缩写	贸易术语英文名称	贸易术语中文名称
第一组	适用于任何运输方式或多种运输方式(All Types of Transportation)	EXW	Ex Works	工厂交货
		FCA	Free Carrier	货交承运人
		CPT	Carriage Paid to	运费付至
		CIP	Carriage and Insurance Paid to	运费、保险费付至
		DAT	Delivered at Terminal	运输终端交货
		DAP	Delivered at Place	目的地交货
		DDP	Delivered Duty Paid	完税后交货
第二组	适用于海运和内陆水运(Water Transport)	FAS	Free Alongside Ship	船边交货
		FOB	Free on Board	船上交货
		CFR	Cost and Freight	成本加运费
		CIF	Cost, Insurance and Freight	成本加保险费、运费

(三)《国际贸易术语解释通则©2010》中供应和采购双方的基本义务

《国际贸易术语解释通则©2010》中的每个贸易术语通过一篇形成一套完整的规则,规定供应和采购双方的义务。《国际贸易术语解释通则©2010》将供应方基本义务和采购方基本义务各自分为 10 个项目,通过 A 列和 B 列列表展现出来(见表 1-2)。

表1-2 《国际贸易术语解释通则©2010》供应方基本义务和采购方基本义务

《国际贸易术语解释通则©2010》规定的 供应方义务 A	《国际贸易术语解释通则©2010》规定的 采购方义务 B
A1：供应方的一般义务 General Obligations of the seller	B1：采购方的一般义务 General Obligations of the Buyer
A2：许可证、其他许可、安全清关和其他手续 License, Authorizations, Security Clearances and other formalities	B2：许可证、其他许可、安全清关和其他手续 License, Authorizations, Security Clearances and other formalities
A3：运输与保险合同 Contracts of carriage and insurance	B3：运输与保险合同 Contracts of carriage and insurance
A4：交付货物 Delivery	B4：受领货物 Taking delivery
A5：风险转移 Transfer of risks	B5：风险转移 Transfer of risks
A6：费用分摊 Allocation of costs	B6：费用分摊 Allocation of costs
A7：通知采购方 NoticeS to the buyer	B7：通知供应方 NoticeS to the seller
A8：交货单据 Delivery document	B8：交货证明 Proof of delivery
A9：核对、包装、标记 Checking, Packing, Marking	B9：货物检验 Inspection of goods
A10：信息协助和相关费用 Assistance with information and related costs	B10：信息协助和相关费用 Assistance with information and related costs

二、《国际贸易术语解释通则©2010》11种贸易术语的解释

（一）EXW——工厂交货（……指定地点）

"工厂交货（……指定地点）"是指当供应方在其所在地或其他指定的地点［如工场（强调生产制造场所）、工厂（制造场所）或仓库等］将货物交给采购方处置时，即完成交货。供应方不需将货物装上任何运输工具，在需要办理出口清关手续时，供应方亦不必为货物办理出口清关手续。

EXW 条件下供应和采购双方必须完成的基本义务：

1. 供应方义务 A

A1：供应方的一般义务

供应方必须按照销售合同提供货物和商业发票，以及合同可能要求的、用以证明货物符合合同规定的其他任何凭证。所有在 A1～A10 条款中提及的文件，（均）可采用经当事

人协定或约定俗成、具有同等作用的电子记录或者手续。

A2：许可证、其他许可、安全清关和其他手续

在需要办理海关手续时，应采购方要求并由采购方承当风险和费用时，供应方应协助采购方办理出口货物必需的出口许可证或其他官方许可，并提供其掌握的货物安全检查所要求的任何信息。

A3：运输与保险合同

供应方没有为采购方签订运输合同和与采购方签订保险合同的义务。然而，当采购方请求或由其承担风险与（或有的）费用时，供应方必须向采购方提供其获取保险所需要的信息。

A4：交付货物

供应方应在约定地点或在指定地点将未置于任何运输车辆上的货物交给采购方处置。若在指定的地点内未约定具体交货地点，或有若干个交货点可使用，供应方可选择最符合其目的之地进行交货。供应方需在约定地或约定时间内交货。

A5：风险转移

除发生 B5 中所描述之灭失或损坏的情形外，供应方必须承担货物灭失或损坏的一切风险，直至已经按照 A4 规定交货为止。

A6：费用分摊

除 B6 预设的可由采购方支付的费用外，供应方必须承担与货物有关的所有费用，直到其按照 A4 规定交货为止。

A7：通知采购方

供应方必须提供能使采购方提货的所需通知。

A8：交货单据

供应方无义务。

A9：核对，包装，标记

供应方必须支付与 A4 规定一致的、以交付货物为目的的查对费用（如查对货物品质、丈量、过磅、点数的费用）。供应方必须支付货物包装费用，除非是不需要包装便可进行运输的特殊货物。供应方应采取适宜运输的包装方式，除非采购方在签订买卖合同前便告知供应方特定的包装要求。包装应做适当标记。

A10：信息协助和相关费用

应采购方要求并由其承担风险和费用时，供应方须在合适的情况下为采购方提供及时的帮助，以帮助采购方取得其出口和/或进口货物以及将货物运至最后目的地所需的任何单据和信息，包括与安全有关的信息。

2. 供应方义务 B

B1：采购方的一般义务

采购方必须按照买卖合同之规定支付货物价款。所有在 B1~B10 条款中提及的文件，（均）可采用经当事人协定或约定俗成、具有同等作用的电子记录或者手续。

B2：许可证、其他许可、安全清关和其他手续

在需要办理海关手续时，采购方必须自担风险和费用，由其取得任何出口和进口许可证或其他官方许可，并办理货物出口的一切海关手续。

B3：运输与保险合同

采购方没有为供应方签订运输合同以及没有与供应方签订保险合同的义务。

B4：受领货物

采购方必须在供应方按照 A4 和 A7 规定交货时受领货物。

B5：风险转移

自供应方按 A4 规定交货之时起，采购方必须承担货物灭失或损坏的一切风险。

如果采购方未按照 B7 之规定通知供应方，则自约定的交货日期或交货期限届满之日起，采购方必须承担货物灭失或损坏的一切风险，但以该项货物已清楚地确定为合同项下之货物为限。

B6：费用分摊

采购方必须支付自按照 A4 规定交货之时起与货物有关的一切费用；在货物已交给采购方处置而采购方未受领货物或未按照 B7 之规定给予供应方相应通知而产生的任何额外费用，但以该项货物已正式划归合同项下为限；在需要办理海关手续时，货物出口应缴纳的一切关税、税款和其他费用，以及办理海关手续的费用；供应方按照 A2 之规定给予协助时所发生的一切成本与费用。

B7：通知供应方

一旦采购方有权确定在约定的期限内受领货物的具体时间和/或地点时，应就此给予供应方充分的通知。

B8：交货证明

采购方必须向供应方提供已受领货物的适当凭证。

B9：货物检验

采购方必须支付装船前检验的强制性费用，包括由出口国当局强制检查（的费用）。

B10：信息协助和相关费用

为使供应方可以履行 A10 之规定，采购方必须及时通知供应方其对于相关交易安全信息的要求。采购方必须补偿供应方（由于提供给采购方获得 A10 中提到的信息和单据而可能）产生的所有费用和代价。

（二）FCA——货交承运人（……指定地点）

"货交承运人"是指供应方于其所在地或其他指定地点将货物交付给承运人或采购方指定人。

FCA 条件下供应和采购双方必须完成的基本义务：

1. 供应方义务 A

A1：供应方的一般义务

供应方必须按照销售合同提供货物和商业发票，以及合同可能要求的、用以证明货物符合合同规定的其他任何凭证。所有在 A1～A10 条款中提及的文件，（均）可采用经当事人协定或约定俗成、具有同等作用的电子记录或者手续。

A2：许可证、其他许可、安全清关和其他手续

供应方应当自担风险和费用，并且在需要的时候取得任何出口许可证或其他官方许可，而且在办理海关手续时办理货物出口所需要的一切海关手续。

A3：运输与保险合同

供应方没有为采购方订立运输合同和为采购方订立保险合同的义务。但是，供应方应当按照采购方的要求，向采购方提供其所需的有关购买保险的信息，由此产生的任何风险、费用由采购方承担。

A4：交付货物

若有约定具体的交货地点，供应方应按照约定，在指定的地点于约定的日期或者期限内，将货物交付给承运人或者采购方指定的其他人。交货在以下情况完成：a）若指定的地点是供应方所在地，则当货物已装载于采购方所提供的运输工具时。b）当装载于供应方的运输工具上的货物已达到卸货条件，且处于承运人或采购方指定的其他人的处置之下时的任何其他情况；若采购方未按照 B7 d）项之规定，将在指定的地区内的具体交货地点通知供应方，且有几个具体交货点可供选择时，供应方可以在指定地点中选择最符合其目的的交货地点；除非采购方另有通知，否则，供应方可以根据货物的数量和/或性质的要求，将货物以适宜的方式交付运输。

A5：风险转移

供应方承担货物灭失或损害的一切风险，直至供应方已按照 A4 的规定交付货物，在 B5 描述的情况下产生的灭失或损害除外。

A6：费用分摊

供应方应当支付：a）与货物有关的一切费用，直至已按照 A4 之规定交货为止。除 B6 中规定的由采购方支付的费用外。b）在适用情况下，货物出口应办理的海关手续费用及出口应缴纳的一切关税、税款和其他费用。

A7：通知采购方

在采购方自担风险和费用的情况下，供应方应当将货物已经按照 A4 的规定交付，或承运人或采购方指定的其他人未能在约定的时间内提取货物的信息充分告知采购方。

A8：交货单据

供应方应当自担费用向采购方提供证明，按照 A4 规定已完成交货的通常凭证；供应方应当根据采购方的要求，给予采购方一切协助以取得运输单据，风险和费用由采购方承担。

A9：核对，包装，标记

供应方应当支付那些对实现按照 A4 的标准运输货物的目标必不可少的检查措施（比如质量检查、测量、称重、计数）所产生的费用，以及任何为出口国当局规定的装运前检验的费用；供应方应当由自己负担成本来包装货物，除非对该特定种类的交易来说，将这种被销售货物不加包装地运输是相关行业惯例；供应方可以将货物以适宜其运输的方式加以包装，除非采购方在销售合同签订前向供应方通知了明确的包装要求。包装应当适当地标记。

A10：信息协助和相关费用

应采购方的要求并由其承担风险和费用，供应方应当在需要时及时向采购方提供或给予协助，以帮助采购方取得为采购方进口货物可能要求的和/或在运往目的地的过程中可能需要的包括与安全清关有关的信息在内的任何单据或信息；供应方应当补偿采购方因提供 B10 中协助其取得单据和信息的行为时的费用和要价。

2. 供应方义务 B

B1：采购方的一般义务

采购方必须按照买卖合同之规定支付货物价款。所有在 B1～B10 条款中提及的文件，（均）可采用经当事人协定或约定俗成、具有同等作用的电子记录或者手续。

B2：许可证、其他许可、安全清关和其他手续

在需要的时候，采购方可以获取一切进口许可证或其他官方许可，以及办理货物进口的海关手续和从他国过境的一切相关手续，并自担风险和费用。

B3：运输与保险合同

采购方应当自付费用订立从指定的交货地点运输货物的合同；采购方没有义务为供应方订立保险合同。

B4：受领货物

采购方应当在供应方按照 A4 之规定交货时，收取货物。

B5：风险转移

采购方自供应方按照 A4 之规定交货之时起，承担货物灭失或损坏的一切风险。若 a) 采购方没有按照 B7 规定将依 A4 规定对承运人或其他人的指定告知供应方或提醒其注意；

或 b）其按照 A4 规定指定的承运人或其他人未接管货物，则采购方按照下述规定承担货物灭失或损坏的一切风险：①自约定期限时起；②若没有约定期限，自供应方在约定的时期内依 A7 规定告知采购方的日期起；③若没有告知日期，自任何约定的交货期限届满之日起，但以该货物已被清楚地确定为合同项下货物为限。

B6：费用分摊

采购方应当支付：a）自按照 A4 规定的交货之时起与货物有关的一切费用，除了 A6 b)中规定的货物出口办理海关手续的费用及其他货物出口应缴纳的关税、税款和其他费用。b）因发生下述任一情况产生的任何额外费用：i）由于采购方未能按照 A4 规定指定承运人或其他人；ii）或由于承运人或采购方指定的人未能接管货物；iii）或由于采购方未能按照 B7 规定给予供应方相应通知，但以该货物已被清楚地确定为合同项下货物为限。c）在有必要时，货物进口应缴纳的一切关税、税款和其他费用以及办理海关手续的费用及从他国过境的费用。

B7：通知供应方

采购方应当 a）及时告知供应方其依 A4 规定指定的承运人或者其他人的名称，使供应方能够按照 A4 条款的规定发送货物。b）在必要时，告知供应方被指定的承运人或其他人在约定的期限内收取货物的具体时间。c）告知供应方由采购方指定人采取的运输方式。d）在约定地点内的具体取货位置。

B8：交货证明

采购方应当接受供应方依 A8 规定提供的交货凭证。

B9：货物检验

采购方应当支付任何装运之前强制检验的费用，但出口国强制进行的检验除外。

B10：信息协助和相关费用

采购方应当及时告知供应方其关于安全清关信息方面的请求，使供应方能够履行 A10 中规定的义务；采购方应当对供应方因依 A10 规定所提供或给予的关于取得单据和信息的协助而产生的费用和要价进行补偿；应供应方的要求并由其承担风险和费用，采购方应当在需要时及时向供应方提供或给予协助，以帮助供应方取得为运输和出口货物和/或从他国过境时需要的包括与安全清关有关的信息在内的任何单据或信息。

（三）CPT——运费付至（……指定目的港）

"运费付至……"是指供应方在指定交货地向承运人或由其（供应方）指定的其他人交货并且其（供应方）须与承运人订立运输合同，载明并实际承担将货物运送至指定目的地的所产生的必要费用。

CPT 条件下供应和采购双方必须完成的基本义务：

1. 供应方义务 A

A1：供应方的一般义务

供应方必须按照销售合同提供货物和商业发票，以及合同可能要求的、用以证明货物符合合同规定的其他任何凭证。所有在 A1～A10 条款中提及的文件，（均）可采用经当事人协定或约定俗成、具有同等作用的电子记录或者手续。

A2：许可证、其他许可、安全清关和其他手续

在该港所在地需办理这些手续的情况下，供应方必须自担风险和费用，取得任何出口许可证或其他官方核准文件，并办理货物出口以及货物在送达前从他国过境运输所需的一切海关手续。

A3：运输与保险合同

供应方必须订立运输合同，若约定了交付地点的，将货物从交付地的约定地点运至指定目的地，如果约定了目的地的具体交付货物地点的，也可运至目的地的约定地点；供应方必须自付费用，按照通常条件订立运输合同，依通常路线及习惯方式，将货物运至指定的目的地的约定地点。如未约定目的地的具体交付货物地点或未能依交易习惯予以确定该地点，则供应方可在指定的目的地选择最适合其目的的交货地点；供应方没有向采购方制定保险合同的义务。应采购方的请求，并由采购方承担风险和可能存在的费用时，供应方必须向采购方提供其需要的用于获得保险的相关信息。

A4：交付货物

供应方必须在约定的日期或期限内依照 A3 的规定向订立合同的承运人交货。

A5：风险转移

除 B5 所描述情形下的灭失或损坏外，供应方承担货物灭失或损坏的一切风险，直至已按照 A4 之规定交货为止。

A6：费用分摊

供应方必须支付：a) 除 B6 规定者外，供应方必须支付按照 A4 规定交货之前与货物有关的一切费用。b) 按照 A3 规定所产生的运费和一切其他费用，包括根据运输合同规定应由供应方支付的装货费和在目的地的卸货费。c) 货物出口需要办理的海关手续费用及出口时应缴纳的一切关税、税款和其他费用，以及根据运输合同规定，由供应方支付的货物从他国过境的费用，如果这些地方需要办理这些海关手续。

A7：通知采购方

供应方必须支付：a) 除 B6 规定者外，供应方必须支付按照 A4 规定交货之前与货物有关的一切费用。b) 按照 A3 规定所产生的运费和一切其他费用，包括根据运输合同规定应由供应方支付的装货费和在目的地的卸货费。c) 货物出口需要办理的海关手续费用及出口时应缴纳的一切关税、税款和其他费用,以及根据运输合同规定,由供应方支付的货物从他国过境的费用,如果这些地方需要办理这些海关手续。

A8:交货单据

如果依照惯例或者依照采购方的要求,供应方必须向采购方提供依据 A3 所订立的运输合同所签发的通常运输单据,且费用由供应方承担;运输单据必须包括约定货物,其注明日期必须在约定的装运时间内。(如果)按照约定或和依照惯例,该单据必须同时能够赋予采购方在约定地点向承运人受领货物的权利以及通过向下一个采购方转移单据或向承运人告知的方式在运输中卖出货物的权利;当这样的运输单据是以转让的方式签发的,并且有多份正本时,一个完整全套的正本必须向采购方提供。

A9:核对,包装,标记

供应方应当支付那些对实现按照 A4 的标准运输货物的目标必不可少的检查措施(比如质量检查、测量、称重、计数)所产生的费用,以及任何为出口国当局规定的装运前检验的费用;供应方应当由自己负担成本来包装货物,除非对该特定种类的交易来说,将这种被销售货物不加包装地运输是相关行业惯例;供应方可以将货物以适宜其运输的方式加以包装,除非采购方在销售合同签订前向供应方通知了明确的包装要求。包装应当适当地标记。

A10:信息协助和相关费用

应采购方的要求并由其承担风险和费用,供应方应当在需要时及时向采购方提供或给予协助,以帮助采购方取得为采购方进口货物可能要求的和/或在运往目的地的过程中可能需要的包括与安全清关有关的信息在内的任何单据或信息;供应方应当补偿采购方因提供 B10 中协助其取得单据和信息的行为时的费用和要价。

2. 供应方义务 B

B1:采购方的一般义务

采购方必须按照买卖合同之规定支付货物价款。所有在 B1~B10 条款中提及的文件,(均)可采用经当事人协定或约定俗成、具有同等作用的电子记录或者手续。

B2:许可证、其他许可、安全清关和其他手续

如果这些地方需要办理这些海关手续,采购方在自行承担风险和费用的情况下,可以自由决定是否取得许可证或其他官方核准文件,并办理货物进口和经由他国过境运输的一切海关手续。

B3:运输与保险合同

采购方没有向供应方制订运输合同和保险合同的义务。但是,当供应方要求时,采购方须向供应方提供获得保险的必要信息。

B4：受领货物

采购方必须在货物已经按照 A4 的规定交货时受领货物，并在指定的目的地从承运人受领货物。

B5：风险转移

采购方承担按照 A4 规定交货时起货物灭失或损坏的一切风险。在货物已被清楚确定为合同项下之物的条件下，如采购方未能按照 B7 之规定向供应方发出通知，则采购方必须从约定的交货日期或交货期限届满之日起，承担货物灭失或损坏的一切风险。

B6：费用分摊

除 A3 规定外，采购方必须支付：a）自按照 A4 规定交货时起的一切与货物有关的费用，除了在 A6 中提到的在这些地方需要办理海关手续的情况下货物出口需要办理的海关手续费用及出口时应缴纳的一切关税、税款和其他费用。b）货物在运输途中直至到达目的地为止的一切费用，除非这些费用根据运输合同应由供应方支付。c）卸货费，除非根据运输合同应由供应方支付。d）如采购方未按照 B7 之规定给予供应方通知，则自约定的装运日期或装运期限届满之日起，货物所产生的一切额外费用，但以该项货物已正式划归合同项下，即清楚地划出或以其他方式确定为合同项下之货物为限。e）在需要办理海关手续时货物进口应缴纳的一切关税、税款和其他费用，及办理海关手续的费用，以及从他国过境的费用，除非这些费用已包括在运输合同中。

B7：通知供应方

一旦采购方有权决定发送货物的时间和/或者指定的目的地或者指定接收货物的地点，采购方必须就此给予供应方充分通知。

B8：交货证明

如果符合合同规定，采购方必须接受按照 A8 规定提供的运输单据。

B9：货物检验

采购方应当支付任何装运之前强制检验的费用，但出口国强制进行的检验除外。

B10：信息协助和相关费用

采购方应当及时告知供应方其关于安全清关信息方面的请求，使供应方能够履行 A10 中规定的义务；采购方应当对供应方因依 A10 规定所提供或给予的关于取得单据和信息的协助而产生的费用和要价进行补偿；应供应方的要求并由其承担风险和费用，采购方应当在需要时及时向供应方提供或给予协助，以帮助供应方取得为运输和出口货物和/或从他国过境时需要的包括与安全清关有关的信息在内的任何单据或信息。

（四）CIP——运费和保险费付至（……指定目的地）

"运费和保险费付至"是指在约定的地方（如果该地在双方间达成一致）供应方向承

运人或是供应方指定的另一个人发货,以及供应方必须签订合同和支付将货物运至目的地的运费。供应方还必须订立保险合同以防采购方货物在运输途中火失或损坏风险。

CIP 条件下供应和采购双方必须完成的基本义务:

1. 供应方义务 A

A1:供应方的一般义务

供应方必须按照销售合同提供货物和商业发票,以及合同可能要求的、用以证明货物符合合同规定的其他任何凭证。所有在 A1~A10 条款中提及的文件,(均)可采用经当事人协定或约定俗成、具有同等作用的电子记录或者手续。

A2:许可证、其他许可、安全清关和其他手续

在该港所在地需办理这些手续的情况下,供应方必须自担风险和费用,取得任何出口许可证或其他官方核准文件,并办理货物出口以及货物在送达前从他国过境运输所需的一切海关手续。

A3:运输与保险合同

供应方必须订立运输合同,若约定了交付地点的,将货物从交付地的约定地点运至指定目的地,如果约定了目的地的具体交付货物地点的,也可运至目的地的约定地点;供应方必须自付费用,按照通常条件订立运输合同,依通常路线及习惯方式,将货物运至指定的目的地的约定地点。如未约定目的地的具体交付货物地点或未能依交易习惯予以确定该地点,则供应方可在指定的目的地选择最适合其目的的交货地点;供应方没有向采购方制定保险合同的义务。应采购方的请求,并由采购方承担风险和可能存在的费用时,供应方必须向采购方提供其需要的用于获得保险的相关信息。

供应方必须自付费用取得货物保险,该货物保险至少应按照《协会货物保险条款》(劳埃德市场协会/国际保险人协会)的条款或其他类似条款中的最低保险险别投保。保险合同应与信誉良好的保险人或保险公司订立,并赋予采购方或任何其他对货物具有保险利益的人直接向保险人索赔的权利;当采购方提出要求时,供应方应要求并且根据采购方所提供的必要信息,在可行的情况下,由采购方付费给予采购方加投额外的保险;保险金额最低限度应包括合同规定价款的另加 10%(110%),并应采用合同中约定的货币;保险应当包括,从 A4 和 A5 中规定的发货起点起,至少到达指定目的地的货物;供应方应向采购方提供保险单或者其他保险范围的证据;供应方必须根据采购方的要求、风险和费用(如果有的话),向采购方提供采购方需要投资额外保险的信息。

A4:交付货物

供应方必须在约定的日期或期限内依照 A3 的规定向订立合同的承运人交货。

A5:风险转移

除 B5 所描述情形下的灭失或损坏外,供应方承担货物灭失或损坏的一切风险,直至已按照 A4 规定交货为止。

A6：费用分摊

供应方必须支付：a）除 B6 规定者外，供应方必须支付按照 A4 规定交货之前与货物有关的一切费用。b）按照 A3 规定所产生的运费和一切其他费用，包括根据运输合同规定应由供应方支付的装货费和在目的地的卸货费。c）货物出口需要办理的海关手续费用及出口时应缴纳的一切关税、税款和其他费用，以及根据运输合同规定，由供应方支付的货物从他国过境的费用，如果这些地方需要办理这些海关手续。

A7：通知采购方

供应方必须支付：a）除 B6 规定者外，供应方必须支付按照 A4 规定交货之前与货物有关的一切费用。b）按照 A3 规定所产生的运费和一切其他费用，包括根据运输合同规定应由供应方支付的装货费和在目的地的卸货费。c）货物出口需要办理的海关手续费用及出口时应缴纳的一切关税、税款和其他费用，以及根据运输合同规定，由供应方支付的货物从他国过境的费用，如果这些地方需要办理这些海关手续。

A8：交货单据

如果依照惯例或者依照采购方的要求，供应方必须向采购方提供依据 A3 所订立的运输合同所签发的通常运输单据，且费用由供应方承担；运输单据必须包括约定货物，其注明日期必须在约定的装运时间内。（如果）按照约定或和依照惯例，该单据必须同时能够赋予采购方在约定地点向承运人受领货物的权利以及通过向下一个采购方转移单据或向承运人告知的方式在运输中卖出货物的权利；当这样的运输单据是以转让的方式签发的，并且有多份正本时，一个完整全套的正本必须向采购方提供。

A9：核对，包装，标记

供应方应当支付那些对实现按照 A4 的标准运输货物的目标必不可少的检查措施（比如质量检查、测量、称重、计数）所产生的费用，以及任何为出口国当局规定的装运前检验的费用；供应方应当由自己负担成本来包装货物，除非对该特定种类的交易来说，将这种被销售货物不加包装地运输是相关行业惯例；供应方可以将货物以适宜其运输的方式加以包装，除非采购方在销售合同签订前向供应方通知了明确的包装要求。包装应当适当地标记。

A10：信息协助和相关费用

应采购方的要求并由其承担风险和费用，供应方应当在需要时及时向采购方提供或给予协助，以帮助采购方取得为采购方进口货物可能要求的和/或在运往目的地的过程中可能需要的包括与安全清关有关的信息在内的任何单据或信息；供应方应当补偿采购方因提供 B10 中协助其取得单据和信息的行为时的费用和要价。

2. 供应方义务 B

B1：采购方的一般义务

采购方必须按照买卖合同之规定支付货物价款。所有在 B1～B10 条款中提及的文件，（均）可采用经当事人协定或约定俗成、具有同等作用的电子记录或者手续。

B2：许可证、其他许可、安全清关和其他手续

如果这些地方需要办理这些海关手续，采购方在自行承担风险和费用的情况下，可以自由决定是否取得许可证或其他官方核准文件，并办理货物进口和经由他国过境运输的一切海关手续。

B3：运输与保险合同

采购方没有向供应方制定运输合同和保险合同的义务。但是，当供应方要求时，采购方须向供应方提供获得保险的必要信息。

B4：受领货物

采购方必须在货物已经按照 A4 的规定交货时受领货物，并在指定的目的地从承运人受领货物。

B5：风险转移

采购方承担按照 A4 规定交货时起货物灭失或损坏的一切风险。在货物已被清楚确定为合同项下之物的条件下，如采购方未能按照 B7 之规定向供应方发出通知，则采购方必须从约定的交货日期或交货期限届满之日起，承担货物灭失或损坏的一切风险。

B6：费用分摊

除 A3 规定外，采购方必须支付：a）自按照 A4 规定交货时起的一切与货物有关的费用，除了在 A6 中提到的在这些地方需要办理海关手续的情况下货物出口需要办理的海关手续费用及出口时应缴纳的一切关税、税款和其他费用。b）货物在运输途中直至到达目的地为止的一切费用，除非这些费用根据运输合同应由供应方支付。c）卸货费，除非根据运输合同应由供应方支付。d）在 A3 和 B3 之下，应采购方要求购买任何额外保险的费用。e）如采购方未按照 B7 的规定给予供应方通知，则自约定的装运日期或装运期限届满之日起，货物所产生的一切额外费用，但以该项货物已正式划归合同项下，即清楚地划出或以其他方式确定为合同项下之货物为限。f）在需要办理海关手续时货物进口应交纳的一切关税、税款和其他费用，及办理海关手续的费用，以及从他国过境的费用，除非这些费用已包括在运输合同中。

B7：通知供应方

一旦采购方有权决定发送货物的时间和/或者指定的目的地或者指定接收货物的地点，采购方必须就此给予供应方充分通知。

B8：交货证明

如果符合合同规定，采购方必须接受按照 A8 规定提供的运输单据。

B9：货物检验

采购方应当支付任何装运之前强制检验的费用，但出口国强制进行的检验除外。

B10：信息协助和相关费用

采购方应当及时告知供应方其关于安全清关信息方面的请求，使供应方能够履行 A10 中规定的义务；采购方应当对供应方因依 A10 规定所提供或给予的关于取得单据和信息的协助而产生的费用和要价进行补偿；应供应方的要求并由其承担风险和费用，采购方应当在需要时及时向供应方提供或给予协助，以帮助供应方取得为运输和出口货物和/或从他国过境时需要的包括与安全清关有关的信息在内的任何单据或信息。

（五）DAT——终点站交货（……指定目的港或目的地）

"终点站交货"是指供应方在指定的目的港或目的地的指定的终点站卸货后将货物交给采购方处置即完成交货。"终点站"包括任何地方，无论约定或者不约定，包括码头、仓库、集装箱堆场或公路、铁路或空运货站。供应方应承担将货物运至指定的目的地和卸货所产生的一切风险和费用。

DAT 条件下供应和采购双方必须完成的基本义务：

1. 供应方义务 A

A1：供应方的一般义务

供应方必须按照销售合同提供货物和商业发票，以及合同可能要求的、用以证明货物符合合同规定的其他任何凭证。所有在 A1～A10 条款中提及的文件，（均）可采用经当事人协定或约定俗成、具有同等作用的电子记录或者手续。

A2：许可证、其他许可、安全清关和其他手续

在必要的情况下，供应方必须自担风险和费用，在交货前取得任何出口许可证或其他官方许可，并且在需要办理海关手续时办理货物出口和从他国过境所需的一切海关手续。

A3：运输与保险合同

供应方必须自付费用订立运输合同，将货物运至指定目的港或目的地的指定终点站。如未约定或按照交易习惯也无法确定具体交货地点，供应方可在目的港或目的地选择最符合其交易目的的终点站（交货）；供应方没有为采购方签订保险合同的义务。但是，供应方在采购方的要求下，必须向采购方提供采购方借以获得保险服务的信息，其中如果存在风险和费用，一概由采购方承担。

A4：交付货物

供应方必须在约定的日期或期限内，在目的港或目的地中按 A3 所指定的终点站，将货物从交货的运输工具上卸下,并交给采购方处置完成交货。

A5:风险转移

除了 B5 所描述的(货物)灭失或损坏的情形外,供应方必须承担货物灭失或损坏的一切风险,直至货物已经按照 A4 条的规定交付为止。

A6:费用分摊

供应方必须支付:a)除了按 B6 规定的由采购方支付的费用外,包括因 A3 产生的费用,以及直至货物已按 A4 的规定交付为止而产生的一切与货物有关的费用。b)在必要的情况下,在按照 A4 规定的交货之前,货物出口需要办理的海关手续费用及货物出口时应缴纳的一切关税、税款和其他费用,以及货物经由他国过境运输的费用。

A7:通知采购方

供应方必须提供采购方需要的任何通知,以便采购方能够为受领货物而采取通常必要的措施。

A8:交货单据

供应方必须自付费用向采购方提供提货单据,使采购方能够如同 A4 或 B4 条的规定提取货物。

A9:核对,包装,标记

供应方应当支付那些对实现按照 A4 的标准运输货物的目标必不可少的检查措施(比如质量检查、测量、称重、计数)所产生的费用,以及任何为出口国当局规定的装运前检验的费用;供应方应当由自己负担成本来包装货物,除非对该特定种类的交易来说,将这种被销售货物不加包装地运输是相关行业惯例;供应方可以将货物以适宜其运输的方式加以包装,除非采购方在销售合同签订前向供应方通知了明确的包装要求。包装应当适当地标记。

A10:信息协助和相关费用

应采购方的要求并由其承担风险和费用,供应方应当在需要时及时向采购方提供或给予协助,以帮助采购方取得为采购方进口货物可能要求的和/或在运往目的地的过程中可能需要的包括与安全清关有关的信息在内的任何单据或信息;供应方应当补偿采购方因提供 B10 中协助其取得单据和信息的行为时的费用和要价。

2. 供应方义务 B

B1:采购方的一般义务

采购方必须按照买卖合同之规定支付货物价款。所有在 B1~B10 条款中提及的文件,(均)可采用经当事人协定或约定俗成、具有同等作用的电子记录或者手续。

B2:许可证、其他许可、安全清关和其他手续

在必要的情况下,采购方必须自担风险和费用,取得所需的进口许可证或其他官方许可证,并办理货物进口所需的一切海关手续。

B3:运输与保险合同

采购方没有为供应方签订运输合同和保险合同的义务。但是如果供应方要求,采购方则必须向供应方提供必要的关于获得保险的必要信息。

B4:受领货物

货物已按 A4 的规定交付时,采购方必须受领货物。

B5:风险转移

自货物已按 A4 的规定交付时起,采购方必须承担货物灭失或损坏的一切风险;如果采购方未按 B2 的规定履行义务,采购方承担由此产生的货物灭失或损坏的一切风险;如果采购方未按 B7 的规定给予通知,自约定的交付货物的日期或期间届满之日起,采购方承担货物灭失或损坏的一切风险,但以该项货物已经被清楚地确定为合同货物为限。

B6:费用分摊

采购方必须支付:a)自货物已按 A4 的规定交付时起,与货物有关的一切费用。b)任何因采购方未按 B2 条规定履行义务或未按 B7 给予通知而使供应方额外支付的费用,但以该项货物已经被清楚地确定为合同货物为限。c)在必要的情况下,货物进口需要办理的海关手续费用及货物进口时应缴纳的一切关税、税款和其他费用。

B7:通知供应方

一旦采购方有权决定于约定期限内受领货物的时间点和/或于指定的目的地受领货物的具体位置,采购方必须就此给予供应方充分通知。

B8:交货证明

采购方必须接受供应方提供的符合 A8 条款规定的交货单据。

B9:货物检验

采购方应当支付任何装运之前强制检验的费用,但出口国强制进行的检验除外。

B10:信息协助和相关费用

采购方应当及时告知供应方其关于安全清关信息方面的请求,使供应方能够履行 A10 中规定的义务;采购方应当对供应方因依 A10 规定所提供或给予的关于取得单据和信息的协助而产生的费用和要价进行补偿;应供应方的要求并由其承担风险和费用,采购方应当在需要时及时向供应方提供或给予协助,以帮助供应方取得为运输和出口货物和/或从他国过境时需要的包括与安全清关有关的信息在内的任何单据或信息。

(六)DAP——目的地交货(……指定目的地)

"目的地交货"是指供应方在指定的交货地点,将仍处于交货的运输工具上尚未卸下的货物交给采购方处置即完成交货。供应方须承担货物运至指定目的地的一切风险。

DAP 条件下供应和采购双方必须完成的基本义务：

1. 供应方义务 A

A1：供应方的一般义务

供应方必须按照销售合同提供货物和商业发票，以及合同可能要求的、用以证明货物符合合同规定的其他任何凭证。所有在 A1~A10 条款中提及的文件，（均）可采用经当事人协定或约定俗成、具有同等作用的电子记录或者手续。

A2：许可证、其他许可、安全清关和其他手续

在必要的情况下，供应方必须自担风险和费用，在交货前取得任何出口许可证或其他官方许可，并且在需要办理海关手续时办理货物出口和从他国过境所需的一切海关手续。

A3：运输与保险合同

供应方必须自付费用订立运输合同，将货物运至指定的交货地点。如未约定或按照惯例也无法确定指定的交货地点，则供应方可在指定的交货地点选择最适合其目的的交货地点；供应方没有为采购方签订保险合同的义务。但是，供应方在采购方的要求下，必须向采购方提供采购方借以获得保险服务的信息，其中如果存在风险和费用，一概由采购方承担。

A4：交付货物

供应方必须在约定日期或期限内，在指定的交货地点，将仍处于约定地点的交货运输工具上尚未卸下的货物交给采购方处置。

A5：风险转移

除了 B5 所描述的（货物）灭失或损坏的情形外，供应方必须承担货物灭失或损坏的一切风险，直至货物已经按照 A4 的规定交付为止。

A6：费用分摊

供应方必须支付：a）除了按 B6 规定的由采购方支付的费用外，包括因 A3 产生的费用，以及直至货物已按 A4 的规定交付为止而产生的一切与货物有关的费用。b）根据运输合同约定的在交货地发生应由供应方支付的卸货费用。c）在必要的情况下，在按照 A4 规定的交货之前，货物出口需要办理的海关手续费用及货物出口时应缴纳的一切关税、税款和其他费用，以及货物经由他国过境运输的费用。

A7：通知采购方

供应方必须提供采购方需要的任何通知，以便采购方能够为受领货物而采取通常必要的措施。

A8：交货单据

供应方必须自付费用向采购方提供提货单据，使采购方能够如同 A4 或 B4 的规定提取货物。

A9：核对，包装，标记

供应方应当支付那些对实现按照 A4 的标准运输货物的目标必不可少的检查措施（比如质量检查、测量、称重、计数）所产生的费用，以及任何为出口国当局规定的装运前检验的费用；供应方应当由自己负担成本来包装货物，除非对该特定种类的交易来说，将这种被销售货物不加包装地运输是相关行业惯例；供应方可以将货物以适宜其运输的方式加以包装，除非采购方在销售合同签订前向供应方通知了明确的包装要求。包装应当适当地标记。

A10：信息协助和相关费用

应采购方的要求并由其承担风险和费用，供应方应当在需要时及时向采购方提供或给予协助，以帮助采购方取得为采购方进口货物可能要求的和/或在运往目的地的过程中可能需要的包括与安全清关有关的信息在内的任何单据或信息；供应方应当补偿采购方因提供 B10 中协助其取得单据和信息的行为时的费用和要价。

2. 供应方义务 B

B1：采购方的一般义务

采购方必须按照买卖合同之规定支付货物价款。所有在 B1～B10 条款中提及的文件，（均）可采用经当事人协定或约定俗成、具有同等作用的电子记录或者手续。

B2：许可证、其他许可、安全清关和其他手续

在必要的情况下，采购方必须自担风险和费用，取得所需的进口许可证或其他官方许可证，并办理货物进口所需的一切海关手续。

B3：运输与保险合同

采购方没有为供应方签订运输合同和保险合同的义务。但是如果供应方要求，采购方则必须向供应方提供必要的关于获得保险的必要信息。

B4：受领货物

货物已按 A4 的规定交付时，采购方必须受领货物。

B5：风险转移

采购方必须支付：a）自货物已按 A4 的规定交付时起，与货物有关的一切费用。b）任何因采购方未按 B2 规定履行义务或未按 B7 给予通知而使供应方额外支付的费用，但以该项货物已经被清楚地确定为合同货物为限。c）在必要的情况下，货物进口需要办理的海关手续费用及货物进口时应交纳的一切关税、税款和其他费用。

B6：费用分摊

采购方必须支付：a）自货物已按 A4 的规定交付时起，与货物有关的一切费用。b）任何因采购方未按 B2 规定履行义务或未按 B7 给予通知而使供应方额外支付的费用，但以该项货物已经被清楚地确定为合同货物为限。c）在指定交货地将货物从交货运输工具上卸下以受领货物的一切卸货费,除非这些费用按照运输合同是由供应方承担。d)在必要的情况下,货物进口需要办理的海关手续费用及货物进口时应缴纳的一切关税、税款和其他费用。

B7:通知供应方

一旦采购方有权决定于约定期限内受领货物的时间点和/或于指定的目的地受领货物的具体位置,采购方必须就此给予供应方充分通知。

B8:交货证明

采购方必须接受供应方提供的符合A8条款规定的交货单据。

B9:货物检验

采购方应当支付任何装运之前强制检验的费用,但出口国强制进行的检验除外。

B10:信息协助和相关费用

采购方应当及时告知供应方其关于安全清关信息方面的请求,使供应方能够履行A10中规定的义务;采购方应当对供应方因依A10规定所提供或给予的关于取得单据和信息的协助而产生的费用和要价进行补偿;应供应方的要求并由其承担风险和费用,采购方应当在需要时及时向供应方提供或给予协助,以帮助供应方取得为运输和出口货物和/或从他国过境时需要的包括与安全清关有关的信息在内的任何单据或信息。

(七)DDP——完税后交货(……指定目的地)

"完税后交货"是指供应方在指定的目的地,将货物交给采购方处置,并办理进口清关手续,将在交货运输工具上的货物交与采购方,完成交货。供应方承担将货物运至指定的目的地的一切风险和费用,并有义务办理出口清关手续与进口清关手续。

DDP条件下供应和采购双方必须完成的基本义务:

1. 供应方义务A

A1:供应方的一般义务

供应方必须按照销售合同提供货物和商业发票,以及合同可能要求的、用以证明货物符合合同规定的其他任何凭证。所有在A1~A10条款中提及的文件,(均)可采用经当事人协定或约定俗成、具有同等作用的电子记录或者手续。

A2:许可证、其他许可、安全清关和其他手续

需要办理海关手续时,供应方须自担风险费用,取得所有进出口许可证或其他官方许可,并办理进出口货物,在他国运输的一切必要海关手续。

A3:运输与保险合同

供应方必须自付费用订立运输合同,将货物运至指定的交货地点。如未约定或按照惯例也无法确定指定的交货地点,则供应方可在指定的交货地点选择最适合其目的的交货点;

供应方没有为采购方签订保险合同的义务。但是，供应方在采购方的要求下，必须向采购方提供采购方借以获得保险服务的信息，其中如果存在风险和费用，一概由采购方承担。

A4：交付货物

供应方必须在约定日期或期限内，在指定的交货地点，将仍处于约定地点的交货运输工具上尚未卸下的货物交给采购方处置。

A5：风险转移

除了 B5 所描述的（货物）灭失或损坏的情形外，供应方必须承担货物灭失或损坏的一切风险，直至货物已经按照 A4 的规定交付为止。

A6：费用分摊

供应方必须支付：a）除了由 A3 之外所产生的费用以外，直到货品按照 A4 的规定交货之前，所有相关的一切费用，不包括那些 B6 中所提到的由采购方支付的费用。b）根据运输合同的规定的在交货地的卸货费用。c）在适用的情况下，出口和进口所必需的报关费用以及一切关税，税款和其他在出口和进口货品时应支付的费用，以及货品在交付之前，按照 A4 的规定运输途中因通过其他国家所产生的费用。

A7：通知采购方

供应方必须提供采购方需要的任何通知，以便采购方能够为受领货物而采取通常必要的措施。

A8：交货单据

供应方必须自付费用向采购方提供提货单据，使采购方能够如同 A4 或 B4 的规定提取货物。

A9：核对，包装，标记

供应方应当支付那些对实现按照 A4 的标准运输货物的目标必不可少的检查措施（比如质量检查、测量、称重、计数）所产生的费用，以及任何为出口国当局规定的装运前检验的费用；供应方应当由自己负担成本来包装货物，除非对该特定种类的交易来说，将这种被销售货物不加包装地运输是相关行业惯例；供应方可以将货物以适宜其运输的方式加以包装，除非采购方在销售合同签订前向供应方通知了明确的包装要求。包装应当适当地标记。

A10：信息协助和相关费用

应采购方的要求并由其承担风险和费用，供应方应当在需要时及时向采购方提供或给予协助，以帮助采购方取得为采购方进口货物可能要求的和/或在运往目的地的过程中可能需要的包括与安全清关有关的信息在内的任何单据或信息；供应方应当补偿采购方因提供 B10 中协助其取得单据和信息的行为时的费用和要价。

2. 供应方义务 B

B1：采购方的一般义务

采购方必须按照买卖合同之规定支付货物价款。所有在 B1～B10 条款中提及的文件，（均）可采用经当事人协定或约定俗成、具有同等作用的电子记录或者手续。

B2：许可证、其他许可、安全清关和其他手续

在合适的情况下，应供应方的请求采购方必须向供应方提供援助，并且帮助供应方取得进口货物的许可证并办理官方的手续。

B3：运输与保险合同

采购方没有为供应方签订运输合同和保险合同的义务。但是如果供应方要求，采购方则必须向供应方提供必要的关于获得保险的必要信息。

B4：受领货物

货物已按 A4 的规定交付时，采购方必须受领货物。

B5：风险转移

采购方必须支付：a）自货物已按 A4 的规定交付时起，与货物有关的一切费用。b）任何因采购方未按 B2 规定履行义务或未按 B7 给予通知而使供应方额外支付的费用，但以该项货物已经被清楚地确定为合同货物为限。c）在必要的情况下，货物进口需要办理的海关手续费用及货物进口时应缴纳的一切关税、税款和其他费用。

B6：费用分摊

采购方必须支付：a）从货物被交付之日起与货物相关的全部费用。b）在指定目的地卸货的所有费用，包括从运输方式到接收货物整个过程的所有费用，除非按照运输合同，这些费用是由供应方支付。c）在货物已被确定为合同项下货物的前提下，如果没有按照 B2 履行其义务或没有按照 B7 发出通知所造成的额外的费用。

B7：通知供应方

一旦采购方有权决定于约定期限内受领货物的时间点和/或于指定的目的地受领货物的具体位置，采购方必须就此给予供应方充分通知。

B8 交货证明

采购方必须接受供应方提供的符合 A8 条款规定的交货单据。

B9：货物检验

采购方应当支付任何装运之前强制检验的费用，但出口国强制进行的检验除外。

B10：信息协助和相关费用

采购方应当及时告知供应方其关于安全清关信息方面的请求，使供应方能够履行 A10 中规定的义务；采购方应当对供应方因依 A10 规定所提供或给予的关于取得单据和信息的协助而产生的费用和要价进行补偿；应供应方的要求并由其承担风险和费用，采购方应当在需要时及时向供应方提供或给予协助，以帮助供应方取得为运输和出口货物和/或从他国过境时需要的包括与安全清关有关的信息在内的任何单据或信息。

以上七种贸易术语适用于任何方式的运输。而下面的四种贸易术语仅仅适用于海运或内河运输。

（八）FAS——船边交货（……指定装运港）

"船边交货"是指供应方在指定装运港将货物交到采购方指定的船边（例如码头上或驳船上），即完成交货。从那时起，货物灭失或损坏的风险发生转移，并且由采购方承担所有费用。

FAS条件下供应和采购双方必须完成的基本义务：

1. 供应方义务 A

A1：供应方的一般义务

供应方必须按照销售合同提供货物和商业发票，以及合同可能要求的、用以证明货物符合合同规定的其他任何凭证。所有在 A1～A10 条款中提及的文件，（均）可采用经当事人协定或约定俗成、具有同等作用的电子记录或者手续。

A2：许可证、其他许可、安全清关和其他手续

供应方应当自担风险和费用，并且在需要的时候取得任何出口许可证或其他官方许可，而且在办理海关手续时办理货物出口所需要的一切海关手续。

A3：运输与保险合同

供应方没有为采购方订立运输合同和为采购方订立保险合同的义务。但是，供应方应当按照采购方的要求，向采购方提供其所需的有关购买保险的信息，由此产生的任何风险、费用由采购方承担。

A4：交付货物

供应方必须在采购方指定的装运港，在采购方指定的装货地点（如果有指定的装货地点），将货物交至采购方指定的船边，或者取得已经交付的货物。无论用哪种方式，供应方必须在约定的日期或者期限内，按照该港的习惯方式交付货物；如果采购方没有指定特别的装货地点，供应方可以在指定的装运港内选择最符合其目的的地点。如果双方约定在一定时期内交付货物，则采购方可以在约定时期内选择交货日期。

A5：风险转移

除 B5 规定的情况外，供应方必须承担货物灭失或损坏的一切风险，直至已按照 A4 规定交货为止。

A6：费用分摊

供应方必须支付：a）直至已经按照 A4 规定交货为止的与货物有关的一切费用，除了按照 B6 规定的应由供应方支付的。b）在需要时，货物出口时办理的海关手续费用，及应缴纳的一切关税、税款和其他费用。

A7：通知采购方

由采购方承担风险和费用，供应方必须给予采购方关于货物已按 A4 规定交付或者船舶未能在约定的时间内接收货物的充分通知。

A8：交货单据

供应方应当自担费用地向采购方提供证明按照 A4 规定已完成交货的通常凭证；供应方应当根据采购方的要求，给予采购方一切协助以取得运输单据，风险和费用由采购方承担。

A9：核对，包装，标记

供应方应当支付那些对实现按照 A4 的标准运输货物的目标必不可少的检查措施（比如质量检查、测量、称重、计数）所产生的费用，以及任何为出口国当局规定的装运前检验的费用；供应方应当由自己负担成本来包装货物，除非对该特定种类的交易来说，将这种被销售货物不加包装地运输是相关行业惯例；供应方可以将货物以适宜其运输的方式加以包装，除非采购方在销售合同签订前向供应方通知了明确的包装要求。包装应当适当地标记。

A10：信息协助和相关费用

应采购方的要求并由其承担风险和费用，供应方应当在需要时及时向采购方提供或给予协助，以帮助采购方取得为采购方进口货物可能要求的和/或在运往目的地的过程中可能需要的包括与安全清关有关的信息在内的任何单据或信息；供应方应当补偿采购方因提供 B10 中协助其取得单据和信息的行为时的费用和要价。

2. 供应方义务 B

B1：采购方的一般义务

采购方必须按照买卖合同之规定支付货物价款。所有在 B1～B10 条款中提及的文件，（均）可采用经当事人协定或约定俗成、具有同等作用的电子记录或者手续。

B2：许可证、其他许可、安全清关和其他手续

在需要的时候，采购方可以获取一切进口许可证或其他官方许可，以及办理货物进口的海关手续和从他国过境的一切相关手续，并自担风险和费用。

B3：运输与保险合同

采购方必须自行承担运费，订立自指定装运港运输货物的合同；采购方没有订立保险合同的义务。

B4：受领货物

采购方应当在供应方按照 A4 规定交货时，收取货物。

B5：风险转移

自依照 A4 的规定交货时起，采购方承担货物灭失或损坏的一切风险；如果采购方没有

按照 B7 的规定通知供应方；或者采购方指定的船只未按时到达，或未接收货物，或较 B7 通知的时间提早停止装货，则自约定的交货日期或期限届满时起，如果明确确定该项货物为合同项下之货物，采购方承担货物灭失或损坏的一切风险。

B6：费用分摊

采购方必须支付：a）自按照 A4 的规定交货时起的与货物有关的一切费用，除了 A6 中 b 项规定的在需要办理海关手续时，货物出口需要办理的海关手续费用，及货物出口时应缴纳的一切关税、税款和其他费用。b）因发生下列情况产生的一切额外费用：ⅰ）采购方未按照 B7 之规定及时通知供应方；ⅱ）在已经明确确定该项货物为合同项下之货物的情况下，采购方指定的货船没有及时到达，无法装载货物，或早于 B7 规定的时间停止装货产生的费用。c）在需要时，货物进口时办理海关手续的费用及应缴纳的一切关税、税款和其他费用，以及从他国运输过境的费用。

B7：通知供应方

采购方必须给供应方关于船舶的名称、装船地点以及，如有必要，在约定期限内选定的交付时间的充分通知。

B8：交货证明

采购方应当接受供应方依 A8 规定提供的交货凭证。

B9：货物检验

采购方应当支付任何装运之前强制检验的费用，但出口国强制进行的检验除外。

B10：信息协助和相关费用

采购方应当及时告知供应方其关于安全清关信息方面的请求，使供应方能够履行 A10 中规定的义务；采购方应当对供应方因依 A10 规定所提供或给予的关于取得单据和信息的协助而产生的费用和要价进行补偿；应供应方的要求并由其承担风险和费用，采购方应当在需要时及时向供应方提供或给予协助，以帮助供应方取得为运输和出口货物和/或从他国过境时需要的包括与安全清关有关的信息在内的任何单据或信息。

（九）FOB——船上交货（……指定装运港）

"船上交货"是指供应方在指定的装运港，将货物交至采购方指定的船只上，或者指（中间销售商）设法获取这样交付的货物。一旦装船，采购方将承担货物灭失或损坏造成的所有风险。

FOB 条件下供应和采购双方必须完成的基本义务：

1. 供应方义务 A

A1：供应方的一般义务

供应方必须按照销售合同提供货物和商业发票，以及合同可能要求的、用以证明货物符合合同规定的其他任何凭证。所有在 A1~A10 条款中提及的文件，（均）可采用经当事人协定或约定俗成、具有同等作用的电子记录或者手续。

A2：许可证、其他许可、安全清关和其他手续

供应方应当自担风险和费用，并且在需要的时候取得任何出口许可证或其他官方许可，而且在办理海关手续时办理货物出口所需要的一切海关手续。

A3：运输与保险合同

供应方没有为采购方订立运输合同和为采购方订立保险合同的义务。但是，供应方应当按照采购方的要求，向采购方提供其所需的有关购买保险的信息，由此产生的任何风险、费用由采购方承担。

A4：交付货物

供应方必须将货物运到采购方所指定的船只上，若有，就送到采购方的指定装运港或由中间商获取这样的货物。在这两种情况下，供应方必须按约定的日期或期限内按照该港习惯方式运输到港口；如果采购方没有明确装运地，供应方可以在指定的装运港中选择最适合其目的的装运点。

A5：风险转移

除 B5 规定的情况外，供应方必须承担货物灭失或损坏的一切风险，直至已按照 A4 规定交货为止。

A6：费用分摊

供应方必须支付：a）除由 B6 规定的理应由采购方支付的以外，供应方必须支付货物有关的一切费用，直到已经按照 A4 规定交货为止。b）需要办理海关手续时，货物出口需要办理的海关手续费用及出口时应缴纳的一切关税、税款和其他费用。

A7：通知采购方

由采购方承担风险和费用，供应方必须给予采购方关于货物已按 A4 规定交付或者船舶未能在约定的时间内接收货物的充分通知。

A8：交货单据

供应方应当自担费用地向采购方提供证明按照 A4 规定已完成交货的通常凭证；供应方应当根据采购方的要求，给予采购方一切协助以取得运输单据，风险和费用由采购方承担。

A9：核对，包装，标记

供应方应当支付那些对实现按照 A4 的标准运输货物的目标必不可少的检查措施（比如质量检查、测量、称重、计数）所产生的费用，以及任何为出口国当局规定的装运前检验的费用；供应方应当由自己负担成本来包装货物，除非对该特定种类的交易来说，将这种被销售货物不加包装地运输是相关行业惯例；供应方可以将货物以适宜其运输的方式加以包装，除非采购方在销售合同签订前向供应方通知了明确的包装要求。包装应当适当地

标记。

A10：信息协助和相关费用

应采购方的要求并由其承担风险和费用，供应方应当在需要时及时向采购方提供或给予协助，以帮助采购方取得为采购方进口货物可能要求的和/或在运往目的地的过程中可能需要的包括与安全清关有关的信息在内的任何单据或信息；供应方应当补偿采购方因提供B10 中协助其取得单据和信息的行为时的费用和要价。

2. 供应方义务 B

B1：采购方的一般义务

采购方必须按照买卖合同之规定支付货物价款。所有在 B1～B10 条款中提及的文件，（均）可采用经当事人协定或约定俗成、具有同等作用的电子记录或者手续。

B2：许可证、其他许可、安全清关和其他手续

在需要的时候，采购方可以获取一切进口许可证或其他官方许可，以及办理货物进口的海关手续和从他国过境的一切相关手续，并自担风险和费用。

B3：运输与保险合同

采购方必须自行承担运费，订立自指定装运港运输货物的合同；采购方没有订立保险合同的义务。

B4：受领货物

采购方必须在供应方 A4 中规定交货时受领货物。

B5：风险转移

自货物按照 A4 规定交付之时起，采购方要承担货物灭失或损失的全部风险。若 a）采购方没有按照 B7 规定通知指定船只。b）采购方指定船只没有按期到达，以致供应方无法履行 A4 规定，或（指定船只）没有接管货物，或（指定船只）较按照 B7 通知的时间提早停止装货。则自以下所述之日起采购方承担货物灭失或损失的全部风险：ⅰ）自协议规定的日期起；ⅱ）若没有协议约定的日期，则自供应方按照 A7 规定的协议期限内的通知之日起；ⅲ）若没有约定通知日期，则自任一约定的交付期限届满之日起。但前提是该货物已经被准确无疑地确定是合同规定之货物。

B6：费用分摊

采购方必须支付：a）自按照 A4 规定交货之时起与货物有关的一切费用，除了货物出口需要办理的海关手续费用、应缴纳的一切关税、税款和在 A6 中提到的其他费用。b）以下两种情形之一将导致额外费用：ⅰ）由于采购方未能按照 B7 规定给予供应方相应的通知；ⅱ）采购方指定的船只未按时到达，或未接收上述货物，或较按照 B7 通知的时间提早停止装货，除非该项货物已正式划归合同项下。c）需要办理海关手续时，货物进口应缴纳的一切关税、税款和其他费用，及货物进口时办理海关手续的费用，以及货物从他国过境

的费用。

B7：通知供应方

采购方必须给供应方关于船舶的名称、装船地点以及，如有必要，在约定期限内选定的交付时间的充分通知。

B8：交货证明

采购方应当接受供应方依 A8 规定提供的交货凭证。

B9：货物检验

采购方应当支付任何装运之前强制检验的费用，但出口国强制进行的检验除外。

B10：信息协助和相关费用

采购方应当及时告知供应方其关于安全清关信息方面的请求，使供应方能够履行 A10 中规定的义务；采购方应当对供应方因依 A10 规定所提供或给予的关于取得单据和信息的协助而产生的费用和要价进行补偿；应供应方的要求并由其承担风险和费用，采购方应当在需要时及时向供应方提供或给予协助，以帮助供应方取得为运输和出口货物和/或从他国过境时需要的包括与安全清关有关的信息在内的任何单据或信息。

（十）CFR——成本加运费付至（……指定目的港）

"成本加运费"是指供应方交付货物于船舶之上或采购已如此交付的货物，而货物损毁或灭失之风险从货物转移至船舶之上起转移，供应方应当承担并支付必要的成本加运费以使货物运送至目的港。

CFR 条件下供应和采购双方必须完成的基本义务：

1. 供应方义务 A

A1：供应方的一般义务

供应方必须按照销售合同提供货物和商业发票，以及合同可能要求的、用以证明货物符合合同规定的其他任何凭证。所有在 A1～A10 条款中提及的文件，（均）可采用经当事人协定或约定俗成、具有同等作用的电子记录或者手续。

A2：许可证、其他许可、安全清关和其他手续

供应方应当自担风险和费用，并且在需要的时候取得任何出口许可证或其他官方许可，而且在办理海关手续时办理货物出口所需要的一切海关手续。

A3：运输与保险合同

供应方应当在运输合同中约定一个协商一致的交付地点，若有如在目的地的指定港口，或者，经双方同意在港口的任意地点。供应方应当自付费用，按照通常条件订立运输合同，经由惯常航线，将货物用通常用于供运输这类货物的船舶加以运输；供应方没有为采购方订立保险合同的义务。但是，供应方应当按照采购方的要求，向采购方提供其所需的有关购买保险的信息，由此产生的任何风险、费用由采购方承担。

A4：交付货物

供应方应当通过将货物装至船舶之上或促使货物以此种方式交付进行交付。在任何一种情形下，供应方应当在约定的日期或期间内依惯例交付。

A5：风险转移

除 B5 规定的情况外，供应方必须承担货物灭失或损坏的一切风险，直至已按照 A4 规定交货为止。

A6：费用分摊

供应方必须支付以下费用：a）所有在货物按照 A4 交付完成之前所产生的与之相关的费用，B6 中规定应由采购方承担的可支付的部分除外。b）货物运输费用及由 A3 运输合同之规定而产生的一切其他费用，包括装载货物的费用，以及按照运输合同约定由供应方支付的在约定卸货港口卸货产生的费用。c）在适当的情况下，因海关手续产生的一切费用，以及出口货物所需缴纳的一切关税，税赋及其他应缴纳之费用，以及根据运输合同应由供应方承担的因穿过任何国家所产生的过境费用。

A7：通知采购方

供应方应当给予采购方所有/任何其需要的通知，以便采购方能够采取通常必要的提货措施。

A8：交货单据

供应方必须自费向采购方提供表明载往约定目的港的通常运输单据。运输单据须载明合同货物，其日期应在约定的装运期内，使采购方得以在目的港向承运人提取货物，除非另有约定，采购方可通过转让单据（提单）或通过通知承运人，向其后手采购方（下家）出售在途货物。运输单据为可流通、可议付、有数个正本，则供应方应向采购方提供全套正本。

A9：核对，包装，标记

供应方应当支付那些对实现按照 A4 的标准运输货物的目标必不可少的检查措施（比如质量检查、测量、称重、计数）所产生的费用，以及任何为出口国当局规定的装运前检验的费用；供应方应当由自己负担成本来包装货物，除非对该特定种类的交易来说，将这种被销售货物不加包装地运输是相关行业惯例；供应方可以将货物以适宜其运输的方式加以包装，除非采购方在销售合同签订前向供应方通知了明确的包装要求。包装应当适当地标记。

A10：信息协助和相关费用

应采购方的要求并由其承担风险和费用，供应方应当在需要时及时向采购方提供或给予协助，以帮助采购方取得为采购方进口货物可能要求的和/或在运往目的地的过程中可能需要的包括与安全清关有关的信息在内的任何单据或信息；供应方应当补偿采购方因提供 B10 中协助其取得单据和信息的行为时的费用和要价。

2. 供应方义务 B

B1：采购方的一般义务

采购方必须按照买卖合同之规定支付货物价款。所有在 B1～B10 条款中提及的文件，（均）可采用经当事人协定或约定俗成、具有同等作用的电子记录或者手续。

B2：许可证、其他许可、安全清关和其他手续

在需要的时候，采购方可以获取一切进口许可证或其他官方许可，以及办理货物进口的海关手续和从他国过境的一切相关手续，并自担风险和费用。

B3：运输与保险合同

采购方无义务为供应方订立运输合同和保险合同。但是根据供应方请求，采购方须提供投保所需要的必要信息。

B4：受领货物

采购方必须在供应方按照 A4 规定交货时受领货物，并在指定目的港从承运人处收受货物。

B5：风险转移

采购方必须承担货物按照 A4 规定交付后毁损灭失的一切风险。如果采购方未按照 B7 规定给予供应方通知，采购方必须从约定的装运日期或装运期限届满之日起，承担货物灭失或损坏的一切风险，假如货物已被清楚地确定为合同中的货物。

B6：费用分摊

除 A3 条款规定费用外，采购方必须支付：a）从货物以在 A4 中规定的方式交付起与之有关的一切费用，除了出口所必要的清关费用，以及在 A6c）中所涉及的所需的一切关税、赋税及其他各项应付出口费用。b）货物在运输途中直至到达目的港为止的一切费用，除非这些费用根据运输合同应由供应方支付。c）卸货费用，包括驳船费和码头费，除非该成本和费用在运输合同是由供应方支付的。d）任何额外的费用，如果没有在规定期限或装船期到期日前按照 B7 中的规定发出通知，只要货物已被清楚地确定为合同中的货物。e）在需要办理海关手续时，货物进口应缴纳的一切关税、税款和其他费用，及办理海关手续的费用，以及需要时从他国过境的费用，除非这些费用已包括在运输合同中。

B7：通知供应方

当能够确定装货时间和/或在指定目的港内收货具体地点时，采购方必须充分给予供应方通知。

B8：交货证明

采购方必须接受按照 A8 规定提供的运输单据，如果该单据符合合同规定的话。

B9：货物检验

采购方应当支付任何装运之前强制检验的费用，但出口国强制进行的检验除外。

B10：信息协助和相关费用

采购方应当及时告知供应方其关于安全清关信息方面的请求，使供应方能够履行 A10 中规定的义务；采购方应当对供应方因依 A10 规定所提供或给予的关于取得单据和信息的协助而产生的费用和要价进行补偿；应供应方的要求并由其承担风险和费用，采购方应当在需要时及时向供应方提供或给予协助，以帮助供应方取得为运输和出口货物和/或从他国过境时需要的包括与安全清关有关的信息在内的任何单据或信息。

（十一）CIF——成本，保险加运费付至（……指定目的港）

"成本，保险费加运费"指供应方将货物装上船或获取这样交付的货物。货物灭失或损坏的风险在货物于装运港装船时转移向采购方。供应方须自行订立运输合同，支付将货物装运至指定目的港所需的运费和费用。

CIF 条件下供应和采购双方必须完成的基本义务：

1. 供应方义务 A

A1：供应方的一般义务

供应方必须按照销售合同提供货物和商业发票，以及合同可能要求的、用以证明货物符合合同规定的其他任何凭证。所有在 A1～A10 条款中提及的文件，（均）可采用经当事人协定或约定俗成、具有同等作用的电子记录或者手续。

A2：许可证、其他许可、安全清关和其他手续

供应方应当自担风险和费用，并且在需要的时候取得任何出口许可证或其他官方许可，而且在办理海关手续时办理货物出口所需要的一切海关手续。

A3：运输与保险合同

供应方应当在运输合同中约定一个协商一致的交付地点，若有的话如在目的地的指定港口，或者，经双方同意在港口的任意地点。供应方应当自付费用，按照通常条件订立运输合同，经由惯常航线，将货物用通常用于供运输这类货物的船舶加以运输；卖家须自付费用，按照至少符合《协会货物保险条款》（LMA/IUA）C 款或其他类似条款中规定的最低保险险别投保。这个保险应与信誉良好的保险人或保险公司订立，并保证采购方或其他对货物具有保险利益的人有权直接向保险人索赔；应采购方要求，并由采购方负担费用且提供一切供应方需要的信息，则供应方应提供额外的保险，如果能投保的话；最低保险金额应当包括合同中所规定的价款另加百分之十；保险应当承保从规定于 A4 和 A5 条款中的发货点发出至少到指定的目的港的货物；供应方必须提供给采购方保险单或其他保险承保的证据。

A4：交付货物

供应方应当通过将货物装至船舶之上或促使货物以此种方式交付进行交付。在任何一种情形下，供应方应当在约定的日期或期间内依惯例交付。

A5：风险转移

除 B5 规定的情况外，供应方必须承担货物灭失或损坏的一切风险，直至已按照 A4 规定交货为止。

A6：费用分摊

供应方必须支付以下费用：a）所有在货物按照 A4 交付完成之前所产生的与之相关的费用，B6 中规定应由采购方承担的可支付的部分除外。b）货物运输费用及由 A3 运输合同之规定而产生的一切其他费用，包括装载货物的费用，以及按照运输合同约定由供应方支付的在约定卸货港口卸货产生的费用。c）由 A3 规定所产生的保险费用。d）在适当的情况下，因海关手续产生的一切费用，以及出口货物所需缴纳的一切关税，税赋及其他应缴纳之费用，以及根据运输合同应由供应方承担的因穿过任何国家所产生的过境费用。

A7：通知采购方

供应方应当给予采购方所有/任何其需要的通知，以便采购方能够采取通常必要的提货措施。

A8：交货单据

供应方必须自费向采购方提供表明载往约定目的港的通常运输单据。运输单据须载明合同货物，其日期应在约定的装运期内，使采购方得以在目的港向承运人提取货物，除非另有约定，采购方可通过转让单据（提单）或通过通知承运人，向其后手采购方（下家）出售在途货物。运输单据为可流通、可议付、有数个正本，则供应方应向采购方提供全套正本。

A9：核对，包装，标记

供应方应当支付那些对实现按照 A4 的标准运输货物的目标必不可少的检查措施（比如质量检查、测量、称重、计数）所产生的费用，以及任何为出口国当局规定的装运前检验的费用；供应方应当由自己负担成本来包装货物，除非对该特定种类的交易来说，将这种被销售货物不加包装地运输是相关行业惯例；供应方可以将货物以适宜其运输的方式加以包装，除非采购方在销售合同签订前向供应方通知了明确的包装要求。包装应当适当地标记。

A10：信息协助和相关费用

应采购方的要求并由其承担风险和费用，供应方应当在需要时及时向采购方提供或给予协助，以帮助采购方取得为采购方进口货物可能要求的和/或在运往目的地的过程中可能需要的包括与安全清关有关的信息在内的任何单据或信息；供应方应当补偿采购方因提供

B10 中协助其取得单据和信息的行为时的费用和要价。

2. 供应方义务 B

B1：采购方的一般义务

采购方必须按照买卖合同之规定支付货物价款。所有在 B1～B10 条款中提及的文件，（均）可采用经当事人协定或约定俗成、具有同等作用的电子记录或者手续。

B2：许可证、其他许可、安全清关和其他手续

在需要的时候，采购方可以获取一切进口许可证或其他官方许可，以及办理货物进口的海关手续和从他国过境的一切相关手续，并自担风险和费用。

B3：运输与保险合同

采购方无义务为供应方订立运输合同和保险合同。但是如果采购方想附加同 A3 中所描述的保险，就须根据供应方要求，提供给供应方任何附加该保险所需的信息。此外，应采购方的要求，并由采购方自负风险及费用（如有）的情况下，供应方必须提供采购方所需要的任何获取额外保险的信息。

B4：受领货物

采购方必须在供应方按照 A4 规定交货时受领货物，并在指定目的港从承运人处收受货物。

B5：风险转移

采购方必须承担货物按照 A4 规定交付后毁损灭失的一切风险。如果采购方未按照 B7 规定给予供应方通知，采购方必须从约定的装运日期或装运期限届满之日起，承担货物灭失或损坏的一切风险，假如货物已被清楚地确定为合同中的货物。

B6：费用分摊

除 A3 条款规定费用外，采购方必须支付：a) 从货物以在 A4 中规定的方式交付起与之有关的一切费用，除了出口所必要的清关费用，以及在 A6 c) 中所涉及的所需的一切关税、赋税及其他各项应付出口费用。b) 货物在运输途中直至到达目的港为止的一切费用，除非这些费用根据运输合同应由供应方支付。c) 卸货费用，包括驳船费和码头费，除非该成本和费用根据运输合同是由供应方支付的。d) 根据 A3 和 B3 任何因采购方要求而产生的附加保险费用。e) 任何额外的费用，如果没有在规定期限或装船期到期日前按照 B7 中的规定发出通知，只要货物已被清楚地确定为合同中的货物。f) 在需要办理海关手续时，货物进口应缴纳的一切关税、税款和其他费用，及办理海关手续的费用，以及需要时从他国过境的费用，除非这些费用已包括在运输合同中。

B7：通知供应方

当能够确定装货时间和/或在指定目的港内收货具体地点时，采购方必须充分给予供应方通知。

B8：交货证明

采购方必须接受按照 A8 规定提供的运输单据，如果该单据符合合同规定。

B9：货物检验

采购方应当支付任何装运之前强制检验的费用，但出口国强制进行的检验除外。

B10：信息协助和相关费用

采购方应当及时告知供应方其关于安全清关信息方面的请求，使供应方能够履行 A10 中规定的义务；采购方应当对供应方因依 A10 规定所提供或给予的关于取得单据和信息的协助而产生的费用和要价进行补偿；应供应方的要求并由其承担风险和费用，采购方应当在需要时及时向供应方提供或给予协助，以帮助供应方取得为运输和出口货物和/或从他国过境时需要的包括与安全清关有关的信息在内的任何单据或信息。

三、《国际贸易术语解释通则©2010》贸易术语的选择和需注意的事项

（一）贸易术语的选择

在商务中由于贸易术语的选用不当造成一些不必要的纠纷和损失的情况时有发生，因此，我们必须多方考虑、认真对待每笔业务中贸易术语的选用。一般情况下，选择贸易术语应该注意以下问题：

1. 考虑货物本身的情况

商务项目的长时间、长距离的运输对货物的品质等都会产生较大影响。例如，一些鲜花植物、新鲜食品等我们就必须考虑采用飞机等快速的运输方式。为此我们所能选用的贸易术语就会限制在某一定的范围内，那些只能适用水上运输方式的贸易术语应避免采用。

2. 考虑国内外的运输条件和装卸条件、港口惯例

两个贸易国之间的地理位置和当今国际间的运输条件决定了一笔业务将可能采用的运输方式、运输线路、运输时间、装卸条件、港口惯例及与此相关的许多情景。作为任何一方当事人都必须遵循这些客观存在的事实，贸易术语的选择要注意符合这些运输条件的要求，否则是行不通的。交易各方应该根据合同需要和各自的运输条件来考虑合适的贸易术语。

3. 考虑运费成本和安排运输的能力

虽然是同一运输方式，甚至是同一运输线路，不同企业运营它的成本常常是不同的。因此，我们有必要去考虑交易双方到底是哪方更适合负责运输。基本情况下，哪方报出的运费低则由哪方负责运输，当然，该方必须是有能力按时、保量地安排整个运输过程。上述不同的结果将产生出相适应的贸易术语来。

根据运输方式的分类，《国际贸易术语解释通则©2010》适用于任何运输方式：EXW、FCA、CPT、CIP、DAT、DAP、DDP，而只适用于水上运输方式有：FAS、FOB、

CFR、CIF。

4. 考虑上保险的优势

哪方负责运输并不意味着该方必须承担运输过程中所带来的风险。对于货物运输中的风险我们必须加以保险。哪方负责上保险也应该遵循低成本和保证实现的原则。由此决定了贸易术语的选择。

5. 考虑通关的能力

不同的贸易术语规定了交易中货物出口和进口通关的各个负责方。因此，在选择贸易术语时，交易双方必须认真考虑自身在出口通关和进口通关方面的优劣，包括对通关手续的熟知、通关文件的申领、通关税费的缴纳等方面的能力。

6. 考虑贸易术语可能带来的交易风险

选择贸易术语时必须考虑相应的贸易风险。例如，出口企业采用FOB贸易术语时可能存在国外货运代理和国外企业相互勾结，国外货运代理无单放货的风险，这样势必会给出口企业带来损失。因此，出口企业在选择FOB作为其交易的贸易术语时应该慎重。除此之外，我们还必须考虑商务项目中一些具体业务环节的处理，如船货的衔接问题。FOB贸易术语由采购方租船订舱，容易造成供应方货物与采购方船只在交接货物中的衔接失败，给各方带来一定的费用和经济损失。因此，交易双方应该根据合同需要、各自的运输条件以及双方执行合同的力度等来考虑合适的贸易术语。

（二）《国际贸易术语解释通则©2010》运用需注意的事项

1. 《国际贸易术语解释通则©2010》的法律效力

虽然《国际贸易术语解释通则©2010》于2011年1月1日正式生效，但是《国际贸易术语解释通则©2010》实施后并非《国际贸易术语解释通则2000》就自动作废。因为商务惯例本身不是法律，对商务当事人不产生必然的强制性约束力。当事人在订立贸易合同时仍然可以选择适用《国际贸易术语解释通则2000》甚至《国际贸易术语解释通则1990》。

若各方当事人在买卖合同中使用《国际贸易术语解释通则©2010》的有关术语，就被认为把该术语代表的交易条件融入合同，因而《国际贸易术语解释通则©2010》对于该交易条件的规定就是对交易条件含义的唯一解释，与买卖合同具有同等效力。

2. 使用贸易术语的格式要求

在使用任何贸易术语时都需要将"Incoterms©2010"或"国际贸易术语解释通则©2010"作为后缀或者贸易术语选择的必要构成要件在合同中说明。例如，尽可能对地点和港口作出详细说明，例如，"FCA Xi'an International Port Zone Incoterms©2010"。

3. 贸易术语中地点的重要性

在使用贸易术语Ex Works（EXW，工厂交货），Free Carrier（FCA，货交承运人），Delivered at Terminal（DAT，运输终端交货）、Delivered at Place（DAP，目的地交货）、Delivered Duty Paid（DDP，完税后交货）、Free Alongside Ship（FAS，船边交货）和 Free on Bord（FOB，船上交货）时，指定地点是交货/付（Delivery）地点、即风险转移地点（风险从供应方转移到采购方的交货地点），建立了风险承担的认定基础。

在使用贸易术语 Carriage Paid To（CPT，运费付至）、Carriage and Insurance Paid To（CIP，运费、保险费付至）、Cost and Freight（CFR，成本加运费）和 Cost, Insurance and Freight（CIF，成本、保险费加运费）时，指定地点是运费已付至的地点，并非交货地点和风险转移点。在使用此四种贸易术语时，合同中还需要明确交货/付（Delivery）地点。

思考题

1. 请按《国际贸易术语解释通则©2010》内容填表。

贸易术语	交货地点	风险转移界限	负责运输	负责保险	出口清关	进口清关	运输方式
EXW							
FCA							
CPT							
CIP							
DAT							
DAP							
DDP							
FAS							
FOB							
CFR							
CIF							

2. 试简述《国际贸易术语解释通则©2010》11 种贸易术语供应方和采购方的义务。由同样字母打头的那些术语有什么共性？

3. 商务项目中使用贸易术语有什么好处？

第二章　商务项目的主要交易条件和合同

教学目标

熟悉商务项目中的主要交易条件,即标的物、货物的交付、货物价格、货款的收付和争议的处理等内容。了解商务项目的合同内容及项目的基本流程。

第一节　商务项目的主要交易条件：标的物

标的（Subject Matter），即标的物，是法律行为所要达到的目的，包括交付财产、提供劳务、完成工作等。商务项目交易合同的标的一般是指交易的货物。而国际商务项目的货物种类繁多，数不胜数，为了便于管理，按照最新版本（2012 版）的《货物名称及编码协调制度的国际公约》（*Harmonized Commodity Description and Coding System*，简称 H.S）内容，2019 年我国进出口货物分为 21 类 97 章，分类具体如下：

第 1 类——活动物；动物产品。

第 2 类——植物产品。

第 3 类——动植物油、脂及其分解产品；精制的食用油、脂；动植物蜡。

第 4 类——食品；饮料、酒及醋；烟草、烟草及烟草代用品的制品。

第 5 类——矿产品。

第 6 类——化学工业及其相关工业的产品。

第 7 类——塑料及其制品；橡胶及其制品。

第 8 类——生皮、皮革、毛皮及其制品；鞍具及挽具；旅行用品、手提包及类似容器；动物肠线（蚕胶丝除外）制品。

第 9 类——木及木制品；木炭；软木及软木制品；稻草、秸秆、针茅或其他编结材料制品；篮筐及柳条编结品。

第 10 类——木浆及其他纤维状纤维素浆；回收（废碎）纸或纸板；纸、纸板及其制品。

第 11 类——纺织原料及纺织制品。

第 12 类——鞋、帽、伞、杖、鞭及其零件；已加工的羽毛及其制品；人造花；人发制品。

第 13 类——石料、石膏、水泥、石棉、云母及类似材料的制品；陶瓷产品；玻璃及其制品。

第 14 类——天然或养殖珍珠、宝石或半宝石、贵金属、包贵金属及其制品；仿首饰；硬币。

第 15 类——贱金属及其制品。

第 16 类——机器、机械器具、电气设备及其零件；录音机及放声机、电视图像、声音的录制和重放设备及其零件、附件。

第 17 类——车辆、航空器、船舶及有关运输设备。

第 18 类——光学、照相、电影、计量、检验、医疗或外科用仪器及设备、精密仪器及设备；钟表；乐器；上述物品的零件、附件。

第 19 类——武器、弹药及其零件、附件。

第 20 类——杂项制品。

第 21 类——艺术品、收藏品及古物。

哪怕是同一种货物（标的物），其品种、色泽、质量、产地等都可以有所不同，进而影响货物的价格。另外，商务项目所交易的货物也会因其特性以及不同的需求在其数量、包装等方面表现各异。因此，在商务项目中，供应和采购双方必须明确知道在卖什么、买什么、卖多少、买多少。要实现这些，明确规定货物（标的物）及其品质、数量、包装等要求就成为磋商商务项目交易合同首要解决的问题。

一、货物的名称和质量

（一）货物的名称

货物的名称（Name of Commodity），即品名，是某种货物区别于其他货物的一种称呼，它在一定程度上体现了货物的自然属性、用途和性能特征。命名货物名称的方法一般有以下几种：①以货物主要用途命名；②以货物所使用的主要原料命名；③以货物主要成分命名；④以货物外观造型命名；⑤以货物产地/人物命名；⑥以货物制作工艺或制造过程命名；等等。

在商务项目中，供应和采购双方必须明确而无歧义地知晓货物的名称，因此，供应和采购双方磋商过程以及商务项目合同中的货物名称应该明确、具体、表述适合货物的特点，外文表述时做到译名准确、原意不变、避免模糊歧义。

（二）货物质量的概述

货物的质量（Quality of Goods），又叫货物的品质，指货物的外观形态和内在素质的综合，即货物的外形、色泽、款式、透明度等以及货物的物理、化学和机械性能，结构和生物特性等自然属性。

货物质量在商务项目中十分重要：不仅影响货物的使用效能、货物的售价、货物的销售从而影响供应和采购双方的经济利益，而且关系到货物、企业甚至国家的信誉以及消费者的利益，货物质量反映着一个企业以及国家的综合实力，因此每个国家，各个实施商务项目的企业对交易的货物实施各种规章制度，包括执行出口货物质量许可证制度、ISO 9000族标准、企业质量管理体系（Quality Management System，QMS）和环境管理体系（Environmental Management Systems，EMS）。

（三）货物质量的表示方法

商务项目的货物种类繁多复杂，国际市场上各国交易习惯也不尽相同，规定货物质量的方法也多种多样。总体来说，货物质量表示方法有以下两大类。

1. 用文字和/或图样表示货物质量

这种方法一般包括：

（1）规格、等级或标准（Specification，Grade or Standard）。如按照化学成分、含量、纯度、性能、容量、长短等来规定货物的规格、等级或标准。这些规格、等级和标准一旦确定，货物质量的好坏就确定下来了。

（2）品牌或商标（Brand or Trade Mark）。品牌（Brand Name）是指工商企业给其制造或销售的货物所冠的名称，而商标（Trade Mark）是生产者或商号用来说明其所生产或出售的货物的标志。品牌货物与商标常常有优良稳定的质量和特色，故品牌和商标可能是一种质量象征。

（3）产地名称（Original Product）。产地的自然条件及传统加工工艺等也反映一些货物的质量，如四川榨菜、盘锦大米等，因此，依产地名称来表示货物的质量也不失一种好方法。

（4）说明书和图样（Specification & Illustration）。许多类似机械设备等较为复杂、技术性强的货物多采用说明书和图样来定义货物的质量。

（5）产品零配件编号（Reference No.）。大型生产企业，如 GE、通用汽车等，它们的机械、设备、汽车等货物的成千上万的零配件几乎都配备各自独一无二的零配件编号，因此，可以以此编号来识别其质量。

2. 用实物样品表示货物质量

当项目交易货物难以用上面的方法表示清楚时，供应和采购双方一般会采用凭样品成交来确定其项目交易货物的质量。凭样品成交（Sale by Sample）是供应和采购双方约定以样品作为交货的质量依据所进行的商务项目。凭样品成交有两种可能：

（1）凭采购方样品成交（Quality as Per Buyer's Sample）。顾名思义，交货的质量是按照采购方提供的样品质量来验收的。采用这种方法交货对供应方来说有交货质量不被认可的风险，因此，供应方在签订合同之前，可以根据采购方来样仿制回样（Counter Sample，即供应方按照采购方提供的样品所复制的、供采购方确认的样品）和复样（Duplicate Sample，即为检查未来所交货与样品是否一致，供应方保留和复制回样的样品），并在双方达成一致后封样（Sealed Sample，即双方封存留作交货时检验货物质量的样品）。另外，供应方还需要通过合同中的明确条款来防止凭采购方样品交易被卷入侵犯第三者工业产权的纠纷。

（2）凭供应方样品成交（Quality as per Seller's Sample）。交货的质量是按照供应方提供的样品质量来验收的。

无论样品是哪方提供，一经双方凭以成交便成为履行合同交货时的质量依据。若考虑大批量生产或货物特性、加工技术等原因而产生的交货货物质量与样品质量不能完全等同的情况，则在磋商和合同中应作出明确规定。

（四）订立货物质量条款注意事项

商务项目的交货质量直接影响着交易双方的利益，在磋商和订立合同时，供应和采购双方应注意以下事项：

1. 正确运用表示质量的方法

上面提及了多种货物质量的表示方法，并不是每种商务项目交易货物都能采用。一般而言，某类货物因其特征等而对应着有其比较适用的方法来表示其质量，如品牌和商标方法适合像可口可乐饮料这类货物的质量表示，某种颜色的布料用实物样品来表示质量比较适合，因此，正确选择运用表示质量的方法是商务项目成功的重要环节。

2. 质量表述要科学和合理

从实事求是原则出发，防止货物质量表述偏高或偏低。合理规定影响货物质量的各项重要指标，注意各质量指标之间的内在联系和相互关系，并且质量条件要明确、具体，避免"大约""左右"等含义不清的用语。

3. 质量机动幅度条款和质量公差

质量机动幅度条款是指供应方交货的货物的质量高于或低于合同质量要求的幅度在规定的范围内，则免质量责任，不算违约。具体方法可以规定货物主要质量指标范围，或规定其某些指标的极限，或规定其某些指标上下差异变化幅度等；质量公差是指允许供应方交货质量有公认的一定范围内的差异。这种条款比较适合用于一些工业产品，如手表的走时误差的要求。在商务项目中，考虑到某些货物由于生产/交货过程中存在自然损耗，以及受环境变化、大批量生产工艺、货物本身特质等因素影响，会出现交货质量与合同规定质量要求不完全一致状况，就需要在合同中订立货物质量机动幅度条款或质量公差，以保证供应方能顺利交货。

二、货物的数量

货物的数量（Quantity），即项目交易的货物多少，通常包括计数和计量单位。商务项目合同中规定货物的数量，也就是供应方应交付多少货物，由此直接影响采购方应对应地支付多少货款，因此，必须正确把握交易的货物数量。

（一）商务项目中常用的度量衡制度

谈及国际商务项目的货物数量，必涉及度量衡制度，是因为世界各国的度量衡制度不同，计量单位和它所表示的数量也就随之变化，而且从世界范围看，同一计量单位所代表的数量也不一定相同。目前国际上常使用的度量衡制度有：公制或米制（Metric System）、英制（British System）、美制（U.S. System）、国际单位制（International System of Units）。

正是因为有四种度量衡制度的存在，同一计量单位，如重量单位就有公吨、长吨和短吨、千克和磅、英担和美担等区别。我们在洽谈交易和签订商务合同时，必须明确规定使用哪一种度量衡制度才不致造成误会和纠纷。我国的法定计量单位是国际单位制。在商务项目中，四种度量衡制度都有运用，主要是根据合同条款而定。一般情况下尽量使用法定计量单位。

（二）数量的计算方法和计量单位

在商务项目中，通常会根据货物的性质、包装、运输方式、习惯等来考虑采用不同的数量计算方法及计量单位。重量、个数、长度、面积、体积和容积这六种方式是一般货物常用的数量计算方式。

1. 重量单位（Unit of Weight）

常用的重量单位有克（gram，g）千克、（kilogram，kg）、公吨（Metric Ton，M/T）、磅（pound，lb）、盎司（ounce，oz）、短吨（Shout Ton，S/T，美制）、长吨（Long Ton，L/T，英制）等。

按重量计算货物的数量是商务项目中很常用的方法，如钢铁、矿砂、盐、生丝、羊毛、马口铁、钢板等。在实际工作中，因货物本身特性、价值或包装情况等因素，重量的计算并不简单，有毛重、净重、公量、理论重量和法定重量之分。

①毛重（Gross Weigth）：货物本身的重量加包装的重量。

②净重（Net Weight）：货物本身的重量，不包括包装的重量。

③公量（Conditioned Weight）：用科学的方法抽去货物中的水分，再加上标准含水量所求得的重量。

理论重量（Theoretical Weight）：对一些有固定规格和体积的货物，根据其规格尺寸算出的重量。

法定重量（Legal Weight）：纯货物重量与直接接触货物的包装材料重量之和的重量。

在商务项目合同中，货物按重量计量和计价，在未明确规定采用何种计算重量和价格时，根据惯例，应当以净重计量和计价。①

2. 个数单位（Unit of Number）

常用的个数单位有件（Package/Piece）、台/套/架（Set）、打（Dozen）、桶（Barrel）、袋（Bag）、卷（Roll）、箱（Case/Box）等。

适用个数单位来计算其数量的有许多货物，如许多日用工业制品、杂货类货物、活牲畜等。

3. 长度单位（Unit of Length）

常见的长度单位有米（metre，m）、千米（kilometre，km）、码（yard，yd）、英尺（foot，ft）、英寸（inch，in）等。

适用长度作单位的有绳索、电线电缆、纺织品匹头等。

4. 面积单位（Unit of Area）

常用的面积单位有平方米（square metre，m^2）、平方码（square yard，yd^2）、平方英尺（square foot，ft^2）、平方英寸（square inch，in^2）等。

适合用面积来计算数量的有皮质货物、网状/面状货物等，如皮革、地板、铁丝网、玻璃、镜子等货物。

5. 体积单位（Unit of Volume）

常见的体积单位有立方米（cubic metre，m^3）、立方码（cubic yard，yd^3）、立方英尺（cubic food，ft^3）、立方英寸（cubic inch，in^3）等。

各种气体、木材、石材等货物适合用体积来计算数量。

6. 容积单位（Unit of Capacity）

常见的容积单位有公升（litre，l）、加仑（gallon，gal）、蒲式耳（bushel，bu）等。

采用容积单位的有汽油、饮料、谷类等货物。

（三）数量条款及注意事项

1. 数量条款的基本内容

商务项目合同中的数量条款必须包括交易货物的数量和计量单位。数量条款要用词明确、严密、具体，要注意各种单位之间换算的正确性，保证合同数量与实际交货数量一致。

---

① 参见《联合国国际货物销售合同公约》第56条。

2. 数量机动幅度规定

因种种原因，交货的数量可能会发生偏差，故数量机动幅度规定就显得十分重要。数量机动幅度规定最常用的方法是在合同中规定溢短装条款（More or Less Clause），即规定数量允许上下浮动的幅度条款。幅度条款内容一般由溢短装的决定权、溢短装的百分比、机动部分的作价等组成。

3. 注意事项

重量的计算方法有多种，因此交易需要商讨出一个明确的计算方法，不可含糊不明；要充分考虑多种度量衡制度内容的差异性。在采用同一个计量单位时，需要明确其到底适用于哪个度量衡制度，如英制美制中的 1bu 是不相等的，则商务合同中需要说明 1bu 是指英制的还是美制的。

三、货物的包装

在商务项目中，多数货物在分配、装卸、运输、销售过程中，都需要有一定的包装，它对于保护货物，方便运输、储存、分配和宣传货物等方面都有着重要的作用。在一定意义上说，包装也是实现货物的价值和使用价值，以及提升货物价值的一种手段。

（一）包装的分类

从商务项目的角度看，货物包装可以分为销售包装和运输包装。

销售包装（Packing of Sales），即内包装（Inner Packing），主要是为了美化货物和增值，更好地促进销售而对生产出来的产品进行的包装。

运输包装（Transportation Packing），即外包装（Outer Packing），是商务项目更加关心的包装。运输包装是盛装和保护货物的容器，以便维护产品质量，减少损耗，便于运输、储藏和销售。运输包装按照包装件数分有单件包装和集合包装。

单件包装（Single Piece Packing）：货物在运输过程中作为一个计件单位的包装，如箱、桶、袋等。

集合包装（Muster Packing）：将若干件单件包装组成一件大包装。集装箱、托盘、集装袋都是集合包装。

（二）包装条款的主要内容

商务项目合同中的包装条款应该包括包装材料和方式、文字说明、包装标志和包装费用内容。

1. 包装材料和方式

在商务项目中包装材料包括纸制包装、金属包装、塑料包装、木框架包装、草制包装等。而包装方式为单件包装或集合运输包装。

2. 包装标志

包装标志是指运输包装上印刷的文字、图标、数字说明等，它包括运输标志，指示性标志，警告性标志，原产地标志，重量、尺码标志等。

（1）运输标志（Shipping Mark），俗称唛头，是印刷在运输包装上的记号，以区别与其他批次的货物，防止在装卸、运输、仓储过程中出错。简单而方便的运输标志通常为几何图形、目的港名称、合同编号和货物件号的某种设计组合。

（2）指示性标志（Indication Mark）是根据货物的特性刷制的标志，注明运输中要注意的事项，如小心轻放、易碎等提示。

（3）警告性标志（Warning Mark）是对易燃品、爆炸品、有毒品、腐蚀品、放射性物品等危险性货物在其运输包装上刷制的标志，以示警告。

（4）原产地标志（Country of Origin Mark）是将货物生产国、制造商刷制到运输包装上，如 Made in China 等。

（5）重量、尺码标志（Weight & Measurement Mark）是在货物运输包装上注明运输包装的重量和尺寸，以便运输、计量等。

3. 包装费用

按照惯例，包装费用一般都包含在货物价格内，不另外作价。但当利用集装箱包装时，集装箱的费用一般另外计算；另外，若采购方要求使用特制包装则包装费用常常单列出来，并明确规定由谁承担且如何支付。

（三）包装条款注意事项

（1）除非供应方和采购方对包装的具体内容充分交换意见或有长期业务往来已取得共识，包装条款不易采用如"适合海运包装"（Seaworthy Packing）、"习惯包装"（Customary Packing）等笼统、模糊表示的规定方法。

（2）货物包装要考虑货物特点和不同运输方式的要求，使得货物能够保持原有性能、特点、形状；要根据自身条件慎重接受包装的特殊要求；一旦有标准包装，应力争让交易采用标准包装；当包装产生不确定因素时，要明确规定包装费用的分摊。

思考题

1. 商务项目合同中是怎样确定标的物的？
2. 为什么商务合同中需要签订质量机动幅度条款和质量公差？
3. 商务合同应该怎样规定数量机动幅度条款？
4. 什么是运输标志？为出口项目设计一个运输标志。

第二节 商务项目的主要交易条件：货物的交付

一、交货条件

交货（Delivery）是指项目供应方按照合同规定的时间、地点和方式交付货物给采购方，完成货物所有权的转移。商务项目中常常把交货也称为装运（Shipment），因为货物装运是完成交货任务不可缺少的环节。从概念上讲，装运与交货是有区别的。但是通常在 FOB、CIF 和 CFR 价格下，供应方只要把货物在装运港装上指定船只，就算完成了交货任务。这时，装运与交货成为同一概念。但是在目的地交货类术语中，装运不等于交货，装运时间与交货时间是两个不同的概念。

交货条件或装运条件涉及运输方式、装运期、装卸港口、运输单据等多方面内容。下面主要介绍装运期和装运港（地）和目的港（地）

（一）装运期

装运期（Time of Shipment），即供应方将合同规定的货物装上运输工具或交给承运人的期限；交货期（Time of Delivery），即供应方将合同规定的货物在合同指定地点或指定地点的运输工具上交给采购方或采购方指定的承运人的期限。因此，交货期与装运期是两个概念。

在商务项目合同中，装运时间和装运期是合同的主要且重要条款。项目成交后需要有一定时间准备货源、安排运输、办理手续等。这些过程中又可能出现某些难以预料的情况，所以，对于装运时间通常并不是规定某个具体日期，而是规定装运期限。具体规定方法主要有以下几种：

（1）规定某月装运。如3月装运，则3月任何一天均可装运。

（2）规定某月某日前装运。如3月底或以前装运，则自订约日起至3月15日前任何一天均可装运。

（3）跨月装运。如3/4月装运，则可在3月1日至4月30日的任何一天装运。

（4）规定收到L/C（信用证）后一定时间内装运。这种规定方式下的装运期取决于开证时间。这样规定供应方可在收到采购方开来信用证后再安排生产或加工备货，避免在备好货后采购方不开来信用证而遭受损失。

（二）装运港（地）和目的港（地）

装运港（地）（Port/Place of Loading），即货物起始装运的港口（地点）；目的港（Port/Place of Destination），即最终卸货的港口（地点）。《国际贸易术语解释通则©2010》E

组、F组术语涉及装运港（地）；C组术语涉及装运港（地）和目的港（地）；D组术语涉及目的港（地）。

为了方便供应方安排装运和适应采购方接受或转售货物的需要，一般装运港（地）由供应方提出，目的港（地）由采购方提出，再经对方同意后确定。

装运港（地）和目的港（地）规定方法通常是一个装运港（地）和/或一个目的港（地），一旦有两个及两个以上的装运港（地）和/或目的港（地）或采用某一航区为装运港（地）和/或目的港（地）时，其运费应按选择港最高的费率和附加费计算，而且在实际操作过程中应尽早确定最终的装运港（地）和/或目的港（地）以及其他一些需要注意的问题。

（三）确定交货条件需注意的事项

这里主要涉及规定装运时间和地点的注意事项。

（1）货源对装运期的影响。因涉及采购原材料、生产加工、收购等环节的差异，货物生产采购周期各异，则应视不同货物考虑有不同的装运期。

（2）装运期与开证。供应方的货物生产或/和收购等视对方开证快慢而定，开证后供应方还必须有一定的生产和收购时间，故装运期的确定一定要考虑到这些因素。

（3）装运时间、地点与运输工具的订立。运输合同的签订决定了装运时间和装运地点，故运输合同的各项条款一定要与商务项目的合同中的装运时间、地点等相一致。

（4）交货期、交货地点与季节的关系。交货期和交货地点会因季节而引起连锁反应从而影响项目的履行。交货地点的确定使得运输航线甚至是运输工具都有可能确定下来，为此，天气的变化会影响运输条件以及货物本身等，如雨季不宜运烟叶，夏季不宜运沥青，冬季北欧、加拿大封冻结冰，不宜航运。

（5）装运期的范围及装运具体时间的选择。根据上述的介绍，装运期可以是在一定范围内的，故其范围是多大，一个月，两个月，还是多少天？一般情况下，装运期越长对供应方越有利。而在其范围内，供应方应在哪一天装船，可能对交易双方的利益等有较大的影响，因为，这可能牵扯货物市场价格变化、收汇时间、汇率变化、运费的高低等的影响。因此选择方一定要慎重考虑。

（6）装运港（地）、目的港（地）的范围及重名的处理。采用选择港（地）的规定方法时，选择地的数目不应超过3个；各选择港应在同一航线上，并为一般班轮公司船只都停靠的基本港口；重名港（地）要注明所在国家、地区名称。世界各国港口重名的很多，如维多利亚（Victoria）港，全世界有很多个。为了防止误解和差错，商务项目合同中对目的港的规定，必须注明所在国家或地区的名称。

二、运输条件

不同于乘客运输，货物运输特点鲜明，特别是国际货运。国际间的货物运输具有以下特点：距离远、风险大、专业性强、操作复杂、费用高。国际货运之所以专业性强、操作复杂是因为其涉及世界地理、各种运输工具、单证制作、国际条约和惯例、各国海关惯例制度等专业知识，要与承运人、商检、仓储、报关、海关等部门和专业机构打交道，处理多个环节的业务才能完成项目的国际货运任务，可以说，掌握了国际货运业务，则国内的货运业务就容易掌握。因此，作为商务项目的一个主要任务，以下的货物运输业务的介绍将以国际货运业务为主。

由于货运的特点，商务项目的交易方通常会通过货代来办理相关运输。为此，货运的当事人常常有货主、承运人、运输代理人、装卸公司和理货公司等。货主（Cargo Owner），即商务项目的某交易方，也就是货物的收发货人，运输服务的需求方；承运人（Carrier），或是实际承运人，即用自有运输工具来从事实际货运工作的各种运输企业；或是契约承运人，即以承运人身份出现的货运代理。契约承运人没有主要运输工具，不承担运输任务，但以承运人身份承揽货运，通过实际承运人来完成运输任务；运输代理人，即货主与实际承运人之间的中介企业，通常包括三类：一是货运代理人（Freight Forwarder/Freight Agent），简称"货代"。二是船舶代理人（Ship's Agent /Owner's Agent），简称"船代"。三是租船经纪人（Shipping Broker）；装卸公司（Stevedoring Company）是指接受船公司或货主委托，在码头从事货物装卸的企业；理货公司（Tally Company）是接受船公司委托，在货物装卸时，负责核对标志、检查残损、监督装船积载、办理交接签证、提供理货证明的企业。

货运按运输方式分有海上货物运输、航空运输、国际铁路货物联运等。

（一）海上货物运输

海洋运输因其通过能力大、运量大、分摊费用低等特点成为商务项目，特别是国际商务项目运输最广泛、采用最多的方式。

1. 海运船舶运营方式

海洋运输按船舶经营方式分类，有班轮运输和租船运输两种方式。

（1）班轮运输（Liner Transport）。

班轮运输，是指按预定的航行时间表，在固定的航线上沿途停靠若干固定港口往返运货的海运方式。

班轮运输具有①装运数量不限；②费率相对固定，装卸费由船方负责计入运费；③提单就是合同，即以签发的班轮提单背面条款作为运输合同，并且包括"四固定一负责"（固定航线、港口、船期和运费率；负责配载和装卸）条款的特点。因此，利用班轮装运货物，在装运时间、装货数量以及卸货地点等方面都十分灵活，对于成交数量少、批次较多、交接港口和到港分散以及目的港为主要港口的货物运输比较适宜。例如，我国出口货物中的纺织品、食品、工艺品等杂货类以及某些价值较为贵重的货物，通常都是利用班轮运输的。因班轮运输手续简单，不必考虑货物装卸和中途转运，且事先掌握船期信息（有定期公布船期表），加之其他特点，班轮运输成为国际海上货物运输的主要运输方式。

（2）租船运输（Charter Transport）。

①租船运输，是指租船人向船东租赁船舶用于运输货物的业务。租船包括租赁整条船只和租赁部分舱位，但一般指前者。租船运输分有定程租船、定期租船、光船租船。

②定程租船（Voyage Charter），也称为程租船或航次租船，是按航程（航次）租赁船只。在这种租船方式下，租船人按照协议及时提交货物和交付运费；船舶所有人按照协议将船舶的全部或一部分租给租船人，负责将货物自某一港口或若干港口装运至指定的目的港或某一地区的若干港口，并承担船舶的经营管理及船舶在航程中的一切开支。

③定期租船（Time Charter），也称为期租船，是按一定的期限租赁船只。定期租船的租期从数月到数年不等。在租赁期间，租船人支付租金，则船舶交租船人掌握、调度和使用，并且在不同航次中所产生的费用，如船舶燃料费、港口费、装卸费、垫仓物料费等，均由租船人负担；而船方负责船员工资、伙食给养、船舶维修保养、船壳机器保险等各项费用，并且保持船舶在租船期间的适航性（Sea Worthiness）和船级（Classification）。

④光船租船（Bare Boat Charter），是船舶出租人向租船人提供不配套船员的船舶，在约定期间内由租船人占有、使用和运营，并向出租人支付租金。

租船运输方式适用于成交数量大、交货期集中，或对方港口无直达轮停靠的场合。目前大宗交易的货物如粮谷、砂糖、矿砂、煤炭、石油、木材、化肥、磷灰石等，一般都使用租赁船舶装运。

另外，近年来，国际上发展起一种介于定程租船和定期租船之间的运输方式，即航次期租（Time Charter on Trip basis，TCT）这是以期租方式计算租金，以完成一个航次运输为目标，按完成航次所花时间来计算租金的一种运输方式。

2. 海上货物运输费用

海运运费常常分有班轮运费、集装箱运费、程租船运费和期租船租金。

（1）班轮运费。

班轮运输是按照班轮运价表（Liner's Freight Tariff）规定的标准和费率计算的。不同的班轮公司或班轮公会有不同的班轮运价表。国际航运业务中使用的班轮运价表包括班轮公司运价表、航运公会运价表、双边运价表和货方运价表等。

班轮运价表的结构一般包括：货物列名，计算标准和等级，基本港口，一般杂货的基本费率，化工品、冷冻品、活牲畜的费率，附加费费率和金额。我国自订运价和双边运价的内容根据货物等级规定运费的基本费率，即将货物划分为二十个等级，属于第一级的货物运费标准最低，第二十级运费标准最高。

班轮运费的计算公式为：

$$班轮运费 = 基本运费 + 附加费 \quad (2-1)$$

其中，班轮基本运费是指货物运往某基本港口，按运价表内对货物划分的等级所必须收取的基本费用；班轮附加费是指因货物特殊、港口条件有限、转船接运等因素导致货物运输成本增加，船方为了抵补运输中额外增加的开支或在蒙受一定损失时而收取的费用。

班轮基本运费的计算公式为：

$$基本运费 = 基本费率 \times 运费吨 \quad (2-2)$$

而基本运费的计算标准有八种：

①按货物的毛重计收，在运价表内用 W 表示：以货物重量吨（Weight ton）为计量单位，1 重量吨为 1 公吨或 1 长吨，视租船公司采用公制或英制而定。

②按货物的体积计收，在运价表内用 M 表示：以货物尺码吨（Measurement ton）为计量单位，1 尺码吨为 1 立方米或 40 立方英尺。

重量吨和尺码吨统称为运费吨（Freight ton）。

③按货物重量或尺码从高计收，在运价表内用 W/M 表示：由租船公司从货物毛重和货物体积中选择一种收费较高的标准计收运费。一般情况下，1 重量吨的货物体积超过 1 立方米的称为轻货，按尺码吨收费；否则即为重货，按重量吨收费。

④按货物的价格计收，在运价表内用 A. V. 或 Ad. Val.（拉丁文 Ad Valorem 是从价的缩写）表示：以货物的 FOB 总价值为计量单位。主要用于船方承担较大责任而体积、重量不大的贵金属、精密仪器、工艺品等的运输。

⑤按货物重量、尺码或价值三者从高计收，在运价表中用 W/M or A. V. 表示。

⑥按货物重量或尺码选择其高者，再加上从价运费计收，在运价表中以 W/M plus A. V. 表示。

⑦按货物的件数计收。

⑧货方与船公司临时议定。有的运价表是仅列出议价货物品名而不订出运价；有的同时订出运价，但声明可以议价。议价货物的费率一般较低，多用于谷物、矿石、煤炭等货价低、运量大、易装卸的农矿产品运输。

班轮附加费的计算公式为：

$$附加费 = 基本运费 \times 附加费百分比 \quad (2-3)$$

附加费名目繁多，常见的有：燃油附加费（Bunker Surcharge）、超重附加费（Heavy Life Additional）、超长附加费（Over Length Additional）、选港附加费（Optional Additional）、港口附加费（Port Additional）、港口拥挤附加费（Port Congestion Surcharge）、贬值附加费（Devaluation Surcharge）。

由于附加费名目繁多，在班轮运费中又占很大的比重，以港口拥挤费为例，低者约为基本运费的 10%~20%，高者可达基本运费的 70%~80%，甚至 100% 以上。特别是有些附加费变动频繁，变动幅度大，因而业务人员只有经常注意各项附加费的变动情况，在对外报价中予以充分考虑，才能减少由于附加费变动而造成经济上的损失。

按照运价表计算班轮运价时，首先根据货物的英文名称，从货物分级表中，按字母的顺序，查出有关货物是属于哪个等级和按什么标准计算（是按重量计算，还是按体积计算等）；其次，再根据货物的等级和计算标准，从按航线划分的等级费率表中，查出有关货物的基本费率；最后，再加上各项必须计算的附加费，所得的总和就是有关货物的单位运费（每重量吨或每尺码吨的运费）。如果是从价运费，则按规定的百分比乘 FOB 货值计算。

例如，如要计算从中国输往欧洲汉堡的罐头运价，先按 Canned Goods 从货物分级表中查出罐头的运价等级是八级，计算标准是 M（按每立方米计算），再从欧洲地中海航线的等级费率表中查得八级基本运价假设为 81 元人民币，然后，再加上欧洲、地中海航线的燃油附加费假设为 13%，如果运价表内再无其他附加费时，即可算出每立方米罐头中国至汉堡港运价为 91.53 元人民币。

（2）集装箱运费。

集装箱运输（Container Transport）是以集装箱为运输单位进行货物运输的一种现代化运输方式。海运集装箱的费用包括海运运费、装运港内陆运输费、拼箱服务费、堆场服务费、集装箱及其设备使用费等。

1）海运运费，即船舶运费及相关费用，有两种计算方式：

一是散货的运费计算，以每运费吨为计费单位，再加上附加费。

二是包箱的运费计算，以每个集装箱为计费单位，用包箱费率（Box-Rate）计算运费。其中包箱费率有三种规定方法：①FAK 包箱费率（Freight for All Kinks），即规定统一取费的费率，无论货物种类和货量；②FCS 包箱费率（Freight for Class），即按不同货物等级制定的包箱费率；③FCB 包箱费率（Freight for Class & Basis），即按不同货物等级或类别以及计算标准而制定的包箱费率。

2）装运港内陆运输费，包括区域运费、无效拖运费、变更装箱地点费等。

3）拼箱服务费，包括拼箱货物在货运站至堆场之间空箱或重箱的运输、理货，货运站内的搬运、分票、堆存、装拆箱，签发场站收据、装箱单制作等服务费。

4）堆场服务费，也称码头服务费，包括在装卸港口接收整箱货、堆存、搬运以及有关单据制作等费用。

5）集装箱及其设备使用费，即使用集装箱及底盘车等设备所发生的费用，包括集装箱从底盘车吊上吊下的费用。

（3）程租船运费。

程租船运费主要包括程租船运费、装卸费、滞期费和速遣费等。

1) 程租船运费。

程租船运费，即货物从装运港到目的港的海上运费。程租船运费主要有两种方式计算：一是按运费率（Rate of Freight），即规定每单位重量或单位体积的运费额，并规定好按装船时的货物数量还是按卸船时的货物数量来计算总运费；二是整船包价（Lump‐sum Freight），即规定一笔整船运费，无论租方实际装货多少。

程租船运费的高低受诸多因素影响，包括承运的货物价值、程租船的船级、航线港口情况、租船市场运费水平等。

2) 程租船的装卸费。

程租船的装卸费需要在租船人和船东的程租船合同中具体规定。通常有四种做法：①船方承担装货费和卸货费。又称为班轮条件（Gross Terms），船货双方一般以船边划分费用；②船方管装不管卸（Free Out，F.O.）。船方承担装货费，不承担卸货费；③船方管卸不管装（Free In，F.I.）。船方承担卸货费，不承担装货费；④船方不管装货费和卸货费（Free In and Out，F.I.O.）。船方不承担装货费和卸货费。

3) 程租船的滞期费和速遣费。

在程租船运输情况下，装卸货时间对船舶的使用周期和在港费用影响很大，直接关系到船方经济利益。因此，船方在程租船合同中都会与租船人签订速遣费和滞期费，以在装卸货时间外规定一种奖惩措施，督促租船人快装快卸。

滞期费（Demurrage），即在规定的装卸期限内，租船人未能完成装卸作业，为弥补船方损失，对超过的时间租船人应向船方支付的罚款。

速遣费（Despatch Money），即在规定的装卸期限内，租船人提前完成装卸作业，使船方节省了船舶在港时间和费用，为此船方向租船人支付的奖金。

通常，速遣费为滞期费的一半。

(4) 期租船租金。

期租船租金是在定期租船运输情况下，租船人为使用船舶支付给船方的代价。

定期租船的租费是按月（30天或日历月）以每一夏季载重吨或按每日租金额为计算单位。租金一经议定，在租赁期间，不论租船市场租价涨落情况如何，都固定不变。

期租船运费的高低受船舶装载能力、租期长短等因素影响。

3. 海运提单

海运提单（Bill of Lading，B/L），是用以证明海上货物运输合同和货物已经由承运人接收或装船，以及承运人保证据以交付货物的单证。[①] 它是海上货物运输的主要单据。

---

① 参见《中华人民共和国海商法》第71条。

(1) 海运提单的内容。

以班轮提单的正面内容为例，海运提单一般包括承运人名称、托运人名称、收货人名称、船名和船舶国籍、装运港、目的港、货物名称、唛头、件数、重量或体积、运费和其他费用、提单签发日期和地点以及份数、承运人或其代理人签字等。

(2) 海运提单的性质和作用。

1) 海运提单是货物收据。海运提单是表明承运人已经应托运人要求按照提单所列内容收到货物而签发的收货凭证。

2) 海运提单是运输合同。提单条款明确规定了承运人与托运人或提单持有人等各方之间的权利、义务、责任和豁免，是处理他们当事人之间有关海运争议的依据。

3) 海运提单是一种货物所有权凭证。海运提单具有物权凭证性质。提单的合法持有人凭提单提货，还可以通过背书转让提单从而转移货物所有权，亦可以凭提单向银行办理抵押贷款等业务。

(3) 海运提单的种类。

1) 已装船提单和备运提单。

已装船提单（on Board B/L）是承运人在货物已经装上指定船舶后所签发的提单。

备运提单（Received for Shipment B/L）是承运人已收到托运货物等待装运期间所签发的提单。

2) 清洁提单和不清洁提单。

清洁提单（Clean B/L）是货物在装船表面状况良好，承运人在提单上不带有明确宣称货物受损和/或包装有缺陷状况的不良批注的提单。

不清洁提单（Unclean B/L）是货物是指承运人在提单上带有明确宣称货物受损和/或包装有缺陷状况的不良批注的提单。

3) 记名提单和不记名提单。

记名提单（Straight B/L）是提单上的收货人栏内填明特定收货人名称的提单。

不记名提单（Bearer B/L）是提单上的收货人栏内空着，或不写明具体收货人名称，只写"货交提单持有人（to bearer）"的提单。

4) 直达提单、转船提单和联运提单。

直达提单（Direct B/L）是货物从装运港到目的港中途不转船而直达的提单。

转船提单（Transhipment B/L）是货物从装运港到目的港中途需要卸入另一船舶，甚至多个船舶所签发的包括运输全程的提单。

联运提单（Through B/L）是经过海运和其他运输方式的联合运输时，由第一承运人签发的包括全程运输并能在目的港（地）凭以提货的提单。

5）班轮提单和租船提单。

班轮提单（Liner B/L）是由班轮公司承运货物后签发给托运人的提单。

租船提单（Charter Party B/L）是承运人根据租船合同签发的提单。

6）全式提单和略式提单。

全式提单（Long form B/L）是提单正背面均有内容（背面列有承运人和托运人权利、义务详细条款）的提单。

略式提单（Short form B/L）是提单背面无条款，只列出提单正面必须记载事项的提单。

7）正本提单和副本提单。

正本提单（Original B/L）是提单上有承运人、船长或其代理人签名盖章并注明签发日期的提单。

副本提单（Copy B/L）是提单上没有承运人、船长或其代理人签名盖章，仅供参考用的提单。

（二）航空运输

航空运输交货迅速、准时准确方便、比海运相对安全，但运费较贵，因此适合要求及时到货和贵重货物的运输。

1. 货物航空运输的方式

（1）班机运输（Airliner Transport）。

班机是指在固定航线上定期航行的航班。这种航班有固定的始发站、途经站和到达站。一般情况为客货混合机航班运输，只有某些航线上有全货机航班运输。

（2）包机运输（Chartered Carrier Transport）。

包机运输分整架包机和部分包机。

整架包机运输是航空公司按事先约定条件和费率，将整架飞机租给租机人，从一个或几个航空站装运货物至指定目的站的运输。它适用于较贵重的大宗货物运输。

部分包机运输是由几家航空货运代理公司或发货人联合包租整架飞机，或由包机公司把整架飞机的仓位分租给几家航空货运代理公司，整架飞机装货后运至指定目的站的运输。它适用于1吨以上但不足整机的货物运输。

（3）集中托运（Consolidation Transport）。

集中托运方式是航空货运代理公司首先把每一货主货物出具一份航空运单，再把这些若干批单独发运的货物组成一批向航空公司办理托运，填写一份总运单并附分运单，将货物发运到同一目的站，由航空货运代理公司在目的站的代理人负责收货、国际货运的报关，并将货物分别拨交给各收货人的运输方式。这种运输方式的运费比国际空运协会的班机运价低约7%～10%。

（4）航空急件传送（Air Express Service）。

航空急件传送也称为门到门运输，由一个专门经营快递业务的机构与航空公司密切合作，或机构本身自有货运飞机，设专人用最快的速度把货主的急件通过飞机等传送到收件人手中。

2. 货物航空运输的运费

（1）计费重量：航空公司规定，在货物体积小，重量大时，按实际重量计算；在货物体积大，重量小时，按体积计算。在集中托运时，一批货物由几件不同的货物组成，有轻泡货也有重货，其计费重量则采用整批货物的总毛重或总的体积重量，按两者之中较高的一个计算。

（2）航空公司运价和费用的种类。

1）运价（Rates）：承运人为运输货物对规定的重量单位（或体积）收取的费用称为运价。运价指机场与机场间（Airport to Airport）的空中费用，只适用于单一方向，并且不包括承运人、代理人或机场收取的其他费用，也不包括如提货、报关、接交和仓储费用等。运价通常以千克或磅为计算单位，使用当地货币公布。航空运单中的运价是按出具运单之日所适用的运价。

2）主要的航空货物运价有四类：①一般货物运价（General Cargo Rate，GCR）；②特种货物运价或指定商品运价（Special Cargo Rate，Specific Commodity Rate，SCR）；③货物的等级运价（Class Rate，CCR）；④集装箱货物运价（Unitized Consignments Rate，UCR）。

（3）运费（Transportation Charges）：根据适用运价计得的发货人或收货人应当支付的每批货物的运输费用称为运费。航空公司按国际航空运输协会所制定的标准来收取国际航空运费。航空运费一般是按重量（千克/磅）或按体积（每6000立方厘米或每366立方英寸体积折合1千克）计算，以两者中高者为准。按重量计算时，尾数不足0.5千克者，进为0.5千克；0.5千克以上者，进为1千克。按体积计算时，尾数等于0.5或大于0.5立方厘米或立方英寸者，进为1立方厘米或1立方英寸；少于0.5立方厘米或立方英寸者舍去。

（4）起码运费：航空公司办理一批货物所能接受的最低运费，无论货物的重量或体积大小，在两点之间运输一批货物应收取的最低金额。不同地区有不同的起码运费。最低消费公斤数为45千克。不够45千克按45千克最低消费来收取运费。

各航空公司的运费也有表可查。对一般货物、特种货物集装设备以货物的等级有不同的运价标准。航空运输有M、N、Q、C、S、R共6个运价号，其中，M：起码运费，也叫成本运费（最小运费），每票货物的起码运费为一固定价格。N、Q：普通货物运价。货物在45kgs重量以下的运价号为N，货物在45kgs重量以上的运价号为Q。C：指定货物运价。比普通货物运价低。C运价适用于在指定航线、指定类型货物且货物满足最低计费重量要求的空运。S、R：等级货物运价。活动物、贵重货物和灵柩骨灰类货物采用S运价——一般在 N 上多加 150%～200%；书籍杂志和作为货物运输的行李采用 R 运价——一般在 N 上减少 50%。

普通货物的航空运费的具体计算见本书第十四章第一节"三"中的内容。

3. 航空货运单

航空货运单（Air Waybill）是承运人收取货物后签发的货物收据。办理航空运输时，托运人需填写货物托运书和出口报关单等出口手续（国际货物运输情况下），之后由航空公司开立航空运单，它是承运人和托运人的运输合同，也是承运人收到货物后出具的货物收据，但不是货物所有权凭证，不能背书转让，也不能凭以提货。收货人是凭货物运抵目的地后，承运人向发货人发出的到货通知及有关证明提取货物的。

（三）国际铁路货物联运

铁路运输（Rail Transport）具有运行速度快、载运量较大、受气候影响小、准确性和连续性强等特点，故货物运输在条件允许情况下常常选用铁路运输，而国际货物则选用国际铁路运输。

国际铁路货物联运是使用统一的国际联运票据，由铁路负责跨国间的货物铁路全程运送，不需发货人和收货人参加货物铁路跨国移交过程的运输。为此，国际铁路货物联运常常是依据有关的国际条约开展的。

1. 国际铁路货物运输条约

目前，国际上存在两个有关的国际条约：一是由欧洲等 32 个国家签订的《国际铁路货物运输公约》（Convention Concerning International Carriage of Goods by Rail，CIM，简称《国际货约》）；二是由中国、蒙古国、朝鲜、越南、苏联、东欧等国签订的《国际铁路货物联运协定》（Agreement Concerning International Carriage of Goods by Rail，简称《国际货协》）。

根据《国际货协》的规定，参加《国际货协》国家的出口或进口货物，从发货国家的始发站到收货国家的终点站（从起点站到终点站）不论经过几个国家，只要在始发站办妥托运手续，有关国家的铁路根据一张运送单据，负责将货物一直运到终点站交给收货人。在运送全程中的一切业务、行政手续（包括在有关国家的国境站交接、换装等手续）概由铁路负责办理，发货人或收货人无须自己在国境交接站设立机构办理交接和转运手续。因此国际铁路联运对于简化运输手续、加速货物流转、降低运货费用都有利。

另外，包括一些参加了《国际货协》的国家也签订有《国际铁路货物运送公约》，从而使参加《国际货协》国家的进出口货物可以通过铁路转运至参加《国际货约》的国家。

2. 国际铁路货物联运的运费

发送国铁路的运送费用，按发送国铁路的国内运价计算。

到达国铁路的运送费用，按到达国铁路的国内运价计算。

过境国铁路的运送费用，按《国际货协》统一过境运价规程（统一货价）的规定计算。

其计算程序是：

(1) 根据运单上载明的运输路线，在过境里程表中，查出各通过国的里程。

(2) 根据货物品名，在货物品名分等表中查出其可适用的运价等级和计费重量标准。

(3) 在慢运货物运费计算表中，根据货物运价等级和总的过境里程查出适用的运费率。

其计算公式为

$$运费总额 = 基本运费额 \times (1 + 加成率) \quad (2-4)$$

$$基本运费额 = 货物运费率 \times 计费重量 \quad (2-5)$$

其中，加成率：运费总额应按托运类别在基本运费额基础上所增加的百分比。快运货物运费按慢运运费加100%，零担货物加50%后再加100%，随旅客列车挂运整车费另加200%。

3. 国际铁路联运运单

国际铁路联运运单和运单副本是国际铁路联运的主要运输单据，也是铁路和货主之间所缔结的运输契约。按照《国际货协》的规定，发货人提交全部货物并付清应承担的一切费用，经始发站在运单和运单副本上加盖始发站日期戳记证明货物已经承运，即认为运输契约已经缔结。运单是随同货物从始发站至终到站按运送全程附送，最后交给收货人的。在终到站，铁路按照运单上所记载的项目内容，向收货人核收应收的运杂费，并点交所运送的货物。运单副本经铁路加盖戳记证明货物的承运和承运日期后发还发货人，凭以向银行办理结算。

三、运输保险条件

在商务项目的各个环节中，运输环节存在的风险相对较多，而且一旦发生风险就会影响到整个项目。因此，项目为了在货物遭受损失时能够得到经济补偿，需要办理货物的运输保险。

所谓货物运输保险是指货主（投保人）在货物装运前，按一定金额向承保人（保险人）投保一定险别的运输保险，并交纳保险费。如果所保货物在运输过程中遭受风险责任范围内的损失，保险单证上的受益人可凭以要求保险人进行赔偿。货物运输保险按货物运输方式分有海运货物保险、陆运货物保险、航空货运保险等。本部分主要介绍业务量最大的海运货物保险。

1. 海运货物保险承保范围

海运货物保险承保范围只限于保险合同约定的风险与损失。包括：

①可保障的风险，即海上风险和外来风险；

②可补偿的损失，即海损和其他损失，但不包括货物自然损耗和质量问题等；

③可由保险人承担的费用，即施救费用、救助费用和特别费用、额外费用（责任成立时）等。

（1）海上风险和外来风险。

海上风险（海难）（Perils of the Sea），即货物在海上运输过程中所发生的或因与海上运输有关的原因造成的风险。海上风险分自然灾害（Natural Calamities）（如恶劣气候、雷电、海啸、地震、洪水等）和海上意外事故（Fortuitous Accidents）（船舶搁浅、触礁、沉没、互撞、与流冰或其他类似事故）。

外来风险（Extraneous Risks），是指外来原因引起的风险，包括一般外来原因引起的风险和特殊外来原因引起的风险。一般风险包括偷窃、雨淋、短量、沾污、渗漏、碰损、串味、受潮受热、锈损、钩损、包装破裂等。特殊风险包括战争、罢工、敌对行为、采购地区拒绝或没收货物、拒绝提货等。

（2）海损和其他损失。

海损（Marine Losses），是指海运保险货物在海洋运输中由于海上风险所造成的损坏和灭失。海损按损失程度分有全损（运输中的整个货物或不可分割的一批货物的全损，又分为实际全损和推定全损）和部分损失（货物的损失没有达到全部损失的程度，又分有共同海损和单独海损）。

其他损失，指货物在运输途中，由于外来原因引起的一般风险和特殊风险而遭致其他种种损失。例如，由于偷窃行为所遭受的损失和因战争所遭受的损失等。

（3）施救费用、救助费用。

施救费用（Sue and Labor Charges），被保险的货物在遭受承保责任范围内的灾害事故时，被保险人或其代理人与受让人为避免或减少损失，采取了各种抢救或防护措施而支付的合理费用。

救助费用（Salvage Charges），被保险货物在遭受了承保责任范围内的灾害事故时，由保险人和被保险人以外的第三者采取了有效的救助措施，在救助成功后，由被救方付给救助人的一种报酬。

2. 海运货物保险险别

所谓保险险别是保险公司按照不同情况所规定的不同的保险范围。不同的保险公司有不同的保险险别定义。目前，在国际保险市场上所使用的海运货物保险条款，具有较大影响的是伦敦保险协会制定的"协会条款"（Institute Cargo Clause，ICC）。除英国的协会条款外，美国条款、法国条款、北欧、联邦德国、日本和中国也有各自的条款。下面以中国人民财产保险股份有限公司的保险条款（China Insurance Clause，CIC）为例。

（1）CIC 的基本险别。

1) 平安险（Free from Particular Average，FPA），不负责单独海损的赔偿。

2) 水渍险（With Average，WA or With Particular Average，WPA），平安险赔偿责任加自然灾害的部分损失。

3) 一切险（All Risks，AR），水渍险赔偿责任加 11 种一般附加险。

(2) CIC 的附加险别。

1) 一般附加险。共 11 种，包括偷窃、提货不着险，淡水雨淋险，短量险，混杂、沾污险，渗漏险，碰损、破碎险，串味险，受潮受热险，钩损险，包装破裂险和锈损险。

2) 特殊附加险：因一般附加险以外的外来原因引起特殊风险而造成损失的险别。包括罢工险、舱面险、进口关税险、拒收险、黄曲霉素险、交货不到险、货物出口到香港（包括九龙）或澳门存仓火险责任扩展条款。

(3) 海运货物保险险别的选择。

上述三种基本险别，可以单独选择其中一种投保。至于附加险别，则必须在投保了上述三种险别中的一种之后才能加保。

选择投保险别，首先，需要了解各险别保险条款内容，包括保险公司的承保责任范围、除外责任、责任起迄及被保险人的义务和索赔期限等。其次，保险险别可由投保人根据承保项目情况和需要选择投保。

3. 保险费的计算

保险费等于保险金额与保险费率的乘积。

(1) 保险金额的确定。

保险金额（Insured Amount），即被保险人对保险标的实际投保金额，是保险人承担赔偿责任的最高限额。按惯例，出口货物的保险金额一般是按 CIF（或 CIP）价格再加上一定数额的保险加成（加成是作为采购方进行这笔交易的经营管理费用和预期利润计入货物价值的）构成。即

$$保险金额 = CIF 价格 + 保险加成 \qquad (2-6)$$

或

$$保险金额 = CIF 价格 \times (1 + 保险加成率) \qquad (2-7)$$

其中，保险加成率是采购方开展商务项目的经营费用和预期利润按 CIF 或 CIP 价格计算的百分比。在没有特别规定下，保险加成率为 10%。

(2) 保险费的计算。

保险费是被保险人为了在将来可能遭受的承保范围内的损失获得赔偿向保险人支付的一定的对价。

$$保险费 = 保险金额 \times 保险费率 \qquad (2-8)$$

在实际工作中，经常会遇到知道合同价，要算出需交的保险费，或了解保险费率，要

计算出应该对外的报价。下面是合同价与保险费率等之间的关系。

$$CIF(CIP)价格 = \frac{CFR(CPT)价格}{1-(1+保险加成率)\times 保险费率} \quad (2-9)$$

$$CIF(CIP)价格 = \frac{FOB(FCA)价格 + 运费}{1-(1+保险加成率)\times 保险费率} \quad (2-10)$$

4. 货运投保方式

货物运输投保方式主要有逐笔投保和预约投保。

逐笔投保是每一批需运输的货物单独办理一次投保。适用于偶尔发生的项目。

预约投保是对后面陆续运输的货物与保险公司订立一个总保险合同，约定在一定时期内适用于各批货物的保险条件，在保险期间内发运的各批货物只要按规定办理"起保手续"就被自动保险了。

思考题

1. 一票货物交货需要哪些条件？
2. 如何计算货物的海运运费和航空运费？重物和泡物的运费各自应该怎样计算？
3. 保险加成是什么意思？运输保险费用与哪些因素有关？写出具体的计算方法。

第三节 商务项目的主要交易条件：货物的价格

货物的价格是商务项目的十分重要的主要交易条件，货物价格的高低直接影响着交易双方的利益，而且货物价格也影响着项目其他的交易条件，如贸易术语、货物质量、包装、支付方式，甚至影响运输方式等。应该说，货物价格的变化会牵动整个项目的其他条件，因此，我们需要掌握与货物价格相关的各种因素，给出正确、合理的货物价格。

一、商务项目货物价格组成

在商务项目中，货物的价格通常是指货物的单价和总值。货物的总值是货物单价与数量的乘积。而货物的单价，即货物的每一个计量单位以某一种货币表示的价格，而且其价格中除了表明每一个计量单位的价格金额外，还要表明（或明确表明或默认）供应和采购双方所采用的货币和在货物交接过程中有关费用、风险等责任的划分。价格的这种表明在国际商务项目的货物价格（单价）表明中十分明显，即价格由四部分组成：计价货币、价格金额、计量单位和贸易术语。

（一）计价货币和支付货币

计价货币（Money of Account）是合同中规定用来计算价格的货币。而支付货币（Money of Payment）是合同中规定用来支付货币的货币。若合同中没有这方面的区分，则计价货币就是支付货币。

目前国际金融市场普遍实行浮动汇率制度，多种货币之间的汇率是实时波动的。在国际商务项目磋商到执行完毕一般都需要几个月甚至更长的时间，而这段时间就存在货币汇率变动的风险，即汇率风险，因此，计价货币和支付货币的选择对商务项目的交易各方都是十分重要的。交易各方应该尽量选用对自己有利的货币。以计价货币为例，供应一方因选择硬币（Hard Currency，即从成交到项目结算完成期间汇率有上浮/升值趋势的货币），采购方则因选择软币（Soft Currency，即从成交到项目结算完成期间汇率有下浮/贬值趋势的货币）。当最终交易采用的计价货币对自身不利时，则需要在项目合同价格上去弥补，或是通过金融手段，购买规避汇率风险的金融工具进行外汇保值处理。

如上所述，商务项目需要在世界范围内考虑选择合适的货币。一般情况下，项目应该选择可自由兑换的货币。商务项目中常用的货币名称表见表2-1。在商务项目合同中应该运用国际标准化组织公布的货币符号。

表2-1 商务项目中常用的货币名称表

货币名称	货币简写符号	国际标准化机构公布的货币符号	国家或地区
英镑（Great Britain Pound）	£	GBP	英国
美元（United States Dollar）	US$	US$	美国
日元（Japanese Yen）	J¥	JPY	日本
港元（Hong Kong Dollar）	HK$	HKD	中国香港
欧元（European Currency Unit）	€	EUR	欧元区
加拿大元（Canadian Dollar）	CAN$	CAD	加拿大
澳大利亚元（Australian Dollar）	A$	AUD	澳大利亚
瑞典克朗（Swedish Krona）	SKr	SEK	瑞典
新西兰元（New Zealand Dollar）	NZ$	NZD	新西兰
新加坡元（SinGapore Dollar）	S$	SGD	新加坡
韩元（korea Won）		KRW	韩国
泰铢（Thailand Baht）	฿	THB	泰国
菲律宾比索（Philippine Peso）		PHP	菲律宾
印度卢比（Indian Rupee）	Rs	INR	印度
人民币（Chinese Yuan）	RMB¥	CNY	中国

（二）单位价格金额

在商务项目交易中，货物的交易价格金额与计价货币、计量单位和贸易术语有关，也可能涉及佣金、折扣对其的影响。佣金和折扣是影响货物价格的两个因素，是进行价格竞争和促进销售的有效手段，在商务项目中有广泛的应用。

1. 计价货币和贸易术语

在商务项目中,货物的单位价格金额,是在一定的计价货币和贸易术语确定的情况下货物所拥有的价格数字。之所以这样说,是因为货物的价格不仅因采用不同的计价货币而表现出不同的价格金额,比如某货物以美元计价时的货物单位价格金额是100美元,该货物若以欧元计价时,则该货物的单位价格金额就可能是87.28欧元;而且会因选用不同的贸易术语从而为货物赋予不同的费用使得货物价格金额发生变化,比如某货物在FOB条件下的价格金额是100,但该货物在CIF条件下(其他条件均不变)的价格金额就一定是大于100的。

2. 佣金(Commission)

佣金是采购方或供应方对中间商介绍项目或代为成交所给予的报酬。凡包括佣金的价格称为含佣价,可以在价格中注明,称为明佣;也可以不在价格中表明而由双方另行约定,称为暗佣;佣金常在供应方收到全部货款后再另行付给中间商。

佣金可按交易价格的比分比计算。佣金一般用"C"表达,在贸易术语三个字母和地名中间表示出来。

3. 折扣(Discount)

折扣是供应方按原价给予采购方的一定的价格减让。供应方采用折扣的原因有很多,如季节性折扣、数量折扣、质量折扣、销售地区折扣等。折扣可以在合同中直接表示出来,比如:……FOB New York less 5% discount.

4. 净价和交易价格金额

净价是指不含佣金或/和折扣的价格。根据净价的定义,得出:

$$净价 = 交易价格金额 - 佣金 - 折扣 \qquad (2-11)$$

即

$$交易价格金额 = 净价 + 佣金 + 折扣 \qquad (2-12)$$

对于交易当事人来说,净价和交易价格金额都十分重要。净价是交易当事人实际能真正享受到的价格,所以,在交易当事人考虑自身在交易中是否获利、获利多少时,净价是其主要的参考数据;而交易价格金额是含佣金和折扣的价格,是交易当事人在与合作伙伴磋商和签订合同时对外报出的合同价格。

(三)货物价格在项目合同中的表示方法

在商务项目合同中,价格分单价和总值。

单价(Unit Price)的具体表示方法为:

单价 = 计价货币 + 单位价格金额 + 计量单位 + 贸易术语 + 佣金率 + 折扣率

例如:

GBP100.00 per dozen CIF C2% London（每打100英镑CIF伦敦包括2%佣金）
USD50.00 per MT CFR net New York（每公吨50美元CFR净价纽约）

合同中的总值（Total Amount）是单价与数量之积，即

$$总值 = 单价 \times 数量 \tag{2-13}$$

二、项目成本预算

当前，随着现代化管理的不断升级和完善，企事业单位越来越多重视项目的成本预算管理。对于任何一个商务项目而言，成本预算是项目可行性研究的重要内容和必行之举。只有经过成本预算，项目交易各方才能够确定对外报价，才能初步确定项目的盈利状况，才能够确定项目可能的潜在风险情况，才能够知道如何开展项目活动等，因此，项目成本预算是项目交易各方必须正确掌握的最基本的业务知识。下面以国际商务项目为例来介绍项目成本预算。

（一）出口项目成本预算

所谓出口项目的成本预算是将出口项目所作的投入与通过出口项目所创造的FOB外汇净收入，或与此外汇净收入按外汇市场牌价所兑换成本币收入相比较，以确定出口项目的盈亏状况。为了完成这个成本预算，首先需要了解一些概念和内容。

对于出口项目，一般情况下出口货物价格主要包括出口货物成本、出口费用和预期利润（出口方对出口项目所希望获得的利润目标）三大部分。

1. 出口货物的成本

出口货物的成本因出口项目执行企业为生产企业还是外贸企业而有所区别。

生产企业开展出口项目，因出口货物为自有生产的货物，则其出口货物的成本一般包括生产成本（采购原材料成本、生产加工成本和劳动力成本等之和）、生产部门的生产管理分摊费用和生产部门生产货物的预期利润。

外贸企业开展出口项目则需要外购货物后进行出口，故其出口货物的成本一般就是采购成本，即外贸企业从货源企业购买出口货物或委托工厂生产出口货物的成本，其中这个成本包括了增值税，是含税成本。因一些国家实行出口退税政策，则配合出口退税，外贸企业的出口项目真正的货物成本，即实际采购成本应该是从采购成本中减去出口退税后的成本，是不含税成本。

$$实际采购成本 = 采购成本 - 出口退税 \tag{2-14}$$

$$出口退税 = \frac{采购成本 \times 出口退税率}{1 + 增值税税率} \tag{2-15}$$

$$实际采购成本 = \frac{采购成本 \times (1 + 增值税税率 - 出口退税率)}{1 + 增值税税率} \tag{2-16}$$

2. 出口项目交易的费用

出口项目因其跨国交易、环节多、涉及的问题多且内容复杂，其出口货物的费用要比国内项目费用多，而且各项费用的计算方法也不尽相同。

（1）出口项目可能产生的费用。

一般而言，出口货物的费用包括以本币支付的费用和以合同计价货币支付的费用。

以本币支付的费用可能包括但不限于以下几种：

①包装费：采购成本以外的包装费用。

②仓储费：出运前货物发生的仓储费用。

③国内运输费：出口项目交货前所产生的所有内陆运输费用，包括运输费、路桥费、过境费、装卸费等。

④认证费：出口货物按照规定必须办理的政府许可、配额、原产地证等证明所支付的费用。

⑤港杂费：在港区码头发生的装卸货物等所发生的需支付给港口的费用。

⑥单证费：根据出口项目要求提供该项目情况而制作或获取各种单据和证明所产生的费用。

⑦关检费（税收除外）：出口货物通关所产生的除税收外的费用。

⑧税收：根据出口国规定，出口货物需缴纳的相关税收（主要是出口关税），以及退还的相关税收（主要是出口退税）。有关出口关税的计算见本节后续介绍。

⑨资金利息：整个出口项目所需的所有资金所产生的利息。

⑩管理费用：完成整个出口项目所发生的管理费用的分摊。这些管理费用包括办公费用、通信费、交通费、公关费、银行费（以本币支付）等。管理费用因项目不同、企业情况不同等最终分摊的费用不同，计算起来比较复杂且不易精准分摊，故常常取交易金额的百分比来代替。

以计价货币支付的费用可能包括但不限于以下几种：

①银行费用：出口项目合同实施中因银行提供服务而向银行支付的费用。

②出口运费：出口项目中出口方支付的国际运输费用。

③出口保险费：出口项目中出口方为国际运费部分所支付的运费保险费用。

④佣金：出口方支付给出口项目中间商的服务酬金。

⑤折扣：出口方给出口项目进口方项目优惠而减免的货款部分。

（2）出口关税的计算。

为了计算出口关税，首先必须掌握"出口货物的完税价格"的概念。我国就此规定：出口货物的完税价格由海关以该货物的成交价格以及该货物运至中华人民共和国境内输出地点转载前的运输及其相关费用、保险费为基础审查确定。出口货物的成交价格，是指该货物出口时出口方为出口该货物应当向进口方直接收取和间接收取的价格总额。出口关税不计入完税价格。[①] 根据该规定，我们可以简单地理解为：

$$出口货物的完税价格 = \frac{FOB 价格}{1 + 出口关税税率} \quad (2-17)$$

因此，出口关税的计算公式为：

$$出口关税税额（从价税）= 出口货物的完税价格 \times 出口关税税率 \quad (2-18)$$

$$出口关税税额（从量税）= 出口货物的数量 \times 出口单位税率 \quad (2-19)$$

3. 出口项目的总成本

出口项目的总成本，一般为出口货物的采购成本加上出口前的一切费用和税金：

$$出口项目总成本 = 出口货物采购成本 + 以本币支付的费用 + 以合同计价货币支付的费用 \quad (2-20)$$

4. 出口项目交易价格的理论计算

如前所述，一般情况下出口货物价格是出口货物采购成本、出口费用、税金和预期利润之和。因此，在进行出口项目成本预算时，出口方必须明确自己所希望的预期利润，或是出口换汇成本。

（1）出口利润。

出口利润是出口项目收入的本币金额与该项目出口总成本之差。

$$出口利润 = 出口总收入（本币）- 出口总成本（本币） \quad (2-21)$$

或

$$出口利润 = 出口净收入（本币）-（出口货物采购成本 + 以本币支付的费用）（本币） \quad (2-22)$$

其中，出口净收入（本币）是指出口外汇总收入减去以合同计价货币支付的费用后的收入结汇成本币的金额。

而

$$出口利润率 = \frac{出口利润（本币）}{出口总成本（本币）} \quad (2-23)$$

（2）出口换汇成本。

出口换汇成本是指出口项目用多少本币可以换回一单位计价货币。由此，

$$出口换汇成本 = \frac{出口货物采购成本（本币）+ 以本币支付的费用（本币）}{出口净收入（计价货币）} \quad (2-24)$$

[①] 参见《中华人民共和国进出口关税条例》（国务院令〔2003〕第392号）第二十六条。

由此，得出出口换汇成本与出口利润/出口利润率的关系：

$$出口利润 = （出口结算汇率 - 出口换汇成本） \times 出口外汇净收入 \quad (2-25)$$

$$出口利润率 = \frac{出口结算汇率 - 出口换汇成本}{出口换汇成本} \times 100\% \quad (2-26)$$

（3）出口项目交易价格。

在出口项目实务操作中，常常是根据企业、行业或环境等诸多因素，人为确定项目的利润值、利润率或出口换汇成本，由此作为项目经济利益目标。一旦出口利润确定下来，项目的交易价格随之确定。

$$出口项目交易价格 = 出口项目总成本（计价货币）+ 预期利润（计价货币） \quad (2-27)$$

（二）进口项目成本预算

所谓进口项目的成本预算是将进口项目所做的投入与进口国当地同种同质货物市场价格比较，以确定进口项目的盈亏状况。为了完成这个成本预算，同样需要了解一些概念和内容。

对于进口项目，一般情况下其成本预算主要也是需要掌握进口货物成本、进口费用和预期利润（进口方对进口项目所希望获得的利润目标）三大部分。

1. 进口货物的成本

进口货物的成本，即从国外采购进口货物的价格。因为进口没有退税的问题，因此，进口项目交易货物的成本就是进口项目的合同价格。

2. 进口项目交易的费用

（1）进口项目可能产生的费用。

一般而言，进口项目的费用同样包括以合同计价货币支付的费用和以本币支付的费用。

以计价货币支付的费用可能包括但不限于以下几种：

①银行费用：进口项目合同实施中因银行提供服务而向银行支付的费用。

②进口运费：进口项目中进口方支付的国际运输费用。

③进口保险费：进口项目中进口方为国际运费部分所支付的运费保险费用。

④佣金：进口方支付给进口项目中间商的服务酬金。

以本币支付的费用可能包括但不限于以下几种：

①关检费（税收除外）：进口货物通关所产生的除税收外的费用。

②税收：根据进口国规定，进口货物需缴纳的相关税收（主要是进口关税），以及海关代征的货物增值税和消费税。有关进口关税等的计算见本节后续介绍。

③仓储费：划拨或销售前货物发生的仓储费用。

④认证费：进口货物按照规定必须办理的政府许可、配额等证明所支付的费用。

⑤港杂费：在港区码头发生的装卸货物等所发生的需支付给港口的费用。

⑥国内运输费：进口项目交货前所产生的所有内陆运输费用，包括运输费、路桥费、过境费、装卸费等。

⑦资金利息：整个进口项目所需的所有资金所产生的利息。

⑧管理费用：完成整个进口项目所发生的管理费用的分摊。这些管理费用包括办公费用、通信费、交通费、公关费、银行费（以本币支付）等。管理费用因项目不同、企业情况不同等最终分摊的费用不同，计算起来比较复杂且不易精准分摊，故常常取交易金额的百分比来代替。

（2）进口通关应缴税款的计算。

不同于各国较少征收出口关税，进口项目进口时应缴的税种不仅项目多（包括进口关税、海关代征的增值税和消费税），而且运用范围广以及许多货物其税款金额大而不可忽视，所以，进口项目的税款计算和管理对进口项目而言直接影响着进口项目的货物价格，是很关键的因素。

1）进口关税的计算。

$$进口关税税额 = 进口货物的完税价格 \times 相应的进口关税税率 \qquad (2-28)$$

其中，进口货物的完税价格在《中华人民共和国进出口关税条例》第十八条定义为：由海关以符合本条第三款所列条件的成交价格以及该货物运抵中华人民共和国境内输入地点起卸前的运输及其相关费用、保险费为基础审查确定。而进口货物的成交价格，是指出口方向中华人民共和国境内销售该货物时进口方为进口该货物向出口方实付、应付的，并按照本条例第十九条、第二十条规定调整后的价款总额，包括直接支付的价款和间接支付的价款。[①]

根据上述定义，进口货物的完税价格可以简单概括为符合成交价格的 CIF 价。因此有

$$进口关税额 = 符合成交价格的 CIF 价格 \times 相应的进口关税率 \qquad (2-29)$$

2）进口消费税的计算。

消费税是以消费品或消费行为的流转额为课税对象的一种流转税。进口货物的消费税的计算因计征方法不同而有所变化。

一是实行从价定率办法计算进口货物消费税：

$$进口货物消费税应纳税额 = 组成计税价格 \times 消费税比例税率 \qquad (2-30)$$

其中，

$$组成计税价格 = \frac{关税完税价格 + 关税}{1 - 消费税比例税率} \qquad (2-31)$$

[①] 《中华人民共和国进出口关税条例》（国务院令〔2003〕第392号）第十八条第一款。

二是实行从量定额计征进口货物消费税：

$$进口货物消费税应纳税额 = 应税消费品进口数量 \times 消费税定额税率 \quad (2-32)$$

三是实行从价定率和从量定额复合计税办法计算进口货物消费税：

$$进口货物消费税应纳税额 = 组成计税价格 \times 消费税税率 +$$
$$应税消费品进口数量 \times 消费税定额税额 \quad (2-33)$$

我国征收进口消费税的货物有烟、酒、化妆品、珠宝首饰、鞭炮、汽油、轮胎、汽车、摩托车、木地板、电池等。

3）进口增值税的计算。

根据《中华人民共和国增值税暂行条例》（2017年修订）第十四条的规定，进口环节增值税的计算公式为

$$进口环节增值税应纳税额 = 组成计税价格 \times 适应的增值税税率 \quad (2-34)$$

其中，

$$组成计税价格 = 进口关税的完税价格 + 进口关税税额 + 消费税税额 \quad (2-35)$$

进口增值税税率与国内销售增值税税率相同，属于进项税。按2019年3月20日财政部、税务总局、海关总署公告2019年第39号和2018年4月财政部税务总局《关于调整增值税税率的通知》财税〔2018〕32号文件，进口货物的增值税税率为13%或9%。除以下进口货物的增值税税率为9%外，大多数进口货物将征收13%的增值税：①粮食等农产品、食用植物油、食用盐；②自来水、暖气、冷气、热水、煤气、石油液化气、天然气、二甲醚、沼气、居民用煤炭制品；③图书、报纸、杂志、音像制品、电子出版物；④饲料、化肥、农药、农机、农膜。

4）进口综合税的计算。

进口综合税，即进口关税、增值税和消费税的统称，也就是进口项目的货物通关需要缴纳的所有税之和。因此，进口综合税为

$$进口项目货物的综合税额 = 进口关税额 + 进口货物消费税应纳税额 +$$
$$进口环节增值税应纳税额 \quad (2-36)$$

另外，在实际业务操作中，为简化工作，常常采用进口综合税率来计算进口综合税额：

$$进口项目货物的综合税额 = 进口关税的完税价格 \times 进口综合税率 \quad (2-37)$$

其中，

$$进口综合税率 = \frac{关税税率 + 增值税税率 + 消费税税率 + 关税税率 \times 增值税税率}{1 - 消费税税率}$$

$$(2-38)$$

3. 进口项目的总成本

进口项目的总成本，即为进口货物的采购成本加上进口所产生的一切费用、税金：

进口项目总成本 = 进口货物采购成本 + 以本币支付的费用 + 以合同计价货币支付的费用

$$(2-39)$$

4. 进口项目交易价格的理论计算

如前所述，进口项目交易价格也就是进口货物的成本，或进口货物采购成本。和出口项目的计算道理类似，进口项目交易价格也应该与货物成本、进口费用和预期利润三大部分有关。但与出口项目不同，出口的预期利润是出口方通过提高出口价格给自己留下了利润空间，而进口的预期利润则是进口方要降低进口货物价格直至进口货物价格与该货物在进口国的市场价格产生足够的价差来获得，所以，

进口项目预期利润 = 进口项目货物的国内销售价格 - 进口项目总成本

$$(2-40)$$

对于进口项目而言，企业一般会在预算阶段确定预期利润指标，因此，进口项目的交易价格就可以推算出来：

进口项目交易货物价格 = 进口货物的国内销售价格 - 进口项目交易货物的费用 - 预期利润

$$(2-41)$$

三、确定项目货物价格须注意的事项

（一）考虑影响货物价格的各种因素

市场是影响货物价格的外部因素，而货物本身情况、交易条件等也是影响其交易价格的因素。这些因素包括：货物档次和质量优劣；成交数量；销售地点；货物需求变化；汇率变动风险；运输、保险的费用、佣金、折扣以及交货条件、贸易术语的选择等。其中，不同贸易术语的选用使得交易价格的组成不同，故交易的货物价格也会随之变化。通常，贸易术语选择的原则是能够发挥交易双方各自的优势而规避弱势，做到双方有利、交易能够顺利履行和完成。

货物销售的时期和季节对同一货物而言，可能因为需求变化导致货物交易价格的波动，而且不同季节会引起运费和保险费的变化。例如，去往加拿大的运费在冬季的价格要比夏季的价格一般会高些。

项目交易的支付费用和风险以及汇率变动风险的承担是要有代价的，因此应该要反映到交易价格中去。关于交易的支付问题在后续章节介绍。

（二）商务项目合同价格条款注意事项

（1）计价货币选择要有利，书写要正确。

（2）计量单位要明确。

（3）选择贸易术语要慎重、考虑全面。

（4）计价方法要具体、明确。

计价方法主要有以下几种：

①固定作价法：在磋商交易中，把价格确定下来，事后不论发生什么情况均按照确定的价格进行结算付款。

②待定价格法：项目磋商时，只约定成交的标的物，而其价格则保留到某个时期再进行商定。

③部分固定价、部分待定价法：顾名思义，合同对部分货物确定固定价格，而对另外货物的价格留到后期再商定。比如，磋商时只约定近期交货部分的价格，而对远期交货部分的价格采用待定价格方法。

④滑动价格法：交易双方在合同中规定一个基础价格以及价格调整条款。合同执行中按价格调整条款进行最终交易价格的确定，并按最终调整后的加价履行交货和付款。

这些计价方法各有优缺点，适用于不同的商务项目情况。商务项目一般会采用固定作价法，因为这样双方明确各自利益，合同本身没有不确定因素，有利于双方的履约；但当项目周期长、市场价格变动频繁且幅度较大、汇率波动难以预测时，待定价格法、滑动价格法等不固定作价的方法就对交易双方起到一定的风险规避作用。因此，交易双方应该按照项目特点和项目的国内外环境选择具体而正确的计价方法。

（5）装运地或卸货地不可模糊、歧义。

（6）正确计算佣金、折扣和净价。

（7）合同中的单价和总值表述要正确、全面。

思考题

1. 出口FOB净价为150.00美元，则改成包含2%佣金后的FOB C.2%的价格是多少？
2. 中国企业进口4.0排量的汽车的进口综合税是多少？
3. 出口项目和进口项目的交易价格是怎样确定的？

第四节　商务项目的主要交易条件：货款的收付

在商务项目中，供应方交付正确的货物与采购方及时支付足额款项是项目对价条件，因此货款的支付是个重要问题。

不同于国内商务项目中的本币支付，我国对外项目通常是通过外汇来结算货款的。外汇结算货款主要涉及使用的货币、付款时间、地点及支付方式等问题。这些问题要比本币结算复杂，且都直接关系到项目双方的利益，在磋商交易时，双方必须对它们取得一致的意见，并在合同中明确规定下来。本节主要介绍国际商务项目的货款收付问题。

一、支付工具

作为支付工具使用的有货币、汇票、本票和支票。

(一) 货币

世界各国或地区发行和流通着各自的货币,如美元、欧元、英镑、日元、澳大利亚元和加拿大元(见图2-1至图2-6)。就对外项目而言,存在三种货币,即本币、对方国货币和第三国货币。就项目合同而言,有计价货币和支付货币之分。

图2-1 货币——美元

图2-2 货币——欧元

图2-3 货币——英镑

图2-4 货币——日元

图2-5 货币——澳大利亚元

图2-6 货币——加拿大元

由于我国现采取外汇管制制度，除国家另有规定外，一切中外机构的外汇收入，都必须按照国家规定的外汇汇率卖给银行；一切外汇的支出和使用，都必须按照国家批准的计划或有关规定，向银行购买。

（二）汇票

汇票（Draft / Bill of Exchange，B/E），即一个人向另一个人签发，要求对方立即或在一定时间内向某人支付一定金额的无条件的书面支付命令。

1. 汇票的必备内容

虽然各国使用的汇票的格式可能不同，但其主要的项目和内容基本是一致的。在常见的项目中使用的汇票格式和必备内容见图2-7和图2-8。

```
No._____①_____
For._____③*_____                                    _____②_____
At_____④_____sight of this FIRST Bill of exchange (SECOND of the same tenor and date unpaid)
pay to_____⑤_____the order of
The sum of_____③**_____
Value received for_____⑥*_____of_____⑥**_____
Drawn under_____⑦*_____
L/C No._____⑦**_____dated_____⑦***_____
To:_____⑧_____
                                                      _____⑨_____
                                                      (Signature)
```

图2-7 国际商务项目的汇票常用格式

注：①汇票编号；②汇票出票地点和日期；③*小写的汇票金额；③**大写的汇票金额；④付款期限；⑤收（受）款人；⑥*出票条件——交易货物的数量；⑥**出票条件——交易货物的名称；⑦*出票条款——开证行名称；⑦**出票条款——信用证号码；⑦***出票条款——信用证开证日期；⑧付款人；⑨出票人及其签字。

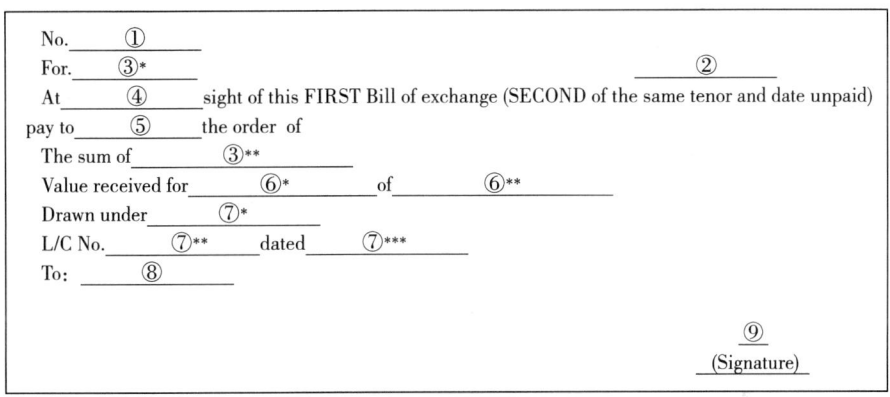

图2-8 汇票票样

汇票一般为一式两份，第一联、第二联在法律上无区别。其中一联生效则另一联自动作废。

2. 汇票的种类

按出票人，分为商业汇票（Commercial Bill，即汇票的出票人是工商企事业、出口企业）和银行汇票（Bank's Bill，即汇票的出票人是银行）。

按汇票承兑人，分为商业承兑汇票（Commercial Acceptance Bill，即凡工商企业出票而以另一工商企业为付款人，经付款人承兑后的汇票）和银行承兑汇票（Bank's Acceptance Bill，即银行承兑的远期商业汇票）。

按流通时是否附货运单据，分为光票（Lean Bill）和跟单汇票（Documentary Bill）。出具的汇票不附有任何货运单据，称为光票，常用于收取少量货款和杂费；如出具的汇票附有货运单据（主要包括提单/发票/保险单等）则为跟单汇票。

按见票付款期，分有即期汇票（Sight Draft，即付款人见票后即需付款的汇票）和远期汇票（Time Draft，为规定付款人见票后于将来的一定日期付款的汇票）。

3. 汇票的使用

出票（to Draw Issue）。出票人在汇票上填写：付款人、付款金额、付款日期和地点、收款人等，并签字将票交给收款人的行为。

提示（Presentation）。汇票持有人将汇票交付款人，要求承兑和付款行为。

承兑（Acceptance）。付款人对远期汇票表示承担到期付款责任的行为。

付款（Payment）。付款人见票或到期付款的行为。

另外，还可能有背书、拒付、追索的情况。

（三）本票

本票（Promissory Note），即一个人向另一个人签发的，保证在见票时或规定时间内向某人无条件支付一定金额的书面承诺。

根据定义，本票的必备内容见图2-9和图2-10。

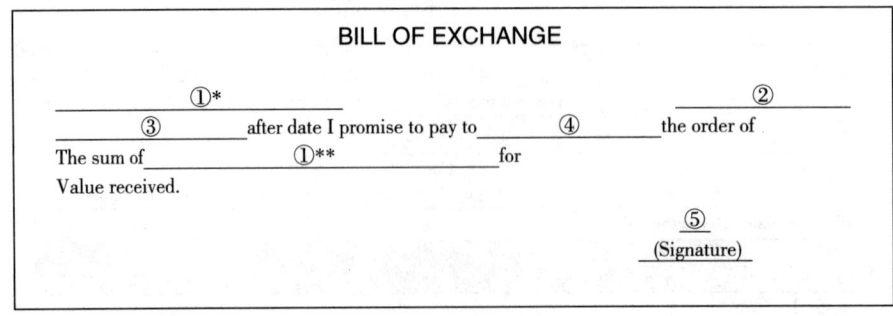

图2-9 商业本票常用格式（英文）

注：①* 小写的本票金额；②本票出票地点和日期；③付款时间期限；④收（受）款人；①** 大写的本票金额；⑤出票人（付款人）及其签字。

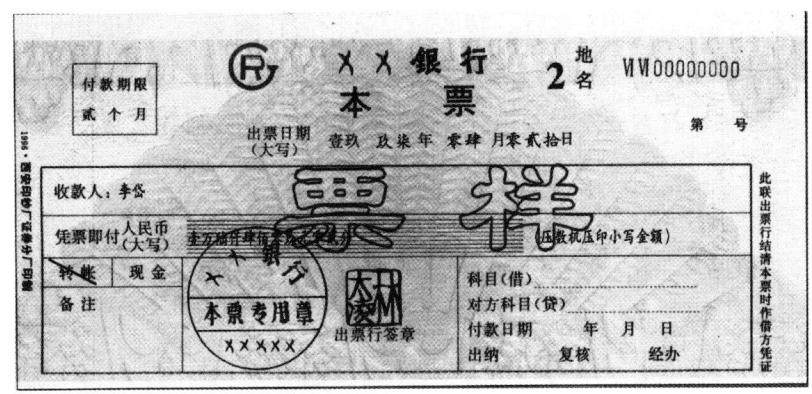

图2-10 不定额银行本票票样（中文）

值得注意的是，虽然本票分有银行本票和商业本票，但我国《票据法》第73条有"本法所称本票，是指银行本票"的规定，也就是说我国基本不承认银行以外的企事业、其他组织和个人签发的本票。

（四）支票

支票（Cheque／Check），活期存款的存户对银行签发的授权银行从其存款账上即期支付一定金额给某人或其指定人或持票人的无条件的书面支付命令。

支票通常用于同城各单位之间的货物交易、劳务供应及其他款项的结算。由于支票结算方式手续简便，因而是目前同城结算中使用比较广泛的一种结算方式。其票样如图2-11所示。

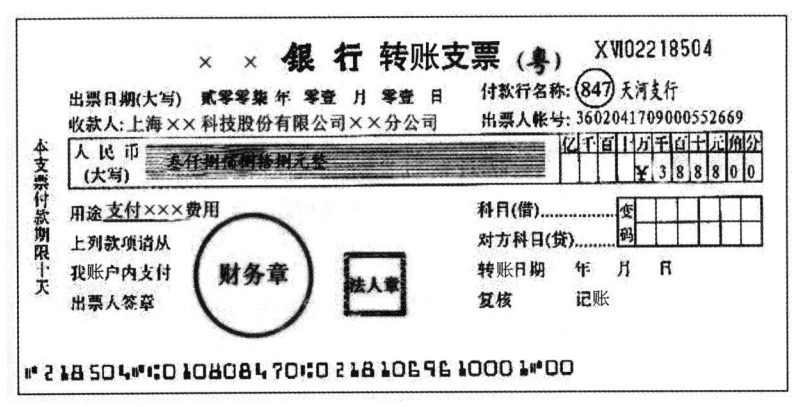

图2-11 支票票样

在国际上，支票一般既可用以现金支取，也可通过银行转账，由持票人或收款人自主选择收款方式。

在我国采用支票结算方式，应注意下列问题：

（1）鉴于我国多年使用支票的习惯，并考虑国际上的通行做法，保留了现金支票和转账支票，新增了普通支票和划线支票。支票上印有"现金"字样的为现金支票，现金支票只能用于支取现金。支票上印有"转账"字样的为转账支票，只能用于转账，不可支取现金。支票上未印有"现金"或"转账"字样的为普通支票，普通支票可以用于支取现金，也可以用于转账。在普通支票左上角划两条平行线的，为划线支票，划线支票只能用于转账，不得支取现金。

（2）支票一律记名。中国人民银行批准的地区转账支票可以背书转让。

（3）支票见票即付，但支票持票人委托其开户银行向付款人提示付款的，进账时间为经过同城票据交换系统将票款划回的时间。支票的提示付款期限为自出票日起10日内，中国人民银行另有规定的除外。超过提示付款期的，持票人开户银行不予受理，付款人不予付款。

（4）不准签发空白支票。签发支票，不能超过银行存款的余额，超过的即为"空头支票"，银行将予以退票，并处以票面金额5%但不低于1000元的罚款。

二、支付方式

商务项目货款收付的基本方式有银行保函、汇付、托收和信用证四种，本书主要针对招投标项目的货款收付问题，故在此重点介绍银行保函业务。

（一）银行保函（Letter of Guarantee／Bank Guarantee，L／G）

银行保函是银行为委托人开立的一种书面保证，保证申请人按规定履行合同，否则银行自身负责偿付债款。

在商务项目中，银行保函可以是银行为供应方开立给采购方或其代理人的一种书面保证，保证供应方按规定履行协议或合同等，否则银行自身负责偿付债款；银行保函也可以是银行为采购方开立给供应方的一种书面保证，保证采购方按规定履行支付货款的义务，否则银行自身负责偿付债款。

1. 银行保函的当事人

（1）申请人／委托人（Applicant/Principal）。向银行提出申请，要求银行开立银行保函的一方。

（2）受益人（Beneficiary）。收到银行保函并有权按银行保函规定的条款凭以向银行提出索赔的一方。

（3）担保人（Guarantor）。开立银行保函的银行。

（4）通知行（Advising Bank）。根据开立银行保函的银行的要求和委托，将银行保函通知给受益人的银行。

2. 银行保函的主要内容

（1）有关当事人。

（2）开立保函的依据。

（3）担保金额和金额递减条款。

（4）要求付款的条件。

（5）保函失效日期或失效事件。

（6）保函所适用的法律与司法。

见表2-2，以投标保函为例。

表2-2 投标保函范本

                    ___①___

                                   ___②___

TO: ___③___
RE: OUR IRREVOCABLE LETTER OF GUARANTEE NO. ___④___
THIS BOND IS HEREBY ISSUED TO SERVE AS A BID BOND OF ___⑤___ (HERE INAFTER CALLED THE "BIDDER") FOR BID NO. ___⑥___ FOR SUPPLY OF GOODS TO ___③___.

  ___①___ (HERE INAFTER CALLED THE BANK) HEREBY UNCONDITIONALLY AND IRREVOCABLY GUARANTEES AND BINDS ITSELF, ITS SUCCESSORS AND ASSIGNS TO PAY YOU, IMMEDIATELY WITHOUT RECOURSE, THE SUM OF ___⑦___ REPRESENTING ___⑧___ OF THE BID VALUE UPON RECEIPT OF YOUR WRITTEN NOTIFICATION STATING ANY OF THE FOLLOWING EFFECTS:

A. The bidder has withdrawn his bid after submission of the bid and before the expiration of its validity period. or

B. The bidder has failed to enter into contract with you after notification of contract awards. or

C. The bidder as successful bidder has failed to establish acceptable performance bond(s) within ___⑨___ days after the effective date of the contract.

  It is fully understood that this guarantee takes effect from issuing date and shall remain valid for a period of ___⑩___ days after the opening date of the bid and during the period of any extension thereof that may be agreed upon between you and the bidder with notice to us, unless sooner terminated and or released by you.

  Notwithstanding anything to the contrary, if the bidder is awarded the contract, this guarantee shall remain in full force and effect after expiration of the above-mentioned period until the bidder shall have entered into contract with you and furnished the necessary performance bond.

                                Yours faithfully,
                                  ①
                               (Signatures)

This document consists of signed page (s)   Authorized Signatures

---

注：①担保行；②开立保函的地点和时间；③保函受益人；④投标保函编号；⑤申请人；⑥投标项目名称及编号；⑦小写和大写的投标保证金额；⑧占投标标的百分比；⑨履约保函开立当天算起距合同签订日的天数；⑩投标保函有效期。

3. 银行保函的种类

在商务项目中，最常见的银行保函有三种：

（1）履约保函（Performance Guarantee）。

  履约保函是银行应保函申请人请求而向受益人作出的一种关于工期和项目质量的履约保证承诺。如果保函申请人日后未能按时、按质、按量完成其所承揽项目，则银行将向受益人支付一笔约占合约金额5%～15%的款项。

1）履约保函的适用范围。

履约保函是现金保证金的一种良好的替代形式，适用范围非常广泛，可用于任何项目中对当事人履行合同义务提供担保的情况，常见用于工程承包、货物采购等项目。在工程承包、货物采购等项目中，业主或采购方为避免承包方或供货方不履行合同义务而给自身造成损失，通常都要求承包方或供货方交纳履约保证金，以制约对方行为。

2）履约保函的优点。

对承包方或供货方：减少由于交纳现金保证金引起的长时间资金占压，获得资金收益；与交纳现金保证金相比，可以使有限的资金得到优化配置；项目权益得到更好的维护。

对业主或采购方：合理制约承包人或供货方行为，良好维护自身利益；避免收取、退回保证金程序的烦琐，提高工作效率。

（2）投标保函（Tender Guarantee）。

投标保函是指在招标投标中招标方为保证投标方不得撤销投标文件、中标后不得无正当理由不与招标方订立合同等，要求投标方在提交投标文件时一并提交的一般由银行出具的书面担保。

1）投标保函的适用范围。

投标保函适用于所有公开招标、议标时，业主或采购方要求投标方交纳投标保证金的情况。投标保函也是现金保证金的一种良好的替代形式。

2）投标保函的优点。

对投标方：减少交纳现金保证金引起的资金占用，获得资金收益；与交纳现金保证金相比，可使有限的资金得到优化配置；有利于维护正当权益。

对招标方：良好地维护自身利益；避免收取、退回保证金程序的烦琐，提高工作效率。

（3）还款保函（Repayment Guarantee）。

还款保函是指在对金额较大的成套设备或工程项目交易，供应方常要求采购方预付一定金额的订金。而采购方在支付订金前，要求供应方提供银行的还款保函，以担保供应方履行合约。否则，出具还款保函的银行负责将预付订金及利息退还给采购方。

4. 银行保函的特点

（1）银行保函属于银行信用，有比商业信用更高的保证作用。比如，对供应方而言，银行保证货款的安全性；对采购方而言，银行保证货物的安全性。

（2）第二付款责任。银行保函只是在委托人未能按照函内所规定的条款办理时，担保行才负责付款，所以，银行保函的担保行负第二性付款责任。

（3）特定的付款依据。银行保函往往以合约或某些条件未能履行为前提，而且不一定有货物，更不一定有款项的支付。

（4）银行保函基本没有资金融通的功能。

（二）汇付（Remittance）

汇付是由采购方按合同约定的条件和时间，主动将货款通过银行付给供应方，或者向银行购买银行汇票直接寄给供应方的行为。由于汇付的特点，汇付在商务项目中适用于小额交易的情况。

（三）托收（Collection）

托收是指供应方在货物装运后开具汇票，连同全套货运单据，委托当地银行（托收行）通过其在进口地的银行（代收行）向采购方收取货款。按交单方式，托收分有付款交单（Documents against Payment，D/P）和承兑交单（Documents against Acceptance，D/A），其中，付款交单按支付时间分为即期付款交单和远期付款交单。托收实质上是供应方提供对采购方的资金融通优惠来提高其出口项目在国际市场上的竞争力以促进成交，扩大出口。

（四）信用证（Letter of Credit，L/C 或 LC）

信用证在商务项目的业务中，指银行根据采购方的请求和指示向供应方开立的一定金额的，并在一定期限内凭规定的单据承诺付款的书面文件。因为信用证具有银行信用，且有融资作用，故商务项目凭信用证支付很广泛。在商务项目具体实施中，因项目的不同需求，可选用不同种类的信用证，包括即期信用证或是远期信用证、保兑信用证或是不保兑信用证、SWIFT[①]信用证、可转让信用证、循环信用证、对背信用证等。

思考题

1. 商业汇票与银行汇票的主要区别和用途是什么？
2. 银行保函有哪些作用？
3. 常见的银行保函有哪些？
4. 银行保函有哪些特点？

第五节　商务项目的主要交易条件：争议的处理

商务项目的争议处理包括商检、索赔、不可抗力和仲裁四大部分。

一、商检

商务项目的货物检验（I/E Commodity Inspection）是指对交易货物的品质、数量、包

---

① SWIFT：环球银行财务电信协会（Society for Worldwide Interbank Financial Telecommunication）。

装、卫生、安全等实施检验和公证鉴定，同时出具商检证书。

在商务项目中，项目双方因种种原因难以当面点交和验收交易货物，同时，货物经过长途运输，也可能发生残损短缺等问题，可能涉及运输、保险、装卸等其他部门的责任。供应和采购双方往往因货物的品质和数量问题引起争议。为了避免纠纷，以及在发生纠纷后便于确定事故的起因和分清责任的归属，产生了货物检验这一商务项目活动中不可缺少的做法，即由一个有资格的、与双方当事人无利害关系的第三者，对货物等进行检验并发给检验证书。

商务项目的商检条件包括商检时间和地点、检验机构、检验证书和检验标准。

（一）商检时间和地点

商检时间和地点是项目双方由哪一方行使对货物等进行检验的权力，通过时间、地点的规定加以明确。通常有以下五种做法。

（1）在产地（工厂）检验。货物在产地出运前由工厂（产地）的检验部门或采购方的验收人员进行检验和验收，由项目合同中规定的检验机构出具检验证书，作为供应方交货的品质、数量等的最后依据。

（2）以离岸品质、重量为准（Shipping Quality, Weight as Final）。货物应在装运港装船前进行品质、重量（数量）的检验和衡量。装船口岸的商检机构所出具的品质证明和重量（数量）证明是决定货物品质、重量（数量）和包装的最后依据。

（3）以到岸品质、重量为准（Loading Quality, Weight as Final）。货物的品质和重量（数量）是在目的港（地）卸货后进行检验，货物是否符合合同的规定，是以目的港（地）商检机构出具的品质、重量（数量）证明为最后依据。

（4）采购方营业所（最终用户所在地）检验。对于一些在使用前不宜拆包，或不具备检验条件而不能在目的港（地）等地检验的货物，通常都是在采购方营业处所或最终用户所在地，由合同规定的检验机构在规定的时间内进行检验。货物的品质、重量（数量）等以该检验机构出具的检验证书为准。

（5）以装运港的检验证明作为议付货款的依据，货到目的港后采购方享有复验权。货物应在装运港装船前进行检验，但检验证书只作为供应方向银行办理议付货款的单据之一，而不是决定交货品质、重量（数量）的最后依据。货物在目的港卸货后，采购方有权对货物的品质、重量（数量）进行复验，如复验结果与合同规定不符，采购方可凭复验证书向供应方提出异议和索赔。这种规定方法兼顾了交易双方的利益，比较合理，在商务项目中使用最为广泛。

（二）检验机构

检验机构是指接受委托进行货物检验和公证鉴定的专门机构。国际上有著名的检验机构，如美国粮谷检验署、法国国家实验室检测中心等，我国也有货物检验部门。

（三）检验证书

检验证书（Inspection Certificate）是指经商验机构检验、鉴定后出具的书面证明文件。检验证书是议付款的一种单据，是证明交货的品质、数量、包装、卫生条件等是否符合合同规定的依据、进出口货物海关验关放行的依据以及索赔和理赔的依据。

（四）检验标准

检验标准是指对商务项目的货物实施检验所依据的标准。检验标准有国际上的检验标准、国家标准和行业标准等，除项目当事国或地区的国家法律、行政法规强制性的标准必须执行外，商务项目的其他检验标准需要在项目合同中明确规定。

二、索赔

索赔（Claim）是指受损方向违约方提出损害赔偿的要求。在商务项目中因种种原因会引起索赔事件。本部分仅介绍商务项目双方在履行合同中出现违约情况引起的索赔需考虑的问题，即双方须在项目合同中约定索赔条款。这样一来，合同一旦有违约行为发生给某一方造成损失话，索赔条款的确定将给受损方相应的权益保护；同时一旦双方有争议，则可以按照索赔条款行事来解决争议。

索赔条款规定方式有两种：

①异议和索赔条款（Discrepancy and Claim Clause）。异议和索赔条款内容包括索赔的依据、索赔的期限和索赔的办法。

②罚金条款（Penalty）。罚金条款一般包括适用范围、罚金数额及限额、罚金起算日期。

三、不可抗力

不可抗力（Force Majeure）事件是指在项目合同签订后，不是由于任何一方当事人的过失，而是由于发生了当事人所不能预见，也无法事先采取预防措施的意外事故，以致不能履行或不能如期履行合同的事件。

（一）不可抗力事件的范围和结果

不可抗力事件的范围包括"自然力量"及"社会力量"两种。"自然力量"包括地震、台风、洪水、暴风雪等；"社会力量"常常是指战争、罢工、政府禁令等。不过，对于不可抗力事件的范围目前国际上并无统一的确切解释。

一旦发生不可抗力事件，其后果将导致商务项目免除受害一方不履行合同的责任。如果事件影响了履约的根本基础，使履约成为不可能或是免除其延迟履行合同的责任，如果事件只是暂时影响合同的履行，事故影响消除后仍应履行合同。

（二）不可抗力条款内容

为了避免不必要的纠纷和防止项目执行中不合理的要求，商务项目合同中均会签订不可抗力条款。不可抗力条款的内容包括不可抗力事故的范围、不可抗力事件的后果、出具事件证明的机构、发生事件后通知对方的期限和方式等。

四、仲裁

仲裁（Arbitration）就是商务项目双方达成交易合同后，若有争议，且通过协商不能解决，自愿将有关争议提交给双方同意的第三者进行裁决（Award），裁决的结果对双方都有约束力，双方必须依照执行。

（一）仲裁的特点

在商务业务中，通过仲裁解决项目争议是一种惯常的方式。仲裁的特点包括：双方当事人签订有仲裁协议；仲裁程序简单，时间较短；仲裁对双方当事人关系影响较小；仲裁费用较低；仲裁是终局性裁决。

（二）仲裁协议的主要内容

根据国际上的习惯做法和一些国家的法律规定，凡采用仲裁方式处理争议时，当事人双方必须订有仲裁协议。所谓仲裁协议，就是双方当事人愿意将争议提交仲裁机构审理的表示。

仲裁条款的主要内容包括仲裁地点、仲裁机构、仲裁程序、仲裁裁决的效力、仲裁费用的负担等。

思考题

1. 在商务项目合同中，争议的处理通常有哪些条款？
2. 商务项目为什么要对交易的货物实施商检？
3. 在商务项目合同中规定仲裁条款有哪些作用？仲裁条款包括哪些主要内容？
4. 哪些事件属于不可抗力，为什么？

第六节　商务项目合同

一、商务项目合同概述

商务项目合同是指营业地不同国家（或不同地区，或不同企业）的当事人之间签订的项目合同。对于任何一个项目，为了明确项目双方的权利和义务，一般还要在交易磋商的基础上，双方签订书面合同或确认书。只有签订合同才能使得商务项目的磋商成果转化为具有法律效力的书面文件，使得商务项目的履行具有法律基础。

从法律角度来看，商务项目合同成立还必须具备以下条件：

（1）当事人因具备缔约能力。包括当事人有民事行为能力、涉外项目的外贸经营权、签订合同的签字权等。

（2）当事人的意思的真实表示。也就是当事人订立合同时表达的意思应与合同内在的意思一致。

（3）合同的内容要合法。包括不违反法律、公共政策和善良的社会风俗等。

（4）合同的形式要合法。《联合国国际货物销售合同公约》第11条规定：销售合同可以用包括人证在内的任何方法证明。我国以前规定货物销售合同必须采用书面形式订立，否则无效。但1999年颁布的《合同法》不再要求一定要有书面形式。

（5）合同应当有对价或约因。英美法中的对价（Consideration）是指为换取某一承诺而付出的代价；大陆法中的约因（Consideration）是指签订合同追求的直接目的。

二、商务项目合同的内容

（一）商务项目合同的结构

常见的书面合同形式有正式的合同（Contract）、确认书（Confirmation）、协议书（Agreement）、备忘录（Memorandum）、订单（Order）、委托订购单（Indent）等。一份完整的商务项目正式合同一般由三部分组成：

（1）约首。合同的首部，通常包括合同的名称、编号、签订日期和地点、订约双方当事人的名称和地址等。

（2）本文。为合同的主体部分，以合同条款的形式列明交易的各项条件，规定双方的权利和义务。

（3）约尾。合同的尾部，主要说明合同的份数、附件及其效力、使用的文字、合同生效时间和有效期、合同适用的法律及双方当事人的签字等。

（二）国际货物销售/采购合同的主要条款

国际货物销售/采购合同中的本书将对双方磋商成的各项交易条件形成合同的主要条款进行讲解。这些主要条款是：

（1）品名条款（Name of Commodity Clause）。详尽列明签约双方同意进出口的货物名称。

（2）品质条款（Quality Clause）。包括货物的规格或等级、商标或牌号、产地和厂商名称，说明书/样品/图纸的编号等。

（3）包装条款（Packing Clause）。规定货物的包装方式、包装材料、文字说明、运输标志和包装费用负担等。

（4）数量条款（Quantity Clause）。列明交货的计数和计量单位。

（5）价格条款（Price Clause）。包括货物的单价和总价，其中单价由计量单位、单价价格、计价货币、价格术语、佣金/折扣组成。

（6）装运条款（Shipment Clause）。主要规定装运时间、起运港口/发货地、目的港/目的地、运输公司名称、分批装运和转运、装卸时间、装卸率、滞期费、速遣费等。

（7）保险条款（Insurance Clause）。有时需要规定保险金额、险别、保险适用条款等。

（8）支付条款（Payment Clause）。商务项目中一般有汇付、托收、信用证和银行保函四种支付方式。采用汇付的支付方式，条款中需要规定汇付的时间、具体的汇付方式和金额等；采用托收的支付方式，条款中要规定交单条件、采购方付款和承兑责任以及付款期限等内容；信用证支付条款必须规定开证时间、信用证的金额、付款的日期、信用证的有效期及到期地点等内容；银行保函形式的支付方式常常伴随着国际招投标项目，这种支付方式规定项目如何按进度付款等。

（9）检验条款（Inspection Clause）。条款包括检验权、检验依据、检验时间、检验地点和检验机构等。

（10）索赔条款（Claim Clause）。分有罚金条款和异议索赔条款两种形式。罚金条款要规定违约方向受损方赔偿约定的金额；异议索赔条款要规定索赔依据、索赔时间、索赔方法和金额等。

（11）不可抗力条款（Force Majeure Clause）。主要内容包括不可抗力事故的范围、不可抗力事故的法律后果、出具事故的证明机构和事故发生后通知对方的期限等。

（12）仲裁条款（Arbitral Clause）。包括仲裁地点、仲裁机构、仲裁程序、仲裁费用负担等。

（三）合同签订的注意事项

一份商务项目合同包括运输、保险、商检等环节，因此，牵扯面十分广泛。要确定合同的各个条款内容，必须同时确定好所涉及的所有环节的合作方的交易条款。比如，为保证商务项目合同中的运输条款内容，合同当事人就需要与相关运输公司签订一份运输合同，以保证商务项目的运输按照合同中的运输条款完成等，这些都是合同签订时，当事人必须注意的事项。

1. 运输合同与商务项目合同运输条款

为了正确规定商务项目合同的运输条款，使商务项目合同与为完成商务项目合同运输任务而签订的运输合同的内容相互衔接，以利进出口货物或设备等装运任务的顺利完成，要求商务项目合同中的运输条款内容应该与运输合同相关条款内容保持一致性，包括交货条件、运输方式、装运通知、运输单据的提交以及是否分批、转船等。

2. 保险合同与商务项目合同保险条款

同样，为了正确规定商务项目合同的保险条款，使商务项目合同与为完成商务项目合同保险任务而签订的保险合同的内容相互衔接，防止漏报、重保或错保情况，要求商务项目合同中的保险条款内容应该与保险合同相关条款内容保持一致，包括保险金额、险别、保险适用条款等。

3. 充分考虑合同所面临的风险

由于商务项目周期长、环节多、涉及广泛，存在市场风险、汇率风险、运输风险、合同风险以及国家风险、信誉风险等。因此充分认识商务项目的风险因素并努力规避风险是签订商务项目合同并顺利实施项目的前提。

4. 保证合同的有效性、合法性

应该按照前面所介绍的内容，在合同签订时保证合同有效、合法。

思考题

1. 简述一份货物销售/采购合同生效的条件。
2. 尝试草拟一份国际货物销售合同或采购合同。

第三章　商务实务综合实验教学平台基础知识

教学目标……………………………………………………………………………

了解商务实务综合实验教学平台相关知识；熟悉商务综合实验教学平台系统，特别需要熟悉"跨境项目综合实验教学平台"上的菜单功能，并且在该平台上进行账户注册。

随着我国商务活动变得频繁而普及，商务专业技能成为我们多数大学生和在职人员应该具备的知识。在专业教育中，实验实训成为一个重要的教学环节。通过实验课教学，可以使在校学生熟悉商务项目的具体操作流程，增强感性认识，并可从中进一步了解、巩固与深化已经学过的理论和方法，提高发现问题、分析问题以及解决问题的能力。"跨境项目综合实验教学平台"软件以及其他各种商务实验教学平台软件就是在这种需求下孕育而生的产物。

市面上有很多不同内容、不同版本的商务实验教学平台系统。这些实验教学平台系统是根据实际商务项目和进出口贸易流程，并依据教学要求开发的教学模拟系统。学生在平台上进行商务实务的具体操作，能很快掌握商务的成本核算、询盘、发盘、还盘和接受以及合同签订等各种基本技巧；熟悉商务的物流、资金流与业务流的运作方式；切身体会商务项目中不同当事人面临的具体工作与他们之间的互动关系；学会企业利用各种方式控制成本以达到利润最大化的思路；认识供求平衡、竞争等宏观经济现象，并且能够合理地加以利用。老师通过在网站发布新闻、调整货物成本与价格、调整汇率及各项费率等方式对国内外经济环境实施宏观调控，使学生在实验中充分发挥主观能动性，真正理解并吸收课堂中所学到的知识，为将来走上工作岗位打下良好基础。

这些系统通常把角色划分为用户、辅助角色、教师和管理员。教学实验平台的角色由用户和辅助角色组成，角色扮演由学生担当。管理平台由教师和管理员组成，一般由教师或者机房管理人员担当。教师通过管理平台把几名学生分成一组，每组中有多个用户和辅助角色。每个用户代表一家从事商务的企业。一个组中的不同企业可相互进行商务活动。交易过程中涉及供应方、采购方、银行、工厂、货代中心、保险公司、海关、外汇管理局和船运公司等。一个典型的国际商务项目平台系统操作涉及出口流程步骤、进口流程步骤和多种业务表单，学生之间互动地完成商务实务的模拟训练。各种商务教学模拟平台解决了在校学生商务活动的实训问题。通过综合实验教学平台系统，学校可以开展多种教学活动，能够让学生形象、生动地学会商务活动多个方面的知识和技能。平台还为教师提供有效的辅助教学手段，提高学生的专业水平和社会实践能力，为学生投入社会争取更大的就业机会。

下面介绍的"跨境项目综合实验教学平台"不仅具备上述一般进出口业务流程操作实验教学平台的功能和作用，而且使国内外招投标业务流程得以实现，丰富了实验教学平台的内容，提供了当今商务项目中的重要业务实验机会，满足了社会对新型商务人才全方位业务能力提升的要求。

第一节　跨境项目综合实验教学平台简介

一、跨境项目综合实验教学平台简介

跨境项目综合实验教学平台系统根据实际商务项目，特别是进出口贸易流程，结合商务教学的需求，利用虚拟现实技术和互联网络技术，搭建一个商务项目实验教学平台。该平台系统采用 J2EE 平台，具有很好的跨平台性能；B/S 结构开发易于管理和升级。采用标准的浏览器/应用服务器/数据库服务器（B/S）三层应用模式，设计规范，全部采用浏览器访问，适合教学。

跨境项目综合实验教学平台模拟了商务活动的诸多流程，学生在国内外市场，通过贸易洽商、招投标、合同签订和履行等流程的演绎和活动中不同角色的扮演，熟悉和了解商务活动中所涉及的各种流程、各种商务文件和注意事项。平台模拟了一个复杂的过程，涉及的部门多、环节多、范围广、手续烦琐，让学生能够形象而生动地学会商务项目的多项知识技能。整个系统分为系统管理、市场模拟、商务项目角色模拟、商务项目流程模拟几个部分组成。教师通过系统管理模块对教师基本信息、班级基本信息、学生基本信息及系统后台参数进行数据维护和管理；通过各国企业注册、货物的供应和采购注册以及各国企业经营信息管理在系统中形成一个模拟的国内外市场；通过角色分配管理模块为学生设置实验中所要模拟扮演的角色。学生可以在教学平台中选择扮演采购方（进口方）、供应方（出口方）、生产商、运输公司和保险公司等角色从多种角度来理解和学习教学内容；商务项目流程模拟是系统的核心，涵盖了国内外市场模拟、商务洽谈模拟、招投标业务模拟、合同履约过程模拟等，其中合同履约部分贸易术语采用《国际贸易术语解释通则© 2010》版本，而支付方式分有信用证、托收、汇付和银行保函，学生在实验的过程中可以根据交易的特点来选择合适的贸易术语和支付方式。

二、跨境项目综合实验教学平台的开发及使用

跨境项目综合实验教学平台是中国劳动关系学院联合北京中科致远科技有限责任公司，合作开发的专门针对商务实务、跨境贸易实训、贸易实务与实训、国际贸易实务等实验课程的实训教学模拟系统（图3-1为该系统登录页面）。

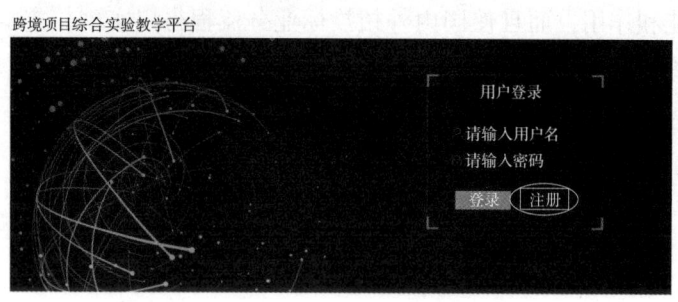

图3-1　系统登录页面

第二节　跨境项目综合实验教学平台软件功能

一、系统整体结构

跨境项目综合实验教学平台模拟商务项目交易的整个流程。业务流程管理主要围绕项目的供应业务和采购业务展开，从企业的注册登记、国内外市场调研到货物供应、采购管理和货款管理等，以及中间的招投标管理和项目洽谈过程，进行全过程的商务实务业务模拟和实战操作，实现教学和实践训练的统一（参考图3-2和图3-3）。

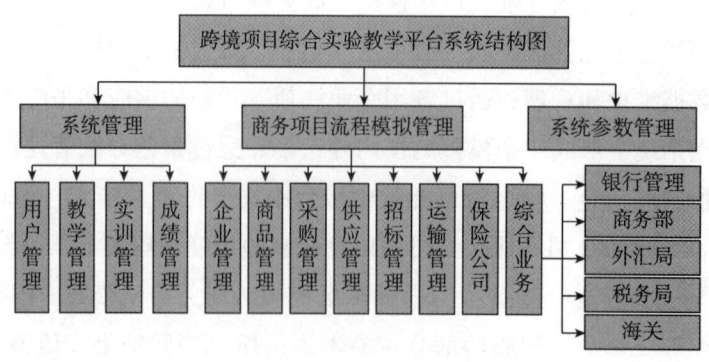

图3-2　系统结构图

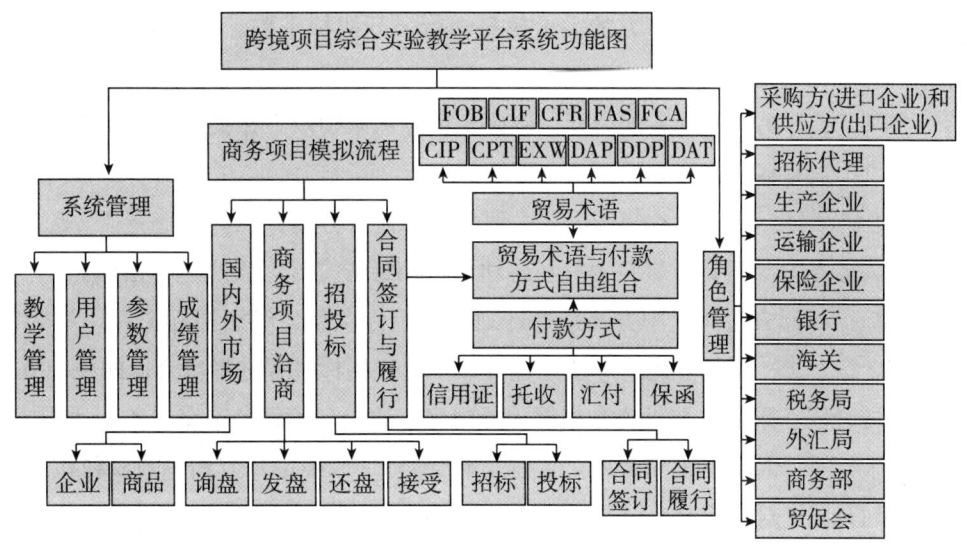

图3-3 系统教学内容功能图

系统内置了一个虚拟跨境经贸网和一个信息中心。

跨境经贸网：主要用来发布和寻找市场供求信息。供应方或者采购方角色登录跨境经贸网之后，可以在虚拟平台上发布自己的供应信息或者需求信息，让其他公司更多地了解本公司的需求，从而获得更多的项目机会。也可以查找对自己有价值的信息，主动与对方发送询盘信息，建立业务沟通。

信息中心：主要用来发布商品资料信息、商品价格信息、货物税费信息等。学生在实验的过程中，可以及时查看信息中心所提供的商品信息及价格信息、税费信息等，以便在交易磋商的过程中为商品报价作参考。老师可以从后台及时添加或调整商品资料信息、商品价格信息、货物税费信息等。

二、角色功能

跨境项目综合实验教学平台系统用户一般设置三种角色，分别为"教师""学生"和"系统管理员"。"学生"注册账户，由老师统一分配并按班级管理，"老师"可以增加、删除班级并对学生进行业务角色授权。

（一）学生模拟扮演的角色和实验主要内容

1. 采购方

交易准备：根据商务网及信息中心提供的各类货物信息，寻找交易的货物和交易对象，同供应方建立业务关系，为采购货物做准备。也可以由招标方安排与组织进行招标。

交易磋商：交易磋商分为两种形式：一种是询盘、发盘、还盘和接受的模式，但本书主要介绍另一种形式，即通过招投标的方式，采购方向招标方提交自己的相关需求信息，由招标方来组织与安排针对采购方的需求信息进行公开招标采购。通过资质审核、专家评审（评标）等最终确定供应方。

签订合同：签订书面货物采购合同，以确定供应和采购双方相关的权利和义务。

履约合同：双方签订合同之后进入合同履约阶段。

针对招投标项目，采购方的实验内容主要分以下几个方面：

（1）交易准备：与招标方签订委托招标协议。招标方安排、组织进行招标。

（2）招标：招标方按照采购方的采购计划公布招标项目，编制招标文件，对交易的商品、价格、交易方式、付款方式、争议处理等条件通过招标流程选择出合适的中标方。

（3）签订合同：采购方与供应方根据中标内容，通过磋商就各项交易条件达成一致后，签订书面中标合同（对采购方而言就是货物采购合同），以确定双方相关的权利和义务。

（4）履约合同：对采购方来说（以 FOB/银行保函方式的合同为例），履行中标合同的义务和职责主要有：支付首款、租船订舱、办理保险、审单付款、进口报关、提货入库等任务。

2. 供应方

针对招投标项目，供应方的实验内容主要分以下几个方面。

（1）交易准备：根据商务网及信息中心提供的各类货物信息，寻找潜在交易对象，同可能的采购方建立业务关系，查找、了解有关招标公告，为供应货物做准备。

（2）投标：包括投标报名、购买标书、提供资格文件、编制投标书、开立投标保函、投标，提供交易相关的货物规格、数量、运输方式、供货时间、供货地点、付款方式等条件。

（3）签订合同：与采购方磋商，就各项交易条件达成一致后，签订书面中标合同（对供应方而言为货物销售合同），以确定双方相关的权利和义务。

（4）履行合同：双方签订合同之后进入合同履约阶段，对供应方来说，需要履行的义务和职责（以 CIF/银行保函方式的合同为例）主要包括开立履约保函、备货、租船订舱、保险、出口报关、装船、制作单据、收汇、办理退税等工作，选择不同的贸易方式对应的职责也有所不同。

3. 运输公司

运输公司主要负责处理采购方或供应方提交的货物运输申请业务，并按照运输合同要求完成相关运输工作。

4. 保险公司

保险公司负责承揽国际货物运输的保险业务，按照保险单的条款承担应尽的保险责任。

5. 银行

银行分为供应方所在地银行和采购方所在地银行。银行主要向商务项目公司提供汇款、银行保函业务等金融服务，协助公司完成交易。银行需要及时查看业务信息，满足客户的需求。

6. 海关

海关分为供应方所在地海关和采购方所在地海关。主要负责处理进出口公司的报关申请、验货等业务，并代理收取进出口货物关税、消费税、增值税等。

除以上的角色外，系统还设置了商务部、税务局、外汇管理局等虚拟的自动角色，分为供应方所在地和采购方所在地两种。在商务项目双方履行合同的过程中，系统后台自动处理相关业务。

（二）教师角色功能

1. 班级管理

班级注册：注册一个新班级，一位老师可以管理多个班级。注册学生之前，老师必须先注册班级。

班级修改：老师可以更改班级的名称、班级状态等相关信息。

班级删除：老师可以对结束模拟的班级，或没有使用的班级进行删除整理。

2. 学生管理

学生注册：可单个或批量注册学生账户。

学生信息修改/删除：老师可以对注册好的学生账户进行修改、删除。

学生信息查询：可以按学生学号查询，或按关键字进行模糊查询。

3. 角色分配管理

系统模拟了两个市场：进口市场和出口市场。每个市场的角色注册的个数由老师来进行分配。

学生可以扮演采购方、供应方、招标方、船公司、银行、海关几个角色，由老师进行分配，可以单个或批量分配。

4. 后台数据信息管理

教师可以对商品库的资料信息进行管理：增加、修改、删除。

税费信息管理：教师可以根据教学或者市场变化，及时调整和更新跨境经贸中相关的税务和费用等信息。

商品对比价管理：教师可以经常变换商品在供应方所在地和采购方所在地的市场价格，供学生在贸易磋商的时候有更多的商品价格信息来做参考。

三、系统核心功能

跨境项目综合实验教学平台主要功能有：

（1）进行企业注册，获得贸易标的物的认知；

（2）提供贸易磋商，学生充分了解贸易磋商方式的细节；

（3）包含 11 种贸易术语和 4 种交易方式，并提供履行合同流程，学生更详细地掌握每种贸易术语与交易方式所构成的步骤的差异性；

（4）提供跨境贸易过程中的数据模板内容，学生了解模板内容详情和填写内容；

（5）提供学生填写日志和课程报告部分，学生可以在上完每次课之后，根据课程情况，编写日志和报告；

（6）提供电脑评分，大大减少对纸质文件的使用；

（7）提供扮演采购方或供应方企业、招标公司、生产商、运输公司、保险公司、银行、海关、税务、外汇、商务部、贸易促进会等角色，使学生对每个角色的权利获得认知。

跨境项目综合实验教学平台集中体现两大业务主线：出口贸易业务和进口贸易业务，围绕这两个业务主线模拟商务项目的具体操作过程，从交易准备、洽谈、履行合同等各个阶段，进行各项基本业务操作的演练及业务流程的控制，如部门的操作权控制和审核流程的控制，实现业务数据的正常流转。同时，配以相关的商务项目知识点学习，实现实践和教学的同步效果。

另外，平台从经贸的角度模拟国内外市场，建立"信息中心"和"国际商务网"两个功能模块。在"信息中心"中提供发布各个环节的收费标准、商品价格信息、相关知识点等信息。在"国际商务网"，提供市场供求信息查询和商品信息发布，并可实现供需双方的信息交互。

在项目合同履约阶段，业务流程的实现模式和繁简程度由贸易术语和付款方式等决定。目前国际上使用的贸易术语有十余种，每种贸易术语确定了不同的双方在货物交接方面的权利和义务。本书将选用"FOB"的贸易方式和银行保函的支付方式来介绍系统的各种操作情况。

图 3-4 至图 3-10 列出了跨境项目综合实验教学平台的一级和部分二级功能菜单等。

```
⊞ 📁 公司信息管理
⊞ 📁 国际商务市场
⊞ 📁 国际市场信息
⊞ 📁 贸易磋商
⊞ 📁 招投标业务
⊞ 📁 备货订货
⊞ 📁 运输业务
⊞ 📁 保险业务
⊞ 📁 银行业务
⊞ 📁 海关业务
⊞ 📁 税务业务
⊞ 📁 外汇业务
⊞ 📁 许可证业务
⊟ 📁 贸易服务
    📄 原产地证明
```

图 3-4　跨境项目综合实验教学平台功能菜单（一级）

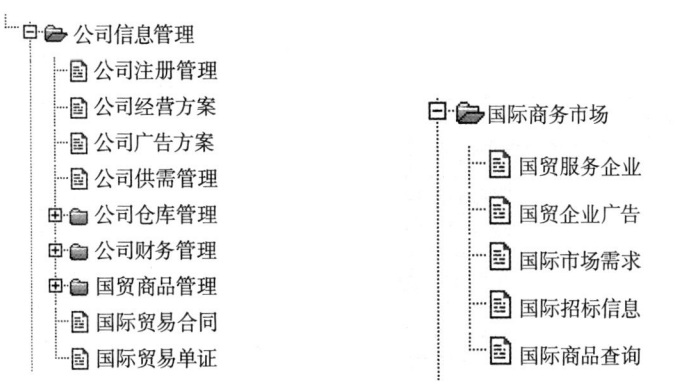

图 3-5 "公司信息管理"菜单   图 3-6 "国际商务市场"菜单

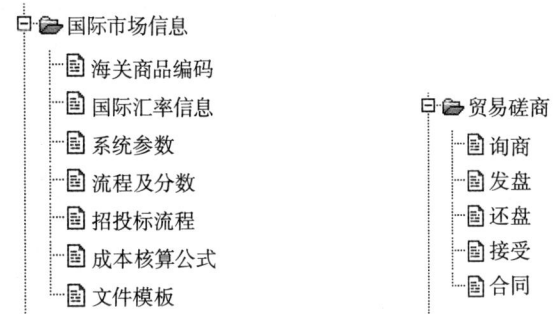

图 3-7 "国际市场信息"菜单   图 3-8 "贸易磋商"菜单

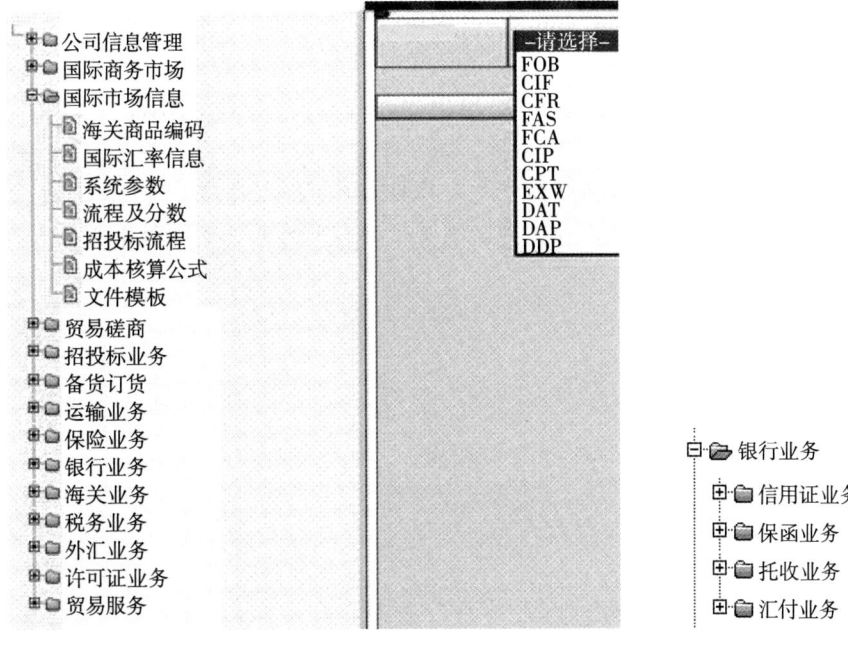

图 3-9 11 种贸易术语   图 3-10 4 种支付方式

第三节　实验教学主要内容

通过跨境项目综合实验教学平台的学习和操作,"学生"应该完成以下教学内容:

(1) 市场调研和商品信息调研。

(2) 公司注册操作。

(3) 模拟扮演跨境项目交易中采购方、供应方、银行、船公司、海关、招标公司等角色,完成角色的业务职责及权限。

(4) 学习跨境项目中采购方和供应方的各自成本核算。

(5) 模拟招标、投标环节的实践过程。

(6) 签订国际货物采购/销售合同。

(7) 学习跨境项目中货款的支付方式,运用银行保函等支付方式。

(8) 学习开立银行保函的流程及要点。

(9) 进行跨境项目中货物海洋运输和运输保险的具体操作。

(10) 制作各种单据。

(11) 运用贸易术语。

(12) 学习外汇核销备案与外汇核销的流程和操作。

(13) 进行报关通关的操作。

……

案例分析训练

1. 每个学生运用跨境项目综合实验教学平台进行各自的账户注册。

2. 熟悉跨境项目综合实验教学平台系统,熟悉该平台上的各级菜单和各项功能。

第二篇 寻找、确定商务项目交易伙伴

第四章 商务项目前期准备

📖 **教学目标**

了解国内外市场调研的内容和方法，学会在市场上收集、整理、分析和管理各种商务信息，掌握国内外市场调研的实务模拟操作；了解对客户资信调研内容和步骤，掌握客户资信调研的模拟操作，最终选择合适的客户，建立业务关系。

第一节 企业获取对外经营权

开展商务项目首先需要有符合法规的、有经营权的合规企业，否则一切经营活动都是违规的。为了保证企业的商务项目经营活动正常进行，在此之前需要完成合规的企业注册，并获取对外经营权。

一、企业注册

企业是商务项目实施的基本主体，各国的企业成立各不相同。就我国而言，经过多年改革开放，企业注册的政策也删繁就简，大大降低了企业准入门槛、减少了企业注册成本、提高了办事效率。

（一）我国企业注册的流程

（1）公司名称预先核准。预备约5个企业名字作为备用（只要重名就无法通过），在工商管理局下载填写，并由所有股东签名确认一份表格《企业名称预先核准申请书》，再由工商局人员经过系统审查没有重复的企业名字后，工商局提供一份《企业名称预先核准通知书》。整个过程约3个工作日。

（2）银行开设临时账户。带齐法人、股东身份证原件、《企业名称预先核准通知书》、股东章、法人章去各大银行以公司名义开一个临时账户，股东可以将股本投入其中。（特殊行业需验资，其他行业，由于认缴制可省略此步骤）。

（3）办理工商营业执照（三证合一）。在工商管理局下载一套新公司设立登记的文件及表格，按要求填写和股东法人签字后，将这些文件表格外加《企业名称预先核准通知书》、场地租赁合同、所有股东身份证原件递交给工商管理局的注册科，等待审查完通过后发放企业营业执照。整个过程约5个工作日。

（4）刻章。到公安局指定的刻章社刻章。一般刻公章、财务章、法人章、发票章、合同章。连备案整个过程约3个工作日。

（5）银行开户。带齐全部办理完毕的证件，营业执照正副本（三证合一），以及法人代表身份证原件、公章、法人章、财务章、到开户行办理基本户。整个过程约5个工作日。

到此公司的注册任务基本已经完成，全部证件有营业执照正副本（三证合一）、银行开户许可证、公章、财务章、法人章、发票章、合同章等。

（二）我国企业注册政策特点

1. 三证合一

所谓"三证合一"就是将企业依次申请的工商营业执照、组织机构代码证和税务登记证三证合为一证，提高市场准入效率；通过"一口受理、并联审批、信息共享、结果互认"，实现由一个部门核发加载统一社会信用代码的营业执照。

2. 注册资本实缴登记制改为认缴登记制

除法律、行政法规以及国务院决定对公司注册资本实缴另有规定的外，取消了关于公司股东（发起人）应当自公司成立之日起两年内缴足出资，投资公司可以在五年内缴足出资的规定；取消了一人有限责任公司股东应当一次足额缴纳出资的规定。公司股东（发起人）自主约定认缴出资额、出资方式、出资期限等，并记载于公司章程。

3. 放宽注册资本登记条件

除法律、行政法规以及国务院决定对公司注册资本最低限额另有规定的外，还取消了有限责任公司最低注册资本3万元（人民币，下同）、一人有限责任公司最低注册资本10万元、股份有限公司最低注册资本500万元的限制，也就是说理论上可以"一元钱办公司"；不再限制公司设立时股东（发起人）的首次出资比例，也就是说理论上可以"零首付"；不再限制股东（发起人）的货币出资比例。

4. 简化登记事项和登记文件

有限责任公司股东认缴出资额、公司实收资本不再作为公司登记事项。公司登记时，不需要提交验资报告。由此，降低了公司设立门槛，减轻了投资者负担，便利了公司准入，为推进公司注册资本登记制度改革提供了法制保障。

二、企业办理可对外经营手续

我国企业为了能够合法开展国际商务项目，就必须取得对外经营权。因此，企业需要事先办理相关的对外经营手续。

(一) 对外贸易经营者备案登记

进出口权是企业自己开展进出口业务的资格，自营进出口经营权资格是企业在得到商务局、海关、电子口岸等相关部门的批准，并拿到这些部门发的批文后，才表示这家企业有自营进出口经营的权利。2004年7月1日我国放开进出口经营资格的审批，改为备案登记制，由《中华人民共和国进出口企业资格证书》改为《对外贸易经营者备案登记表》。

根据商务部出台的对外贸易经营者备案登记办法①规定，对外贸易经营者备案登记程序如下：

(1) 领取《对外贸易经营者备案登记表》（以下简称《登记表》）。对外贸易经营者可以通过商务部政府网站（http：//www.mofcom.gov.cn）下载，或到所在地备案登记机关领取《登记表》。

(2) 填写《登记表》。对外贸易经营者应按《登记表》的要求认真填写所有事项的信息，并确保所填写内容是完整的、准确的和真实的；同时认真阅读《登记表》背面的条款，并由企业法定代表人或个体工商负责人签字、盖章。

(3) 向备案登记机关提交如下备案登记材料：填写好的《登记表》；营业执照复印件；外商投资企业批准证书复印件（外商投资企业）；经合法公证机构出具的财产公证证明（独资个体工商户）；经合法公证机构出具的资金信用证明文件［外国（地区）企业］。

(4) 备案登记机关在5个工作日内办理备案登记手续，在《登记表》上加盖备案登记印章后由对外贸易经营者取回完成对外贸易经营者备案登记。

(二) 办理开展对外贸易业务需要的有关手续

根据商务部出台的对外贸易经营者备案登记办法规定，对外贸易经营者备案登记后应凭加盖备案登记印章的《登记表》在30日内到当地海关、外汇、税务等部门办理开展对外贸易业务所需的有关手续。逾期未办理的，《登记表》自动失效。这些手续主要有：

海关报关报检企业注册登记备案（企业在海关注册登记或者备案后，将同时取得报关报检资质）。企业在互联网上办理注册登记或者备案的，通过"中国商务单一窗口"标准版（以下简称"单一窗口"，网址：http：//www.singlewindow.cn/）"企业资质"子系统填写相关信息，并向海关提交申请。企业申请提交成功后，可以到其所在地海关任一业务现场提交申请材料。

企业按照申请经营类别情况，向海关业务现场提交下列书面申请材料：①申请进出口货物收发货人备案的，需要提交：营业执照复印件、对外贸易经营者备案登记表（或者外商投资企业批准证书、外商投资企业设立备案回执、外商投资企业变更备案回执）复印件。

---

① 商务部令2004年第14号《对外贸易经营者备案登记办法》。

②申请报关企业（海关特殊监管区域双重身份企业）注册登记的，需要提交：注册登记许可申请书、企业法人营业执照复印件、报关服务营业场所所有权证明或者使用权证明。③申请报关企业分支机构备案的，需要提交：报关企业《中华人民共和国海关报关单位注册登记证书》复印件、分支机构营业执照复印件、报关服务营业场所所有权证明或者使用权证明。此外，企业通过"单一窗口"还可向海关申请备案成为加工生产企业或者无报关权的其他企业，企业需要提交营业执照复印件。企业备案后可以办理报检业务，但不能办理报关业务。企业提交的书面申请材料应当加盖企业印章；向海关提交复印件的，应当同时交验原件。

自2018年4月20日起，海关向注册登记或者备案企业同时核发《中华人民共和国海关报关单位注册登记证书》和《出入境检验检疫报检企业备案表》，相关证书或者备案表加盖海关注册备案专用章。

到所属制卡代理点办理"中国电子口岸"入网手续，包括办理中国电子口岸企业法人IC卡和企业操作员IC卡电子认证。

到税务局办理税务登记手续和出口货物退（免）税认定，申领《出口退税登记证》。

到外汇管理局开立经常项目外汇账户，办理《贸易外汇收支企业名录》登记。

（三）企业办理可对外经营手续注意事项

（1）申请进出口权首先得去企业注册地工商管理局给营业执照做增项（经营范围须包含"货物进出口"或"技术进出口""代理进出口"业务），然后去商务局办理对外贸易经营者备案登记。

（2）备案登记实行属地化管理。因此，应选择相应备案登记机关后实施备案登记操作。

（3）企业取得《对外贸易经营者备案登记表》并不意味着可以开展自营进出口业务了，在正常开展自营进出口业务之前，还需要到税务、海关、电子口岸、外管局等多个部门办理注册备案登记手续，而且必须在30日内完成这些注册备案登记手续。

思考题

1. 新公司怎样获得工商营业执照？
2. 企业开展对外经营活动需要哪些条件？

案例分析训练

运用跨境项目综合实验教学平台进行企业注册。

第二节　市场调研

市场调研（Marketing Research），又称市场调查或市场研究，是指利用科学的方法，系统客观、有目的、有计划地收集、分析、整理与问题相关的市场信息，为企业决策提供依据。市场调研实际上是一个寻求市场与企业之间"共谐"的过程，通常针对具体问题，进行收集、记录、整理分析市场相关信息，获得合乎客观事物发展规律的见解，提出解决问题的建议，为企业的决策者制定政策、进行市场预测、做出经营决策、制订计划提供客观、正确的依据。

随着市场从供应方到采购方的转变，向经营者提出了新的要求，要求企业不断取得市场信息，确定企业的目标市场，生产和销售适销对路的产品，选择潜在的合作伙伴和营销渠道，确定合适的经营模式，更好地满足市场的需求，企业也得到适当的利润。

企业开展商务需要正确认识企业所面临的环境，即企业国内外的有关主体的既存关系、现实活动以及在现实活动中所表现出来的规律与趋势。其中，国际商务项目是跨国间的经营活动。国际市场是由世界范围内通过国际分工联系起来的各个国家内部以及各国之间的市场综合组成的。具体而言，世界上各种类型的国家、订约人、货物、国际货物市场和销售渠道、国际市场运输和信息网络等构成了国际市场。所谓国际市场调研，就是系统地收集、记录和分析国际市场信息，为国际企业能够正确认识市场环境，评价企业自身行为，作出国际经营决策提供充分的依据。国际经营相比国内经营往往风险更大、涉及方面更广，一旦决策失误，损失会很大。因此，国际经营企业需要掌握的信息更加充分、及时和准确。同时，国际经营决策所需要的信息与国内经营所需要的信息有些差异，如选择何种方式进入国际市场，对产品设计与品牌应做怎样的调整和修改等，作出这些决策都需要国际市场调研提供信息支持。还有，因为在国外获得有些信息很不容易，国际市场调研比国内市场调研一般会更加困难和复杂，特别是在一些发展中国家缺乏必要而可靠的统计资料。由于统计方法、统计时间的差异，包括汇率的变动，所获得信息往往缺乏国与国之间的可比性。

因此，国际企业所面临的环境要比国内项目所面临的环境广得多，且复杂、多变。图4-1为企业开展国际商务活动所面临的国内外经营环境。因此，国际商务项目的市场调研需要从国内到国际，调研的空间和内容之广让这项工作困难重重，需要我们花费较大的时间和精力去完成。

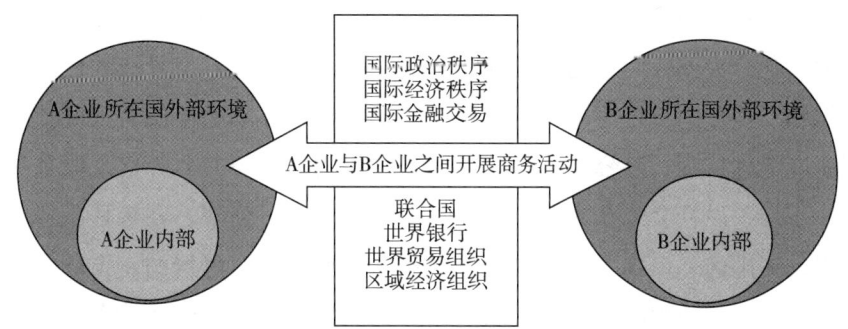

图 4-1 企业 A 和企业 B 开展国际经济活动经营环境示意图

一、商务项目市场调研内容

企业开展商务首先必须对企业国内外经营环境有深入的调查研究。通过对国内外市场的调查和研究，了解项目相关货物市场的供需状况和竞争对手以及合作伙伴、落实货源、比较价格、确定用户，保证企业商务活动的顺利实施。

（一）掌握商务信息

商务信息是指与商务活动有关的各种数据、消息、图片、影像、声音、文字的集合。商务活动信息是指商业贸易、金融服务与投资融资活动中发生的商业信息、货物信息、金融信息以及各种以供应采购和交换为主要活动特征的商务信息总称。而商务信息管理的内容几乎囊括了社会与经济活动的各个方面，如货物信息采集（甚至包括新产品发展趋势情况。为此，涉及社会上的新技术、新工艺、新材料的发展情况，新产品与新包装的发展动态或上市情况，某些产品所处的市场生命周期阶段情况，采购方对新老产品的评价以及对其改进的意见等）、商业情报综合处理、商情交换与发布、广告发布；售前、售中、售后服务（如提供货物订单服务、货物和服务细节、货物使用方法、技术维护指南、用户意见处理、自动解惑答疑等）、营销促销、网上销售（电子商店、电子商城）；电子支付（电子支票、电子信用卡、电子转账）；现代物流配送（订单跟踪、货物运输跟踪、物流调配电子化传送）；虚拟企业（协同销售、协同制造、协同设计等）；等等。

在现代社会，信息的作用无法忽视，企业的经营决策和营销管理都离不开信息，充足有效的商务信息能够为企业调整经营决策提供可靠的依据。商务信息一旦被企业家及时掌握并加以利用，一般都能产生直接或间接的经济效益。正如西方流行的一种说法："关于金钱的信息已变得和金钱一样重要。"信息已经成为社会的主要生产力之一。如今，国内、国际竞争对接和重新洗牌给中国各行各业带来了巨大压力和冲击，企业唯有依托本土优势，建立快速反应的信息机制并加以有效利用，跟上信息时代的步伐，提高信息敏感度，把握商务信息所带来的机遇，才能掌握命运，掌握未来。

近年来,世界信息革命的浪潮发展迅猛。信息服务的社会化,信息处理的计算机化,信息传递的网络化,为商务信息的广泛应用提供了保证。为此,信息技术已经渗透到企业组织的各个层面。商务、管理等领域越来越需要了解信息技术的本质特征和如何利用信息技术以实现企业最优目标。以公共商务信息服务项目为例,公共商务信息服务项目是以商务主管部门为主导,以社会公众为服务对象,以经贸政策、商情、经济环境等信息为主要服务内容,以开拓国内外市场、促进国内外贸易为主要目的,以网站、全球大型展览会以及国内外设立的资源中心为服务平台,以电子媒体、纸媒体和流媒体等多种信息介质为载体,免费向国内外企业提供全方位的信息货物和信息服,包括中国保护知识产权、中国市场秩序、大宗农产品进口信息和农产品贸易、商务数据中心、环球会展、中国商品、认证产品库、全国农产品商务信息公共信息服务平台、国际市场商品价格、贸易单证指南等。

(二)熟悉国内外市场

熟悉国内外市场,具体的内容包括以下几种方法。

1. 国内外市场环境调研

国内外市场的情况是指企业在市场经营活动中的不可控因素与可控因素的状况,则国内外市场环境调研分有国内外市场经营环境调研和国内外市场营销组合因素调研。

国内外市场经营环境调研是对影响企业市场经营的外部条件的调研。通过国内外市场经营环境调研,可以了解影响企业市场经营的外部因素的内容与发展趋势,以利于企业根据市场环境的要求组织经营活动。调查内容主要有经济环境、政治环境、社会文化环境、科学环境和自然地理环境等。具体的调查内容可以是市场的购买力水平、经济结构、国家的方针、政策和法律法规、风俗习惯、科学发展动态、气候等各种影响市场的因素。然而,国内外市场经营环境调研并没有看起来的那么容易,特别是国际市场经营环境调研。由不同体制、不同民族、不同文化、不同习惯和使用不同语言的国家组成的国际市场是一个环境相当复杂且多变的市场,对它的研究应该分别从每个国家开始,然后再进行综合研究。在对各国做调研时,必须对每个国家的经济、政治、社会、科技、自然等诸多方面都进行深入的调查研究。在此基础上,再进一步研究各国之间的相互关联,特别是在经济上的相互影响。当然,也要注意对国际政治秩序、国际经济秩序和国际金融交易以及像世界贸易组织等的世界性和区域性组织的研究。

国内外市场营销组合因素调查是调查企业的四个可控因素在营销活动中的影响。产品调查是了解本企业货物的质量、性能、款式、包装、交货期及销售服务在购买方心目中的评价和要求,本企业产品在竞争中的地位等。价格调查是了解采购方对本企业产品价格变动的反应,以及本企业的新产品如何定价,老产品的价格如何调整才能适应采购方的要求。销售渠道调查是了解企业应选择什么样的运输方式、运输路线和中间商才能把产品尽快送到采购方手中。促销调查是了解不同促销方式的优缺点,以选择正确的促销组合。通过对国内外市场营销组合因素的调查。企业可以有的放矢地开展营销活动,以取得更好的经济效益。

2. 采购方的情况调查

采购方是市场活动的主体,它们的状况直接关系到企业的命运,因此,开展市场调查首先要了解采购方的情况。采购方的情况主要有采购方的市场货物需求、采购方的范围与结构、采购方的动机与行为。

(1) 市场货物需求调查。企业是否能够生产和/或销售在市场上适销对路的产品主要取决于企业对市场货物需求的调研,这也是对采购方调查的核心内容。市场需求包括现实需求和潜在需求两个方面,具体表现为市场需求的总量、市场需求的构成、市场需求的变动趋势等。通过对市场需求的调查,掌握市场上采购力的水平、投向和发展变化,以确定企业的投资方向、产品发展方向和经营规模。

(2) 采购方范围与结构调查。采购方范围是指采购方的人数及其分布,采购方结构是指具有不同采购力以及不同性别、年龄的采购方的构成。采购方的范围决定着企业市场的大小,采购方的结构决定着采购的花色品种。通过对采购方范围与结构调查,可以确定企业的市场范围和货物结构。

(3) 采购方动机与行为调查。进行购买动机与行为调查,主要了解采购方对本企业货物采购或不采购的原因,采购的时间、地点与方式,采购方对某种货物的喜好、忠诚、偏爱的程度及其原因等。通过对采购方动机与行为调查,确定企业货物的质量、品种、式样、价格、销售渠道、促销方式等。

3. 供应方的情况调查

供应方的情况调查,就是调查社会货物的资源及构成情况,主要指供应方的构成与分布状况。供应方的构成与分布,包括其生产规模、生产结构、生产布局、技术水平等的现状及其发展趋势。通过对供应方的调查,为制定企业的发展战略打下基础。

4. 竞争者的情况调查

竞争者的情况调查包括一般竞争状况调查和主要竞争对手调查两个方面,重点是对主要竞争对手进行调查。了解的内容是他们的货物状况、价格状况(包括与其价格相关的各种税率等信息)、利润状况、市场占有率及其发展趋势、竞争策略与手段等。通过对竞争状况的调查,可以了解本企业与竞争者各自的优势及劣势,以便扬长避短,发挥优势,掌握竞争的主动权。

(三) 获得商务项目所需信息

1. 落实货源

货源的落实是供应方进行商务项目的基础。无论是专业销售经营企业、自产自销企业还是承担有国际、国内承包项目的企业,都必须对货物的生产、销售等有充分的了解,并在此基础上,结合跨境经贸动态、市场趋势对货物的销售制订经营计划。为此,项目企业必须调研货物国内外情况以落实货源。具体来说,项目企业需要了解货物的生产能力、内销安排、可供数量和时间,以及货物质量、规格、包装和国内外价格等一系列情况。

货源的落实解决了销售企业的后顾之忧。物美价廉的货物将使企业较容易地找到采购方促成交易,在谈判桌上游刃有余,给销售企业带来丰厚的利润;稳定的货源可以让企业对自身的业务放心,与采购方签订长期的销售合同,使企业能够可持续地发展。因此,企业必须重视货源的落实工作。

2. 选择合作伙伴

企业开展商务活动,必须有合作伙伴。一般情况,企业供货项目需要有采购方或代理商的合作;企业开展国内外工程承包项目需要国内外总承包商或各分包商的配合。一笔交易的成功,在很大程度上依赖于交易合作伙伴的良好社会形象、信誉和不俗的业务能力。为此,通过对企业合作伙伴情况进行各种调研来选择潜在的项目合作伙伴是市场调研的一项重要任务。合作伙伴的调研主要是调查已经或有可能经营本企业产品的客户或潜在客户的资信情况、经营范围和经营能力等,以便根据企业自身特点有区别地与之合作。其具体调研的内容有:

(1) 客户的政治态度,包括客户的政治背景和对合作方国家的政治态度。

(2) 客户的社会地位,包括客户在政治、经济等组织中的头衔和地位。

(3) 客户的资信状况,包括客户的注册资金、经营额、资产负债、客户品德、经营作风、经营范围、企业性质等。

(4) 客户的经营能力,包括客户历史、规模、经营技能和经验、业务往来关系等。

(5) 客户与合作方国家开展两国交易项目的情况。

总之,客户调研要对客户进行全方位的调查,审核资质,了解资金财务状况,调查以往交易情况和当前业务状况。

对于做进口项目的企业,除自用外,无论是专业进口经营企业还是自营进口企业,都必须在经营进口项目之前或之中确定国内的买家。为了确定合适的买家或是自用情况下,进口企业也需要进行国内市场调研。对于主要做代理进口项目的企业来说,企业应该主要关注一些没有进出口经营权的需要进口原材料和零配件的生产企业、加工企业、组装企业以及需要先进技术设备的一些需要产品结构调整和升级换代的现代化企业;对于做自营进口项目的企业,就必须对国内市场进行全面、深入的调研工作,对产品、顾客调研,进行销售和促销调研等。通过大量的市场调研工作,进口企业有了明确的下家,进口项目才能顺利进行,完成进口项目的最终目标。

3. 专业业务外包调研

无论是货物买卖项目还是其他承包项目，不仅要面临货源和合作伙伴两个问题，还不可避免地面临运输、投保、报关等一系列业务。这些业务多数都是需要专业知识和能力，而一般的销售/采购公司和专业承包项目公司，特别是规模不大的一些企业都不具备这些方面的专业能力和专门人才。为此，企业需要对这些专业市场进行调研，考察寻找合适企业的专业公司，以便将运输、投保、关检等业务承包给他们，请他们代为完成这些专业业务工作。企业通过市场调研，必须完成对专业公司的资信、业绩、服务价位等方面的考察，获得可靠的资讯，从中判断和选择适合企业的外包公司，进行洽商谈判，最终双方达成相关协议。由此，这些外包公司将为企业的供应/采购项目和/或国际承包项目中的运输、投保、关检等业务提供服务，以保证企业整个商务项目的顺利进行。

二、市场调研的方法

市场调研的方法因国别、地区环境不同而各异。市场调研主要采用实地调研和案头调研两种调研方法。

1. 实地调研

实地调研（Field Research）是为了获取第一手资料，而这些资料是案头调研所无法取得的。实地调研的方法包括：

（1）现场考察。通过现场推销、派出考察小组，结合业务需要对市场进行现场考察和研究，收集当地市场及其他有关市场行情方面的情报和资料。

（2）参加会议、活动。积极参加国内外各种综合、专业的交易会、展览（销）会、产品和信息发布会、座谈会、研讨会等活动，有目的地开展调查研究。

（3）访问。包括面谈访问、电话访问、计算机访问、邮寄调查等。

（4）实验。通常在某一货物需要改变设计、包装、价格、促销手段时应用实验法，以求证企业选择新策略的市场效果。

2. 案头调研

案头调研（Desk Research）是为了获得第二手资料，它一方面可以经济地获取许多有价值的信息，另一方面也可以为国外实地调研打下基础。案头调研信息来源主要有：企业本身信息系统、调研者案卷、各国各级官方或官方服务机构及其驻外机构、国内外组织、国内外各类商会、行业协会、技术专业委员会、各国金融机构、交易会、博览会、展销会、商务刊物、海内外市场调研公司、消费者组织、现代传媒、图书馆、书店、专利情报所、档案馆、邮电局等。案头调研的方法包括：

（1）通信往来。与国内外经济组织、商业情报机构、研究机构、咨询公司、数据库建立经常联系，获得专项产品的市场报告。保持与国内外企业和科技单位、大使馆/领事馆、推销网络和客户渠道的沟通畅通，获得有关市场行情的资料。

（2）资料收集、整理和分析。首先，收集各种资料，包括统计资料（相关部门的统计调研报告、行业在报刊或期刊等上面刊登的统计调研资料、行业团体公布的调查统计资料等）、名录类资料（客户名录、国内外出版的企业名录、会员名录、协会名录、电话黄页、公司年鉴和企业年鉴等）、报章类资料（广告、产业或金融类消息、零售消息等以及行业动向、同行活动等消息）、现代传媒资料（广播、电视、等信息）等；其次，将收集到的资料进行整理和分析，运用专业知识和技术，取其精华，去其糟粕，最终获得有价值的市场调研资料。

（3）网络搜索。互联网上有诸多的政府、行会和商会网站，有许多商业信息网站（见表4-1）和商务平台（见表4-2），有国际搜索引擎（见表4-3）和企业名录（见表4-4）和企业网站。在互联网上，可以最经济、最快地获得相关资料。当然，互联网上信息的真实可靠性有待进一步的考证。

表4-1 世界主要组织信息网站

名称	网站	备注
商务协会联合会	www.fita.org	FITA为商务界提供资源、福利和服务。FITA有45万个组织，包括制造商、贸易公司、承包商、货运代理、海关经纪人、航空公司、航运公司、港口当局、银行、保险经纪人和承销商、协会及电信公司、律师事务所和顾问在内的各种服务提供商
中华人民共和国商务部	www.mofcom.gov.cn	提供中国最权威外贸法律、法规及相关信息。驻各国或地区商务参赞处网站提供该国法律、法规、人文、地理和交易习惯
中华人民共和国国家质量监督检验检疫总局	http://samr.saic.gov.cn/	提供中国最权威的与检验检疫相关的法律、法规及信息
中华人民共和国海关总署	www.customs.gov.cn	提供中国最权威的与关检相关的法律、法规及信息
国家外汇管理局	www.safe.gov.cn	提供中国最权威的与外汇账户、结汇、核销相关的法律、法规及信息
国家税务总局	www.chinatax.gov.cn	提供中国最权威的与出口退税相关的法律、法规及信息
台湾经贸网	www.taiwantrade.com.tw	台湾地区"对外贸易发展局"官方网站。提供政策法规、贸易活动、企业目录、供求信息
CIA 美国中央情报局	www.cia.gov	提供各国总体情况及基本面报告
美国商会（代表超过300万家不同规模、行业和地区的美国企业和贸易协会）	www.uschamber.com	世界上最大的企业联合会组织，美国国内最大的游说团体，在美国制定对外经济政策方面有着重要影响力
美国联邦贸易委员会	www.ftc.gov	执行多种反托拉斯和保护消费者法律的联邦机构
美国商务部	www.doc.gov 2001-2009.commerce.gov	负责美国商务、进出口管制、贸易救济措施等
加拿大外交和商务部	www.infoexport.gc.ca	由市场研究中心和海外机构提供市场分析和国别报告

续表

名称	网站	备注
欧洲商会（包括30多个国家商会，1000多个工商组织，1000多万家企业）	www.eurochambres.eu	代表从自由职业者到主要跨国公司、各种规模和行业企业的观点和需求
伦敦工商会（伦敦最大、最具代表性的商业协会，会员覆盖大中小企业及英国本土和跨国公司）	www.londonchamber.co.uk	伦敦工商界的代言人，被视作"伦敦商业的喉舌"。下设出口单证、商务、政策研究、信息中心、营销、信息技术、会员、财务等，实力雄厚。提供广泛的实用性和专业性的服务给成员，每年联结成千上万的商务人士
英国贸易协会联合会（Institute of Export & International Trade）	www.export.org.uk	代表和支持参与进口、出口和商务的每个人的利益的专业会员机构，全球商业交易的最佳实践和能力的领先权威。提供独特的个人和商业会员福利与世界知名的资格及培训套件
D&B 邓白氏	www.dnb.com	全球最大商业信用咨询公司
Corporate Information	www.corporateinformation.com	美国、加拿大、德国、日本、英国、法国、意大利等总体介绍，几十万家企业，有研究报告、商业信息

表4-2 部分商务平台

名称	网站	备注
阿里巴巴电子商务网	www.alibaba.com	世界著名的、基于互联网的国际贸易供求交流市场。提供来自全球近200个国家（地区）的最新商业机会信息和一个高速发展的商人社区。用户可以获得来自全球范围各行各业的即时商业机会、公司产品展示、信用管理等贸易服务
环球资源网	www.globalsources.com	为专业国际买家提供采购信息，并为供货商提供综合的市场推广服务
Ecplaza 网	www.ecplaza.net	全球最负盛名的企业间（B2B）电子商务贸易网站之一。网站向全世界制造商、出口商提供以互联网为基础的贸易解决方案及服务，帮助这些公司进行比传统贸易方式更便利、成本更低廉的贸易活动
Ec21 21世纪经济网	www.ec21.com	全世界范围的电子商务平台。提供商业机会发布、搜索，公司、产品的搜索查询服务，还有相关国家的经济概况、投资环境等的介绍。其Trade opportunity贸易机会分为两个板块：一是贸易机会搜索，可按交易类型和关键字来组合搜索；二是浏览和发布商机，又分为货物需求、供应、商业新闻组、商机发布四部分内容
速购全球电子商务网	www.sugoo.com	支持多语言版本的电子商务营销平台。为企业提供电子商务贸易服务，为企业产品销售、渠道体系搭建一个国际性交流平台

续表

名称	网站	备注
亚马逊网	www.amazon.com	全球货物品种最多的网上零售商。亚马逊及其他销售商为客户提供数百万种独特的全新、翻新及二手货物，如图书、影视、音乐和游戏、数码下载、电子和电脑、家居园艺用品、玩具、婴幼儿用品、食品、服饰、鞋类和珠宝、健康和个人护理用品、体育及户外用品、玩具、汽车及工业产品等
贸易地带网	www.tradezone.com	可以快速和容易地寻找全球的买家和卖家的产品
世界交易搜索网	world-trade-search.com	东西方贸易的一站式购物平台。特别专注于提供最广泛的亚洲、美国和欧洲公司的在线数据库
美国环球商务通网	aaaoe.com	通过多达万个以上的产品专业市场开发全世界的商贸潜能，推动全球的商贸往来。运用多语言站点消除国际商贸存在的种种语言障碍，为世界各地的往来客商提供宝贵商机
英国商业万韦网	www.countyweb.co.uk	提供英国当地信息、商业和教育指南，包括的商务服务和咨询、供应方和顾问、新闻和意见等
法国黄金贸易网	www.golden-trade.com	提供商业项目、产品和买卖交易等信息
Kompass康帕斯	www.kompass.com https：//cn.kompass.com/	全球商业采购和营销目录。多种语言查询，为进行采购、营销和市场研究的专业人士提供近全球200万个公司的产品和联系信息
欧洲资源网	www.worldbid.com www.eceurope.com	欧洲著名在线交易网，14种语言平台。其中欧美会员占60%以上，优势行业：纺织、电子、机械、化工、食品、工艺品。主要买家群体：美国、欧洲及东南亚地区
BuyerZone.com	www.buyerzone.com	专门为中小企业的在线交易市场，公司目录，供求信息。使用方便，信息量大
易创电子商网	www.ectrade.com	企业目录，供求信息，产品列表
中国制造网	www.made-in-china.com	面向全球提供中国产品的电子商务服务，致力于通过互联网将中国制造的产品介绍给全球采购商，全面促进中国企业的对外贸易业务
文笔天天网	www.ttnet.net（英文） cn.ttnet.net（中文简体）	台湾知名专业贸易网站（B2B贸易市集网站），专门提供最新商业情报及媒体资讯
台湾制造商网	www.manufacturers.com.tw	B2B交易平台，拥有几十个专业采购目录，专为机械、电子、电脑及无线通信产业，有效地帮助制造商和产品供应方开放其新的市场，创造更多的出口值，为他们的业务
印度贸易网	www.tradeindia.com	印度进口商名录，出口商黄页，国际进出口商目录，供求信息
埃及贸易网	www.egtrade.com	埃及贸易名录 www.egtrade.com 提供埃及的工厂、进出口商、运输、银行等名录
自助贸易	www.diytrade.com	自助贸易是全球B2B著名的网上贸易平台。网站为世界各地的买家和卖家建立联系，提供综合的采购和销售服务，让双方可以通过此网上贸易平台，互相找到其需求，达成交易
亚洲产品网	www.asianproducts.com	具有完整的网上贸易名录，广泛的国际买家和供应方

表4-3　国际知名搜索引擎网站

名称	网站
Baidu 百度	www.baidu.com
Google 谷歌	www.google.com
Yahoo 雅虎	www.yahoo.com
微软必应	www.bing.com
NHN（韩国搜索引擎）	www.naver.com
Ebay	www.ebay.com
Yandex（俄罗斯搜索）	www.yandex.com
Aol Search	www.aol.com
Lycos	www.lycos.com

表4-4　企业名录网站

名称	网站	
FITA 商务门户网站	www.fita.org	商务联合会举办，北美30万家企业名录
外国企业中文网	www.chinaexcite.com	—
北美制造企业名录	www.thomasnet.com	一个数据平台，为B2B买家提供市场上领先的工业资源
欧洲商业指南	www.europages.com	欧洲国家几十万家企业名录，25种语言版本
托马斯欧洲企业名录	www.tremnet.com	欧洲工业企业买家指南，欧洲境内国家工业产品供应方资料
BizEurope.com	www.bizeurope.com	欧洲的进出口门户，商业名录
世界黄页	www.worldyellowpages.com	从A到Z，提供全球目录服务，如企业和产品等
AussIe	www.aussie.com.au	澳大利亚商业目录，信息量大
中国制造商目录	www.manufacture.com.tw/	主要是台湾地区的制造商、出口商、供应方和贸易公司的目录

国际市场调研中会遭遇到一些国内调研不会遇到的问题和困难。一是语言问题。例如，调查问卷的准确翻译，咨询过程中不同语言之间的交流；二是在有些文化背景下一些被调查的对象可能不愿意与陌生人交流，或不愿意透露其真实情况；三是在一些发展中国家缺乏必要的基础设施、文献资料和当地专业调研公司的支持；四是资金、时间和空间的限制。所有这些问题都需要我们在实际调研工作中努力克服。

思考题

1. 国内市场调研和国际市场调研的区别有哪些？
2. 对外经营企业进行市场调研的一般内容有哪些？

案例分析训练

1. 运用跨境项目综合实验教学平台进行供应货物的注册。
2. 运用跨境项目综合实验教学平台进行采购货物的注册。

第三节　建立业务关系

建立业务关系（Establishment of Business Relations）就是把企业介绍给对方，让对方了解企业自身和其产品，为后面的业务活动开展打下良好基础。与客户建立业务关系是正式开展商务项目的第一步。无论是供应方还是采购方，要扩大业务，都要在巩固原有关系的基础上，不断寻找新的业务伙伴，不断建立新的业务关系。

一、广告宣传和网络营销管理

（一）广告宣传

广告宣传工作是做好商务项目，特别是出口推销的重要环节。原则上应有计划、有部署地进行。经营企业使用的宣传方式与广告媒体有很多，如平面广告（如期刊、报纸以及商业指南、贸易年鉴、手册等专业印刷品）、试听广告（如电视、电影、广播等）。许多广告可以通过户外、直接邮寄给商品交易会、国际展会等方式和场合进行产品和企业宣传。另外，利用设在国内外的贸易中心、国内或驻外机构常年开设的展厅提供样品陈列，吸引采购方注意。

在进行广告宣传时，一定要注意内容实事求是、文字简单明了，尊重当地的风俗习惯，遵守当地的相关法律法规。宣传广告发出后要及时调查、统计，注意反应和效果，研究进一步的对策。

（二）网络营销管理

如今随着互联网的普及，大众消费者花费在网络上的时间越来越多，而"互联网+"时代的到来，代表着一种新的经济形态，充分发挥互联网在生产要素配置中的优化和集成作用。因此，在这个时代企业必须充分认识互联网，将企业经营的方方面面深度融合于"互联网+"中，也就是让互联网与传统行业进行深度融合，提升企业的创新力和生产力，形成更广泛的以互联网为基础设施和实现工具的企业发展。因此企业的商务项目经营，可以从下面的几个方面进行"互联网+"行动。

1. 网络营销推广

作为一种新兴而高效的推广、宣传渠道，网络营销（On‐line Marketing 或 E‐Marketing）就是以国际互联网络为基础，利用数字化的信息和网络媒体的交互性来辅助营销目标实现的一种市场营销方式。常见的网络营销方法很多，主要包括网上调研营销、通用网址营销、网络黄页营销、搜索引擎营销、电子商务营销、电子邮件营销、软文营销、论坛（BBS 营销）、博客营销、社区营销、分类信息营销、呼叫广告营销、资源合作营销、网络体验营销、威客营销、电子地图营销、电子杂志营销、网络视频营销、置入式营销、RSS营销、3D虚拟社区营销、网络会员制营销、手机短信营销等。

如今，传统的营销方式已经不能满足企业的需求。所以网络营销成为众企业必争的营销方式。不仅可以节省人力物力，更能将企业和产品信息推广到全球，不会再受地域和时间的限制。

2. "互联网+"商务项目

信息技术时代，谁占得电子商务先机，谁就是市场竞争的领跑者。在电子商务发展的国际潮流中，各跨国公司、国际大买家已经走在前列。例如，制造企业构建云服务支撑平台，提供云制造服务，以及创新设计、柔性制造、供应链协同、远程维护等云应用服务，支持生产制造、物料管理、工艺流程、协同管理等行业各环节的信息互联共享，促进制造企业创新资源、生产能力、市场需求的集聚与对接，推动产业转型升级。再如，为降低运营成本，通用电气公司已将采购额中超过60%的部分放到网上，并一直致力于在线销售；思科公司80%的项目订单也是通过电子贸易完成的。

商务项目经营企业需要适应当前形势，不断创新，充分利用现代网络平台来大力开拓商务项目，以寻求企业突破性的发展。企业通过网络平台拓展商务项目的一些具体做法有：创建本企业的网站，在互联网上宣传本企业的项目并支持项目的运营；登录B2B商务平台，主动出击发布广告；在网上直接寻找目标客户；收发电子邮件；利用网站巩固参加传统交易会后的成果等。

二、选择项目合作伙伴

通过市场调研，了解项目和产品市场的需求情况后，就要从市场所属地区找到信用可靠的项目合作伙伴。确定商务项目合作伙伴的方法很多，主要可通过以下几种方法：

（1）自我介绍。通过查阅国内外出版的企业名录或黄页电话簿、传媒广告，以函电或发送资料的方式，自我介绍建立业务关系。

（2）通过产品品牌直接发现项目合作伙伴，或与业务合作企业取得联系获得项目合作伙伴信息。

（3）请亲朋好友、老客户或往来银行介绍项目合作伙伴。

（4）请各国各级政府机构和组织，如驻外使馆商务参赞处、外国驻华使馆、国内外贸易促进机构和友好协会、商会等介绍合作伙伴。一般情况下，这些机构和组织对当地主要厂商的经营范围、能力和资信较为熟悉了解。

（5）参加国内外展览会、交易会建立相关合作关系。企业参加这些活动可以直接与项目合作伙伴见面，进行较为深入而广泛的联系。

（6）充分利用各种活动的代表团，与来访客人洽谈，获得项目合作伙伴信息。

(7) 委托国内外专业咨询公司介绍项目合作伙伴。国内外有许多专业咨询公司,他们的业务关系中存在许多具有一定影响、专业经验和能力的客户。请他们介绍这些客户,一般效果都不错。

(8) 查询行业网站或使用搜索引擎选择项目合作伙伴。

寻找项目合作伙伴的渠道和方法很多,然后根据企业和行业特点选择几种可行的方法加以采用,一定会找到合作伙伴。

三、发展项目合作关系,建立商务往来

在确定了项目合作伙伴后,一般就可以采用两种基本途径与其建立商务关系:一是派出代表前往对方公司,直接进行面对面的联系;二是通过函电或发送资料建立双方商务联系。随着现代通信业的发展,信函的范围不断扩大,从传统的书信、电报、电传、传真发展到电子邮件、EDI 等。因通信速度快,成本低,"缩短"了项目合作双方地理位置上的距离。通过邮件信函往来联系已成为商务项目中合作双方的主要联系方式。下面以国际商务项目为例介绍相关知识。

(一) 表达建立商务关系的愿望

建交函是项目人员为了扩大项目合作伙伴基础,向潜在的项目合作伙伴介绍本企业的背景以及产品特点,希望达成交易关系的函电。函电一般要说明信息的来源、写信的目的,并写明希望早日得到答复。

1. 说明信息来源

函电开头必须说明是如何获得对方的资料,例如,通过他人介绍,或查阅报纸杂志,或浏览网上信息等。

◇We learned from the Commercial Counselor's Office in your country that you are interested in Chinese ceramic product.

◇Your name and address have been introduced to us by ABC Company.

◇We have obtained your name and address form the Internet.

2. 说明写信的目的

函电需要明确告知对方此信的来意,例如,为扩大某货物来源的渠道或满足国内需求,想与对方建立长期的业务合作关系等。

◇In order to extend our business to North America, we are writing to you to seek possibilities of cooperation.

◇With our business expanding in middle – east market, we are looking for some new factory, which is able to offer high qualified and reasonable priced products. We hope we can establish long – term trade relations with you.

3. 希望早日得到答复

函电的最后是表达希望对方能尽快给予答复或采取相应的行动。

◇We are looking forward to your specific inquiries.

◇Thank you in advance for your close cooperation.

（二）保持商务函电往来

商务函电往来是企业开展商务项目的最基本、最经常的业务工作。因此，任何一名合格的商务人士必须能够正确、完整、得体地撰写商务函电。

1. 商务函电的基本要求

商务磋商是项目合作双方不见面的往来，结果只能是见信如见人。因此，商务函电要求如下：

（1）用语上要礼貌（Courtesy）。此外，在对待对方的来电时要及时答复。有许多公司就要求一般情况下要当天答复对方。

（2）意思表达要清晰（Clarity）。函电意思要明确，不能引起歧义。

（3）书写上要简洁（Conciseness）。用最简单的词语表达准确的商务信息。

（4）内容上要完整（Completeness）。商务函电已形成了一定的固定模式和约定，因此，函电的内容应该符合固有的这种模式和约定。

（5）文字上要正确（Correctness）。交易双方分属不同国家或地区，彼此使用不同的语言和文字，因此，必须注意函电中文字表达的准确性。

2. 商务函电的一般结构

（1）信头（Letterhead），即写信人公司名称。

（2）日期（Date）。

（3）引证号码（Reference）。一般有两个："Our Ref:"和"Your Ref:"。

（4）信内地址（Inside Address）。

（5）称呼（Salutation）。

（6）事由（Subject Line）。

（7）正文（Body）。大多包括三部分：引导段、提供信息或说明事实、涉及将来的打算和行动。

（8）结尾敬语（Complimentary Close）。一般采用："Yours faithfully/sincerely/truly"或"Faithfully/Sincerely/Truly yours"。

（9）签名（Signature）。手签在上，其次是打印签名，其下打印职务或职位。

（10）附件（Enclosure）。用缩写"ENCL:"或"ENC:"表示。

3. 商务书信的格式

商务书信的格式有以下三种：

(1) 平头式 (Block form)。信件每行都向左对齐。是最常用的格式。表4-5 给出平头式商务函电的示例。

(2) 缩进式 (Indented form)。信头、信内地址和签名每逢换行都向后缩进3~5个字母的位置，正文各段缩进5~10个字母，日期居右，事由居中，结尾敬语居右或中间。

(3) 混合式 (Modified Block form with Indented Paragraphs)。除日期居右，事由居中，结尾敬语靠右，正文每段开始采用缩行外，其他与平头式相同。表4-6 为混合式商务函电示例。

表4-5　平头式商务函电

China National Water Resources & Electricity Equipment Co., Ltd.
××××××××, Xichengqu
Beijing, China

March 12, 2019

Ref. No. ID20190312-1

Wells Power Equipment Manufacturing Company
Edinburgh, the United Kingdom

ATTN: Import Department

Dear Sirs,

Subject:　**Willing to establish shoes business relations**

We have obtained your name and address form Internet and we are writing to enquire whether you would be willing to establish business relations with us.

We have been importers of Wind Turbine Generators and Accessory Equipments for many years. At present, we are interested in extending our range and would appreciate your catalogues and quotations. If your prices are competitive, we would expect to place volume orders on you.

We are looking forward to your early reply.

Sincerely yours,
Lei Shi
Lei Shi
Manager, Export Department

Encl: Introduction of China National Water Resources & Electricity Equipment Co., Ltd.

表4-6　混合式商务函电

China National Water Resources & Electricity Equipment Co., Ltd.
××××××××, Xichengqu
Beijing, China

March 12, 2019

Your ref.: 018MH/ex
Our ref.: 213WTG/ip
Thomas Wilson Co., Ltd.
1207 West 30th Street
Newardk, New Jersey 07109
USA

Attention: Marketing Department

Dear Sir or Madam,

Re:　Order No. JP313 1 00 Dozen shirts

Your letter of 8th March addressed to our Head Office has been passed on to us for attention and reply.

We now take pleasure in advising you that the price of Brown Crystal Sugar is at USD… per MT FOB…. Of course we also quote CFR or CIF prices if buyers so desire.　The price terms to be employed depend much on the characteristics of the goods as well as their specific transport requirements and shall always serve the best interest of buyers and sellers alike.

We look forward to your order at an early date.

Your faithfully,
(Signature)
Wei Zhang
Manager, Export Department

Encl: (1)
Cc: Our Head Office

 案例分析训练

1. 浙江某公司是一家获得进出口权不久的国内纺织设备生产企业。该公司的纺织设备具有小规模制造和密集使用劳动的制造技术优势,且工艺精干、型号齐全,深受国内纺织设备市场的好评。为尽快打开国际市场,该公司欲在东南亚、南美、非洲以及中国香港地区销售。

训练任务:

请你帮助该公司寻找潜在客户。

2. 天津某公司专营化学工业所需原料及相关产品已经20年了。公司近期决定要进一步开拓海外市场,将所生产的多种产品销售到欧盟。为此,该公司从相关贸易杂志上找到德国一家化工原料及产品贸易公司——Becker GmbH化工产品贸易有限公司。

训练任务:

请你写封信给Becker GmbH公司表达希望与其建立贸易关系的愿望。

第四节　商务项目前期准备在跨境项目综合实验教学平台上的操作

一、实验目的及要点

（1）了解国内外市场调研的方法和工具，并进行商务项目的国内外市场调研工作；

（2）掌握公司注册内容和操作；

（3）通过商务网发布供求信息和寻找合作伙伴。

二、场景模拟操作说明

在跨境项目综合实验教学平台系统中，调研、注册和发布信息均可在相应的网上页面完成。

（一）企业注册

根据本章第一节的内容，获得所有相关信息后，在跨境项目综合实验教学平台上进行企业注册。见图4-2，企业注册所需相关信息包括企业名称、所属国家、海关代码、注册地址、法人名称、企业联系资料、企业银行信息、企业简介等。

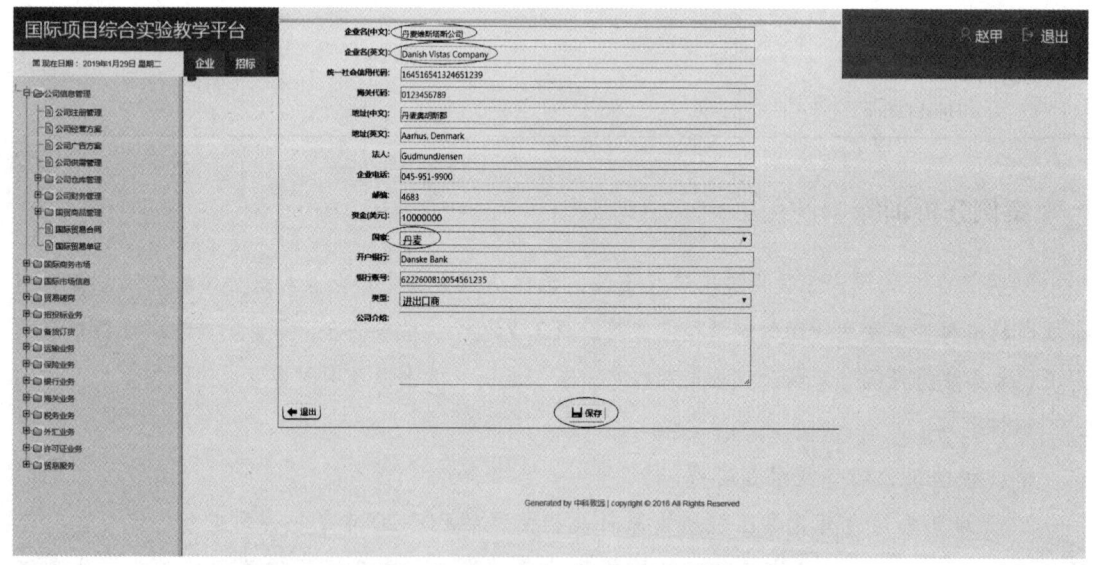

图4-2　跨境项目综合实验教学平台上企业注册的内容

而与企业相关的生产商、运输公司、保险公司的注册以及这些公司的信息修改（图4-2中企业名称和国家的内容不能修改）等均可在系统中完成，见图4-3。

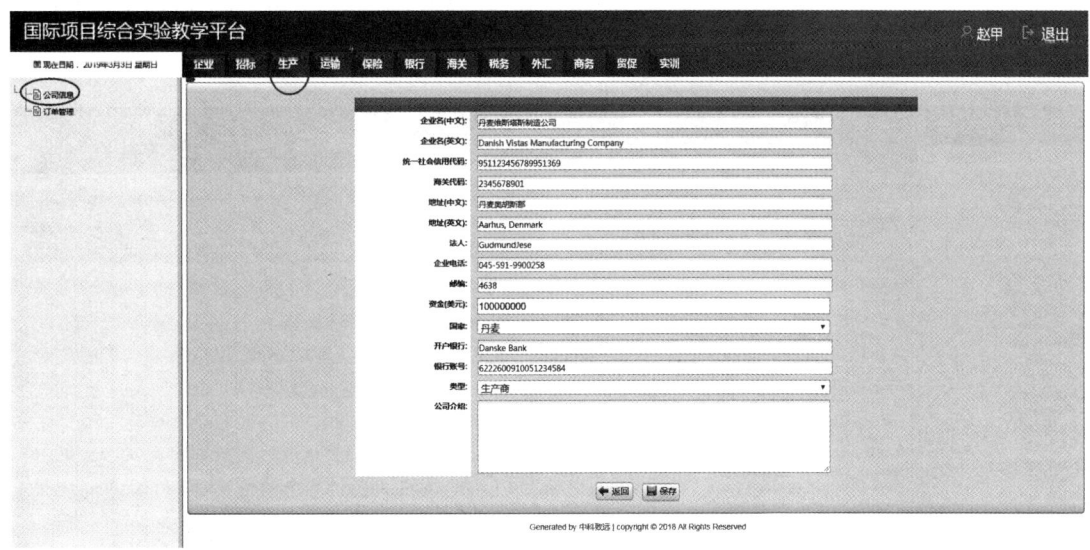

图 4-3 企业注册的内容查看或修改页面

（二）商品注册

为了在跨境项目综合实验教学平台上建立一个虚拟的国际市场，在各国企业注册成功后，各国尚需要进行各自的商品注册工作。

1. 海关商品编码的确定

见图 4-4，单击左菜单"国际市场信息"项下"海关商品编码"，进入海关商品编码查询首页。系统提供对物资名称的模糊查询，比如在"海关商品名称"中输入"轮胎"，单击按钮【搜索】，得到查询的结果。

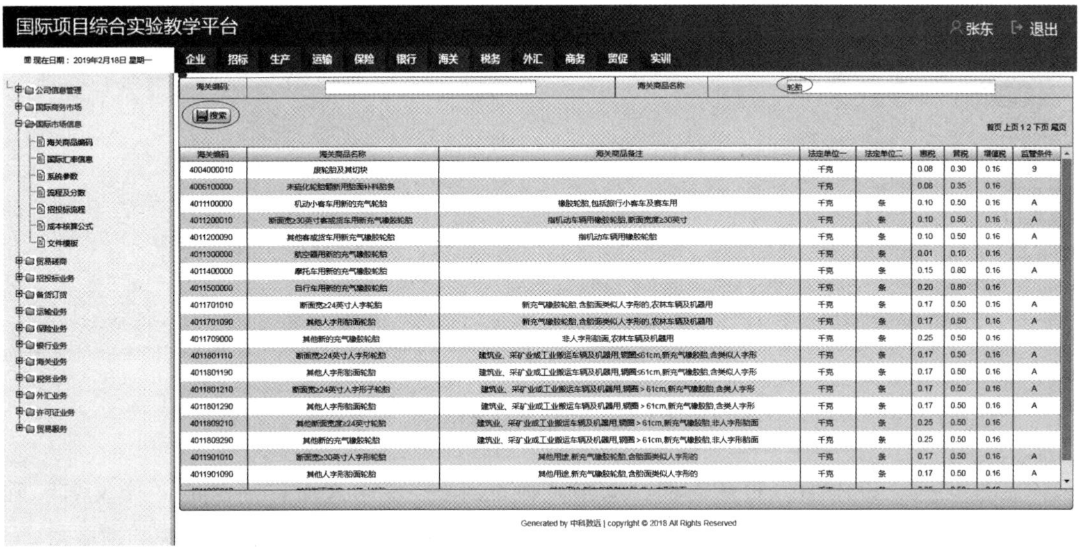

图 4-4 海关商品编码查询页面

见图4-5，查询结果如下，共多条记录，其中"4011100000"即为"机动小客车用新的充气轮胎"大类的海关商品编码。

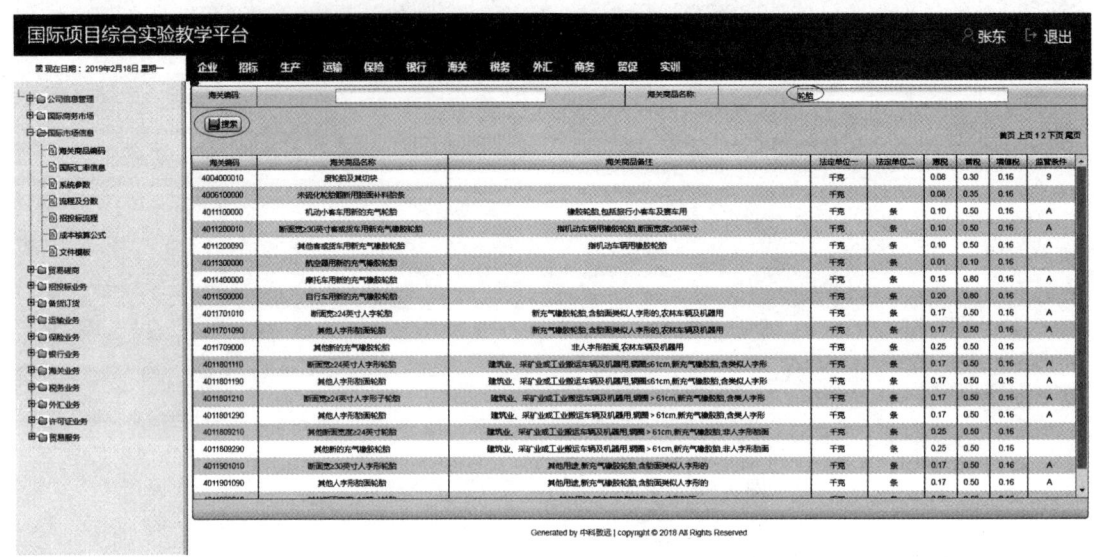

图4-5 海关商品编码查询结果页面

2. 出口商品的注册

见图4-6，单击做菜单"出口商品管理"，并单击【新建】按钮。

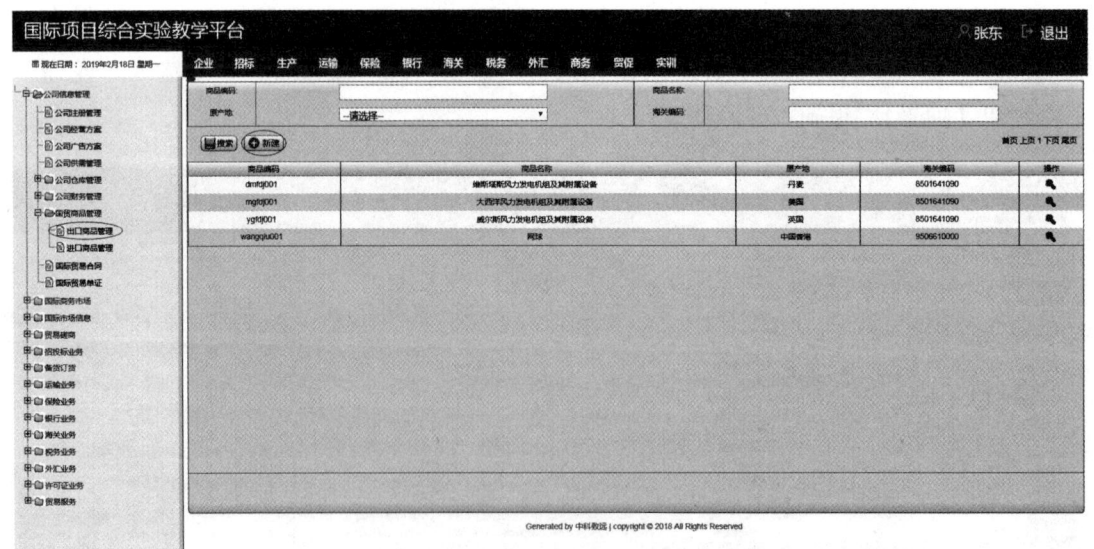

图4-6 出口商品注册页面

见图4-7，以添加男短袜为例，编辑"商品编码"、输入出口商品的"中文名"和"英文名"后，查询到男短袜在海关商品编码为"6115940000"，则输入到海关编码框中，单击【校验】图标验证。

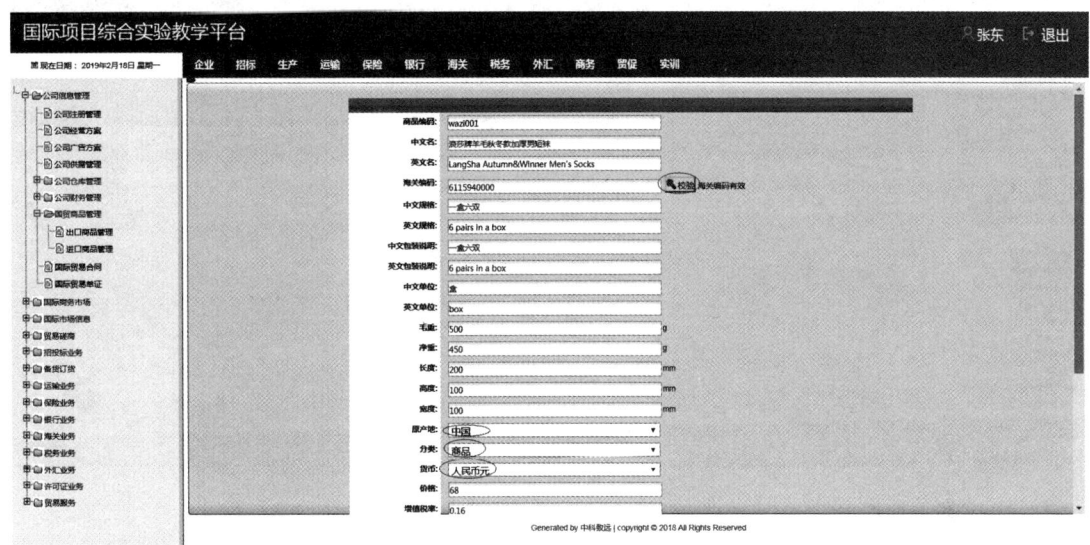

图4-7　出口商品注册编辑页面

见图4-8，详细填写出口商品的信息，单击按钮【保存】，完成出口商品的添加。

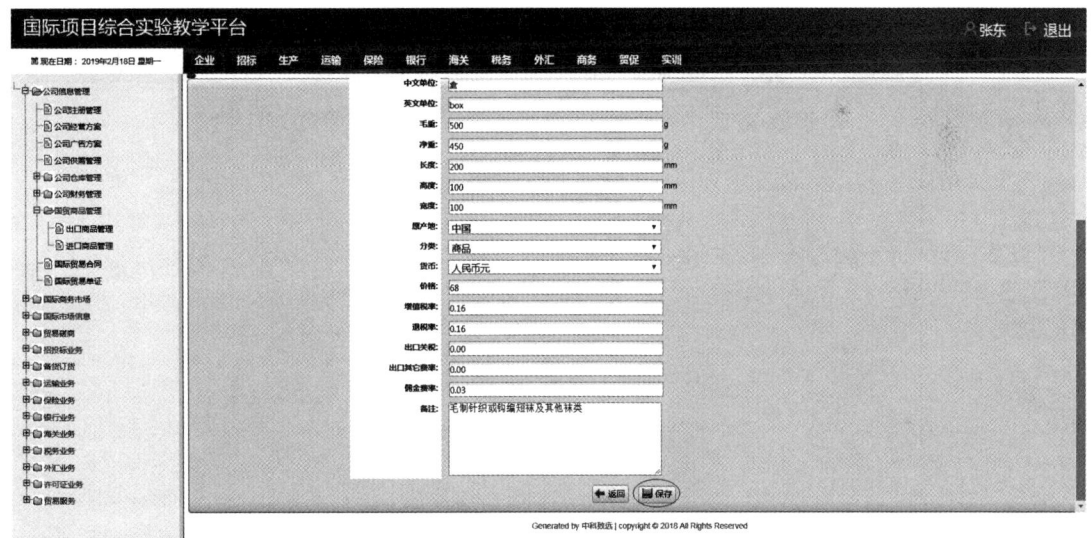

图4-8　出口商品注册保存页面

3. 进口商品的注册

见图4-8，单击"国贸商品管理—进口商品管理"，单击【新建】按钮。

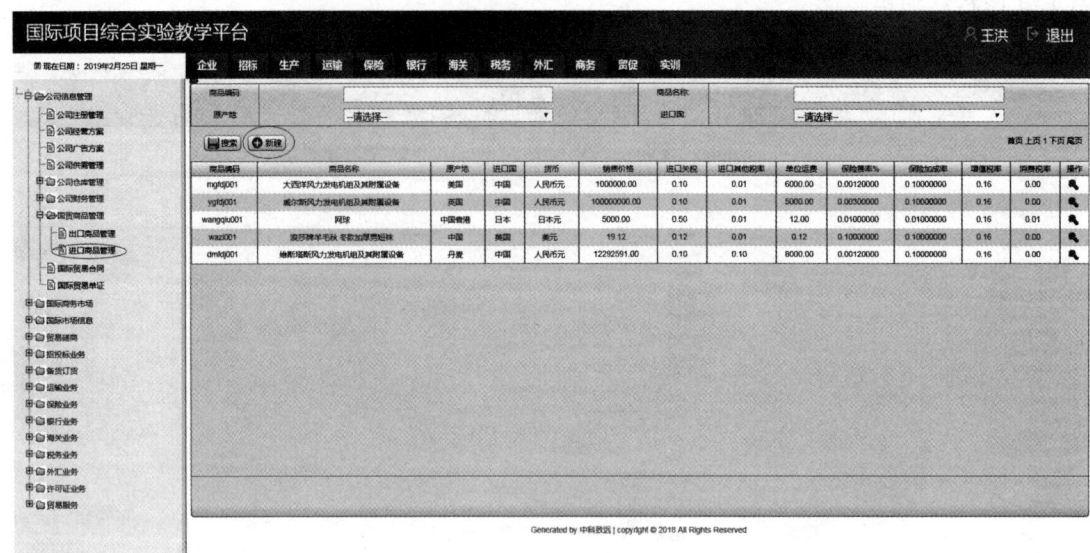

图 4-9 进口商品注册页面

见图 4-10，填写已有的出口商品编码，单击【校验】图标，系统自动生成相关信息，其他信息输入完毕，单击【保存】，完成进口商品的添加。

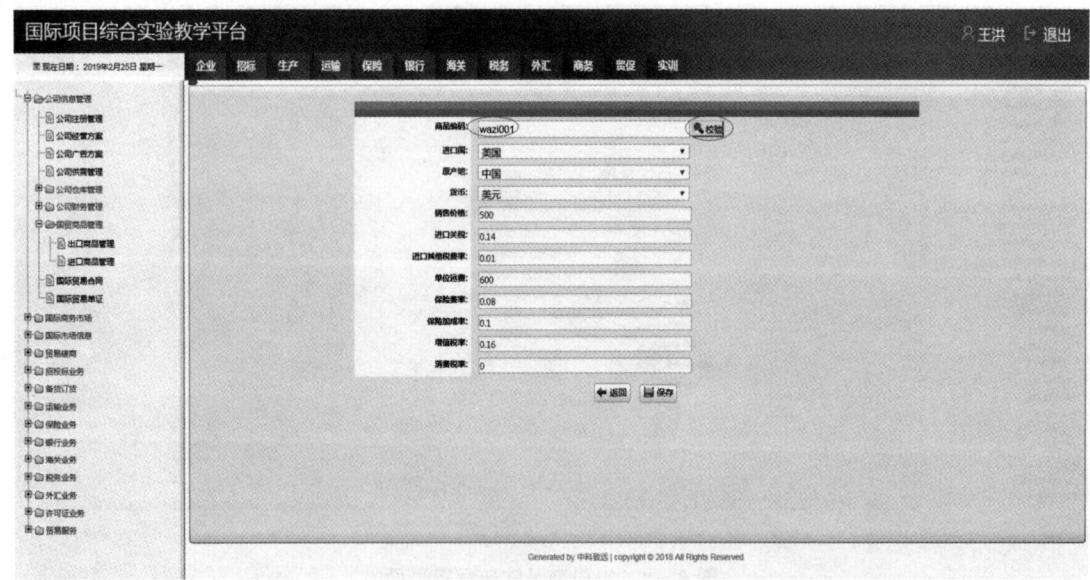

图 4-10 进口商品注册编辑、保存页面

（三）国内外市场调研

为了顺利地开展商务项目，企业需要进行大量的国内外市场调研工作。在跨境项目综合实验教学平台上可以进行一系列的市场调研工作，包括潜在客户调研、合作伙伴调研、

相关企业调研、商品信息调研等。

单击【企业】横向菜单，在左侧菜单中，找到"国际商务市场""国际市场信息"菜单，下级菜单包含："国贸服务企业""国际市场需求""国贸商品查询"等子菜单，单击相应菜单进入查询页面

国贸服务企业——查询学生在系统中注册的各种企业的信息。

国际市场需求——学生企业发布的国际市场供应和需求的信息，可以根据该信息，直接单击该企业进行磋商。

国际商品查询——查询本国可以出口、进口的商品信息。

海关商品编码——2018年国际最新海关商品编码信息，包含关税、增值税等信息。

汇率信息——查询相关的汇率。

图4-11至图4-16展示了搜索企业信息和搜索商品信息的情况。

1. 企业查询

见图4-11，单击菜单"国贸服务企业"，进入企业信息查询页面。

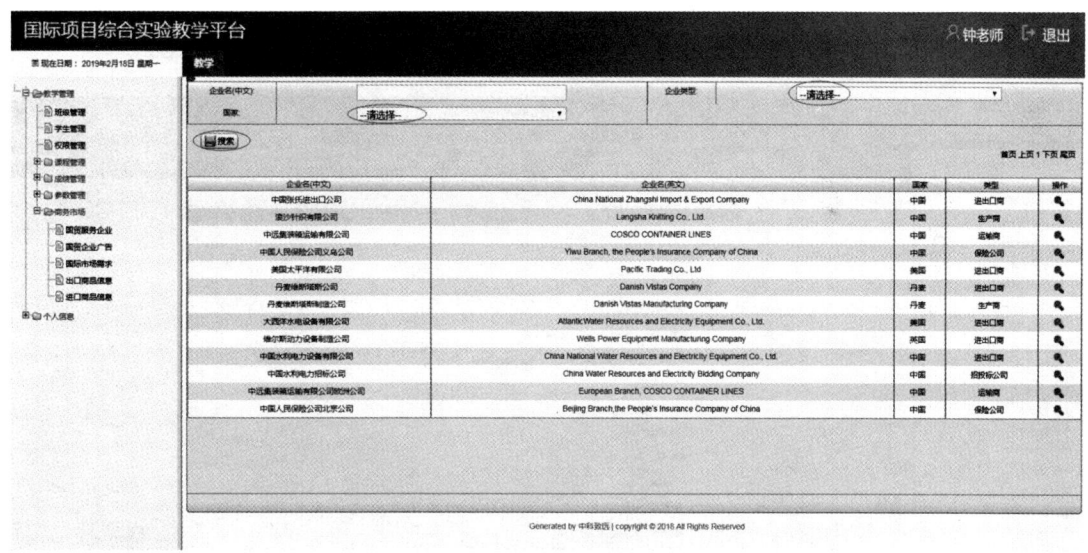

图4-11 企业查询页面

见图4-12，可以根据企业名称进行模糊查询，或根据企业所在的国家和企业类型等组合查询。例如，输入企业名"进出口"，选择国家"中国"，然后单击按钮【搜索】，得到相应的查询结果。

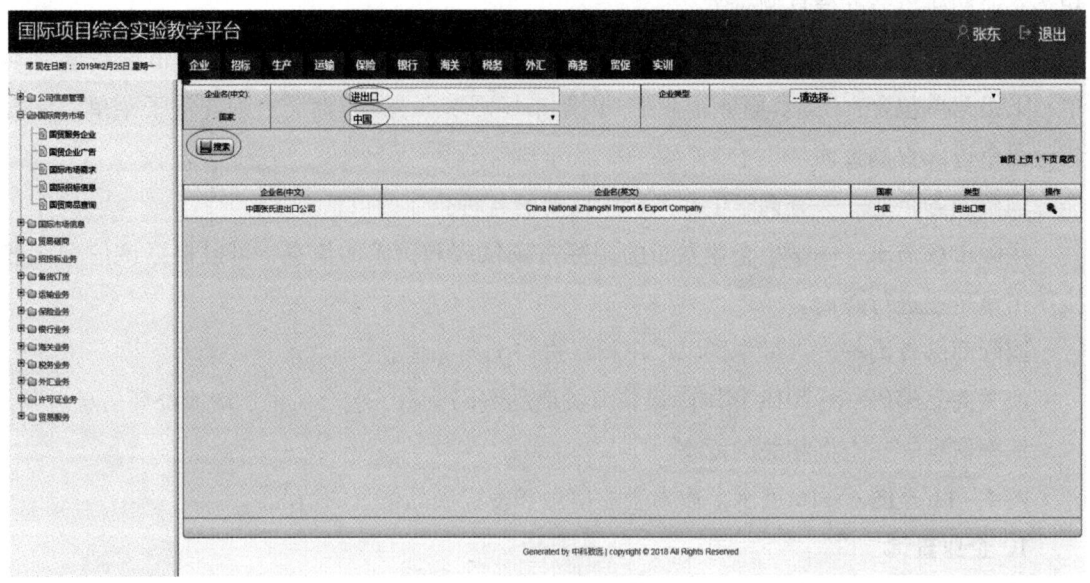

图4-12 企业查询结果页面

见图4-13,单击信息条后的【查看】操作按钮,可查看到企业注册信息。

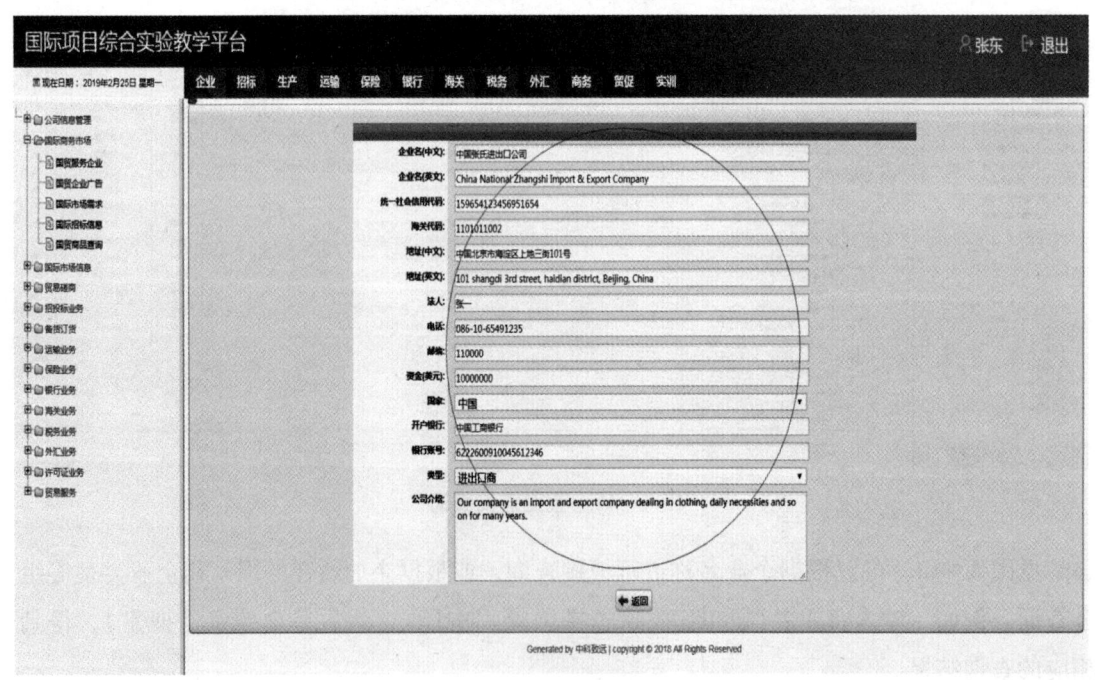

图4-13 企业注册信息查询结果页面

2. 商品查询

见图4-14,单击菜单"出口商品管理",进入出口商品查询页面。

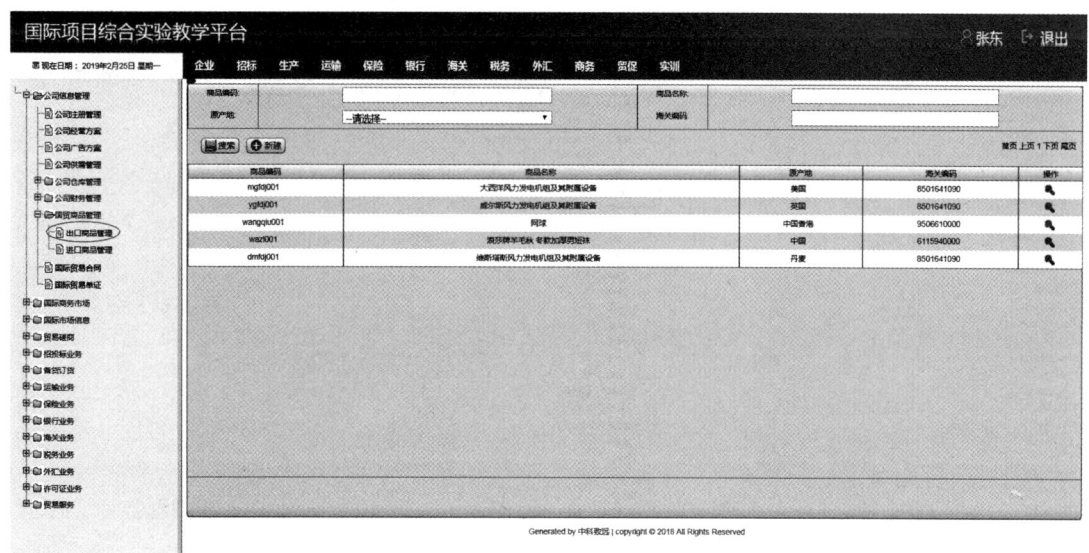

图 4-14　商品查询页面

见图 4-15，系统可以输入一个或者多个条件进行出口商品查询。如图 4-15 所示，输入条件后，单击按钮【搜索】后的页面。

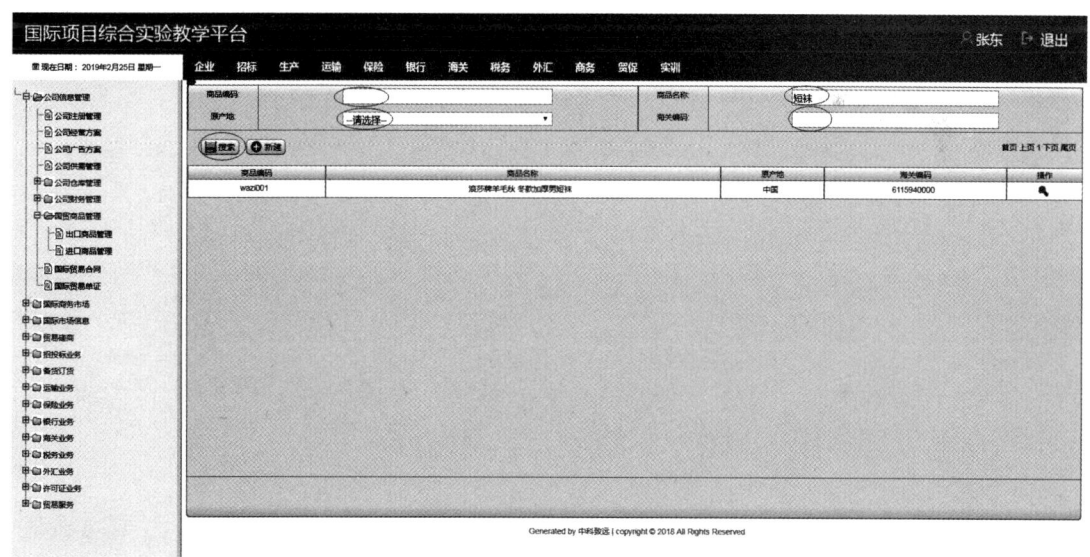

图 4-15　商品查询结果页面

见图 4-16，单击上图信息条后的【查看】操作按钮后，可查看到商品注册信息。

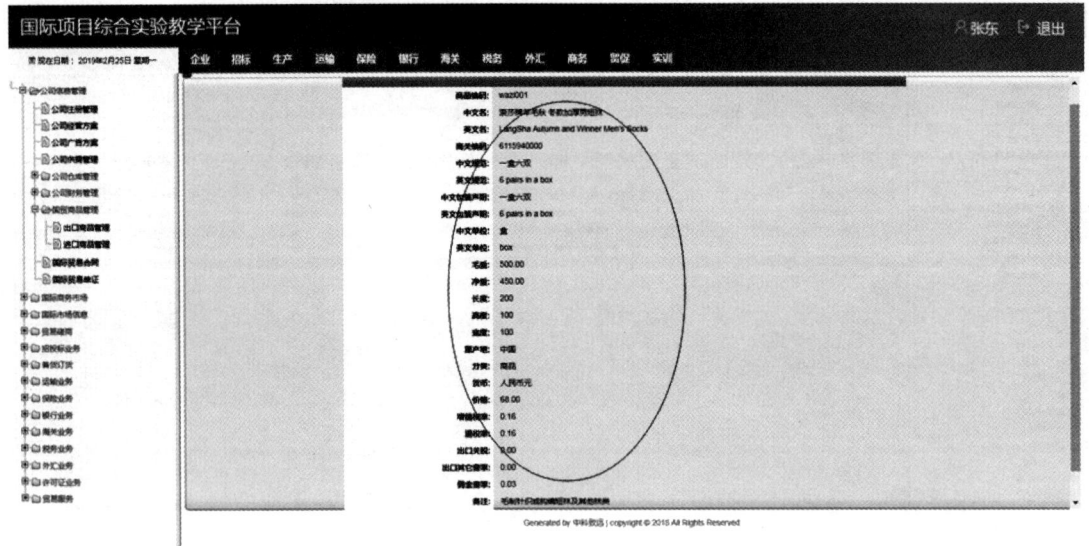

图4-16　商品注册信息查询结果页面

第五章　项目招投标

教学目标

了解商务项目招投标的一般程序，熟悉招标委托、招标信息发布、资质审核、投标、评标、中标的主要内容和过程；熟悉招标文件、资格文件和投标文件的主要内容；掌握商务项目中招投标的模拟操作过程。

第一节　招投标概述

随着经济全球化、中国经济走向世界的趋势，越来越多、越来越大的项目要通过招投标的方式来确定合作伙伴和交易条件。招投标几乎成为当今大多数大型工程、重大贸易事件、重要组织和政府经营项目唯一政策性允许确定合作伙伴和交易条件的操作模式。因此，了解和掌握当今招投标业务应该是相关业务人员、大学生们的一项业务任务。本章的业务介绍以国际招投标的内容和流程为主。

一、招标投标方式

（一）招标投标

招投标是招标投标的简称。招投标是一种国际上普遍应用的、是商品经济高度发展的产物，是应用技术、经济的方法和市场经济的竞争机制的作用，有组织开展的一种择优成交的方式。这种方式是在货物、工程和服务的采购行为中，招标方通过事先公布的采购要求，吸引众多的投标方按照同等条件进行平等竞争，按照规定程序并组织技术、经济和法律等方面专家对众多的投标方进行综合评审，从中择优选定项目的中标方的行为过程。其实质是以较低的价格获得最优的货物、工程和服务。招标和投标（Invitation to Tender & Submission of Tender）是这种项目交易方式的两个方面，即招标是指招标方对货物、工程和服务事先公布采购的条件和要求，邀请投标方参加投标，招标方按照规定的程序确定中标方的行为。简单来说，就是招标方对自愿参加的投标方进行审查、评比、优选的过程；投标是投标方按照招标方提出的要求和条件，参加投标竞争的行为。

（二）招投标的方式

《中华人民共和国招标投标法》明确规定招标分为公开招标和邀请招标两种方式。国际招标分有竞争性招标、谈判招标和两段招标三种。

1. 竞争性招标

竞争性招标（International Competitive Bidding，ICB）是指招标方邀请几个乃至几十个投标方参加投标，通过多数投标方竞争，选择其中对招标方最有利的投标方达成交易，它属于兑卖的方式。国际性竞争招标，有公开招标和选择性招标两种做法。

（1）公开招标（Open Bidding）。公开招标是一种无限竞争性招标（Unlimited Competitive Bidding），是指招标方以招标公告的方式邀请不特定的法人或者其他组织投标。采用这种做法时，招标方要在国内外主要报刊上刊登招标广告，凡对该项招标内容有兴趣的法人或者其他组织均有机会购买招标资料进行投标。

（2）选择性招标（Selected Bidding）。选择性招标又称邀请招标，它是有限竞争性招标（Limited Competitive Bidding），是指招标方以投标邀请书的方式邀请特定的法人或者其他组织投标。采用种做法时，招标方不在报刊上刊登广告，而是根据自己具体的业务关系和情报资料由招标方对客方进行邀请，进行资格预审后，再由他们进行投标。

2. 谈判招标

谈判招标（Negotiated Bidding），又叫议标，它是非公开的，是一种非竞争性的招标。这种招标由招标方物色几家客方直接进行合同谈判，谈判成功，交易达成。

3. 两段招标

两段招标（Two-stage Bidding）是指无限竞争招标和有限竞争招标的综合方式。采用此类方式时，则是用公开招标，再用选择招标分两段进行。

从世界各国的情况来看，招标主要采用公开招标和邀请招标两种方式。两种招标方式各有千秋。在实践中，各国或国际组织的做法也不尽一致。有的未给出倾向性的意见，而是把自由裁量权交给了招标方，由招标方根据项目的特点，自主决定采用公开招标或邀请招标方式，只要不违反法律规定，能够最大限度地实现"公开、公平、公正"的原则即可。世界贸易组织"政府采购协议"也对这两种方式孰优孰劣采取了未置可否的态度。而世界银行制定有包括国际竞争性招标、有限国际性招标等一整套采购招标体系，但"世行采购指南"却把国际竞争性招标（公开招标）作为最能充分实现资金的经济和效率要求的方式，要求借款国以此作为最基本的采购方式。只有在国际竞争性招标不是最经济和有效的情况下，才可采用其他方式。

二、招标投标的基本流程

招投标的流程因不同地区、不同法律规定而有所不同。总体来说，招投标的基本流程可以参照表 5-1 的内容。

表 5-1　招投标的流程

招标方	投标方
招标前准备	—
编制资格预审、招标文件	—
发布招标公告	投标前期工作
发售招标文件并答疑、补遗	购买招标文件，精度分析招标文件（包括资格预审文件要求）
	勘察现场，参加标签会，编制投标文件（包括资格预审文件）
获得投标文件	报送投标文件（包括资格预审文件），交投标保证金保函
抽取评标专家	—
开标	—
	参加开标会，了解竞争对手情况
评标	书面答复招标方及评标委员询问，参加澄清会
定标	—
发出中标通知书，合同前谈判	获得中标通知书，参加合同前谈判
签订合同并退还投标保证金	交履约保函，签订合同

而招标的流程因招标方式的不同而有所差异，投标的流程也因招标方式不同而所变化。

（一）公开招投标的基本流程

1. 公开招标的基本流程

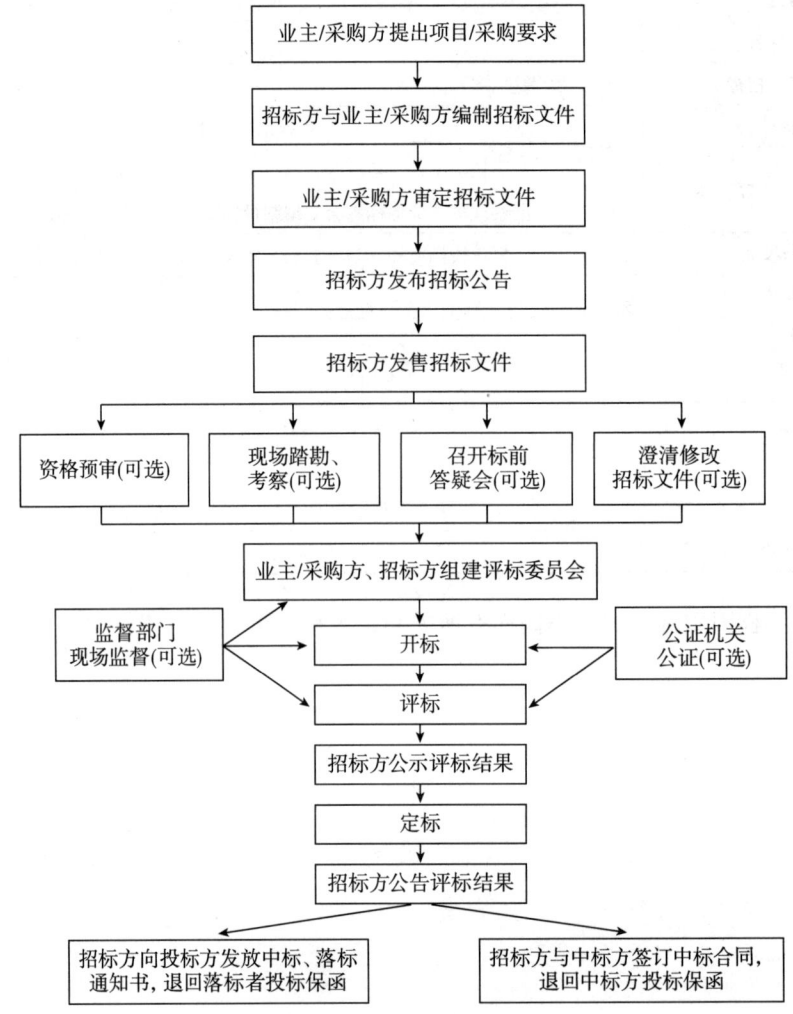

图 5-1 公开招标流程图

2. 公开投标的基本流程

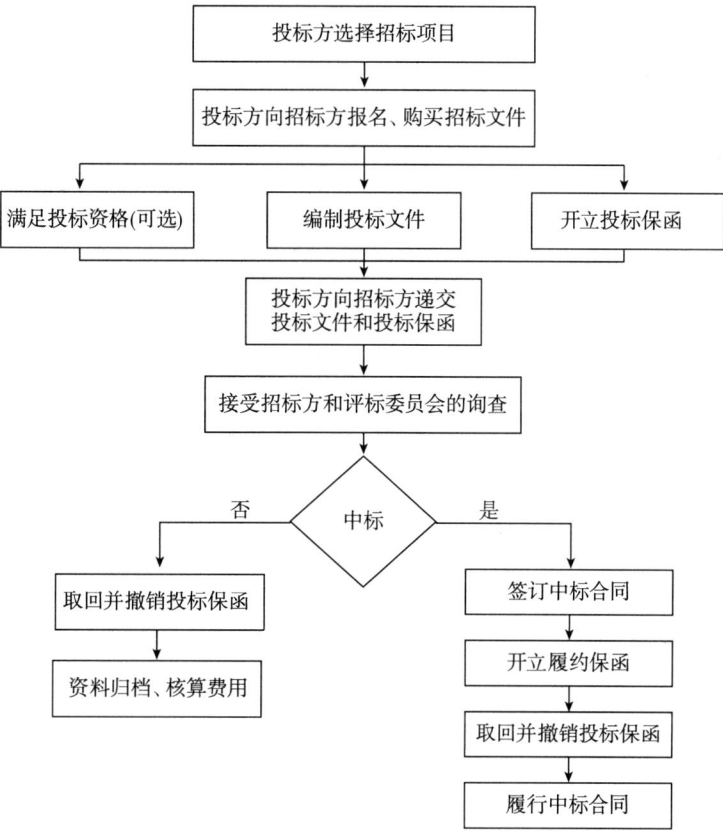

图 5-2 公开投标流程图

（二）邀请招投标的基本流程

1. 邀请招标的基本流程

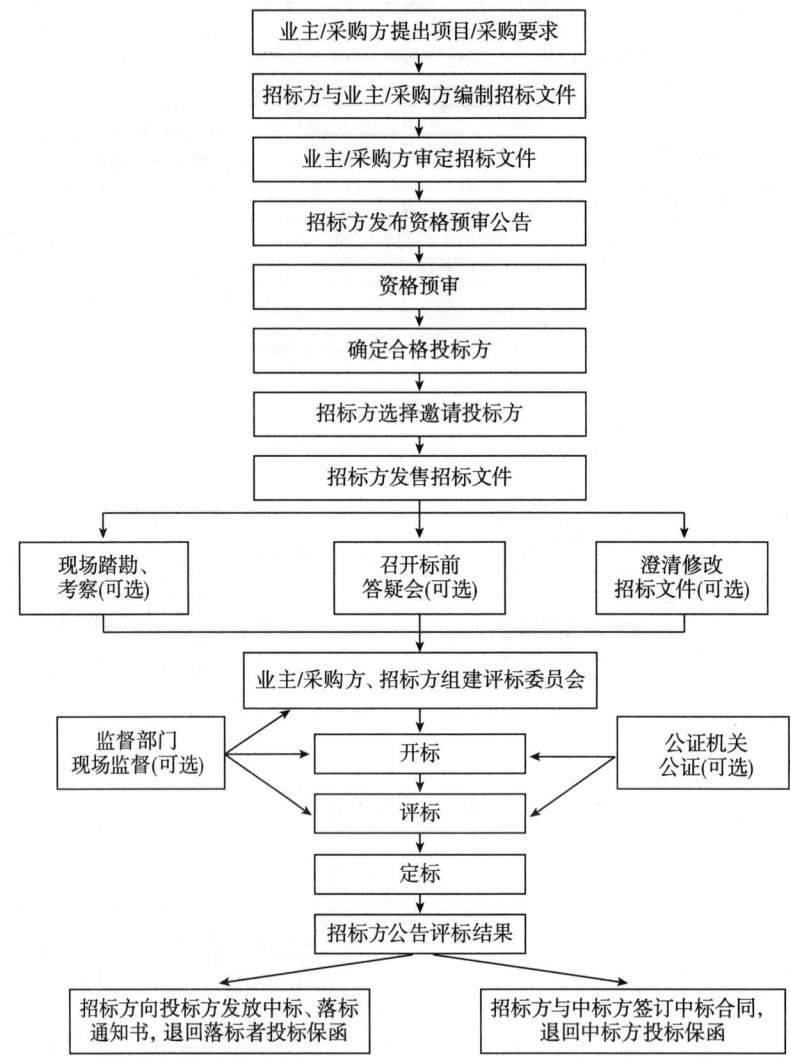

图5-3 邀请招标流程图

2. 邀请投标的基本流程

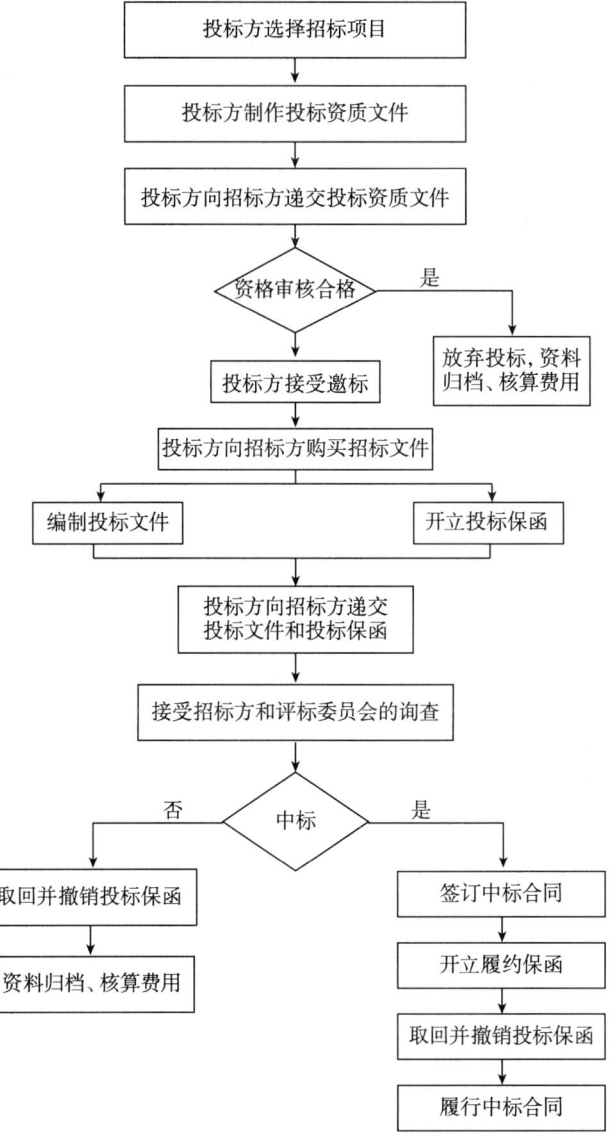

图 5-4 邀请投标流程图

以上是有关公开招投标和邀请招投标两种方式的基本流程。由于《世界银行采购指南》要求借款国把国际公开招投标作为最基本的采购方式，因此，本书后面的内容将着重介绍公开招标情况下重要环节上的具体业务的操作。

三、招标投标实施范围

（一）招投标发展概述

招标投标最早起源于英国，自二战以来，招投标影响力不断扩大，先是西方发达国家，接着世界银行，以及近几十年来发展中国家在货物采购和工程承包中大量推行招投标方式。招投标作为一种成熟的交易方式，其重要性和优越性在国内、国际经济活动中日益被各国和各种国际经济组织广泛认可，进而在相当多的国家和国际组织中得到立法推行。

我国最早于1902年采用招标比价（招投标）方式承包工程。但是，由于我国特殊的封建和半封建社会形态，以及从新中国成立到党的十一届三中全会期间我国实行高度集中的计划经济体制，招投标在我国并未像资本主义社会那样以一种法律制度形式得到确定和发展。直到党的十一届三中全会以后，国家实行改革开放政策，招投标才应运而生。1980年，国务院在《关于开展和保护社会主义竞争的暂行规定》中提出，"对一些适应承包的生产建设项目和经营项目，可以试行招标投标的办法"，揭开了中国招标投标的新篇章。

招投标活动在我国经历了探索初创阶段（从改革开放初期到社会主义市场经济体制改革目标的确立，进行工程招标投标试点）、快速发展阶段（从确立社会主义市场经济体制改革目标到《招标投标法》颁布，对招投标活动的规范进一步深入）、里程碑阶段（九届全国人大常委会于1999年8月30日审议通过了《中华人民共和国招标投标法》，2000年1月1日正式施行；2002年6月29日由全国人大常委会审议通过了《政府采购法》，自2003年1月1日起施行）和规范完善阶段（《招标投标法实施条例》和《政府采购法实施条例》作为《中华人民共和国招标投标法》和《政府采购法》的配套行政法规。另外，国务院各相关部门相应制定了专门的招投标管理的部门规章、规范性文件及政策性文件。地方人大及其常委会、人民政府及其有关部门相继制定了招标投标方面的地方性法规、规章和规范性文件）。

（二）招投标实施范围

1. 项目范围

根据《中华人民共和国招标投标法》第3条的规定，在中华人民共和国境内进行下列工程建设项目包括项目的勘察、设计、施工、监理以及与工程建设有关的重要设备、材料等的采购，必须进行招标：

（1）大型基础设施、公用事业等关系社会公共利益、公众安全的项目。

（2）全部或者部分使用国有资金投资或者国家融资的项目。其中，国家融资项目的范围包括：使用国家发行债券所筹资金的项目；使用国家对外借款或者担保所筹资金的项目；使用国家政策性贷款的项目；国家授权投资主体融资的项目；国家特许的融资项目

（3）使用国际组织或者外国政府贷款、援助资金的项目。其中，使用国际组织或者外国政府资金的项目的范围包括：使用世界银行、亚洲开发银行等国际组织贷款资金的项目；使用外国政府及其机构贷款资金的项目；使用国际组织或者外国政府援助资金的项目。

《中华人民共和国招标投标法》还规定，任何单位和个人不得将依法必须进行招标的项目化整为零或者以其他任何方式规避招标。

2. 规模标准范围

"涉及国家安全、国家秘密、抢险救灾或者属于利用扶贫资金实行以工代赈、需要使用农民工等特殊情况，不适宜招标的项目"① 等法律、行政法规规定的其他情形不适宜招标的项目除外，2018年3月27日，国家发改委发布《中华人民共和国国家发展和改革委员会令》第16号，即《必须招标的工程项目规定》，对必须招标的项目进行了定义，并于2018年6月1日施行。16号令第五条规定：本规定第二条至第四条规定范围内的项目，其勘察、设计、施工、监理以及与工程建设有关的重要设备、材料等的采购达到下列标准之一的，必须招标：

（1）施工单项合同估算价在400万元人民币以上；

（2）重要设备、材料等货物的采购，单项合同估算价在200万元人民币以上；

（3）勘察、设计、监理等服务的采购，单项合同估算价在100万元人民币以上。

同一项目中可以合并进行的勘察、设计、施工、监理以及与工程建设有关的重要设备、材料等的采购，合同估算价合计达到前款规定标准的，必须招标。

四、招标投标原则、特征和作用

（一）招投标的基本原则和特征

1. 公开原则

招投标活动必须保证充分的透明度，招标投标程序、投标方的资格条件、评标标准和方法、评标和中标结果等信息要公开，保证每个投标方能够获得相同信息，公平参与投标竞争并依法维护自身的合法权益。

2. 公平原则

招标方在招标投标各程序环节中一视同仁地给予潜在投标方或者投标方平等竞争的机会，并使其享有同等的权利和义务。公平原则主要体现在两个方面：一方面，机会均等，即潜在投标方具有均等的投标竞争机会；另一方面，各方权利义务平等，即招标方和所有投标方之间权利义务均衡并合理承担民事责任。

3. 公正原则

招标方必须依法设定科学、合理和统一的程序、方法及标准，并严格据此接受和客观评审投标文件，真正择优确定中标方，不倾向、不歧视、不排斥，保证各投标方的合法平等权益。

---

① 参见《中华人民共和国招标投标法》第66条规定。

4. 诚实信用原则

招标投标各方当事人在招标投标活动和履行合同过程中应当以守法、诚实、守信、善意的意识与态度行使权利和履行义务，不得故意隐瞒真相或者弄虚作假，不得串标、围标和恶意竞争，不能言而无信甚至背信弃义，在追求自己合法利益的同时不得损害他人的合法利益和社会利益，依法维护双方利益以及与社会利益的平衡。

（二）招标投标的特征

1. 公平竞争

招标方公布项目需求，通过投标方公平竞争，择优选择交易对象和客体的过程。

2. 规范交易

招标投标双方通过规范邀约和承诺，确立双方权利、义务和责任，规范约定合同的交易方式。

3. 一次机会

招标投标双方不得在招标投标过程中协商谈判和随意修改招标项目需求、交易规则以及合同价格、质量标准、进度等实质内容。招标要约邀请、投标要约和中标承诺只有一次机会。

4. 订制方案

招标项目大多数具有不同程度的单一复杂的需求目标，其项目需求目标、投标资格能力、需求解决方案与报价、投标文件评价、合同权利义务配置等方案均具有单一性和复杂性的特点，因此，必须采用书面定制描述，并通过对投标方竞争能力、技术、报价、财务方案等进行书面综合评价比较，才能科学判断和正确选择有能力满足项目需求的中标方。仅仅通过简单价格比较无法判断交易主体及客体是否能够符合项目需求。这也是大多数招标项目无法采用拍卖、竞价方式选择交易对象的主要限制条件。

5. 复合职业

招投标是按照法律程序，经过技术、管理、经济等要素的竞争和评价实现项目需求目标的交易活动，因此招标采购职业是一个包含法律、政策、技术、经济和管理专业知识能力的复合性职业。

（三）招标投标的作用

1. 提高经济效益和社会效益

招标投标是市场竞争的一种重要方式，最大优点就是能够充分体现"公开、公平、公正"的市场竞争原则，通过招标采购，以最低或较低的价格获得最优的货物、工程或服务，并且有利于科学合理地确定交易周期，从而达到提高招标项目的质量、提高资金使用效率、提高经济效益和社会效益。

2. 提升企业竞争力

通过市场竞争获得的项目，倒逼投标方必须合理地控制成本，实现资金效益最大化，并且为了不断提高工程质量，企业需要转变经营机制，落实内部经济责任制，积极引进先进技术和管理，提高企业生产、服务的质量和效率，不断提高管理水平，从而提高企业的创新活力，提升企业市场信誉和竞争力。

3. 健全市场经济体系

维护和规范市场竞争秩序，保护当事人的合法权益，提高市场交易的公平、满意和可信度，促进社会和企业的法治、信用建设，促进政府转变职能，提高行政效率，建立健全现代市场经济体系。

4. 打击贪污腐败

保护国家和社会公共利益，保障合理、有效使用政府资金和其他公共资金，防止其浪费和流失，构建从源头预防腐败交易的社会监督制约体系。在世界各国的公共采购制度建设初期，招标投标制度由于其程序的规范性和公开性，往往能对打击贪污腐败起到立竿见影的效果。然而，随着腐败与反腐败博弈的深入，腐败活动会以更加隐蔽的形式存在，给招投标制度的设计者提出了新的挑战。

第二节 招标

国际招投标与国内招投标的不同是国内的招投标要按照中国招标投标法、政府采购法的规定实施招投标；国际招投标要遵循世贸采购条例及国际标业法规进行招投标。

一、招标工作

当业主/采购方委托招标方进行一个商务项目的招标任务后，招标方第一项工作就是进行公开招标或邀标。招标阶段的工作主要包括制订招标方案、投标资格预审、编制发售招标文件、发出招标公告或发出投标邀请书、必要的现扬勘察、接收投标文件等。

（一）制订招标方案

招标方案是指招标方通过分析和掌握招标项目的技术、经济、管理的特征，以及招标项目的功能、规模、质量、价格、进度、服务等需求目标，依据有关法律法规、技术标准，结合市场竞争状况，针对一次招标组织实施工作的总体策划，招标方案包括合理确定招标组织形式、依法确定项目招标内容范围和选择招标方式等，是科学、规范、有效地组织实施招标采购工作的必要基础和主要依据。

（二）投标资格预审

针对公开招标/竞争性招标，为了保证潜在投标方能够公平获取公开招标项目的投标竞争机会，并确保投标方满足招标项目的资格条件，避免招标方和投标方的资源浪费，招标方可以对潜在投标方组织资格进行预审。此项工作也可以与招标文件一起编制发售，在评标中进行。

资格预审是招标方根据招标方案，编制发布资格预审公告，向不特定的潜在投标方发出资格预审文件，潜在投标方据此编制提交资格预审申请文件，招标方或者由其依法组建的资格审查委员会按照资格预审文件确定的资格审查方法、资格审查因素和标准，对申请人资格能力进行评审，确定通过资格预审的申请人。未通过资格预审的申请人，不具有投标资格。

（三）编制发售招标文件

招标方应结合招标项目需求的技术经济特点和招标方案确定要素、市场竞争状况，根据有关法律法规、标准文本编制招标文件。

招标文件按照招标公告或投标邀请书规定的时间、地点发售。

（四）发布招标公告或发出投标邀请书

招标方根据招标方案，编制招标公告或投标邀请书，并在国内外相关网站、报纸、杂志等媒介公开发布招标公告，或向特定的潜在投标方发出投标邀请书。招标公告或投标邀请书的内容主要有：招标项目名称和内容，招标的条件和要求（包括发售招标文件和开标时间、地点等），投标邀请的意愿表达等。

根据2017年12月修订的《中华人民共和国招标投标法》规定，招标方采用邀请招标方式的，应当向三个以上具备承担招标项目的能力、资信良好的特定的法人或者其他组织发出投标邀请书；依法必须进行招标的项目，自招标文件开始发出之日起至投标方提交投标文件截止之日止，最短不得少于二十日；投标方少于三个的，招标方应当依照本法重新招标。

（五）必要的踏勘现场

招标方可以根据招标项目的特点和招标文件的规定（工程设计、监理、施工和工程总承包以及特许经营等项目招标一般需要组织踏勘现场），集体组织潜在投标方实地踏勘了解项目现场的地形地质、项目周边交通环境等并介绍有关情况。潜在投标方应自行负责据此踏勘作出的分析判断和投标决策。

（六）接收投标文件

招标方根据招标文件规定，在规定时间、指定地点按章接收所有投标方的投标文件，并组织唱标活动。在截止时间后送达的投标文件，即已经过了招标有效期的，招标方应当原封退回，不得进入开标阶段；如果投标方因为递交投标书的地点发生错误，而延误投标时间的，将被视为无效标而被拒收。

二、招标文件

招标方需要根据项目的情况，请专业人士编制招标文件。招标文件分商务部分和技术部分，由招标方负责编写，其中技术文件，包括技术规格（或工程量清单）和图纸等部分以及对制造商（或承包商的业绩）资格要求，由业主/采购方编制，业主/采购方必须对其提出的采购的必要性和技术方面负主要责任。

（一）招标文件的基本内容

目前招标文件的格式没有统一的规定，但其内容基本相同。一般情况下，招标文件由投标邀请书、投标须知、合同条款、项目需求一览表、技术规格和附件等几部分组成，见表5-2。

表5-2 招标文件组成部分

Volume 1
Invitation for bid
Instruction to bid
Conditions of contracts：
Part 1：general conditions
Part 2：Particular conditions
Forms of Agreement and security
Schedule of requirements
Volume 2 Technical Specification
Section 1：Description of Works
Section 2：General Requirements
…
Appendices to Specification
Volume 3
Form of bid and Appendix
Form of bid Security
Bill of Quantities
Schedules
…
Volume 4 Drawings
Volume 5 Site Investigation Report

1. 投标邀请书

投标邀请书（Invitation for Bid）是招标方就招标项目对潜在投标方发出的一封邀请信。投标邀请书就项目名称、资金来源、招标方及招标范围和适用规则等进行简要陈述。表5-3是一封投标邀请书示范。

表 5-3 投标邀请书

INVITATION FOR BID

NO. _____ [*number of the bidding project*]

In accordance with the Loan Agreements concluded between A and B for _____ [*name of the bidding project*], _____ [*name of the tenderee*] is authorized to purchase the material listed below for the above mentioned project by way of International Competitive Bidding (ICB). All the purchases shall be financed with the proceeds of the Loan.

We hereby invite sealed bids from manufacturers and/or trading companies of all areas and countries of the world.

Interested manufacturers and/or trading companies are kindly requested to contact the _____ [*the department of the tenderee, name of the tenderee*] for obtaining the bidding documents between 9:00 and 11:00 am from _____ [*start date to deadline*] upon non-refundable payment.

List of Material & Price of Bidding Documents

_____ [*name of the material*] _____ (including Value Added Taxes) [*price of the bidding document*]

_____ [*the department of the tenderee, name of the tenderee*]

Address: …
Tel: …
Email: …
Website: …
Post Code: …

2. 投标须知

投标须知（Instruction to Bidders）一般分有总则、招标文件、投标准备、投标文件的递交、开标、评标和合同授予等事项的解释、说明和做法。招标文件中的投标须知是对每项招标项目情况和要求的详细告知，因此，投标方必须认真仔细地领会这部分告知的含意。

（1）总则。

总则（General Description）包括定义（Definitions）、资金来源（Source of Funds）、合格的投标方（Eligible Bidders）、合格的项目与服务（Eligible Projects and Services）和投标费用（Cost of Bidding）等。

（2）招标文件。

招标文件（Bidding Documents）是对招标文件构成的介绍以及对招标文件澄清和修改规则的陈述，因此，本部分有招标文件内容（Contents of bidding documents）、招标文件的说明（Clarification of Bidding Documents）和招标文件的修订（Amendment of Bidding Documents）。

（3）投标准备。

投标准备（Preparation of Bids）部分提供给参与招标项目的所有投标方如何准备投标文件的具体指导。潜在的投标方必须严格按照投标准备中规定编制投标文件。投标准备通常包括投标文件的构成（Documents Comprising the Bid）、投标书（Bid Form）、投标价格（Bid Prices）、投标货币（Bid Currencies）、证明投标方合格资格的文件（Documents Establishing Bidder's Eligibility and Qualification）、证明项目的合格性和符合招标文件规定的文件（Documents Establishing Projects' Eligibility and Conformity to Bidding Documents）、投标保证金（Bid Bond）、投标文件的语言（Language of Bid）以及投标文件的样式（Format of Bid）。

（4）投标文件的递交。

投标文件的递交（Submission of Bids）就投标文件的提交作出了详细说明，具体内容有：投标文件的密封和标记（Sealing and Marking of Bids）、交标截止日期（Deadline for Submission of Bids）、迟交的投标文件（Late Bids）、投标文件的修改和撤回（Modification and Withdrawal of Bids）、投标有效期（Period of Validity of Bids）等。

（5）开标。

开标（Bid Opening）规定了招标方开标的地点、时间、唱标内容以及具体的开标程序。

（6）评标。

评标（Examination Evaluation and Comparison of Bids）部分的内容通常包括初评（Preliminary Examination and Determination of Bids' Substantial Responsiveness）、投标文件的评价和比较（Evaluation and Comparison of Bids）、投标文件的澄清（Clarification of Bids）和联系（Contacting）方面的规定。

（7）合同授予。

合同授予（Award of Contract）部分就项目的合同授予标准（Award Criteria）、资格后审（Postqualification）、招标方授标时更改采购货物数量的权利（×××'s Right to Vary Quantities at time of Award）、招标方接受或拒绝任何或所有投标的权力（×××'s Right to Accept any Bid and to Reject Any or All Bids）、中标通知（Notification of Award）、合同签订（Signing of Contract）、履约保证金（Performance Bond）等进行了说明。

3. 合同条款

合同条款（Terms and Conditions of Contract）是招标文件中必不可少的一个组成部分。通常合同条款有：合同标的（Commodity, Specifications, Quantity & Price）、合同价格（Total Value）、原产地和制造商（Country of Origin and Manufacturers）、交货期（Time of Shipment）、装运港（Port of Shipment）、目的港（Port of Destination）、包装（Packing）、标记（Shipping Mark）、运输条件（Terms of Shipment）、装船通知（Shipping Advice）、保险（Insurance）、付款（Payment）、装船文件（Shipping Documents）、技术文件（Technical Documents）、质量保证（Guarantee of Quality）、检验（Inspection）、索赔（Claims）、延期交货及罚款（Late Delivery and Penalty）、不可抗力（Force Majeure）、税费（Taxes and Duties）、仲裁（Arbitration）、履约保证金（Performance Bond）、适用法律（Observance of Laws）、合同生效和其他（Effectiveness of the Contract and Miscellaneous）等。

招标文件中会明确给出项目双方将签订的中标合同的条款，也就是说，一旦投标方中标，中标方将按招标文件中给出的合同条款与招标方签订买卖合同。为此，投标方必须重视招标文件中给出的合同条款。投标方一旦投标，即表明愿意接受合同条款并保证能够按合同条款履行合同（No deviation whatsoever from the "TERMS AND CONDITIONS OF CONTRACT" of this Bid Document is permitted and acceptable. Deviations from the "TERMS AND CONDITIONS OF CONTRACT" of this Bid Document will result in rejection of the Bidder's bid）。

4. 项目需求一览表

招标文件中的项目需求一览表（Schedule of Requirements）列出了项目和需要采购的货物的具体信息，常常包括项目编号（Project No.）、分包编号（Package No.）、项目名称（Name of Project）、数量（Quantity）及其他一些说明。

5. 技术规格

技术规格（Technical Specification）作为招标文件的一个组成部分，是招标方对项目以及采购货物在技术上的详尽描述。这种描述因项目和货物不同而采用像技术说明、图纸等不同形式的详述。如前所述，多数情况下，这些技术文件由业主/采购方编制。

6. 附件

招标文件中给出的各种附件（Attachment）提供给了投标方递交的投标文件中必须采用的相应文件格式和内容要求。通常招标文件提供的附件会包括以下文件：

（1）投标书（Bid Form）；

（2）投标报价表（Bid Schedule of Price）；

（3）项目说明汇总表（Summary Sheet of Projects Descriptions）；

（4）投标保函（Letter of Guarantee Form for Bid Bond）；

（5）履约保函（Letter of Irrevocable Guarantee Form for Performance Bond）；

（6）资质证明文件（Qualification Documents）；

（7）付款收据样本（Specimen of Payment Receipt）；

（8）付款声明样本（Specimen of Payment Declaration）。

（二）编制招标文件注意事项

（1）明确文件编号、项目名称及性质。

（2）投标方资格要求。

（3）发售文件时间。

（4）提交投标文件方式、地点和截止时间。招标文件应明确投标文件的提交方式，能否邮寄，能否电传。投标文件应交到什么地方，在什么时间。

（三）招标文件的发售

当招标文件编制和资格预审完成后，招标方即可进行公布招标信息（或邀请投标方）和发售招标文件工作。

公布招标信息应该按照相关组织机构，如招标项目资金来源提供方的规定进行。例如世界银行贷款招标项目，对于所有估算合同金额为一千万美元或超过一千万美元的合同，其招标通告或资格预审通告须根据《世界银行采购指南》的规定，刊登在联合国《发展商业报》和/或国际广泛发行的著名技术杂志、报纸和贸易出版物上。

招标方须充分告知潜在投标方有关发售招标文件的时间、地点、购标价格和其他条件等信息，以便潜在投标方能够及时购买招标文件。

（四）招标文件的澄清

招标方对投标截止期14天前收到的对招标文件澄清要求须以书面形式予以答复，同时将书面答复寄送给每个购买招标文件的投标方，答复中包括所问问题，但不包括问题的来源。任何要求对招标文件进行澄清的投标方，均应按招标文件中的通信地址以书面形式如电传、传真等通知招标方。

（五）招标文件的修改

在投标截止期前的任何时候，无论出于何种原因，招标方可主动地或在解答投标方提出的澄清问题时对招标文件进行修改。招标文件的修改将以书面形式，包括传真和电传，通知所有购买招标文件的投标方，并对其具有约束力。投标方应立即以电传、传真形式确认已收到修改文件。

为使投标方编写投标文件时有充分时间对招标文件的修改部分进行研究，招标方可以自行决定，酌情延长投标截止日期。

三、资格审查材料

资格审查是招标方第一项重要任务，关系到选择什么样的投标方以及最终项目是否能够顺利实施。资格审查可以在发标之前进行（即邀请招标方式中的资格预审），也可以在发标后，甚至是在评标中进行。

在招标文件或资格预审公告中规定了合格投标方需要提交的资格证明文件。这些资格证明文件通常包括营业执照、法人代表授权书、制造厂家的授权书、银行出具的资信证明、产品鉴定证书、生产许可证、制造厂家资格声明、贸易公司（作为代理）的资格声明和其他。作为国际招投标项目的资格文件主要要求以下几种文件：

(1) 法人代表授权书（Letter of Authority From the Principal Officer）；

(2) 制造商或贸易公司资格文件声明（Letter of Statement Concerning Qualification）；

（3）制造厂家资格声明（Manufacturer's Qualification Statement）；

（4）贸易公司（作为代理）的资格声明［Trading Company's（as agent）Qualification Statement］；

（5）制造厂家的授权书（Letter of Authority From Manufacturer）；

（6）投标方证明（Certificate）；

（7）银行参考资料（Letter of Reference From Correspondent Bank）。

下面是一个国际招标项目项下的一套投标方的几个主要资质证明文件示范和例样。

表 5－4　制造商或投标公司（贸易公司）资质声明

［the department of the tenderee］
［name of the tenderee］

LETTER OF STATEMENT CONCERNING QUALIFACATION

Dear Sir or Madam,

In connection with your Invitation to Bid No. ___dated___ ［number of the bidding project & the date of issue］, the undersigned would like to participate in the bid for supply of ［name of the goods and/or servise］ which are specified in the Schedule of Requirements and submits the following documents and certifies that all statements are true and correct.

1. Letter of Authority issued by _____ ［manufacturer's name］ for supply of _____ ［name of the goods and/or servise］ to the effect that we are authorized to represent the said manufacturer and bid in one (1) original and four (4) copies.

2. Our and manufacturer's Qualification Statement, each in one (1) original and four (4) copies.

3. A Certificate in which the undersigned certifies that the statements made in the Qualification Documents are true and correct, together with a letter of reference from our bank _____ ［the bank's name］.

4. A letter of reference from _____ ［the bank's name］.

...（signed）	...（signed）
Headmaster	Manager
...（manufacturer's name）	Danish Vistas Company
...（address）	...（address）

表 5-5 制造厂家资格声明例样

MANUFACTURER's QUALIFICATION STATEMENT

1. GENERAL INFORMATION

1) Name of Manufacturer:
2) Address of Head Office:
3) Tel and Fax No.:
4) Date of Establishment and/or Registration:
5) Name of Principal Officer:
6) Name and Address of Manufacturer's Representatives in _____ [*name of the country*] (if any):
7) List of Shareholders:

Name	Proportion of Shares

8) Consortium to Which the Manufacturer Belongs:
9) Liaison Person for This Bid:

2. FINANCIAL DATA

1) Paid-up Capital:
2) Fixed Assets:
3) Corrent Assets:
4) Quick Assets:
5) Total Assets:
6) Long-term Liabilities:
7) Current Liabilities:
8) Total Liabilities:
9) Net Worth:
10) List of Bank Reference (Name, Address, Tel and Fax, Liaison Person):
11) Yearly Total Volume of Business for Last Three Years:

Year	Total Value of Business	Domestic	Export

12) Latest Balance Sheet:

3. PRODUCTION CAPACITY

1) Facilities and Other Information of the Manufacture of the Projects Proposed:

Name & Location of Factor	Packages being produced	Annual Production Capacity

续表

2) Component Parts for the Projects Proposed Which Shall Not Be Made by the Principal Manufacturer but Shall Be Secured form Other Manufacturers:

Name & Address	Package of Parts to be manufactured

3) Suppliers of Easily Worn-out Parts:

Name & Address	Names of Easily Worn-out Parts

4. EXPERIENCES

1) Brief Introduction of the Manufacturer in Production of the Projects Proposed:

2) Sales Records in Last Three Years:

3) List of Endusers Pertaining to Similar Projects Proposed in Last Three Years (Both in _____ [*name of the country*] and in other countries):

Name of Address	
Contract Date	
Name & Type of Projects	
Quantity Sold	
Contract Value	

4) Certificates Issued by the Endusers:

We hereby certify to the best of our knowledge that the foregoing statements are true and correct and all available information and data have been supplied herein and that we agree to show you documentary proof thereof upon your request.

(manufacturer's name, signature, Position, Tel No., Fax No. and date)

表 5-6 制造厂家的授权书

LETTER OF AUTHORITY FROM MANUFACTURER

Dear Sir or Madam,

We [*manufacturer's name*], a manufacturer duly organized under the laws of _____ [*name of the project's country*] and having its principal of business as _____

[*manufacturer's address*] hereby make, constitute and appoint _____ [*the trading company's name*], a company duly organized under the laws of _____ [*name of the project's country*] and having its principal place of business as _____ [*the trading company's address*], to be our true and legal attorney in fact to do the following sets and deeds:

To represent and bind us in _____ [*name of the project's country*] for Invitation of _____ [*name of the tenderee*] to Bid No. _____ [*number of the bidding project*] for supply of the projects proposed in the bid which we manufacture or produce.

续表

That, We hereby give and grant to the said _____ [*the trading company's name*] full power and authority to do and perform all and every act and thing whatsoever, requisite, necessary and proper to be done, as fully, to all intents and purposes as we might or could do, with full power of substitution and revocation, hereby ratifying and confirming all that _____ [*the trading company's name*] or its duly authorized representatives shall lawfully do or cause to be done by virtue hereof.

In testimony whereof we have hereto signed this document on _____ [*date*].

ACCEPTED ON _____ [*date*]

…（signed）
Headmaster
…（manufacturer's name）

表5–7 投标公司（贸易公司）资格文件声明

CERTIFICATE

The undersigned hereby certifies that the statements made in the Qualification Documents and in the required forms are true and correct.

The undersigned hereby authorizes and requests any bank to furnish any pertinent information requested by _____ [*name of the tenderee*], which he deemed necessary to verify this statement or regarding our competence and general reputation. In support of this application, attached is a letter of reference from _____ [*bank's name*].

The undersigned understands agrees that further information concerning qualification may be requested and agrees to furnish any such information at the request of _____ [*name of the tenderee*].

…（Manager）（signed）
…（trading company's name）
…（trading company's address）

无论是资格预审还是资格后审，投标方必须严格按照招标文件中的资格文件格式和内容递交相关资质证明文件；招标方须认真审核投标方提供的资质证明文件，以确定合格的投标方。

案例分析训练

学习本节内容以及本节提供的资格文件例样、示范。

训练任务：

请为招标方编制一份2019年的招标文件中的投标邀请书，以及厂家授权书（Letter of Authority From Manufacturer）和贸易公司（作为代理）的资格声明[Trading Company's (as agent) Qualification Statement]资格文件内容要求。

第三节　投标

一、投标工作

对于招标方公告的招标项目有兴趣，且符合招标资格要求的物资和服务的供应方均可作为该项目的潜在投标方参加项目的竞标。潜在投标方（供应方）一旦确定参加投标，就需要购买招标文件、制订项目经营方案、制作投标文件、开立投标保函，最终以按时提供合格的投标文件为标准完成投标阶段的工作。

（一）前期工作

潜在投标方需要对所投项目前期调查，包括物资或工程内容、工期、资金到位情况等，对照调查了解情况结合自身实际，看是否适合投标。

（二）报名阶段

潜在投标方对照招标公告，认真准备报名资料，及时前往指定地点向招标方报名，购买招标文件。报名时，招标方常常需要查验身份证明文件，如营业执照副本、单位介绍信等，因此，潜在投标方须携带相关文件以及现金或支票等前往，办理必要的手续。

有些时候，招标方会将一个项目拆分成几个包，则一个招标项目也就会对应地分为若干个招标文件。为此，潜在投标方须向招标方明确其竞标内容，并购买相应的分包招标文件；如果是资格预审，潜在投标方需要带全所要证书证件（注意是否需要复印件）和相关材料；如果资格候审，则要按资格候审的要求办理；潜在投标方要注意投标保证金和工本费的缴纳要求。

（三）投标准备

报名完成取得招标文件后，潜在投标方需要对招标文件认真研究、熟悉招标文件内容及相关要求，要注意招标文件时间安排并按要求办理，工程类项目如果有踏勘现场、答疑等事项，要按相关要求参与办理；按要求制定标书，一定要注意标书内容齐全，签字盖章不能遗漏，如果工程类技术标书是暗标，则要对照相关要求编制，封面、字体、内容都有严格要求；按规定开立投标保证金保函。潜在投标方须注意业绩要求和投标承诺。

（四）投标

潜在投标方在投标截止日期前将完整的投标文件送达到招标文件规定的地点交给招标方，并登记注册。相关人员要按时间要求签到，相关证件要齐全，遵守现场纪律，按要求唱标，听候安排，认真记录开标情况，做到知己知彼，等候投标结果。

投标方在递交投标文件后，潜在投标方可以修改或撤回其投标文件，但必须在规定的投标截止期之前书面通知招标方。投标方的修改或撤回通知书应按规定编制、密封、标记和发送，并应在内层封套上加注"修改"或"撤回"字样；在投标截止之后，投标方不得对其投标文件做任何修改；在投标截止期至投标有效期期满之间的这段时间，投标方不得撤回其投标，否则其投标保证金将被没收。

（五）投标总结

每次投标完成，无论是否中标，投标方都要总结一下，看是否有失误、是否有好的做法以备以后投标参考，如果中标，则要按招标文件要求办理中标通知书、签订合同、组织施工或供货。如未不中标，则按要求退投标保证金。

如果在项目招标当地没有营业地点，潜在投标方应由或将由（如果中标）一家在招标当地营业的机构代理投标项目有关事宜，该代理机构应有装备，并有能力履行合同条款中和/或技术规格中规定的供应方所承担的维修、保养、修理和备件储存的义务。

二、投标文件的编制

拿到招标文件后，潜在投标方须认真阅读招标文件中所有的内容，包括产品和服务需求、商务和技术要求等。在此基础上，制订项目经营方案、进行成本预算、制作投标文件。投标文件的制作是一个极其重要、相当复杂的工作，需要投标方上上下下、全方位地投入精力才能保证投标文件的正确性和完整性。在许多开展投标业务的企业中常常设有专业人员负责组织整体标书制作，包括具体负责招标文件的审阅、列举目录、制作资料和收集工作，标书资质文件的准备工作，平面制作等。

（一）投标文件内容的制作

潜在投标方应认真阅读招标文件中所有的事项、格式、条款和规范等要求。如果投标方未按照招标文件要求提交全部资料或者投标文件没有对招标文件在各方面都作出实质性响应，是投标方的风险。没有实质上响应招标文件要求的投标将被拒绝。因此，投标文件必须按照招标文件要求作出实质性的响应，给出完整的答案。

因为招标文件包括商务和技术两部分内容，因此，投标文件加上开标时需要的文件，通常由商务投标文件、技术投标文件、投标保函和开标报价单四部分组成。

1. 商务投标文件

投标文件的商务部分是投标方投标重要的部分，是竞标中主要的考虑内容之一。投标方须保证商务部分的投标文件之事项、格式、条款等均符合招标文件的要求，无遗漏地完成招标文件所需的文件。通常情况下，投标文件的商务部分包括以下内容：

（1）投标书（Bid Form）（见表5-8）。投标书是投标方对招标文件中投标邀请书的响应。由投标方法人代表签署的投标书声明投标方参与竞标的愿望，以及表明竞标的项目和服务、报价、投标文件内容和履行承诺的保证。

表 5 – 8 投标书

BID FORM

TO: _____ [*the department of the tenderee*]
_____ [*name of the tenderee*]

Gentlemen,

In compliance with your Invitation to Bid No. _____ [*number of the bidding project*] for supply and delivery of _____ [*name of the projects*] _____ [*item No.*], the undersigned representative _____ [*representative's name*] (manager) duly authorized to act in name and for the account of the Bidder _____ [*name of the trading company*], _____ [*the trading company's address*] hereby submits the followings in one original and four copies.

1) Bid form (as per attached);
2) Bid schedule of price (as per attachment 2);
3) Summary sheet of projects' description (as per attachment 3);
4) Documents evidencing the bidder's eligibility (as per attachment 6);
5) Documents evidencing the projects' eligibility (as per attachment 6);
6) Qualification documents (as per attachment 6);
7) Bid bond in amount of _____ [*amount of money*] issued by _____ [*bank's name*] (as per attachment 4);
8) Itemized price bill for bid opening (as per attachment __8__ and submitted separately from the sealed bids).

By this letter, the undersigned representative hereby declares and agrees:

A. That the total bid price on _____ [a *trade term*] basis for the supply and delivery of _____ [*name of the projects*] specified in the Technical Specifications issued by _____ [*name of the tenderee*] under this bid is _____ [*amount of money*].

B. That the Bidder will take full responsibility and obligation for accomplishment of the Contract in accordance with the Bidding Documents.

C. That in lieu of the manufacturer's certificate, a photostat or certified, true copy of the Sales Agreement between the manufacturer and the supplier is furnished in the bid, showing clearly that the manufacturer's warranty is passed to the supplier through the Sales Agent.

D. That the Bidder has examined in detail the Bid including clarification letter or amendments (if any) and all information furnished for reference as well as the relevant attachments, and he is perfectly aware that he must renounce all rights of invoking ambiguities or misunderstanding to this respect.

E. That his bid is valid for a period of _____ [*number*] calendar days from the date of the bid opening. However, if the Contract is awarded to him, his bid shall remain in full force and effect after the said period until the Contract comes into force.

F. That in the event the bid is withdrawn after the time and date set for bid opening, within the period of validity, his Bid Bond shall be forfeited to _____ [*name of the tenderee*].

G. That he agrees to furnish any other data or information pertinent to his bid that might be requested by _____ [*name of the tenderee*].

  H. That all official correspondence pertinent to this bid shall be addressed to:
 … (Signed)
  … (trading company's name)
  … (trading company's address)
 Tel: …, Email: …

（2）投标报价表（Bid Schedule of Price）（见表5-9）。投标文件一般都要求分类报价，其目的是便于业主/采购方和招标方评标。为此，投标报价表给出项目项下每种货物和服务的价格分析表，即货物和服务的报价构成。投标报价表中标明的价格在合同执行过程中是固定不变的，不得以任何理由予以变更。以可调整的价格提交的投标将作为非响应性投标而予以拒绝。另外，任何有选择的报价也将不予接受，因此，投标文件中每个单项只允许有一个报价。有关报价的确定将在下一个问题中介绍。

表5-9 投标报价表

BID SCHEDULE OF PRICE

Name of Bidder：

Package No./Name of Projects：…

Quantity：…

Remarks：The Bidder agrees to transport the projects to any destination specified by the buyer in any way of transportation. The Bidder will bear all the expenditure in _____ [Currency name].

	Terms of Price	Unit	Total
1	* Ex-works		
2	* Freight from Works to Site		
3	* FOB (adding sea port name)		
4	* * Ocean Freight		
5	Insurance Cost		
6	* * CIF LT (port as per projects descriptions respectively)		
7	* * * Special Tools for Assembly & Disassembly		
8	* * * Spare Parts for Two Years' Operation		
9	* * * Technical Service, Inspection and/or Training		
10	Total Price 6+7+8+9 (Foreign Bidder) 1+7+9 (Chinese Bidder)		
11	Delivery Time	……	

Signature of Bidder：　　　　　　　　　（Signed）

Note：

1. All prices to be filled in the above Bid Schedule of Price shall be in currency of _____ [Currency name].

2. Columns marked with "*" sign shall be filled in by domestic Bidders. Columns marked with "* *" sign shall be filled in by foreign Bidders. Columns marked with "* * *" sign shall be filled in either with CIF price by foreign Bidders or with Ex-works price by domestic Bidders.

3. For those complicated projects such as complete set of equipment or complex systems, a detailed broken-down price list for equipment, tools, spare parts, technical service, training, etc. must be attached to this Bid Schedule of Price. 4. For optional projects, an additional column should be inserted in the Bid Schedule of Price for _____ [name of the tenderee] reference, but the price of optional goods should not added up in the Total Price showed in Column 10. A detailed broken-down price list for optional projects should also be attached.

(3) 项目和服务说明汇总表（Summary Sheet of Projects & Services Descriptions）（见表 5-10）。这是一份投标方竞标项目和服务的情况汇总表，通常包括分包编号、项目和服务名称、型号/制造商、主要说明等内容。

表 5-10　项目和服务说明汇总表

SUMMARY SHEET OF PROJECTS & SERVICES DESCRIPTION			
NAME OF BIDDER：			
Package No.	Name of Projects & Services	Type/Manufacturer	Main Specification
…	…	…	…
…	…	…	…

Signature of Bidder：　　　　　（Signed）

(4) 资质证明文件（Qualification Documents）。投标方须按照招标方的要求出具资格证明文件，以证明投标方是合格的，中标后有能力履行合同。资质证明文件前面已有介绍，主要包括但不限于公司近些年的资产、财务状况、税务缴纳、签订的商务项目合同、完成的项目客户评定等。招标方将凭借投标方提供的这些资质证明文件进行资格审查来判定确定投标方是否是合格的竞标者。

2. 技术投标文件

投标文件的技术部分是对项目和产品或服务的内在和外在从技术规格、标准、等级，从物理和化学性能等多方面进行的描述和说明。通常这部分由投标方组织技术人员完成。需要注意的是技术部分也要满足招标文件的要求，作出实质性的响应，以证明投标方提供的项目和服务是合格的，项目和服务且符合招标文件规定。若因条件限制不能完全满足招标文件要求的，须在投标文件中明示，作出相应的说明。

3. 投标保函

为了保护招标方免遭因投标方的行为而蒙受的损失，招标方在因投标方的行为受到损害时没收投标方的投标保函金额。因此，投标方投标时还必须同时提供给招标方相关银行开立的针对投标项目的投标保证金，投标保函是招投标项目中普遍采用的一种投标保证金。

开立投标保函的银行必须是招标文件中所认可的银行。投标方应以一笔不少于招标文件规定的金额（通常为投标总金额的3%），并且按照招标文件所规定的投标保函格式和条款开立投标保函。

投标方应向相关银行完整地填写招标文件中的投标保函格式和投标报价表，说明所提供的项目和服务、来源、数量及价格，按时使保证金到位，以保证及时开立出投标保函。表 5-11 给出一份投标保函示范。

表 5-11 投标保函

中国银行 BANK OF CHINA　　　ORIGINAL

SWIFT:
CABLE:　　　　　　　　　　　　　　　　　　　　　　　　　PLACE:
TELEX:　　　　　　　　　　　　　　　　　　　　　　　　　DATE:

　　　　　　　　　　　　　　　　　　　　　　　City , date

TO: [name of the tenderee & city]
RE: OUR IRREVOCABLE LETTER OF GUARANTEE NO. ＿＿＿＿

THIS BOND IS HEREBY ISSUED TO SERVE AS A BID BOND OF ＿＿＿＿ [name of the trading company] (HEREINAFTER CALLED THE "BIDDER") FOR BID NO. ＿＿＿＿ [number of the bidding project] PACKAGE NO. ＿＿＿＿ [item No.] FOR SUPPLY OF JPROJECTS TO ＿＿＿＿ [name of the tenderee & city and country].

THE BANK OF CHINA, HEAD OFFICE, BEIJING (HERE INAFTER CALLED THE BANK) HEREBY UNCONDITIONALLY AND IRREVOCABLY GUARANTEES AND BINDS ITSELF, ITS SUCCESSORS AND ASSIGNS TO PAY YOU, IMMEDIATELY WITHOUT RECOURSE, THE SUM OF ＿＿＿＿ [amount of money] (SAY ＿＿＿＿ [amount in words] ONLY) REPRESENTING THREE PERCENT (3%) OF THE BID VALUE UPON RECEIPT OF YOUR WRITTEN NOTIFICATION STATING ANY OF THE FOLLOWING EFFECTS:

A. The bidder has withdrawn his bid after submission of the bid and before the expiration of its validity period. or

B. The bidder has failed to enter into contract with you after notification of contract awards. or

C. The bidder as successful bidder has failed to establish acceptable performance bond (s) within fourteen (14) calendar days after the effective date of the contract.

It is fully understood that this guarantee takes effect from issuing date and shall remain valid for a period of ＿＿＿＿ [number] days after the opening date of the bid and during the period of any extension thereof that may be agreed upon between you and the bidder with notice to us, unless sooner terminated and or released by you.

Notwithstanding anything to the contrary, if the bidder is awarded the contract, this guarantee shall remain in full force and effect after expiration of the above-mentioned period until the bidder shall have entered into contract with you and furnished the necessary performance bond.

　　　　　　　　　　　　　　　　　　　　　　　　　　　Yours faithfully,

　　　　　　　　　　　　　　　　　　　　　　　　　For BANK OF CHINA
　　　　　　　　　　　　　　　　　　　　　　　　　　(Signatures)
This document consists of ＿＿＿ signed page (s)　　Authorized Signatures

4. 开标报价单

开标报价单是投标方为招标方开标时所提供的用于唱标使用的文件。因此,开标报价单具有内容明确、结构简洁、重点突出的特点。表 5-12 为开标报价单示范。

表5-12 开标报价单

ITEMIZED PRICE BILL FOR BID OPENING

Project: _____ [name of the bidding project]
Bidder: …
Item: …

(1) For foreign bidder:
　　Total Price: _____
(2) For domestic bidder:
　　Total Price: Ex – works _____

The above Total Price is consistent with that shown in Column 10 of our Bid Schedule of Price.

Name of projects: …

Signature/Official Seal: 　　　　　(Signed)

上述的投标文件内容被要求能够严格响应招标文件要求，科学、合理、符合投标方条件、满足经济利益而且具有一定的市场竞争能力。

（二）标书制作和包装

所有的资料收集准备好以后，需要按照一定的格式，编辑成册，全文序号要统一、字体要统一、行间距、格式等都要统一；要编制目录、插入页码、顺序按照招标文件排序，如果有一些文件还涉及最后的综合打分，可以按照打分的表格排序，便于打分时直接按照顺序打分。按照招标文件要求，其他有必要提供的相关文件放在投标文件最后。

应按照投标须知的要求，准备一份投标文件正本和规定数目的副本，每套投标文件须清楚地标明"正本"或"副本"，且确保投标文件的正本与副本内容完全一致。投标方须承担由于正副本不一致而导致废标的风险。投标文件的正本和所有的副本均需打印或用不褪色墨水书写并由投标方或经正式授权并对投标方有约束力的代表签字。授权代表须将以书面形式出具的"授权证书"附在投标文件中。除未修改过的印刷文献外，投标文件的每一页都应由投标方或其授权代表用姓或首字母签字。

除投标方对错处做必要修改外，投标文件不得行间插字、涂改和增删，如有修改错漏处，必须由投标方或其授权代表签字和盖章。

投标文件的内容撰写完成后还需要进行文件的装订、包装工作。装订是一个简单但需要足够认真的工作，要避免漏装、错装。

投标方应将投标文件正本和所有的副本用单独的信封密封，且在信封上标明"正本"或"副本"字样，这些信封再封装在一个外信封中。内层封套应写明投标方名称和地址，以便如果投标文件被宣布为"迟到"投标时能原封退回。外层封套应注明招标项目编号等项目标志,以及注明"hh:mm 时间和日期之前不得启封"的字样。如果外层封套未按要求密封和加写标记,招标方对误投或过早启封概不负责。对由此造成提前开封的投标文件,招标方将予以拒绝,并退回投标方。

投标方要特别注意招标文件中有关密封和标记的相关规定,对投标文件外层封套的内容要求要特别注意,严格按照规定制作。违反规定的封套内容将会导致整个投标的失败。例如,曾经就多次出现过未按招标文件要求擅自将投标方名称书写到投标文件封套上,投标方在递交投标文件时当即被招标方宣布废标的事件。

三、投标价格的确定

根据前面所学,商务项目的主要交易条件有:质量、数量、价格、包装、交货、保险、付款等,其中,价格是最敏感、评标阶段最重要的评价指标,因此,投标价格的确定十分重要。投标方需根据项目预算、市场价格水平,结合企业的经营意图等多方面因素综合考虑,确定合理的投标价格。下面以国际招投标项目为例介绍投标报价和核价的相关知识。

(一) 投标报价的确定

投标企业的项目成本以及其他经营成本是计算投标报价的基础。投标报价时一般按三个步骤进行。

1. 明确项目价格构成

项目价格的构成大致包括采购成本、退税收入、出口关检费用、内陆运费、证明书费、银行费用和利息、核销费、海运费和港杂费、保险费、佣金、折扣、公司综合费用、其他杂费、利润等。

2. 确定项目成本、税费和利润

(1) 成本(Cost)。成本是整个项目价格的核心,是供应企业为供应物资进行生产、加工或采购所产生的成本(一般情况下为"含税成本"或"采购成本")。

$$采购成本 = 采购货物单价 \times 购货数量 \qquad (5-1)$$

有些公司还会考虑退税方面的收入,即购货的最终成本是上述采购成本减去退税收入后的值。因此,实际采购成本 = 含税成本(即式(5-1)中的采购成本) - 退税收入

$$退税收入 = \frac{含税成本 \times 出口退税率}{1 + 增值税税率} \qquad (5-2)$$

$$实际采购成本 = 含税成本 \times (1 - \frac{出口退税率}{1 + 增值税税率}) \qquad (5-3)$$

(2) 税费(Tariff & Expenses)。物资出口过程中除生产或采购成本外的一切花费,有国内和国外税费两部分。主要包括出口包装费、仓储费、认证费、港杂费、运费、商检费、出口税和进口税、关检费、银行费用和利息、保险费、佣金和折扣、公司综合费用等。

其中，

运费计算：

班轮运费 = 基本运费 + 附加运费 = 基本运费率 × 运费吨 ×（1 + 各种附加费率）

(5-4)

$$集装箱运费 = 包箱费率 × 集装箱数量 \qquad (5-5)$$

（注意：通常 20 尺柜载重量为 17.5 公吨，容积为 25 立方米；40 尺柜载重量为 2.5 公吨，容积为 55 立方米。）

保险费计算：

$$保险费 = 保险金额 × 保险费率 \qquad (5-6)$$

$$保险金额 = CIF（CPT）货价 ×（1 + 保险加成率） \qquad (5-7)$$

佣金计算：

$$佣金 = 项目价格 × 佣金率 \qquad (5-8)$$

$$项目价格 = \frac{净价}{1 - 佣金率} \qquad (5-9)$$

（3）预期利润（Expected Profit）。项目企业希望通过项目所获取的应有利润。企业的预期利润一般以利润率来确定，因此：

$$项目利润率 = \frac{项目利润(本币)}{项目总成本(本币)} \qquad (5-10)$$

其中，项目的总成本是采购成本和项目所有税费之和。

$$项目预期利润 = 项目利润率 × 项目总成本 \qquad (5-11)$$

3. 确定项目的报价

商务项目的价格主要是由成本、税费、利润三部分构成，因此，将项目的成本、费用、税金、利润合理汇总，就可以确定其报价。下面是 FOB、CFR、CIF 三种价格的报价计算：

$$FOB 报价 =（实际采购成本 + 各项国内税费之和）× \frac{1 + 预期利润率}{1 - 佣金率} \qquad (5-12)$$

$$CFR 报价 =（实际采购成本 + 各项国内税费之和 + 海运费）× \frac{1 + 预期利润率}{1 - 佣金率}$$

(5-13)

$$CIF 报价 =（实际采购成本 + 各项国内税费之和 + 海运费）×$$
$$\frac{1 + 预期利润率}{1 - 佣金率 -（1 + 投保加成率）× 保险费率} \qquad (5-14)$$

4. 项目投标方的核价

商务项目报价由实际购货成本加上各种费用、税金和预期利润组成，项目谈判中还价核算一般采用倒算方法，即从销售收入中减去相应内容，以分析还价后价格中采购成本、税费、利润等要素可能发生的改变。通过下面的公式，可以根据对方的还价，计算出利润、实际成本或采购成本、总税费或某项费用的变化情况，从而决定是否接受对方的还价。

$$项目利润 = 销售收入 - 税费 - 实际采购成本 \quad (5-15)$$

$$实际采购成本 = 销售收入 - 税费 - 利润 \quad (5-16)$$

$$某项费用 = 销售收入 - 实际购货成本 - 利润 - 其他税费 \quad (5-17)$$

5. 贸易术语、计价货币的选择和价格的换算

在商务项目业务实操中，常常需要在不同的贸易术语和计价货币之间进行价格换算。根据前面的介绍，因选用不同的贸易术语和/或不同的计价货币，同个项目的价格是不同的，因此，需要掌握贸易术语和计价货币变化时价格的换算。

（1）贸易术语对项目价格的影响。

不同的贸易术语所规定的项目双方的义务不同。以 FOB、CFR 和 CIF 为例，根据《国际贸易术语解释通则©2010》的解释有下面几种关系：

$$FOB 价格 = CFR 价格 - 海运费 = CIF 价格 \times (1 - 保险费率) - 海运 \quad (5-18)$$

$$CFR 价格 = FOB 价格 + 海运费 = CIF 价格 \times (1 - 保险费率) \quad (5-19)$$

$$CIF 报价 = \frac{FOB 价格 + 海运费}{1 - 保险费率} = \frac{CFR 价格}{1 - 保险费率} \quad (5-20)$$

（2）计价货币变化对项目价格的影响。

计价货币的变化有三种可能：本币变化成外币、外币变化成本币、外币变化成另一种外币。当项目出现计价货币需要变化时，项目价格的重新计算必须本着等于或大于原有预期利润的原则来计算。又因为，银行换汇存在三种（买入价、卖出价、中间价）或三种以上的换汇价格，则计价货币变化对项目价格的影响的计算略显不那么简单。

1）本币变外币。

供应项目原报价为本币，现需要改报为某种外币，则报出外币的计算公式为

$$供应项目外币价格 = \frac{原本币价格}{银行买入价} \quad (5-21)$$

而针对采购项目，本币改外币的计算公式为

$$采购项目外币价格 = \frac{原本币价格}{银行卖出价} \quad (5-22)$$

之所以这样，是因为对供应项目而言，当项目收汇后要换成本币时，银行是按买入价进行结汇的；而对采购项目，当项目需要购汇付款时，银行是按卖出价卖出外汇给项目的。

例如，原供应报价 RMB 2000 Per M/T London 改报美元价。已知人民币对美元的外汇牌价为 USD 100 = RMB 680.17/683.05，其计算方法为：$2000 \times 100 \div 680.17 = 294.04$（USD），所以改报美元的价格为：USD294.04 Per M/T London。

2)外币变本币。

供应项目原报价为外币,现需要改报为本币,则报出本币的计算公式应该为

$$供应项目本币价格 = 原外币价格 \times 银行卖出价 \qquad (5-23)$$

而针对采购项目,外币改本币的计算公式为

$$采购项目本币价格 = 原外币价格 \times 银行买入价 \qquad (5-24)$$

对供应项目/采购项目而言,为了保证原有预算利润不变,从外币改为本币时,只有当银行按照卖出价/买入价结算时,供应项目/采购项目才能达到预期目标。

例如,供应项目原英镑价£15 Per dozen CIF London,要求改报人民币价(£100 = RMB 872.45/878.87)。则,15×878.87÷100 = 131.83(RMB),所以改报本币的价格为 RMB131.83 Per M/T London。

3)外币 A 变外币 B。

为平衡变化,一般不同外币之间的变化所采用的计算公式为

$$外币 B = 外币 A \times 汇率 \qquad (5-25)$$

其中,

$$汇率 = \frac{外币 A 的买入价(或卖出价)}{外币 B 的买入价(或卖出价)} \qquad (5-26)$$

例如,原英镑价£300 Per box CIF London,要求改报美元价(USD 100 = RMB 680.17/683.05,£100 = RMB 872.45/878.87)。则 300×878.87÷683.05 = 386.01(USD),所以改报美元的价格为 USD 386.01 Per box CIF London。

四、投标注意事项

(一)投标文件的资料准备

招标文件中有规定需要投标准备的资料,特别是一些需要的外部资料,即需要到外部机构协助出具的资料,例如单位或者法人无行贿证明,此证明有效期一般为两个月,则每次投标需要在网上或者到现场再重新申请,所以涉及这类资料要尽快申请,避免耽误投标。

一些招标文件会给出一些资料的模板格式,如授权委托书、报价文件、法人身份证明等。这些文件资料可以直接按照格式填写,然后签字盖章。而有一些文件是没有模板格式的,如供货方案,需要根据招标文件的主要业务需求,拟订供货方案,供货方案中的内容要满足全部的需求。

(二)投标书的写作

投标书的写作要求实事求是、具体清晰、准确准时。

(三)投标文件的送达

投标方必须按照招标文件规定的地点,在规定的时间内送达投标文件。投递投标书的

方式最好是直接送达或委托代理人送达,以便获得招标机构已收到投标书的回执。

在招标文件中通常包含递交投标书的时间和地点,投标方不能将投标文件送交招标文件规定地点以外的地方,如果投标方因为递交投标书的地点发生错误,而延误投标时间的,将被视为无效标而被拒收。如果以邮寄方式送达的,投标方必须留出邮寄时间,保证投标文件能够在截止日期之前送达招标方指定的地点。而不是以"邮戳为准"。

(四)废标

属以下情形者做废标处理:

(1)投标文件送达时间已超过规定投标截止时间;

(2)投标文件未按要求装订、密封;

(3)未加盖投标方公章及法人代表、授权代表的印章,未提供法人代表授权书;

(4)未提交投标保证金或金额不足,投标保证金形式不符合招标文件要求及保证金、汇出行与投标方开户行不一致的;

(5)投标有效期不足的;

(6)资格证明文件不全的;

(7)超出经营范围投标的;

(8)投标货物不是投标方自己生产的且未提供制造厂家的授权和证明文件的;

(9)采用联合投标时,未提供联合各方的责任的义务证明文件的;

(10)不满足技术规格中主要参数和超出偏差范围的发布招标公告的等。

(五)分析计算单价和总价

1. 确定投标报价策略

投标策略是指投标方在投标竞争中的系统工作部署,是参与投标竞争的方式和手段。投标策略作为投标取胜的方法和艺术,贯穿于竞标始终,内容十分丰富。常用的投标策略有不平衡报价法、多方案报价法、突然降价法、无利润竞标法等。

2. 报价分析、最终报价

现行的招投标多采取复合标底的形式确定中标价,报价的确定包括对业主/采购方标底价的分析、对其他投标方的报价分析和对保本红线价的分析。对业主/采购方标底价的分析主要是充分了解业主/采购方的习惯做法,因为同一业主/采购方对招标工作均有其习惯做法,特别是其评标、定标的方法一般大同小异,因此投标方通过分析业主/采购方的习惯做法确定该项目业主/采购方采取可能的下浮率作为标底价;对其他投标方的标价分析主要根据以往的投标记录/通过收集有关资料,分析各投标方的标价变化范围,确定其最可能出现的报价;最后,投标方要根据自己企业的实际管理水平、市场的实际价格确定项目的保本价,投标报出的价格不得低于红线保本价。投标方通过上述分析后,将业主/采购方可能的标底价、其他投标方可能的报价和自己的报价结合业主/采购方的评标办法，确定本企业的最终报价。

3. 面对对方还价应采取的对策

在商务项目中，面对对方的还价，一般可采取以下几种对策：

（1）不做让步，努力说服对方接受原有报价。

（2）通过减少本企业原定利润来满足对方的降价要求。

（3）通过寻找新的供应方和相关合作伙伴或通过谈判，降低本企业采购成本和与本项目相关的费用支出，最终实现对方降价的要求。

4. 工程项目报价分析

首先，定额的选用要慎重。工程报价定额分析选用的正确与否是影响到报价高低、投标成败的关键因素之一，应十分慎重。投标方应按照招标文件的有关资料，特别是技术规范来选用定额，同时还要考虑当时的实际情况，如工程情况、自然气候条件、工人素质、机械水平、工程技术规程、工程监理情况以及其他因素。熟练掌握定额各章节的工作要求及换算方法，对定额的缺项部分，可借用类似项目或用相近项目换算，对无类似项目的可编制补充定额。

在进行单价分析时，根据工程实际和市场调查结果，确定人工、材料、设备和机械台班的基本单价，套用相应定额得出工程基本直接费，摊入取费乘以费率得出其他直接费和现场经费，相加得出直接工程费，直接工程费参与取费，将现场经费、间接费、利润及税金等摊入，合计以上便得出此项工程的单价。填入工程量清单表，乘以工程量得出总价。

案例分析训练

学习本节内容以及本节表 5-8 至表 5-12 所提供的信息。

训练任务：

请为投标方（Beijing Hongyan Trading Co., Ltd.）编制一份与上一节（第二节）"二"训练任务中编制的招标文件所对应的投标文件中的投标书、投标报价表（Bid Schedule of Price）和资质证明（Qualification Documents）文件。

第四节　评标

评标过程是国际招投标业务中最重要、最具技术性的环节，它的结果影响到所有当事人在该项目中的成败，因此，本环节得到了相关当事人的足够重视。

一、开标

(一) 公开开标

招标方将在投标须知中规定的时间和地点组织公开开标。

1. 开标须公开进行

所谓公开进行，就是开标活动都应当向所有提交投标文件的投标方公开，让投标方的投标为各投标方及有关方面所共知。一般情况下，开标由招标方主持。主持人按照规定的程序负责开标的全过程。其他开标工作人员办理开标作业及制作记录等事项。邀请所有的投标方或其代表出席开标，可以使投标方得以了解开标是否依法进行，有助于使他们相信招标方不会任意做出不适当的决定；同时，也可以使投标方了解其他投标方的投标情况，做到知己知彼，大体衡量一下自己中标的可能性，这对招标方的中标决定也将起到一定的监督作用。除招标文件特别规定或相关法律法规有规定外，投标方不参加开标会议不影响其投标文件的有效性。此外，为了保证开标的公正性，一般还邀请相关单位的代表参加，如招标项目主管部门的人员、监察部门代表等。有些招标项目，招标方还可以委托公证部门的公证人员对整个开标过程依法进行公证。

2. 开标时间

开标时间应当在提供给每个投标方的招标文件中事先确定，以使每个投标方都能事先知道开标的准确时间，以便届时参加，确保开标过程的公开、透明。

开标时间应与提交投标文件的截止时间相一致。将开标时间规定为提交投标文件截止时间的同一时间，目的是防止招标方或者投标方利用提交投标文件的截止时间以后与开标时间之前的一段时间间隔做手脚，进行"暗箱操作"。关于开标的具体时间，实践中可能会有两种情况，如果开标地点与接受投标文件的地点相一致，则开标时间与提交投标文件的截止时间应一致；如果开标地点与提交投标文件的地点不一致，则开标时间与提交投标文件的截止时间应有一个合理的间隔。《世界银行采购指南》规定，开标时间应该和招标通告中规定的截标时间相一致或随后马上宣布。其中"马上"的含义可理解为需留出合理的时间把投标文件运到公开开标的地点。

3. 开标地点

为了使所有投标方都能事先知道开标地点，并能够按时到达，开标地点应当在招标文件中事先确定，以便使每个投标方都能事先为参加开标活动做好充分的准备。

(二) 开标程序

1. 投标方提交投标文件、出席开标会

（1）招标方签收投标方递交的投标文件。《中华人民共和国招标投标法》第 28 条规定，投标方应当在招标文件要求提交投标文件的截止时间前，将投标文件送达投标地点。

交接投标文件时，招标方和投标方的代表共同（或公证机关）检查各投标文件密封情况。密封不符合招标文件要求的投标文件应当场废标，不得进入评标。密封不符合招标文件要求的，招标方应当通知招标办监管人员到场见证。招标方接收投标文件后，应当签收保存，不得开启。

在开标当日且在开标地点递交的投标文件的签收应当填写《投标文件报送签收一览表》，招标方专人负责接收投标方递交的投标文件。提前递交的投标文件也应当办理签收手续，由招标方携带至开标现场。

（2）投标方可委派代表参加开标会。投标方授权出席开标会的代表本人填写开标会签到表，招标方专人负责核对签到人身份，应与签到的内容一致。

2. 唱标

（1）经确认无误的投标文件，由工作人员当众拆封。投标方代表或者公证机构对投标文件的密封情况进行检查，确认密封情况良好后，则由现场的工作人员在所有在场人的监督之下进行当众拆封。

（2）宣读投标方名称、投标价格和投标文件的其他主要内容。即拆封后，现场工作人员须高声唱读投标方的名称、每个分包的投标价格以及投标文件中的其他主要内容。其他主要内容，主要是指投标报价有无折扣或者价格修改（只有在开标时唱出的折扣评标时才能考虑）等。如果要求或者允许报替代方案，还应包括替代方案投标的总金额。比如，建设工程项目，其他主要内容应包括工期、质量、投标保证金等。这样做的目的在于，使全体投标方了解各家投标方的报价和自己在其中的顺序，了解其他投标的基本情况，以充分体现公开开标的透明度。

招标方和业主/采购方将做开标记录，开标记录包括规定在开标时宣读的全部内容。

（3）开标后招标方应立即将投标文件正本与副本核对、校正，然后将正本与唱标录音封存。评标时使用副本。招标方必须保证投标文件正本的原始性。启封调阅正本投标文件时，应有招标方、业主或采购方和评委会成员代表在场。

（三）开标注意事项

（1）招标方不能遗漏在招标文件要求提交投标文件的截止时间前收到的所有投标文件，并在开标时都应当当众予以拆封，否则就构成对投标方的不公正对待。如果是招标文件要求的提交投标文件的截止时间以后收到的投标文件，则应不予开启，原封不动地退回。

（2）唱标内容应完整、明确。只有唱出的价格优惠才是合法、有效的。唱标人员不得将投标内容遗漏不唱。

（3）开标过程应当记录，并存档备查。对开标过程进行记录、存档备查，是国际上的通行做法，《联合国采购示范法》《世界银行采购指南》《亚洲开发银行采购准则》以及瑞士和美国的有关法律都对此作了规定，是保证开标过程透明和公正，维护投标方利益的必要措施，还有助于有关行政主管部门进行检查。对开标过程进行记录，要求对开标过程中的重要事项进行记载，包括开标时间、开标地点、开标时具体参加单位及人员、唱标的内容、开标过程是否经过公证等都要记录在案。记录应当作为档案保存起来，以便查询。任何投标方要求查询，都应当被允许。

投标方代表应当在开标会记录上签字确认。投标方对开标有异议的，应当当场提出，招标方应当当场予以答复，并做好记录。投标方基于开标现场事项投诉的，应当先行提出异议。

二、评标

评标的目的是根据招标文件中确定的标准和方法，对每个投标方的投标文件进行评价和比较，以评出最合适的投标方作为中标（候选）方。

（一）评标委员会

评标应由招标方依法组建的评标委员会负责，即由招标方依法挑选符合条件的人员组成评标委员会，负责对各投标文件的评审工作。招标方组建的评标委员会应按照招标文件中规定的评标标准和方法进行评标工作，对招标方负责，从投标竞争者中评选出最符合招标文件各项要求的投标方，最大限度地实现招标方的利益。

1. 人员组成

评标委员会成员人数须为5人以上单数。评标委员会须由下列人员组成：

（1）招标方的代表。招标方的代表参加评标委员会，以在评标过程中充分表达招标方的意见，与评标委员会的其他成员进行沟通，并对评标的全过程实施必要的监督。

（2）相关技术方面的专家。由招标项目相关专业的技术专家参加评标委员会，对投标文件所提方案的技术上的可行性、合理性、先进性和质量可靠性等技术指标进行评审比较，以确定在技术和质量方面确能满足招标文件要求的投标。

（3）经济方面的专家。由经济方面的专家对投标文件所报的投标价格、投标方案的运营成本、投标方的财务状况等投标文件的商务条款进行评审比较，以确定在经济上对招标方最有利的投标。

（4）其他方面的专家。根据招标项目的不同情况，招标方还可聘请除技术专家和经济专家以外的其他方面的专家参加评标委员会。比如，对一些大型的或国际性的招标采购项目，还可聘请法律方面的专家参加评标委员会，以对投标文件的合法性进行审查把关。

评标委员会成员中，有关技术、经济等方面的专家的人数不得少于成员总数的2/3，以保证各方面专家的人数在评标委员会成员中占绝对多数，充分发挥专家在评标活动中的权威作用，保证评审结论的科学性和合理性。

2. 专家的选择

参加评标委员会的专家应当同时具备以下条件：从事相关领域工作满 8 年；具有高级职称或者具有同等专业水平。

由招标方从国务院有关部门或者省、自治区、直辖市人民政府有关部门提供的专家名册中相关专业的专家名单中确定。专家名册中所涉及的专业面应当比较广泛，以便不同招标项目的招标方都能够从中选出本招标项目所需的相关专业的专家。另外，招标代理机构应当有符合法定条件的专家库，招标方也可以从招标代理机构的专家库中挑选进入评标委员会的专家。

对于一般招标项目，可以采取随机抽取的方式确定，而对于特殊招标项目，由于其专业要求较高，技术要求复杂，则可以由招标方在相关专业的专家名单中直接确定。

3. 保密规定

与投标方有利害关系的人不得进入相关项目的评标委员会。与投标方有利害关系的人，包括投标方的亲属、与投标方有隶属关系的人员或者中标结果的确定涉及其利益的其他人员。

评标委员会成员的名单在中标结果确定前应当保密，以防止有些投标方对评标委员会成员采取行贿等手段，以谋取中标。

（二）评标原则、标准和方法

1. 评标原则

（1）公平、公正；

（2）依法评标；

（3）严格按照招标文件评标：只要招标文件未违反现行法律、法规和规章，应严格按照招标文件及其附件、修改纪要、答疑纪要进行评审；

（4）合理、科学、择优；

（5）对未提供证明资料的评审原则：若属于招标文件强制性要求的、投标方未提供证明材料（包括资质证书、业绩证明、职业资格或证书等），评委均应否决其投标；若属于分值评审法或价分比法的评审因素，则不计分，投标方不得进行补正；

（6）做有利于投标方的评审：若招标文件表述不明确，应做出对投标方有利的评审，但这种评审结论不应导致对招标方的具有明显因果关系的损害；

（7）反不正当竞争：评审中应严防串标、挂靠围标等不正当竞争行为；

（8）记名表决：一旦评审出现分歧，则应采用少数服从多数的表决方式，表决时必须署名，但应保密，不应让投标方知道谁投赞成票、谁投反对票；

（9）保密原则：公开开标后直至向中标的投标方授予合同时止，凡与审查、澄清、评价和比较投标的有关资料、评审的讨论细节以及授标意见等必须保密，均不得向投标方及与评标无关的其他人透露。

2. 评标标准

评标标准一般包括价格标准和价格标准以外的其他有关标准（又称非价格标准），以及如何运用这些标准。非价格标准应尽可能客观和定量化，并按货币额表示，或规定相对的权重（系数或得分）。通常来说，在货物评标时，价格标准主要有货物从出厂地/到货港口运抵投标须知中指明的项目指定现场所发生的内陆运费、保险及其他伴随服务的费用、付款计划、交货期、运营成本、货物的有效性和配套、零配件和服务的供给能力、相关的培训、安全性和环境效益等。在服务评标时，非价格标准主要有投标方及参与提供服务的人员的资格、经验、信誉、可靠性、专业和管理能力等。在工程评标时，非价格标准主要有工期、质量、施工人员和管理人员的素质、以往的经验等。

3. 评标方法

评标结果应将合同授予被确定为实质上响应招标文件要求的、能够满意地履行合同义务的最低评标价的投标方。按照定标所采用的排序依据，可以分为四类，即分值评审法（以分值排序）、价格评审法（以价格排序）、综合评议法（以总体优劣排序）、分步评审法（先确定入围，再以报价排序）。具体如下：

（1）分值评审法。

综合评分法：在满足招标文件实质性要求的条件下，依据招标文件中规定的各项因素进行综合评审，以评审总得分最高的投标方作为中标（候选）方的评标方法。

性价比法：在满足招标文件实质性要求的条件下，依据招标文件中规定的除价格以外的各项因素进行综合评审，以所得总分除以该投标方的投标报价，所得商数（评标总得分）最高的投标方为中标（候选）方的评标方法。

（2）价格评审法。

最低评标价法：在满足招标文件实质性要求的条件下，评委对投标报价以外的商务因素、技术因素进行量化并折算成相应的价格，再与报价合并计算得到评标价，从中确定评标价最低的投标方作为中标（候选）方的评审方法。

最低投标价法：在满足招标文件实质性要求的条件下，投标报价最低的投标方为中标（候选）方的评审方法。

价分比法：在满足招标文件实质性要求的条件下，依据招标文件中规定的除价格以外的各项因素进行综合评审，以该投标方的投标报价除以所得总分，所得商数（评标价）最低的投标方为中标（候选）方的评标方法。

（3）综合评议法。

在满足招标文件实质性要求的条件下，评委依据招标文件规定的评审因素进行定性评议,从而确定中标(候选)方的评审方法。

(4)分步评审法。

先以技术分(和商务分)为衡量标准确定入围的投标方,再以投标报价最低的投标方作为中标(候选)方的评审方法。

国际上工程和货物招标主要采用最低评标价法评标,将非价格因素折算为报价评标,尽量避免专家打分和表决的人为判断。在市场经济的条件下,如果某投标方多次低于其自身成本投标和中标,其财务状况不能满足资格要求,必然会被市场淘汰。

(三)评标的步骤

评标的一般程序包括组建评标委员会、评标准备、初步评审和详细评审并编写评标报告。

1. 组建评标委员会

评标委员会一般设主任一名,副主任一名,负责评标活动的组织协调工作。评标委员会主任/副主任与评标委员会其他成员享有同等的表决权。

评标委员会应当在充分熟悉、掌握招标项目的需求特点,认真阅读研究招标文件及其相关技术资料,依据招标文件规定的评标方法、评标因素和标准、合同条款、技术规范等,对投标文件进行技术经济分析、比较和评审,向招标方提交书面评标报告并推荐中标(候选)方。

2. 评标准备

(1)了解和熟悉相关内容:①招标目标;②招标项目范围和性质;③招标文件中规定的主要技术要求、标准和商务条款;④招标文件规定的评标标准、评标方法和在评标过程中考虑的相关因素;⑤有的招标文件(主要是工程项目)发售后,进行了数次的书面答疑、修正,故评委应将其全部汇集装订。

(2)分工、编制表格:根据招标文件的要求或招标内容的评审特点,确定评委分工;招标文件未提供评分表格的,评标委员会应编制相应的表格;此外,若评标标准不够细化,应先予以细化。

(3)暗标编码:对需要匿名评审的文本进行暗标编码。

3. 投标文件的初审

初步评标的内容包括供应方资格是否符合要求,投标文件是否完整,是否按规定方式提交投标保证金,投标文件是否基本上符合招标文件的要求,有无计算上的错误等。

如果供应方资格不符合规定,或投标文件未做出实质性的反映,都应做无效投标处理,不得允许投标方通过修改投标文件或撤销不合要求的部分而使其投标具有响应性。实质上响应的投标应该是与招标文件要求的全部条款、条件和规格相符,没有重大偏离或保留的投标。所谓重大偏离或保留是指实质上影响合同的供货范围、质量和性能;或者实质上与招标文件不一致,而且限制了合同中业主/采购方的权利或投标方的义务。纠正这些偏离或保留将会对其他实质上响应要求的投标方的竞争地位产生不公正的影响。招标方决定投标文件的响应性只根据投标文件本身的内容,而不寻求外部的证据。

经初步评标,凡是确定为基本上符合要求的投标,下一步要核定投标中有无计算和累计方面的错误。在修改计算错误时,要遵循两条原则:如果数字表示的金额与文字表示的金额有出入,应以文字表示的金额为准;如果单价和数量的乘积与总价不一致,以单价为准,并修正总价。但是,如果业主/采购方认为有明显的小数点错误,此时要以投标文件的总价为准,并修改单价。招标方按上述修正错误的方法调整投标文件中的投标报价,调整后的价格对投标方具有约束力。如果投标方不接受根据上述修改方法而调整的投标价,则其投标将被拒绝,其投标保证金将被没收。

招标方将允许修正投标文件中不构成重大偏离的、微小的、非正规的、不一致的或不规则的地方,但这些修正不能影响任何投标方相应的名次排列。

4. 投标文件的详细评价和比较

在完成初步评标以后,下一步就进入详细评定和比较阶段。只有在初评中确定为基本合格的投标,才有资格进入详细评定和比较阶段。具体的评标方法取决于招标文件中的规定,并按评标价的高低,由低到高,评定出各投标的排列次序。

(1)商务评标。

在评标时,当出现最低评标价远远高于标底或缺乏竞争性等情况时,应废除全部投标;为防止投标方以不实际的低价夺标,在评标时对投标方或分包方过低的报价(如低于当地行业概算20%以上),而投标的实施方案又无明显先进之处,无法证明其能够大大降低成本,则可考虑废标。因此,招标项目的标底价格是商务评标的一项重要指标。下面以货物进口采购招标项目为例,介绍进口方采购价格的核价。

评标委员/采购方需要向码头、海关、商检、货运、银行等部门了解费用支出及其相关税费情况,准确估算整个进口采购项目的采购成本,用以对比报价以及项目可能的国内行情价格。

$$进口完税价格 = CIF 价格 \times 外汇牌价 \qquad (5-27)$$

$$关税 = 进口完税价格 \times 进口物资关税税率 \qquad (5-28)$$

$$增值税 = (进口完税价格 + 关税) \times 增值税税率 \qquad (5-29)$$

$$进口物资综合税 = 关税 + 增值税 + 消费税 \qquad (5-30)$$

$$进口采购总成本 = 进口完税价格 + 进口物资综合税 + 采购费用及利息 \qquad (5-31)$$

其中,采购费用及利息包括但不限于银行费用和一笔交易所发生的利息支出,卸货费、驳船费、码头建设费、码头仓租费等,关检费、提货费,国内运输、仓租费,采购方综合费，其他费用。

$$进口物资国内销售价格（含税）= 采购总成本 + 预期利润 \quad (5-32)$$

$$采购项目利润率 = \frac{预期利润}{采购总成本} \quad (5-33)$$

由此，进口采购招标项目的采购接受价格为

$$进口采购招标项目价格（含税）= 进口物资国内销售价格（含税）-$$
$$（进口物资综合税 + 采购费用及利息）- 预期利润 \quad (5-34)$$

（2）技术评标要求。

投标文件中的技术部分需要注意：

①投标文件不满足招标文件技术规格部分主要参数和偏差范围的应废标；

②应按招标文件要求与投标文件中的参数如实填写技术比较表，不得以符号等代表。对需要并可以接受澄清的技术问题，经澄清后满足要求按有效标接受，但在比较表中应注明。

（3）注意事项。

为有助于对投标文件的审查、评价和比较，评标委员会可要求投标方对其投标文件进行澄清，有关澄清的要求和答复应以书面形式包括传真、邮件等提交，但不得寻求、提供或允许对投标价格或实质性内容做任何更改。

在评标过程中，如果投标方试图在投标文件审查、澄清、比较及授予合同方面向业主/采购方、招标方和评标委员会施加任何影响，其投标将被拒绝。

下面列举一个工程招投标项目（××项目）的评标情况：

评分权重规定：技术部分占50%，商务部分（价格部分除外）占10%，价格部分占40%，则评分表的具体情况见表5-13至表5-15，其中表5-13为商务（价格部分除外）评分标准（权重0.10）。

表5-13 ××项目商务（价格部分除外）评分标准

序号	项目	分值	评分标准
1	对招标文件的响应	15	1. 对招标文件完全响应的，得15分； 2. 一般事项未作出响应的，每项扣2分； 3. 较大事项未作出响应，每项扣5分
2	企业资质、资信等级	10	1. 企业的资质等级符合招标文件要求，得5分； 2. 企业的资信等级符合招标文件要求，得5分
3	企业荣誉	10	1. 曾获得"优质工程"称号，国家级得6分，省/州级得5分（以最高奖项为准，不重复得分）； 2. 曾获得"优秀施工企业"或"用户满意施工企业"或"工程施工放心企业"或"重合同守信用企业"称号的，国家级得4分，省/州级得3分（以最高奖项为准，不重复得分）

续表

序号	项目	分值	评分标准
4	近五年类似工程的施工业绩	20	1. 近五年施工过类似工程9个及以上的,得20分; 2. 近五年施工过类似工程6至8个的,得17~20分(不含20); 3. 近五年施工过类似工程3至5个的,得14~17分(不含17)
5	近三年质量回访记录	10	1. 业主对施工单位的质量、安全、进度、造价等控制评价好的,提供10个及以上回访记录的,得10分; 2. 业主对施工单位的质量、安全、进度、造价等控制评价好的,提供6至9个回访记录的,得6~10分(含6,不含10); 3. 业主对施工单位的质量、安全、进度、造价等控制评价好的,提供3个至5个回访记录的,得5分
6	近三年重大质量、安全事故记录	20	1. 近三年施工过的工程未发生重大工程质量、安全事故,且提供有关部门证明的,得20分; 2. 近三年施工过的工程未发生重大工程质量、安全事故,但没有提供有关部门证明的,得10分
7	合同履行情况	10	1. 近五年合同有违约情况或因投标方原因合同被解除的,得0分;没有违约情况的,得7分。 2. 近2年有涉及诉讼的,得0分;未涉及诉讼的,得3分
8	财务状况	5	近3年经过审计的主要财务状况良好,负债率不高于70%,得4~5分;负债率不高于80%,得3分;负债率高于80%,得2分
	合计	100	

表5-14为技术评分标准(权重0.5)。

表5-14 ××项目技术评分标准

序号	项目	分值	评分标准
1	施工总平面布置、力能供应	15	
(1)	施工总平面布置	5	合理3~5分;较合理1~3分;一般0~1分;无0分
(2)	临时设施的布置	5	合理3~5分;较合理1~3分;一般0~1分;无0分
(3)	临时供电、供水、排水设施及布置	5	合理3~5分;较合理1~3分;一般0~1分;无0分
2	主要施工方案及技术措施	30	
(1)	主要施工机械的配置和布置	7	合理6~7分;较合理3~6分;一般1~3分;无0分
(2)	采用先进工艺、材料、技术措施	3	好2~3分;较好1~2分;一般0~1分;无0分
(3)	创精品工程、实现达标投产的主要措施	5	好4~5分;较好2~4分;一般1~2分;无0分
(4)	专业施工方案合理性、先进性	9	合理、先进6~9分;较合理、先进3~6分;一般~1~3分;无0分

续表

序号	项目	分值	评分标准
(5)	缩短工期，降低工程造价措施	4	好3~4分；较好1~3分；一般0~1分；无~0分
(6)	合理化建议	2	好1~2分；一般0~1分；无0分
3	施工进度及技术、供应计划	15	
(1)	施工进度计划安排的合理性	4	合理3~4分；较合理1~3分；一般0~1分；无0分
(2)	横道图、网络图规范，关键线路明确	2	有0~2分；无0分
(3)	保证工程计划完成的措施	4	好3~4分；较好2~3分；一般0~2分；无0分
(4)	大型机械进场计划、劳动力计划安排合理	2	合理1~2分；较合理0~1分；无0分
(5)	设备、材料、图纸供应计划	3	合理2~3分；较合理1~2分；一般0~1分；无0分
4	施工组织管理	15	
(1)	施工组织机构设置、人员配备	5	合理4~5分；较合理2~4分；一般0~2分；无0分
(2)	项目经理及主要管理人员的类似工程的经验和经历	5	经验丰富4~5分；较丰富2~4分；一般1~2分；无0分
(3)	施工计划管理、机械管理、货物设备管理、技术文件管理、人员培训管理、环境保护管理措施	5	好4~5分；较好2~4分；一般1~2分；无0分
5	质量体系	15	
(1)	有完善的质量体系，且设置合理；质量控制目标明确、计划、措施合理、有效	5	合理4~5分；较合理2~4分；一般1~2分；无0分
(2)	根治质量通病、建设精品工程、样板工程的措施和手段	10	好9~10分；较好4~9分；一般0~4分；无0分
6	安全、文明施工管理	10	
	安全机构是否健全，安全、文明、绿色施工措施是否完善	10	好9~10分；较好4~9分；一般0~4分；无0分
	合计	100	

表5-15为价格评分标准（权重0.4）。

表 5–15　××项目价格评分标准

序号	评标因素	评分标准
1	报价分 (80 分)	(1.1) 评标基准价（K）计算办法： (1.1.1) 若有效评标价为 3 家时，则各投标方有效评标价的平均值 K 为评标基准价。[基准价计算公式：$K = (A1 + A2 + A3) \div 3$] (1.1.2) 若有效评标价为 4 至 6 家时，则去掉最高有效评标价后其余各投标方有效评标价的平均值 K 为评标基准价。[基准价计算公式：$K = \{(A1 + A2 + A3 + \cdots + An - 1) \div (n - 1)\}$；$(4 \leq n \leq 6)$] (1.1.3) 若有效评标价为 7 家（含七家）以上时，则去掉最高有效评标价和最低有效评标价后其余各投标方有效评标价的平均值 K 为评标基准价。[基准价计算公式：$K = \{(A2 + A3 + A4 + \cdots + An - 1) / (n - 2)\}$；$(n \geq 7)$] (1.2) 价格分计算办法： (1.2.1) 若评标价 A 等于 K 时，得 71 分（基准分）； (1.2.2) 评标价 A 每高于评标基准价 1% 在基准分基础上扣 3 分，最低得 62 分； (1.2.3) 评标价每低于基准价 1% 在基准分基础上加 3 分，最高为 80 分； (1.2.4) 若评标价 A 低于基准价 3% 以上（不含 3%）时，每再低 1% 在 80 分基础上扣 3 分； (1.2.5) 若评标价 A 低于基准价 6% 以上（不含 6%）时，得 71 分。 (1.3) 备注：上述三条均按照有效评标价计算评标基准价，若开标时投标方为 7 家以上（含 7 家），通过评审后合格投标方少于 7 家，则按照 (1.1) 原则计算价格分
2	报价合理性 (20 分)	报价主要内容符合招标文件要求，计算无误；主要工程项目单价的合理性，是否符合市场价格水平；综合单价分析表是否按规定格式内容填报。其中"主要工程项目单价的合理性"评分标准如下： 选定的各清单子项目单价比评分基准（有效投标报价中各清单子项目单价的算术平均值）低 2%~7% 时得最高分（由商务评委根据各清单子项目的权重而定）
	合计 (100 分)	

5. 评标结果的确定

国际招投标项目评审结束后，业主/采购方和招标方应及时将加盖双方公章并有各位评委签名的评标报告报相关部门和出资方审批。评标报告包括以下内容：①招标通告刊登的时间、购买招标文件的单位名称；②开标日期；③投标方名单；④投标报价及调整后的价格（包括重大计算错误的修改）；⑤价格评比基础；⑥评标的原则、标准和方法；⑦授标建议。如审批有异议，由业主/采购方和招标方作相应的解释、澄清和补充。审批批准后，招标方即可发出中标通知书。

工程和一般货物标的评标报告应送相应部门备案。对于我国需要进口采购的机电设备，签订供货合同前，应按"配额产品""特定产品"和"登记产品"分别报相应的机电产品进口办公室（凭评委会通知、中标证明和批准函）办理有关进口手续。

第五节 中标

评标结束后,即可进入中标和招标合同签订阶段。本节主要介绍中标部分的相关知识,有关招标合同签订阶段的内容将在第六章介绍。

一、确定中标方

评标委员会完成评标后,应当向招标方提出书面评标报告,并推荐合格的中标候选人;招标方根据评标委员会的书面评标报告和推荐的中标候选人确定中标方,招标方也可以授权评标委员会直接确定中标方。

二、发出中标通知

在投标有效期期满之前,招标方须将书面通知中标方中标。因此,在接到审批文件的不反对意见后,招标方向中标方发出中标通知书。

中标通知书将是合同的一个组成部分,对招标方和中标方具有法律效力。中标后,如果招标方改变中标结果,或者中标方放弃中标项目,应当依法承担法律责任。

中标通知书实质上就是招标方对其选中的投标方的承诺,是招标方同意某投标方的要约的意思表示。中标通知书一旦发出即发生法律效力。如果招标方改变中标结果,或者中标方放弃中标项目,应当承担法律责任;但中标通知书发出后,承诺虽然发生法律效力,但在书面合同订立之前,合同尚未成立。招标投标法这种特殊的规定,是为了适应招投标的特殊情况,更加有利于招标方对投标方的约束,保护招标方的权利。

三、接受履约保函

履约保函是招标方要求投标方在接到中标通知书后提交的保证履行合同各项义务的担保。一旦中标方不履行合同义务,该项担保用于赔偿招标方因此所受的损失。招标投标法规定,招标文件要求中标方提交履约保证金的,中标方应当提交。

如果中标方没有按照规定执行中标相应的义务,招标方将取消该中标决定,并没收其投标保证金。在此情况下招标方可将标授予下一个最低评标价的投标方,或重新招标。

第六节 商务项目招投标在跨境项目综合教学实验平台上的操作

一、实验目的及要点

（1）熟悉国际招投标的程序和流程；

（2）熟悉国际招标方的工作业务流程；

（3）熟悉国际招投标过程中招标文件、资质审核文件、投标文件的结构和基本内容。

二、场景模拟操作说明

在跨境项目综合教学实验平台上，项目业主/采购方（进口方）、招标方、投标方（出口方）可进行招标和投标业务，通过资质审核、招标、投标、评标、中标等过程，确定项目的供需双方。具体步骤为：

（一）采购方（进口方）委托招标方招标

采购方角色登录，单击横向菜单"企业"，进入采购方页面后，单击左侧菜单"招投标业务管理"项下"招标业务管理"中的"需求申请"，进入招标申请首页；

单击【新增】按钮，进入采购或招标需求页面，见图5-5。

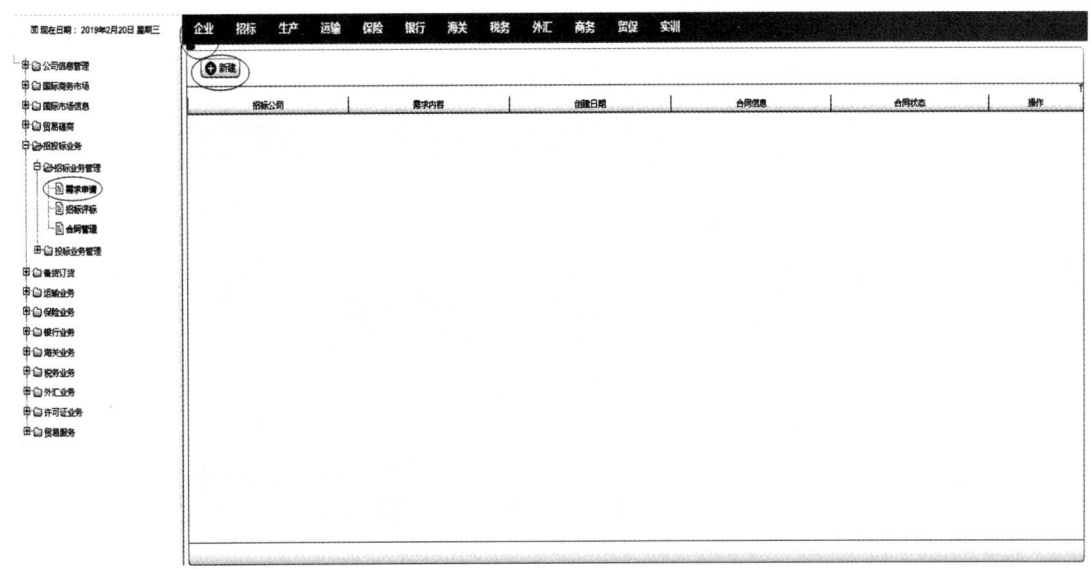

图5-5 采购需求—采购方—新建需求

单击"招投标公司"下拉框选择合作的招标方,如"中国水利电力招标公司",编写需求内容后,单击【保存】按钮,见图5-6。

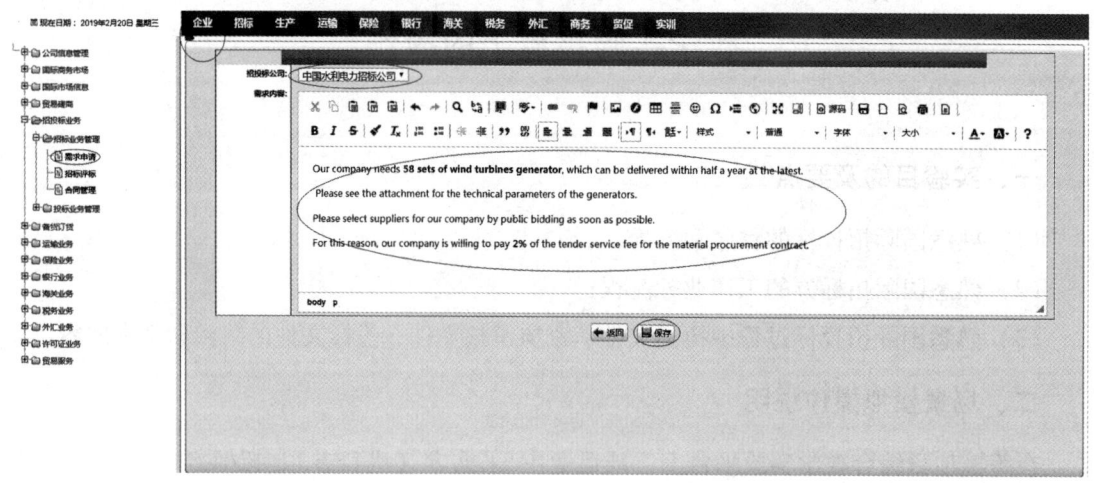

图5-6 采购需求—采购方—编辑需求

保存后,系统跳回需求申请首页,看到相应的新建信息条,见图5-7。

单击需求内容框下【查看】图标,看到刚才编辑的需求内容;

该信息条操作框下有三个图标,单击【编辑】修改已经发布的需求内容,单击【删除】删除发布的需求,单击【发送】系统自动把需求信息发送给"中国水利电力招标公司"。

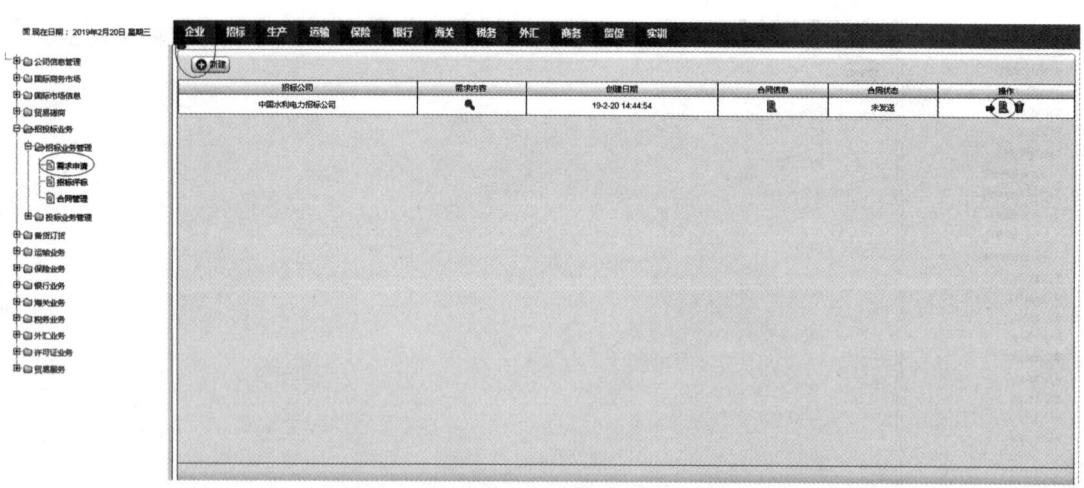

图5-7 采购需求—采购方—处理需求

单击合同信息下的【编辑合同】按钮,新建招标代理合同,见图5-8。

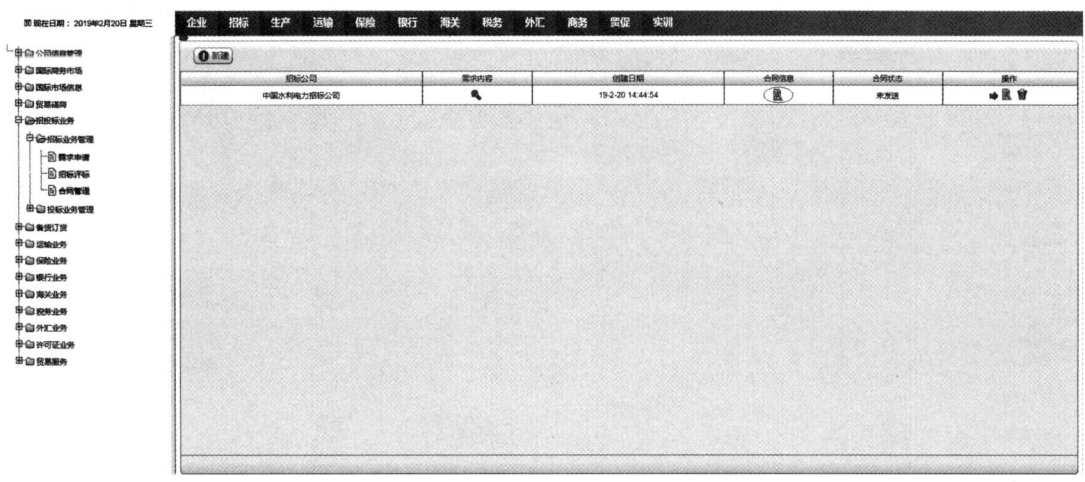

图 5-8 采购需求—采购方—新建委托

见图 5-9,编辑招标代理合同。编辑完成合同后,单击【保存】按钮。合同保存。

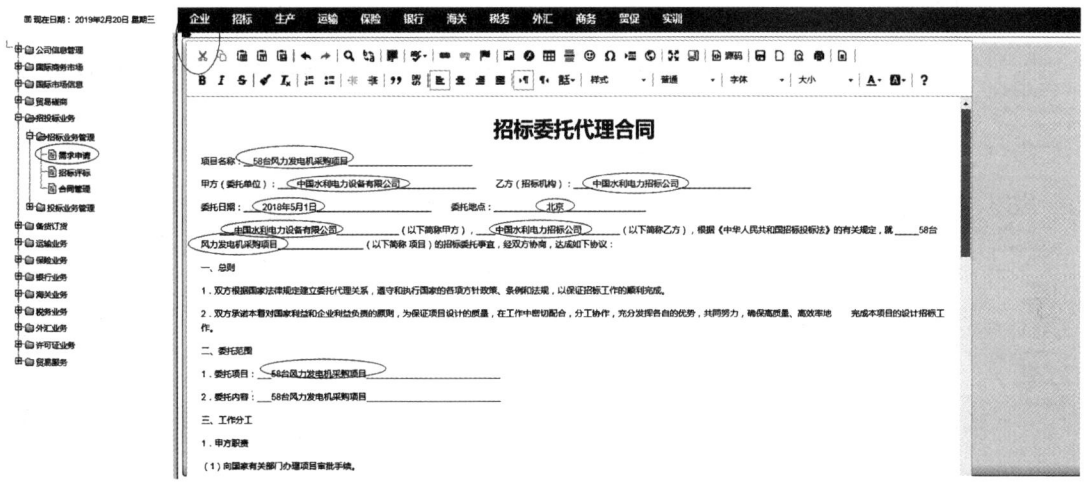

图 5-9 采购需求—采购方—编辑委托

保存后,系统跳回需求申请首页,看到相应的新建信息条,见图 5-10;

单击需求内容框下【查看】图标,看到刚才编辑的需求内容;

单击合同信息框下【编辑】图标,看到相关的招标委托合同文本信息;

该信息条操作框下有三个图标,单击【编辑】修改已经发布的需求内容,单击【删除】删除发布的需求,单击【发送】系统自动把需求信息发送给"中国水利电力招标公司"。

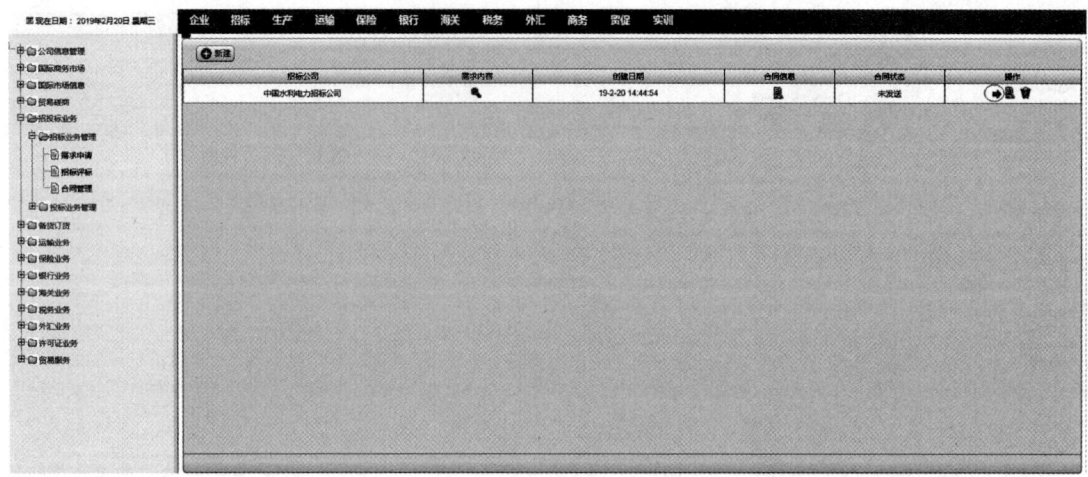

图 5-10　采购需求—采购方—处理需求/委托

图 5-10【发送】后，该信息条的状态改为"待签订"，这时，招标需求和委托合同信息已经发送给相应的招标方，见图 5-11。

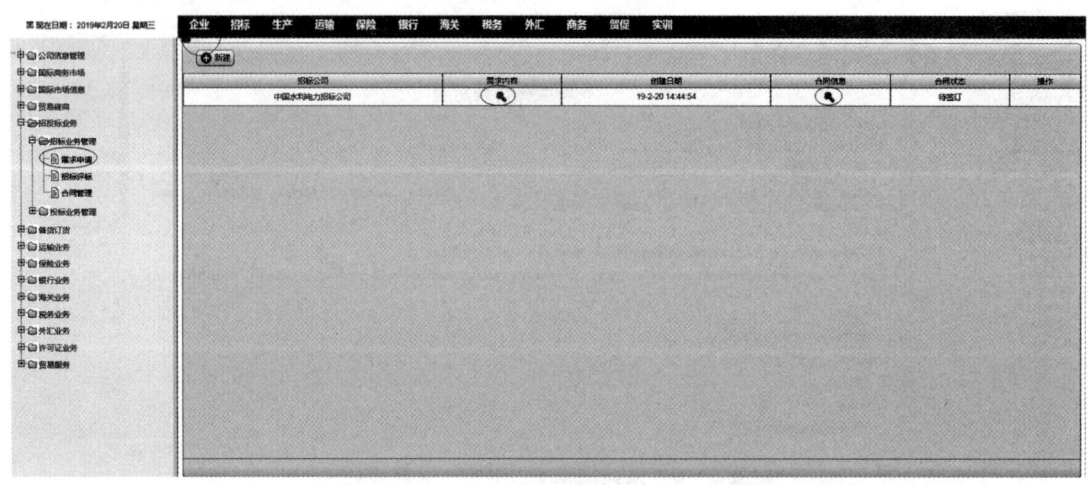

图 5-11　采购需求—采购方—发送需求/委托

见图 5-12，招标方角色登录，单击横向菜单"招标"，并单击左侧菜单"招标流程管理"项下"招标需求管理"，进入招标需求管理首页；

找到中国水利电力设备有限公司发来的需求和委托信息条；

单击信息条需求内容框下【查看】图标，查看采购方发来的需求信息；单击合同信息框下【编辑】按钮，跳转到招标代理合同页面。

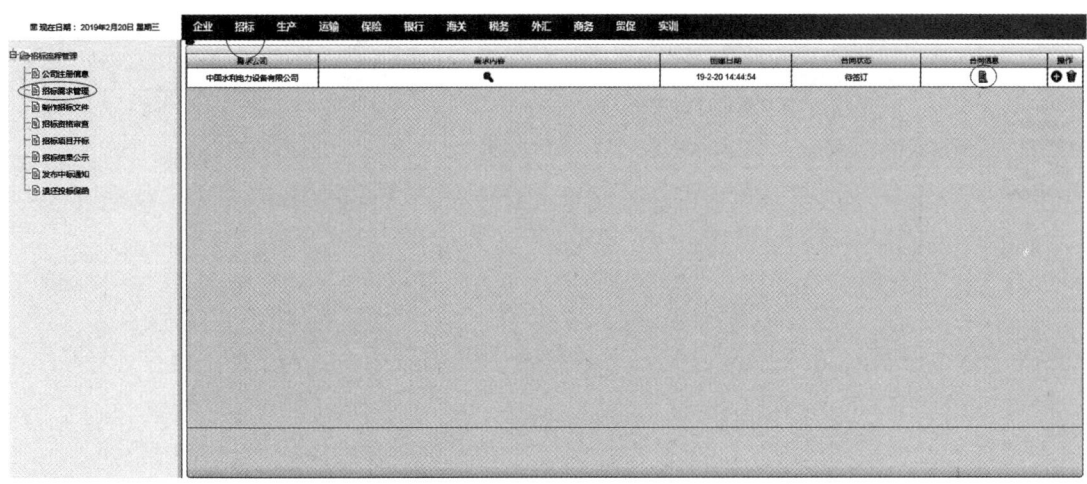

图5-12 接受招标委托—招标方

见图5-13,招标方查看并审核完成后,单击【保存】按钮,保存当前委托合同。

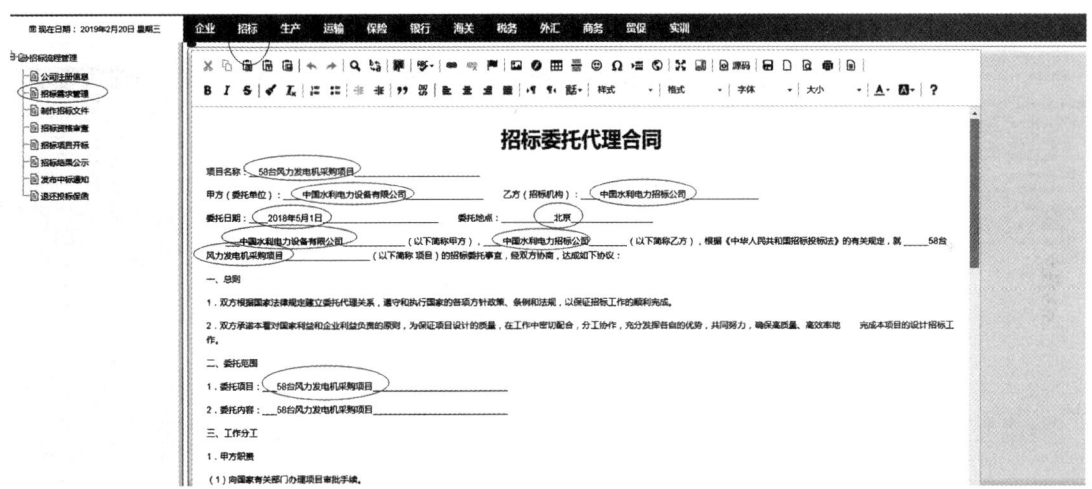

图5-13 接受招标委托—招标方—查看信息

见图5-14,招标方同意委托合同内容,单击【通过】按钮,签订当前合同。不同意则单击【拒绝】按钮,拒绝签订合同。

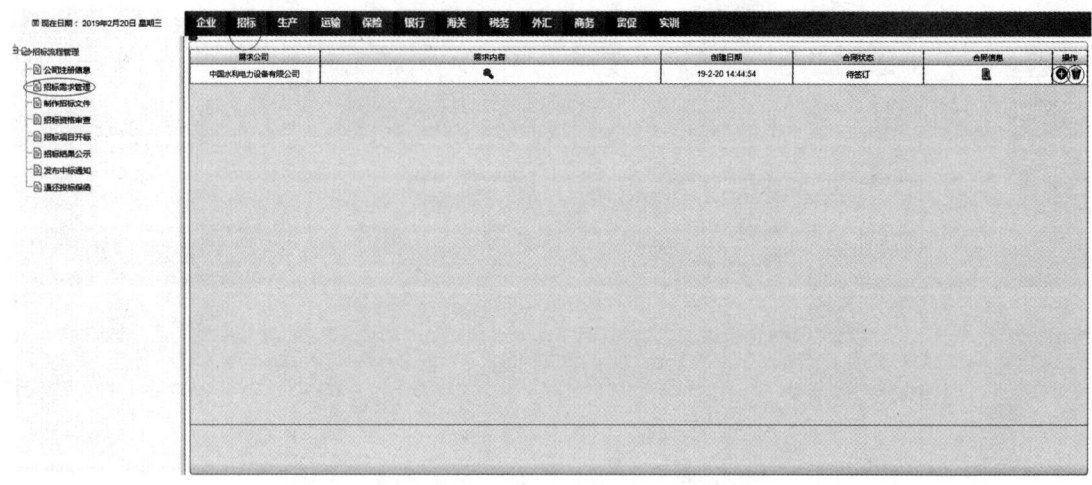

图 5-14　接受招标委托—招标方—接受/拒绝

见图 5-15，达成招标委托后，该信息条的招标委托状态框下状态变为"签订"。此时，中国水利电力设备有限公司与中国水利招标方达成招标委托合作。

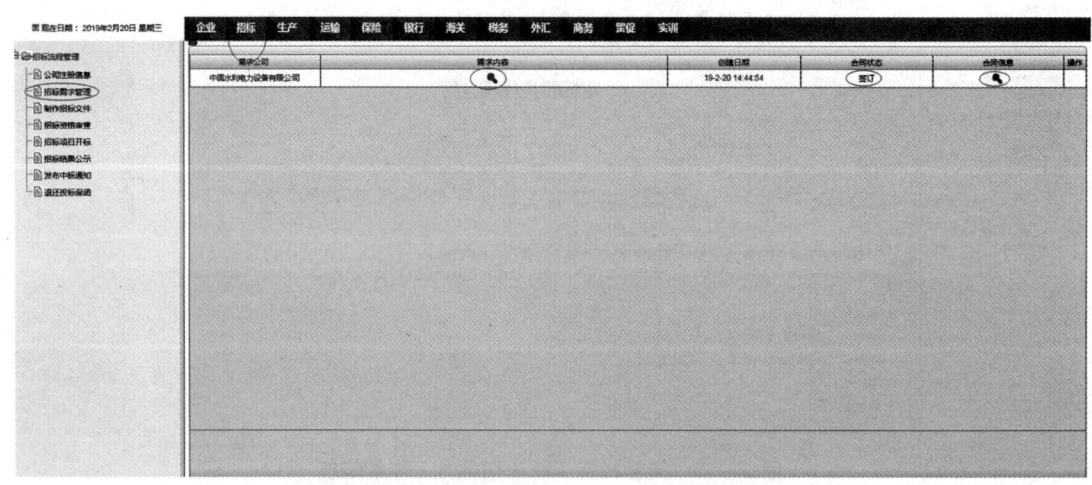

图 5-15　接受招标委托—招标方—达成委托

（二）招标方发布招标公告

见图 5-16，招标方角色登录，单击横向菜单的"招标"和左侧菜单的"招标流程管理"项下的"制作招标文件"，进入招标文件制作首页，找到需要处理的信息条；

单击招标公告框下【编辑】图标，进入招标公告编辑页面，图 5-17。

单击招标文件框下【编辑】图标，进入招标文件编辑页面，图 5-18。

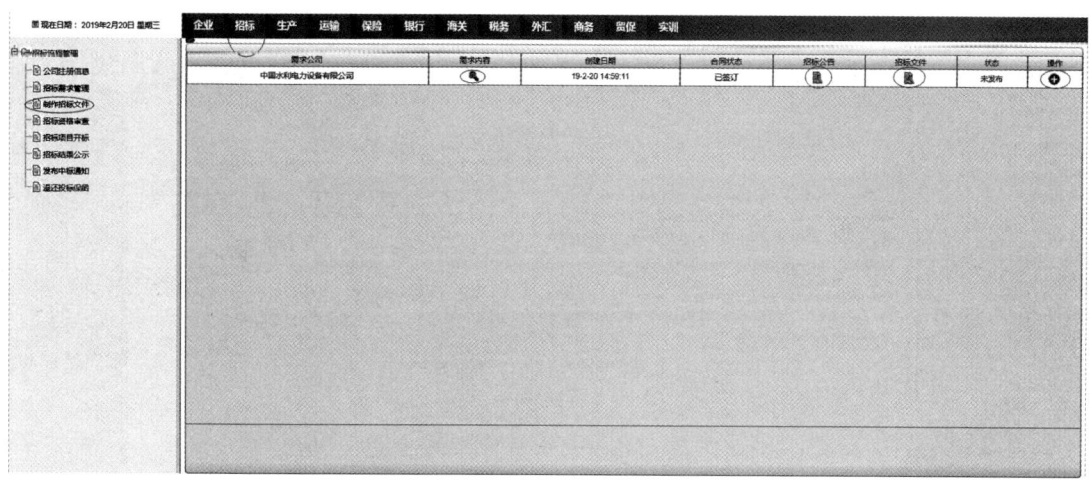

图 5-16 制作招标文件—招标方

见图 5-17，编辑招标公告完成后，单击【保存】按钮，完成招标公告的编辑。

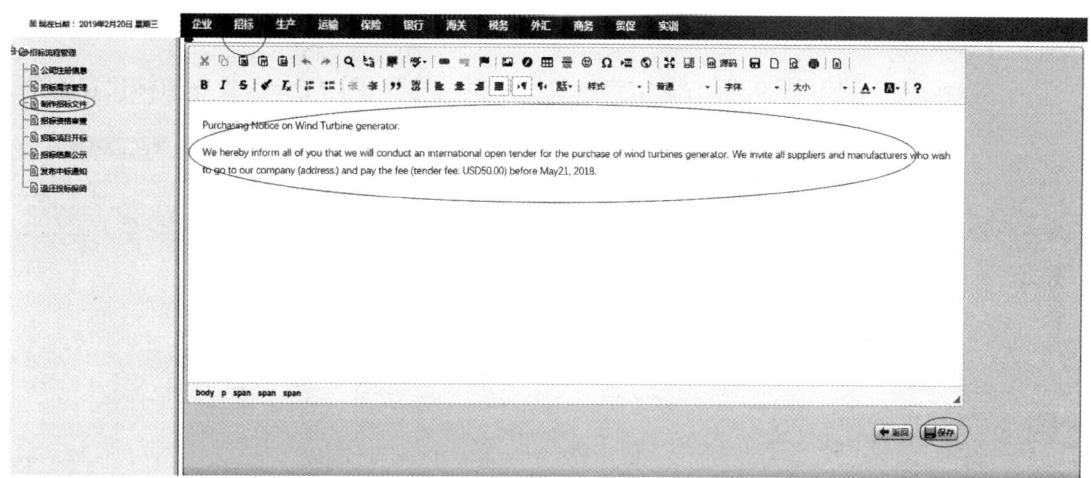

图 5-17 制作招标文件—招标方—编辑公告

见图 5-18，填写、编辑招标文件完成后，单击【保存】按钮，完成招标文件的制作。

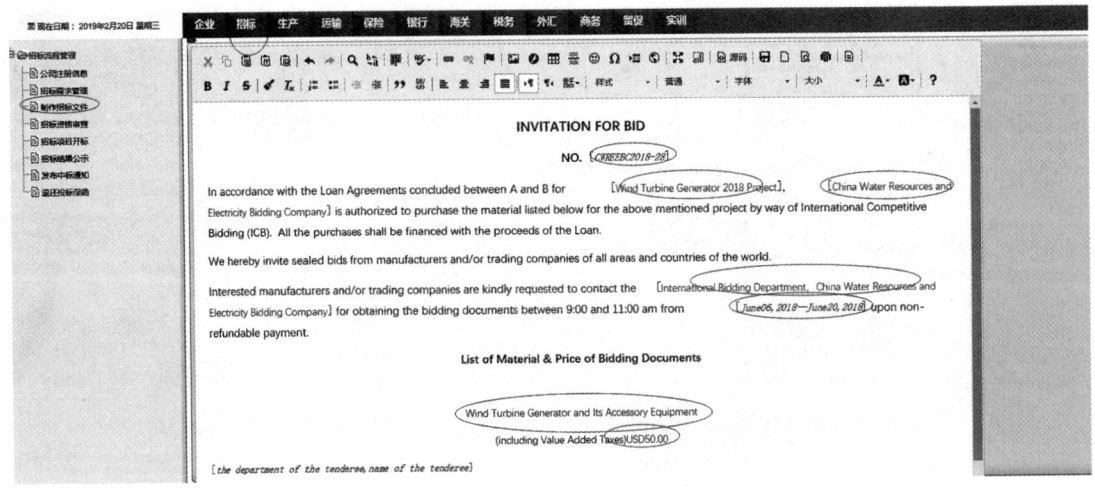

图 5-18　制作招标文件—招标方—编辑招标文件

见图 5-19，编辑完招标公告和招标文件并保存后，系统跳转到招标文件制作首页。在没有对外发布前，可以进行多次的编辑和修改。

上述操作全部完成后，招标方单击信息条操作栏里【发布】图标，发布招标项目信息。

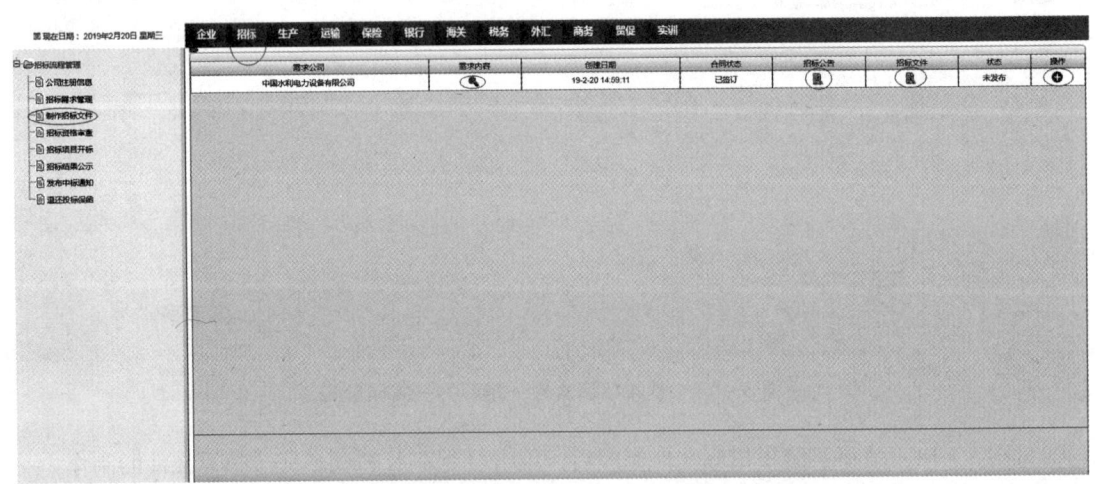

图 5-19　采制作招标文件—招标方—完成公告/文件

见图 5-20，招标公告和招标文件发布后，信息条状态改为"已发布"和"已签订"。招标需求发布到国内外项目市场，其他公司可以看到相应的招标信息。

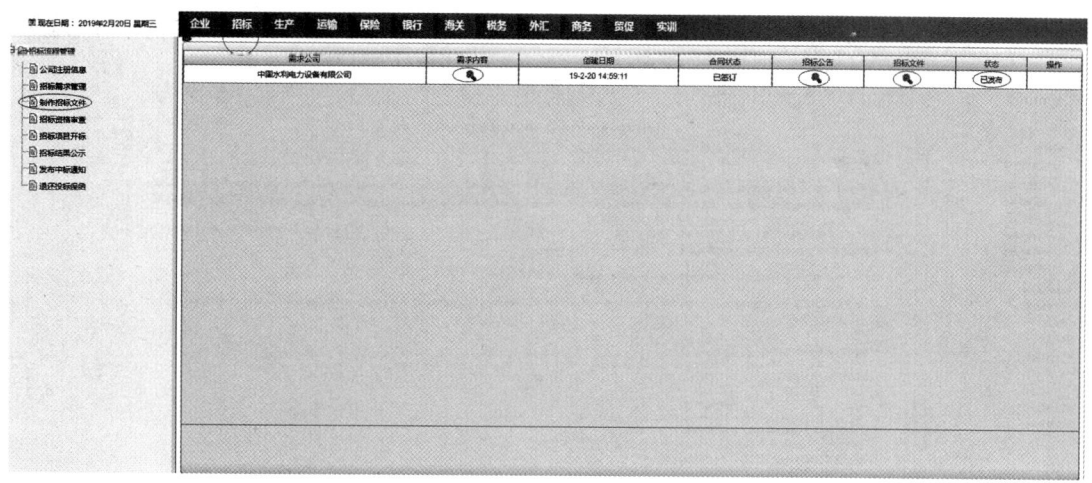

图 5-20　发布招标公告—招标方—发布信息

（三）投标方投标报名

见图 5-21，投标方角色登录，单击横向菜单"企业"后，再单击左侧菜单"投标业务管理"项下"投标报名"，找到"中国水利电力招标公司"发布的招标信息条。

单击需求内容和招标公告框下【查看】图标，可看到需求方的需求内容和招标方的招标公告内容；

单击操作框下的【投标报名】按钮，进入资格文件编辑页面。

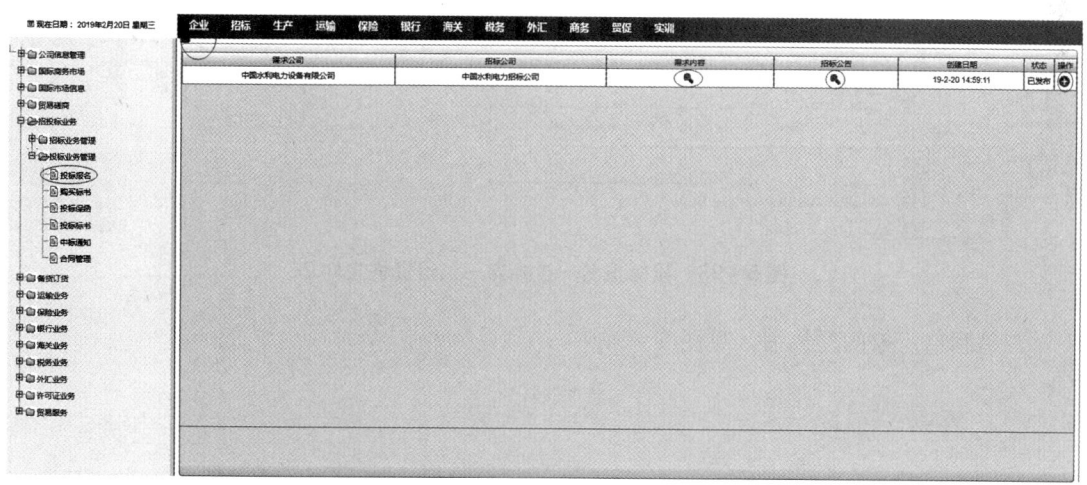

图 5-21　投标报名—投标方—投标报名

为此，投标方需要在资格文件编辑页面进行四个主要文件的编辑：

一是制造商或贸易公司资格文件声明，见图 5-22。

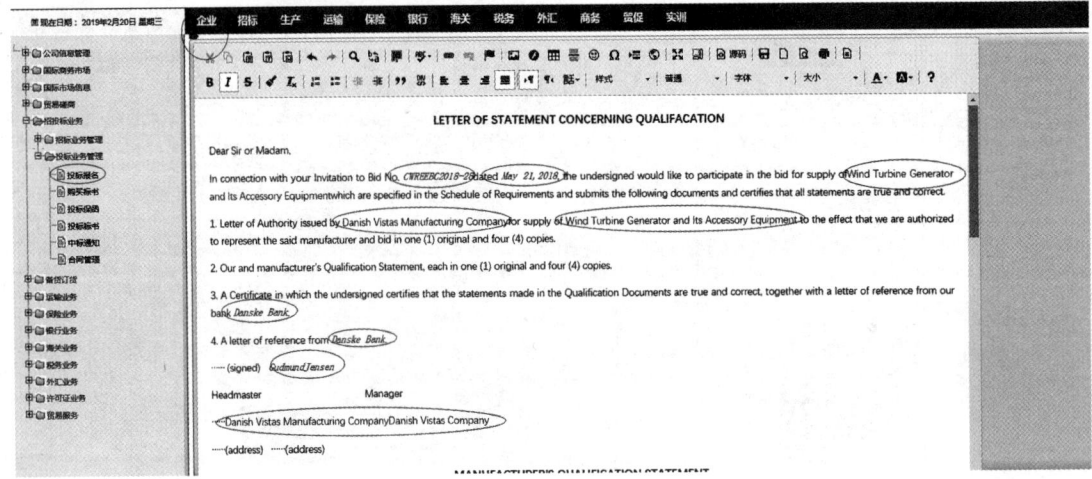

图 5-22 投标报名—投标方—编辑资格文件 1

二是制造厂家资格声明，见图 5-23。

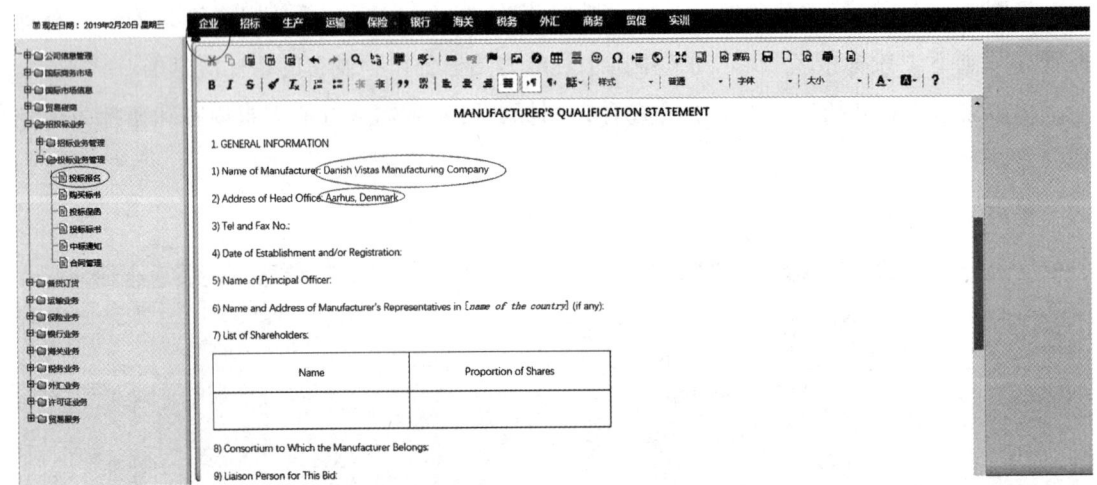

图 5-23 投标报名—投标方—编辑资格文件 2

三是制造厂家的授权书，见图 5-24。

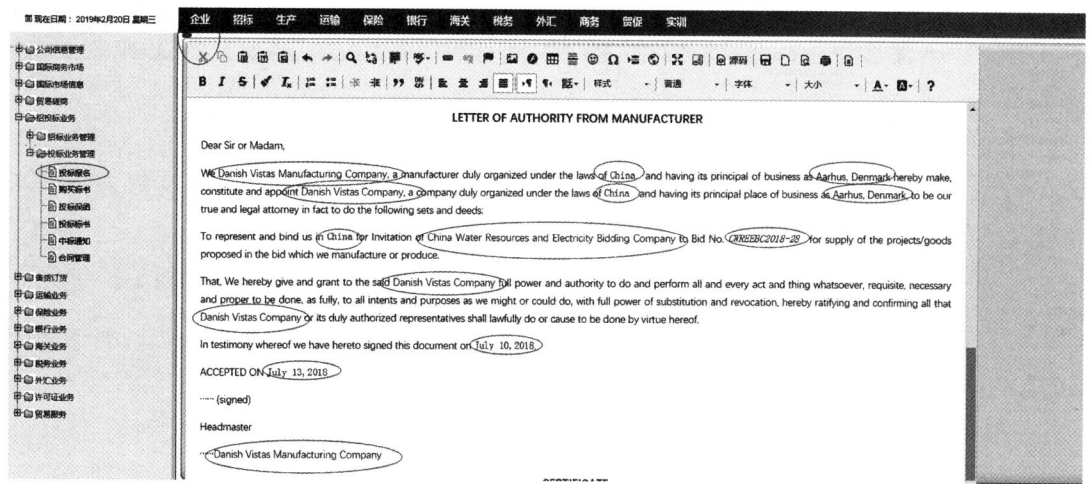

图5-24 投标报名—投标方—编辑资格文件3

四是投标方证明,见图5-25。

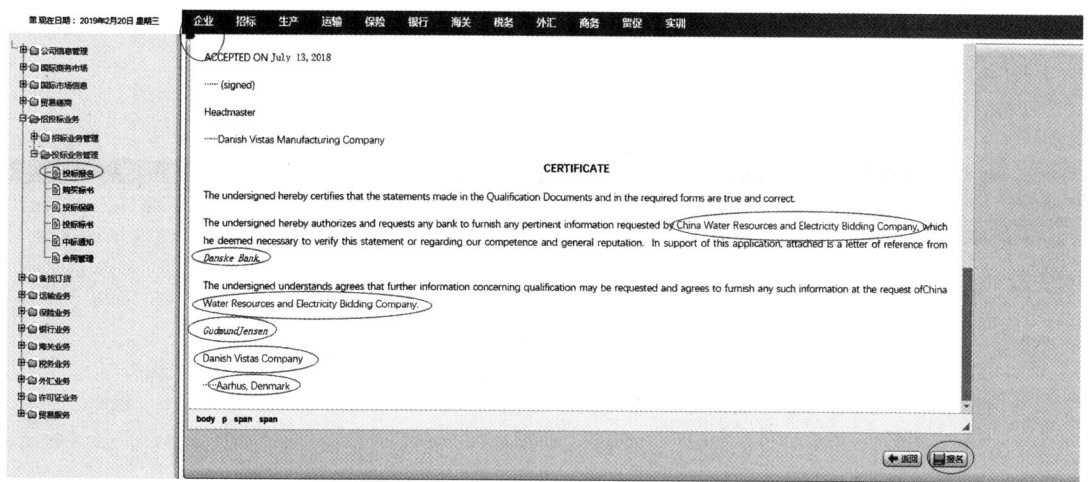

图5-25 投标报名—投标方—编辑资格文件4

见图5-26,编辑完成后,投标方单击"报名",页面显示"已报名";单击该信息条操作框下【查看】图标,可查看刚编辑过的资格文件。

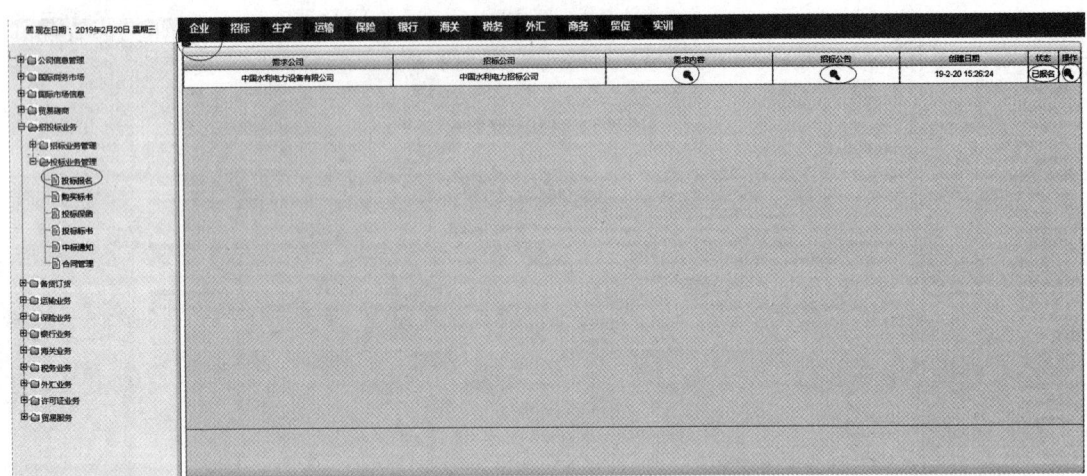

图 5-26 投标报名—投标方—已报名

(四) 招标方进行招标资格审查

招标方角色登录,单击横向菜单"招标"和左侧菜单"招标资格审查",找到本次招标项目信息条;

再单击其操作框下【审核】图标,进入招标资格审查首页,见图 5-27。

图 5-27 资格审查—招标方—进入审查

见图 5-28,单击已经报名的投标方信息条(最少三条)上资格文件框下【查看】图标,查看投标方提交的资质文件;

就资质文件查看的结果,选择单击该信息条操作框下图标(有两个图标,分别是通过审核和不通过审核)。

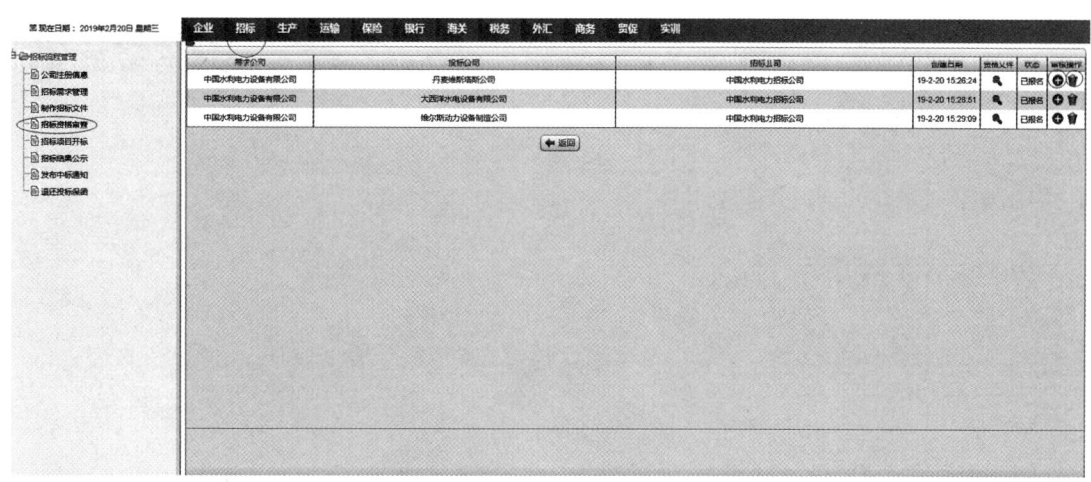

图 5-28 采资格审查—招标方—详细审核

见图 5-29，审查完后，该信息条审核状态合格的可以继续参与本项目投标（最少三条合格），不合格的则本项目投标终止。

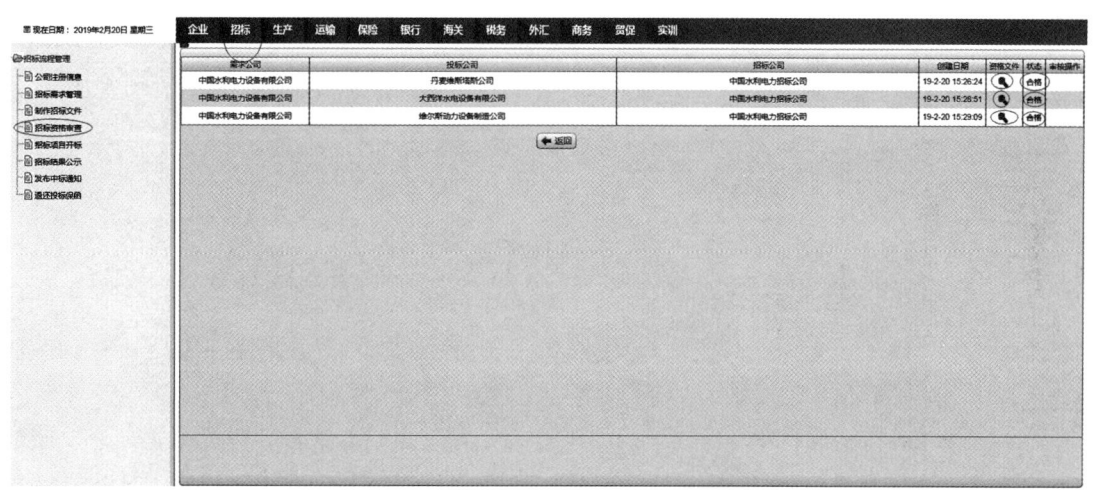

图 5-29 资格审查—招标方—审核结果

（五）投标方购买招标文件

见图 5-30，投标方角色登录，单击横向菜单"企业"和左侧菜单"投标业务管理"项下"购买标书"，进入购买标书首页，看到资格审查结果信息条。（注：未购买前，在招标文件栏目中，标书显示为空。）

单击相应的信息条操作框下【购买】图标，完成标书的购买操作。

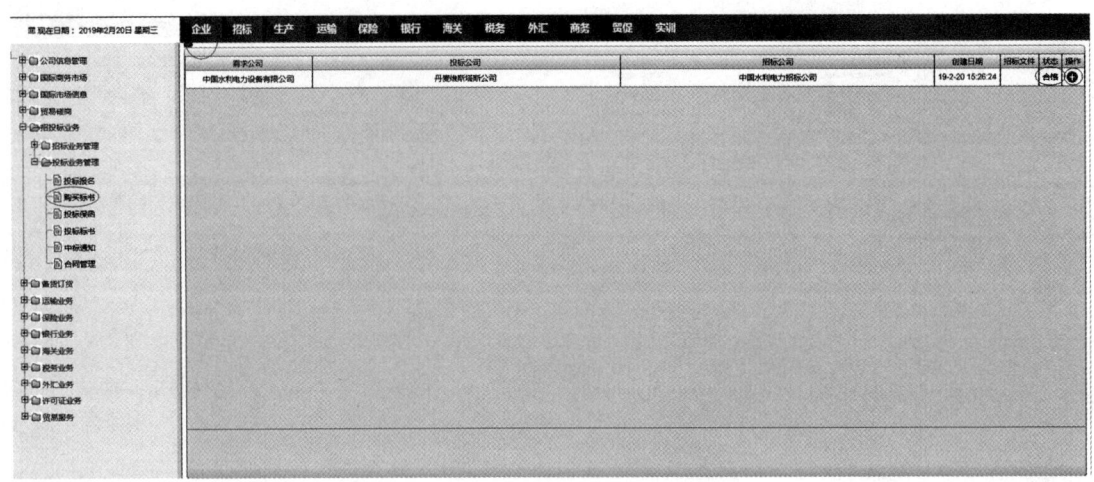

图5-30 购买标书—投标方—购买标书

见图5-31,标书购买完成后,该信息条买标书状态改为"已购买标书";

单击该信息条招标文件框下图标,可以看到相应的标书内容。

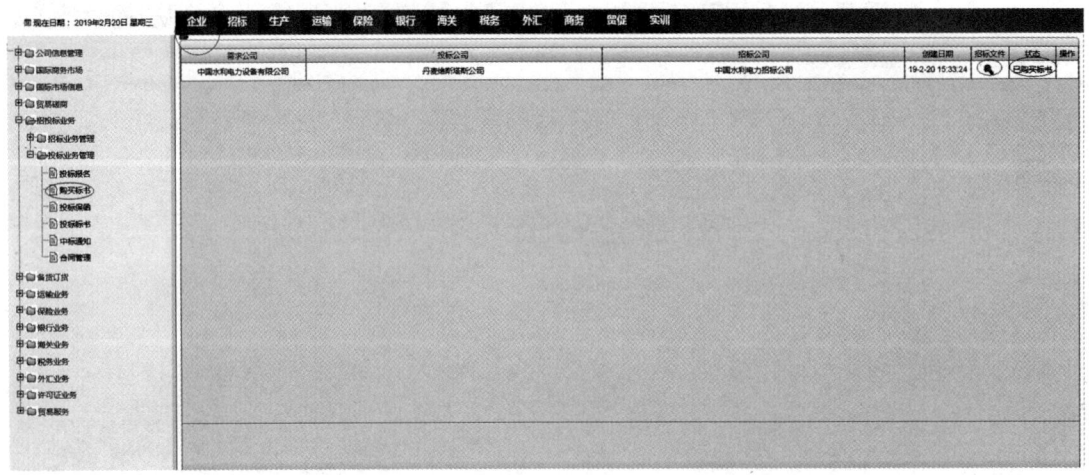

图5-31 购买标书—投标方—已买标书

(六) 投标方提交投标保函

见图5-32,投标方角色登录,单击横向菜单"企业"和左侧菜单"招投标业务"项下"投标业务管理"中的"投标保函",找到需要的信息条;

单击操作框下【申请】图标,向银行发出开立投标保函申请。

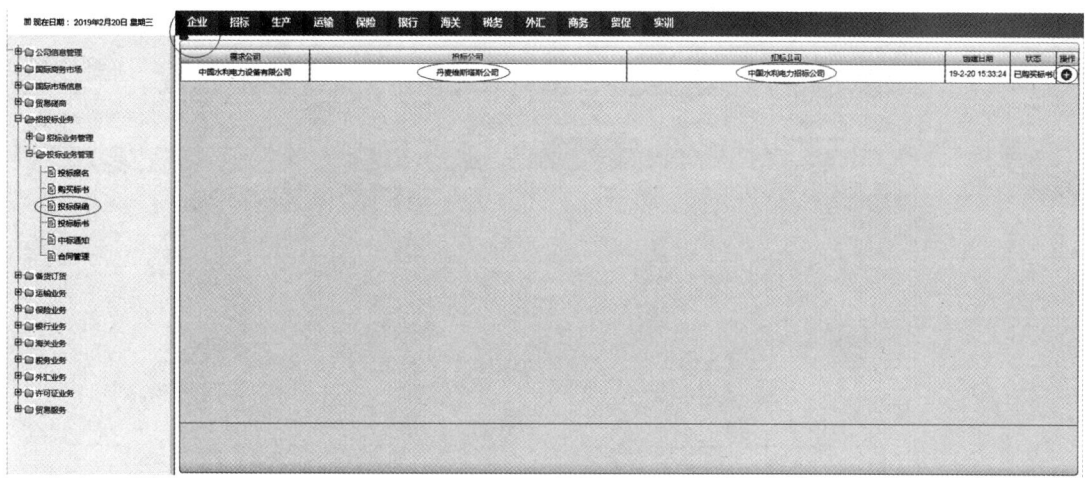

图 5-32 投标保函—投标方—申请保函

见图 5-33，发出申请后，系统返回投标保函首页。该信息条投标保函状态改为"投标保函申请"。

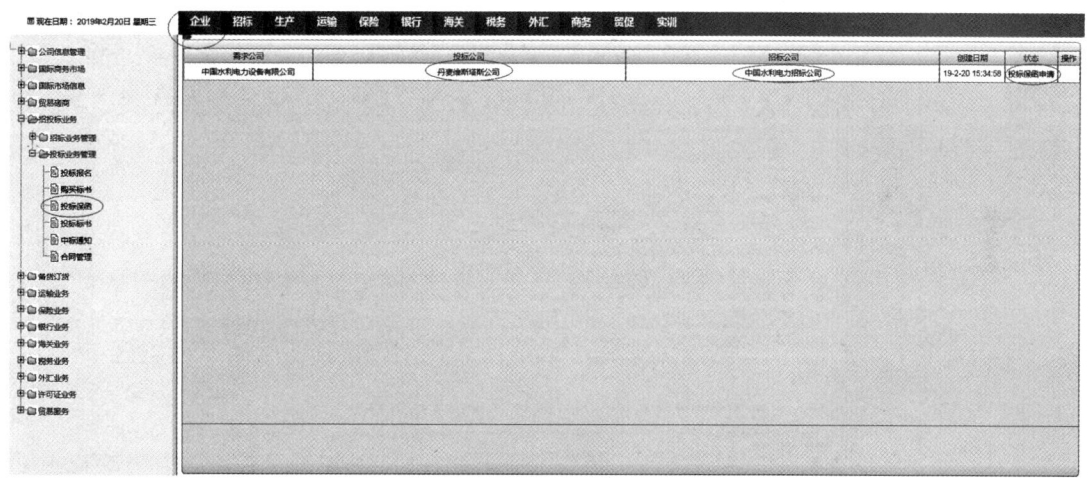

图 5-33 投标保函—投标方—保函申请中

见图 5-34，银行员工角色登录，单击横向菜单"银行"后，再单击左菜单"保函业务"项下"投标保函审核"，找到需要处理的信息条；

单击信息条后面的操作框下【开具】图标，开具投标保函。

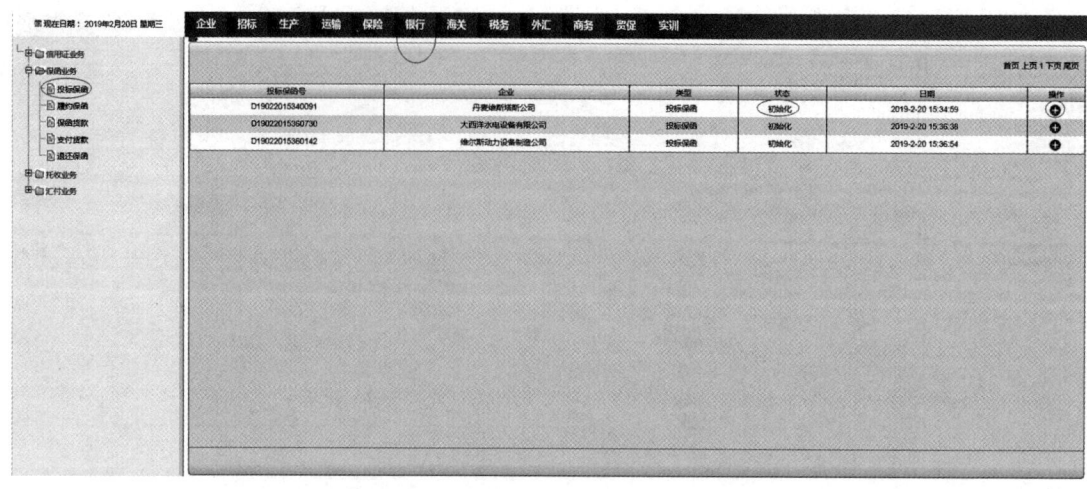

图 5-34 投标保函—银行—进入审核

见图 5-35，银行人员审核并填写相关信息后，单击【发送银行保函】按钮，系统自动发送保函给相关的投标方。

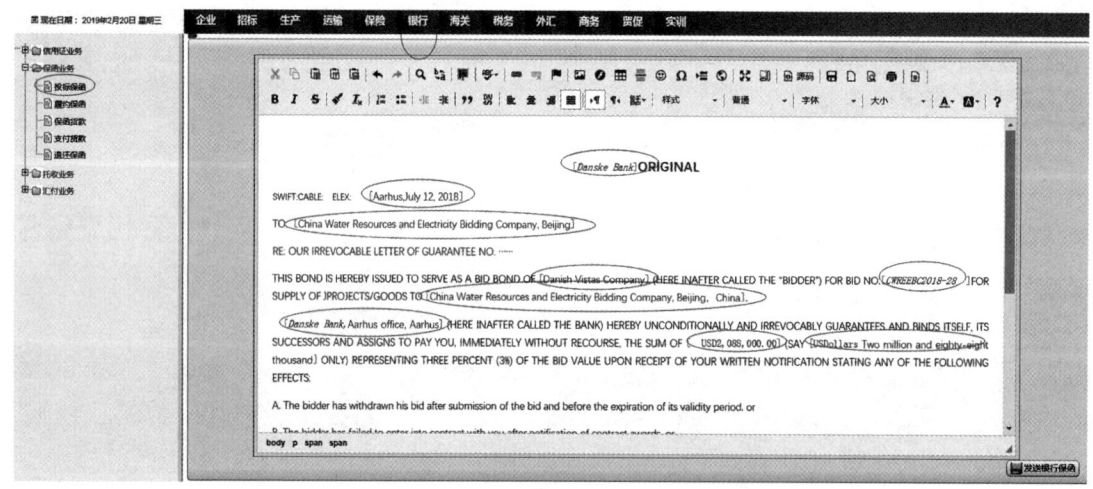

图 5-35 投标保函—银行—开立保函

见图 5-36，发送保函后，系统跳转到保函审核首页，该信息条的审核状态显示改为"审核通过"。

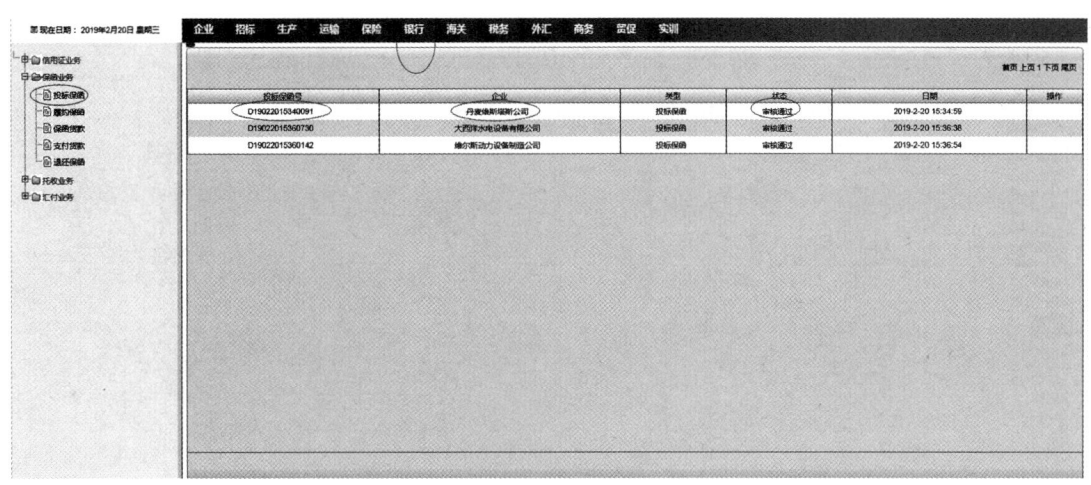

图 5-36 投标保函—银行—保函通过

见图 5-37，银行审批后，在投标方投标保函首页的信息条中，该信息条的投标保函状态显示为"已获投标保函"。

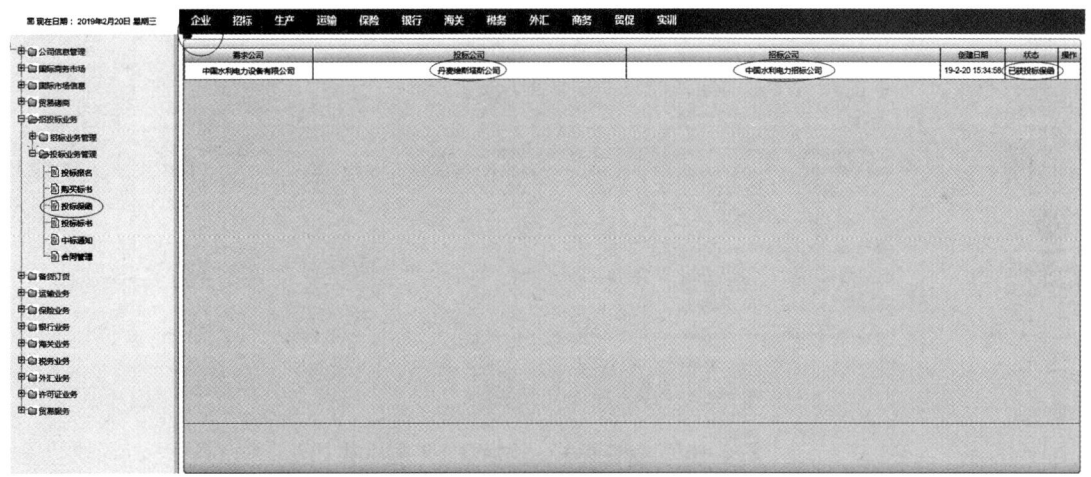

图 5-37 投标保函—投标方—已获取保函

（七）投标方制作投标文件

见图 5-38，投标方角色登录后，单击左侧菜单"投标业务管理"项下"投标标书"，找到相关信息条；

点击该信息条标书框下【编辑】图标，进入投标书的编辑页面，见图 5-39。

单击该信息条操作框下【编辑信息】图标，进入报价编辑，图 5-40。

图 5-38　制作标书—投标方—进入投标书

见图 5-39，编写投标书文件后，单击【保存】按钮，系统返回投标标书首页。

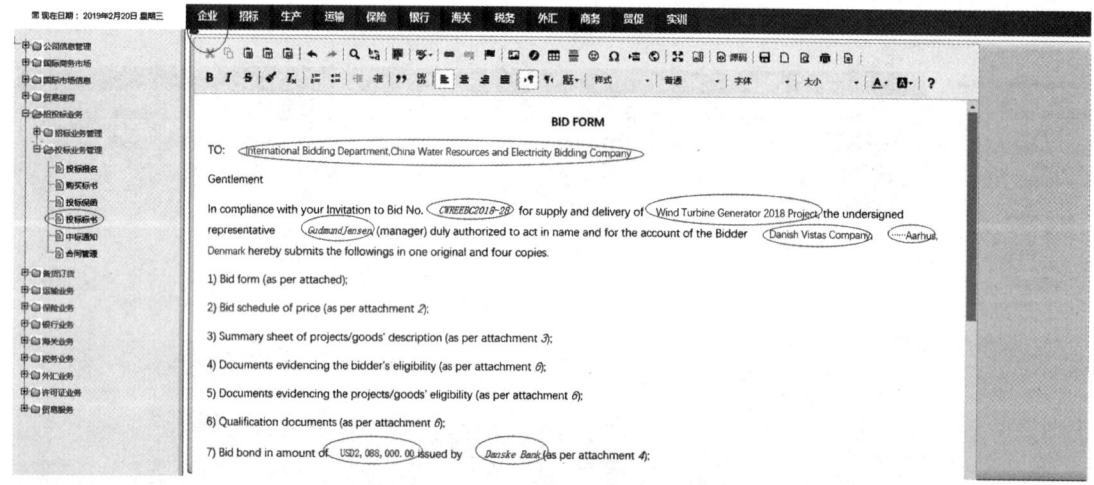

图 5-39　制作标书—投标方—编写标书

见图 5-40，投标方填写相关投标报价表信息后，单击【投标】按钮，完成投标文件制作并发送给招标方。之后，系统跳转到投标标书首页，见图 5-41。

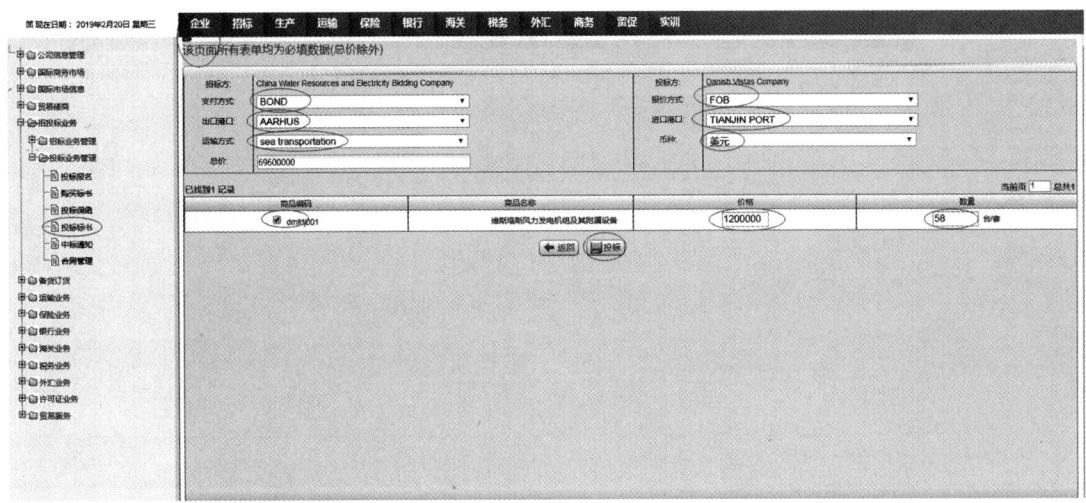

图5-40 制作标书—投标方—编辑报价表

见图5-41，投标文件制作完成后，该信息条的投标文件状态变为"已发送标书"；

单击该信息条【查看】图标，可以看到刚才填写的标书内容和报价表。

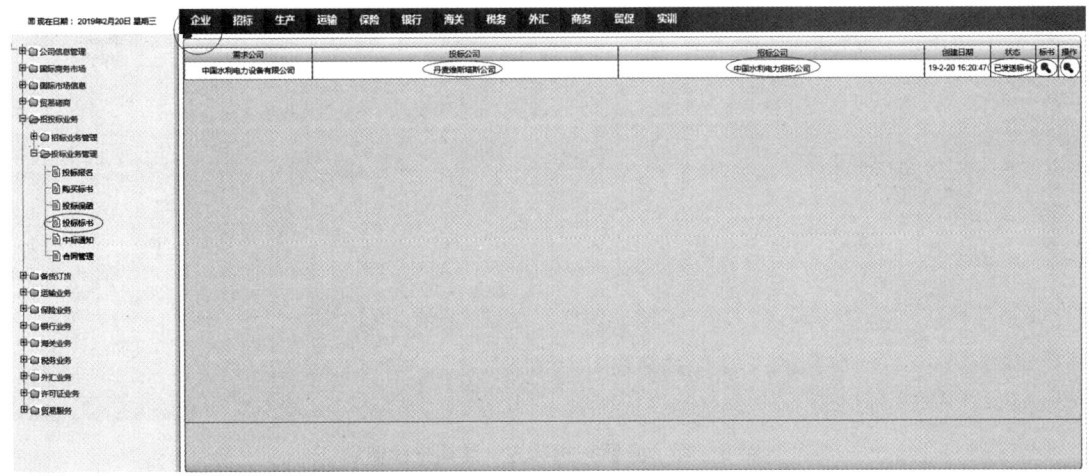

图5-41 制作标书—投标方—发送投标文件

（八）开标

见图5-42，招标方人员单击横向菜单"招标"以及左侧"招标项目开标"，进入开标首页，找到需要开标的信息条；

单击操作框下【开标】图标，本招标项目进行开标，见图5-42；

单击操作框下【查看】图标，可查看参加本招标项目所有投标方的投标信息，见图5-43。

图 5-42 开标—招标方—进入开标

单击图 5-42【查看】图标，进入投标信息资料页面，见图 5-43。

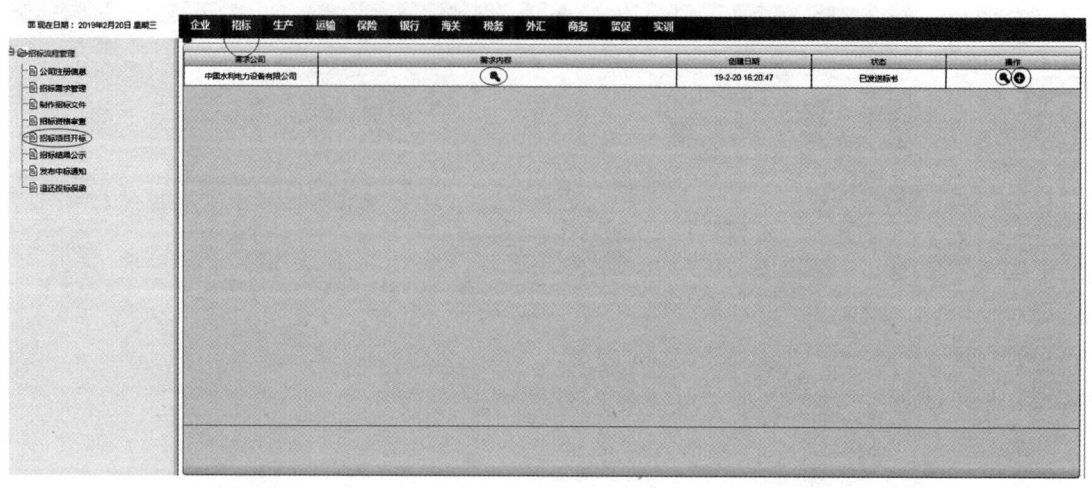

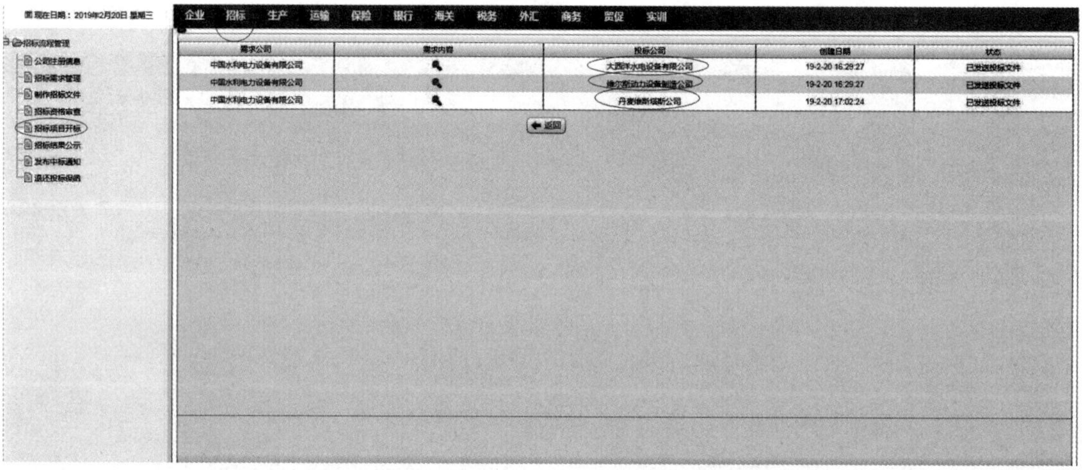

图 5-43 开标—招标方—详细投标信息

单击图 5-42 操作框下【开标】按钮后，业面显示为"已开标"，完成本招标项目的开标，见图 5-44。

图 5-44 开标—招标方—开标

(九) 评标

采购方角色登录后,单击左侧菜单"招投标业务"项下"招标业务管理"中的"招标评标",进入评标首页,看到已评标和未评标的信息条;

找到企业委托招标方已经开标的项目信息条,单击信息条操作框下【评标】图标,进入评标页面,见图5-45。

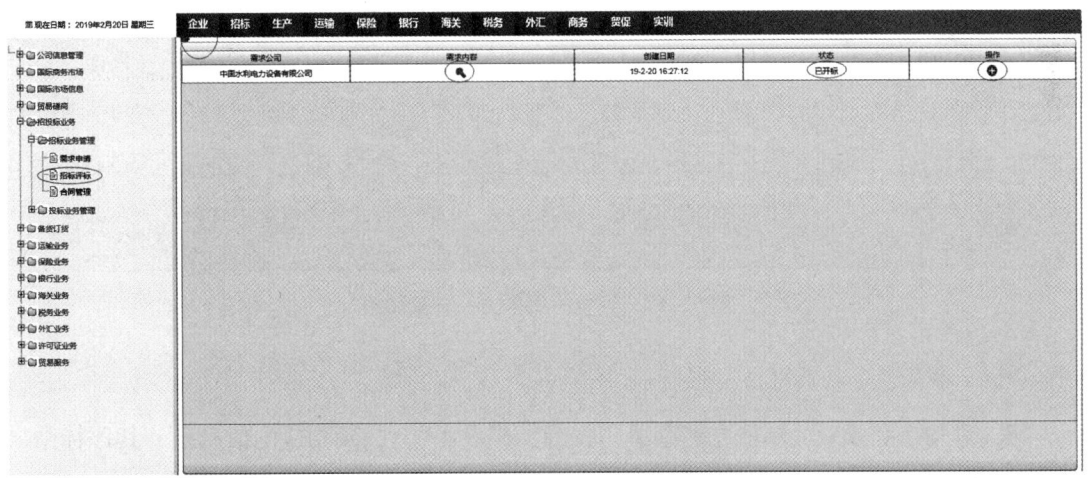

图 5-45 评标—采购方—进入评标

见图5-46,单击标书和开标一览表框下【查看】按钮,查看标书信息和投标报价信息;

比较信息内容后,选择一家,单击操作框下【中标】图标,完成项目的评标。

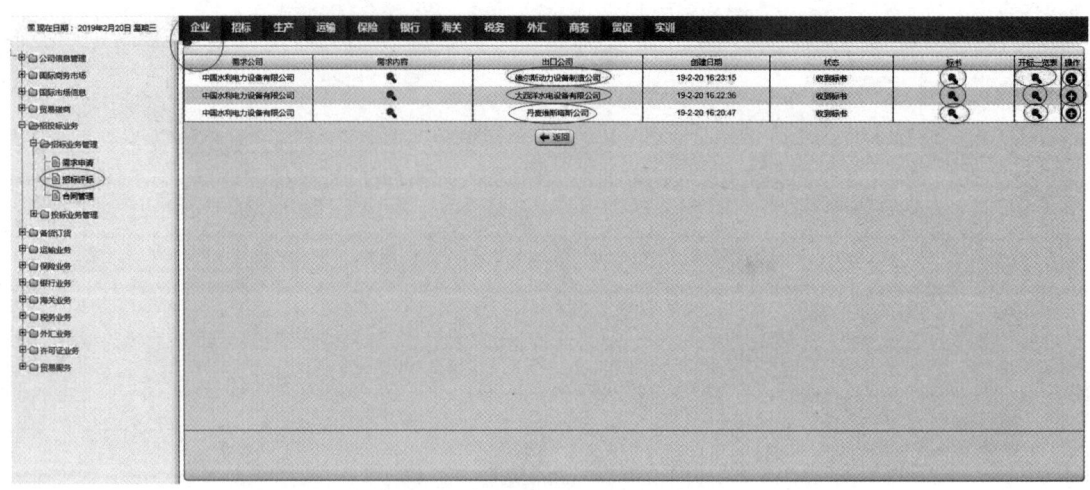

图 5-46 评标—采购方—评标

见图 5-47，评标结束后，招标评标首页上可以看到评标结果。

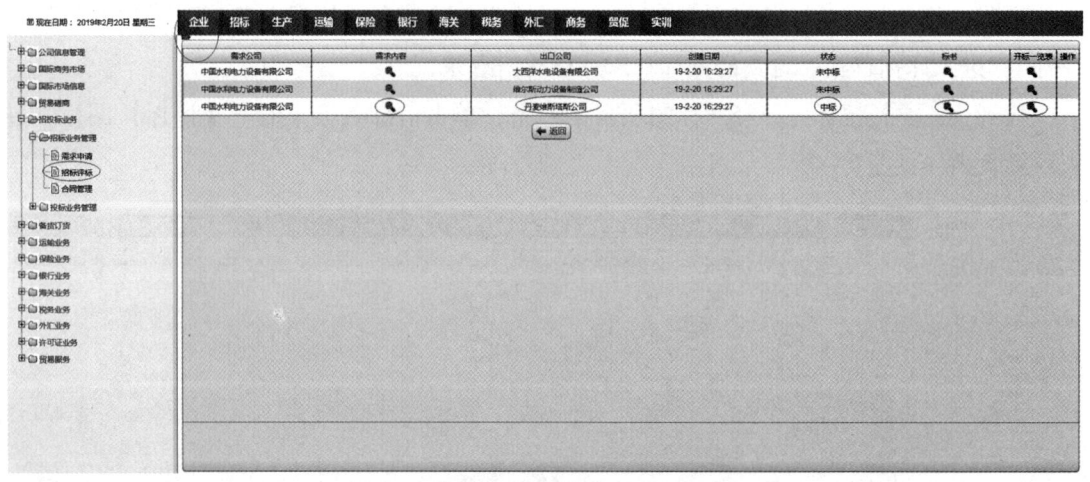

图 5-47 评标—采购方—评标结果

（十）中标

招标方角色登录后，单击左侧菜单"招标结果公示"，找到相应的信息条，其评标结果状态显示为"中标"；

单击该信息条操作框下【发布】图标，发布中标公示，见图 5-48。

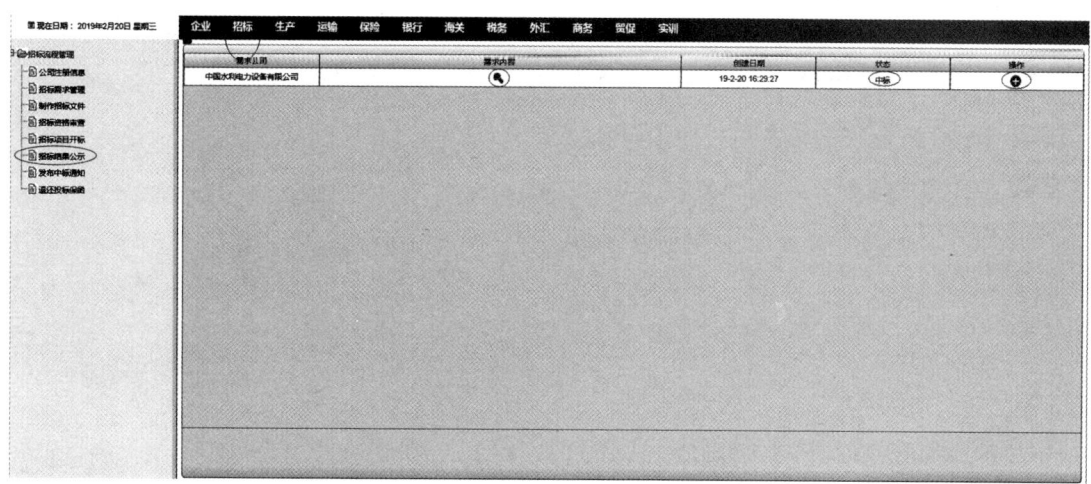

图 5-48 中标公示—招标方—发布中标

发布中标公示后,系统返回招标结果公示首页,该信息条的招标结果公示状态改为"已发中标公示",见图 5-49。

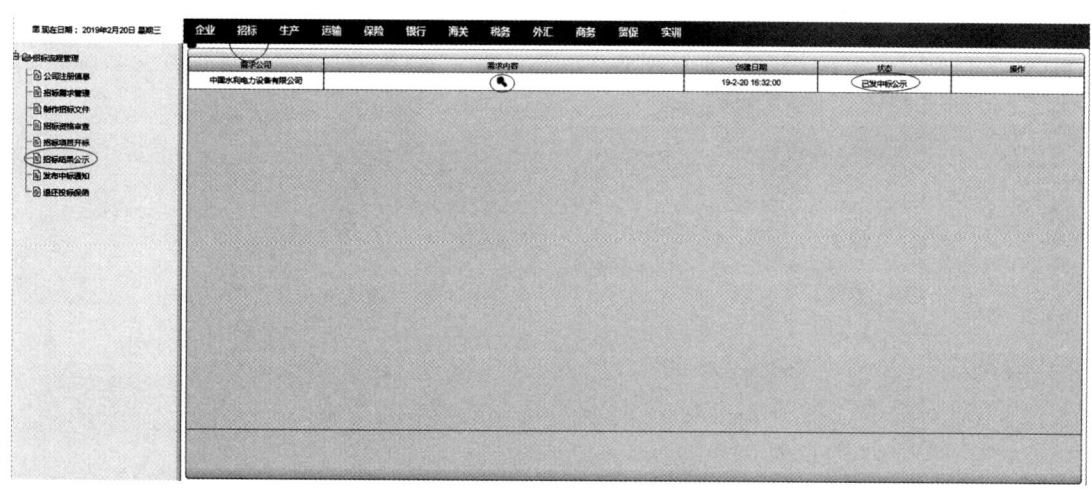

图 5-49 中标公示—招标方—中标公示

见图 5-50,招标方单击"发布中标通知",找到相应的信息条,其状态显示为"已发中标公示";

点击其操作框下图标(通知),发布中标通知。

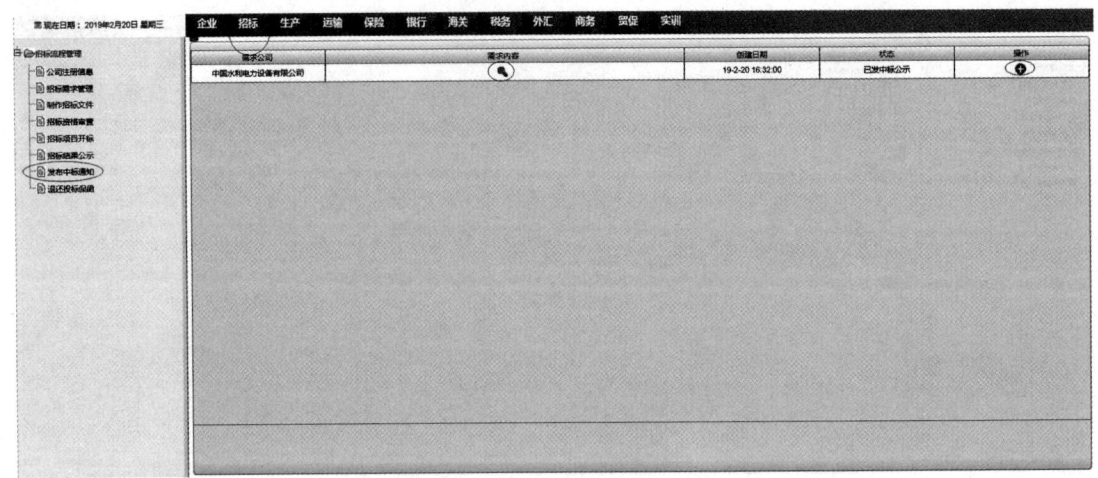

图5-50 中标通知—招标方—通知

见图5-51，发布中标通知，系统返回发布中标通知首页，该信息条的中标通知状态改为"已发中标通知"。

图5-51 中标通知—招标方—已发通知

与此同时，所有参与的投标方单击左侧菜单"招投标业务"项下"投标业务管理"中的"中标通知"，进入中标通知首页，看到企业是否中标的信息条。见图5-52为投标方的中标页面。

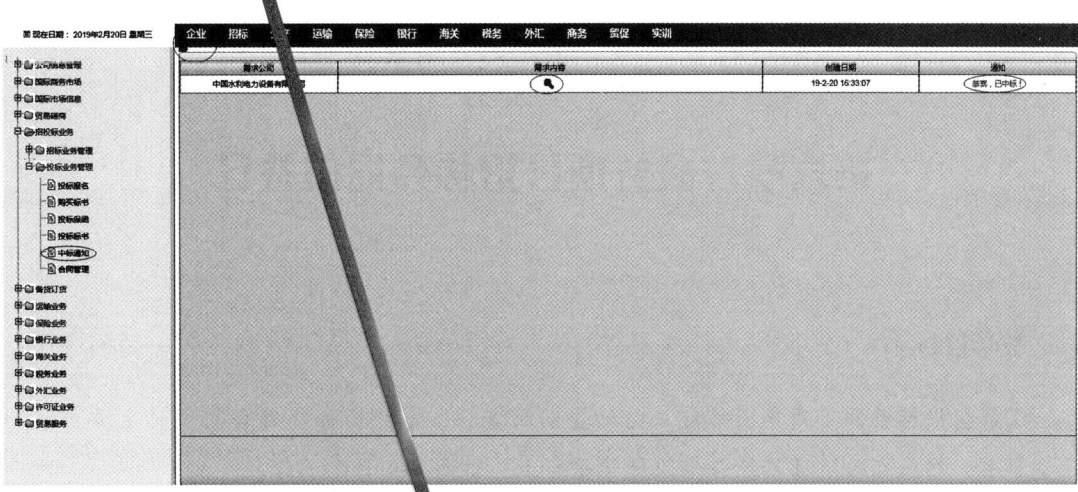

图 5-52　中标通知—投标方—查看中标结果 1

或见图 5-53，投标方未中标页面。

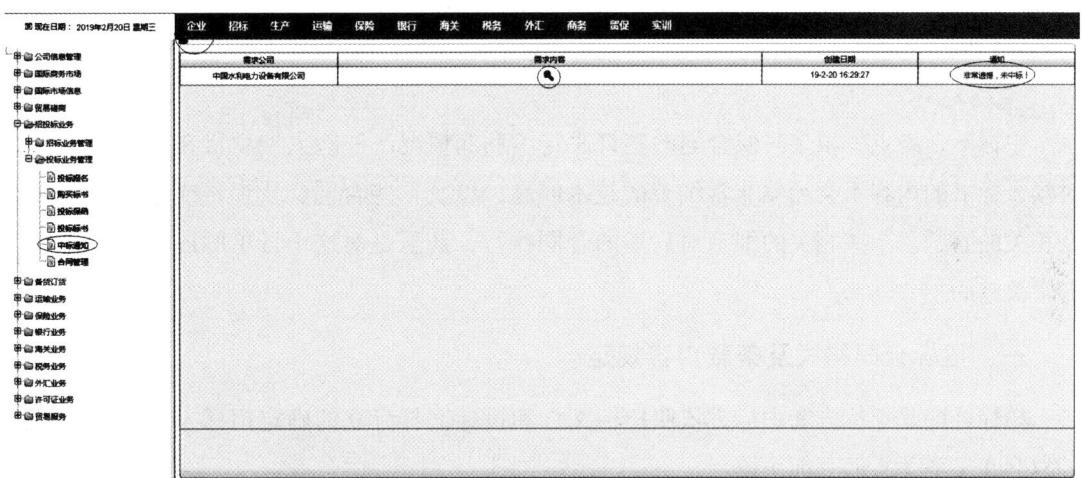

图 5-53　中标通知—投标方—查看中标结果 2

第六章 商务项目招标合同的签订

⚖ **教学目标**··

了解招投标条件下商务项目订立招标合同的流程；掌握商务项目合同中的主要内容和注意事项；熟悉在跨境项目综合实验教学平台上签订商务项目合同

第一节 按章签订招标合同

中标不是终点，很多时候合同的签订决定了利润情况。一些大型项目在投标和中标的时候，标书的内容不会涵盖非常细节的技术问题，以及一些合同交货期，或是明确的交货期相关的问题。一些相关的细节对后期的合同执行，甚至是对这个订单的成本和利润都是非常关键的。

一、招标合同格式及条款内容规定

招标合同是招标方和中标方依照招标文件和投标文件订立的确定招标方和中标方之间的权利和义务关系的书面协议。

首先，招标文件带的合同范本是经过管理部门审批的格式，基本不能修改，如需修改可以双方协商。为此，招标方在发出中标通知书的同时，将把招标文件中提供的合同格式连同双方达成的协议寄给中标方。

其次，招标合同的内容应该是对招标文件和投标文件中所载内容的肯定。《中华人民共和国招标投标法实施条例》规定："招标方和中标方应当依照招标投标法和本条例的规定签订书面合同，合同的标的、价款、质量、履行期限等主要条款应当与招标文件和中标方的投标文件的内容一致。招标方和中标方不得再行订立背离合同实质性内容的其他协议。"实施条例还规定："招标方和中标方不按照招标文件和中标方的投标文件订立合同，合同的主要条款与招标文件、中标方的投标文件的内容不一致，或者招标方、中标方订立背离合同实质性内容的协议的，由有关行政监督部门责令改正，可以处以中标项目金额5‰以上

10‰以下的罚款。"

二、招标合同签订时间要求

《中华人民共和国招标投标法》规定:"中标通知书对招标方和中标方具有法律效力。招标方和中标方应当自中标通知书发出之日起三十日内,按照招标文件和中标方的投标文件订立书面合同。"如因招标方改变中标结果或者中标方拒不签订合同等原因导致招标合同未订立,招标方或者中标方应承担缔约过失责任,并赔偿损失。

中标方在收到中标通知书和合同格式后及时派授权代表签订招标合同。业主/采购方或招标方须在规定的时间内与中标方签订合同,并将签订后的合同副本寄给相关部门备案。

三、合规履行合同约定义务

中标方在招标合同签订时必须清楚,应当按照招标合同约定履行义务,完成中标项目。谁中标只能由谁来完成中标项目,中标方不得转让中标项目(即中标方将中标项目倒手转让他人,使他人成为该中标项目实际上的完成者),也不得将中标项目分解后分别向他人转让。

中标项目虽然不能转让,但可以分包。所谓分包中标项目,是指对中标项目实行总承包的中标方,将中标项目的部分工作,再发包给其他人完成的行为。中标方按照合同约定或者经招标方同意,可以将中标项目的部分非主体、非关键性工作分包给他人完成,但不得再次分包,分包项目由中标方向招标方负责,接受分包的人承担连带责任。原则上讲,中标方应该独立地履行中标方义务。但是,由于有的招标项目比较庞大、复杂,为使中标项目能够得到更好的完成,法律允许中标方在一定的条件下,将中标项目分包给他人。这些条件是:

(1) 合同中有允许分包的约定或者分包已经招标方同意;
(2) 分包给他人完成的是中标项目的部分非主体、非关键性工作;
(3) 接受分包的人应该具备相应的资格条件,并不得再次分包。

第二节 提交履约保函、退还投标保函

一、中标方开立并提交履约保函

投标方应在收到中标通告书后 28 天内,通过合同采购方或招标方认可的一家银行,以银行保函的形式向招标方或合同采购方提供通常是相当于合同总价 10% 的履约保证金,该履约保证金的有效期到项目保证期期满时止。如中标方未能履行合同规定的任何义务,采购方或招标方有权从履约保证金中得到补偿。

只有在中标方开立并提交合格的履约保函给招标方后,中标方与业主/采购方或招标方所签订的招标合同才正式生效。

中标方提供的履约保证金应按招标文件所附的格式或采购方/招标方可接受的其他格式提供,与此有关的费用均由中标方承担。表6-1是一份履约保函例样。

表6-1 履约保函例样

LETTER OF IRREVOCALBE GUARANTEE FORM FOR PERFORMANCE BOND

Issuing Date:

BENIFICARY: _____ [the department of the tenderee]
_____ [name of the tenderee]
_____ [the tenderee's address]

Performance Bond for Contract No. _____

THIS BOND IS HEREBY ISSUED TO SERVE AS THE PERFORMANCE BOND OF _____. (HEREINAFTER CALLED THE SELLER) FOR CONTRACT NO. _____ DATED _____ BETWEEN YOUR COMPANY AND THE SELLER FOR THE SUPPLY OF _____ (HEREINAFTER CALLED THE PROJECTS) FOR THE _____ (HEREINAFTER CALLED THE PROJECT).

THE _____ (HEREINAFTER CALLED THE BANK) HEREBY UNCONDITIONALLY AND IRREVOCABLY GUARANTEES AND BINDS ITSELF, ITS SUCCESSORS AND ASSIGNS TO PAY YOU, WITHOUT RECOURSE, UP TO THE TOTAL AMOUNT OF _____ [amount of money] REPRESENTING TEN PERCENT (10%) OF THE CONTRACT PRICE IN _____ [currency name] AND ACCORDINGLY COVENANTS AND AGREES AS FOLLOWS:

A. On the Seller's failure of the faithful performance of all the Contract Documents and modifications, amendments, additions and alterations that may hereafter be made thereto, including replacement and/or making good of defective projects (hereinafter called the failure of performance), as determined by you and notwithstanding any objection by the Seller, the Bank shall immediately, on your demand in a written notification stating the effect of the failure of performance by the Seller, pay you such amount or amounts as required by you not exceeding in aggregate _____ [amount of money] in the manner specified in the said notification.

B. Any payment hereunder shall be made free and clear of and without deduction for or on account of any present or future taxes, duties, charges, fees deductions or withholdings of any nature whatsoever and by whomsoever imposed.

C. The covenants herein contained constitute unconditional and irrevocable direct obligations of the Bank. No alteration in the terms of the Contract to be performed thereunder and no allowance of time by you or other forbearance or concession or any other act or omission by you which for this provision might exonerate or discharge the Bank shall in any way release the Bank from any liability hereunder.

D. This guarantee shall remain valid and in full force and effect until the 30th day after the expiration of the guarantee period specified in the Contract to be signed by the Seller and _____ [name of the tenderee].

Very truly Yours,

_____
(name of the issuing bank)
By _____
(printed name and designation)

_____
(official seal)

二、招标方退还投标保函

在中标并与招标方签订合同后，中标方持已签订的合同、中标通知书、履约保函副本、投标保函副本向招标方申请办理退还投标保函事宜。

根据相关规定，通常招标方最迟应当在书面合同签订后 5 日内向中标方和未中标的投标方退还投标保函。

另外，招标方终止招标的，应当及时发布公告，或者以书面形式通知被邀请的或者已经获取资格预审文件、招标文件的潜在投标方。已经发售资格预审文件、招标文件或者已经收取投标保函的，招标方应当及时退还所收取的资格预审文件、招标文件的费用，以及所收取的投标保函。

下列任何情况发生时，投标保函金额将被没收：

（1）投标方在投标保函中规定的投标有效期内撤回其投标。

（2）中标方在规定期限内未能签订合同或提交履约保证金。

第三节　招标合同样本

一、国际货物采购招标合同样本

表 6-2 是一份中英文本的国际货物采购招标合同。

表 6-2　国际货物采购招标合同

合　同
CONTRACT

合同号码：CNWREECT2018-126
Contract No.：CNWREECT2018-126
日期：2018 年 10 月 9 日
Date：Oct. 09，2018
地点：北京
Concluded at：Beijing

买　　方：中国水利电力设备有限公司　地址：北京市西城区……
　　　　　电　话：+86-
　　　　　公司网址：……
　　　　　电邮：……
The Buyers：China National Water Resources and Electricity Equipment Co.，Ltd.　Add：…
　　　　　Tel：+86-
　　　　　Website：…
　　　　　E-mail：…

续表

卖方：丹麦维斯塔斯公司
   地址：丹麦奥胡斯郡……
   电话：+
   公司网址：……
   电邮：……
The Sellers: Danish Vistas Company Add: …Aarhus, Denmark
   Tel: +
   Website: …
   E – mail: …

兹经买卖双方同意，由买方购进，卖方出售下列货物，并按下列条款签订本合同：
  This Contract is made by and between the Buyers and the Sellers whereby the Buyers agree to buy and the Sellers agree to sell the undermentioned goods on the terms and conditions stated below:

1. 货物名称，规格，生产国别，制造工厂：
   Name of Commodity, Specifications, Country of Origin, Manufacturers:

   风力发电机组及其附属设备 V52 – 850 丹麦维斯塔斯制造公司制造
   发电量：850 千瓦
   叶片：52 米
   Wind Turbine Generator and Its Accessory Equipment V52 – 850
   Power Generation Capacity 850 kW
   Blade: 52 m
   Technical specifications Attachment No. 1
   Manufacturer: Danish Vistas Manufacturing Company, Denmark

2. 数量：58 套
   Quantity: 58 Sets

3. 出厂期：2018 年 11 月
   Delivery date: Nov. 2018

4. 单价：每套 120 万美元 FOB 奥胡斯
   Unit price: USD1,200,000.00/set FOB Aarhus (The unit price is to be understood Incoterms 2010)

5. 总值（大写）：陆仟玖佰陆拾万美元 总价 Total value: USD69600000
   Total value: Say US Dollars Sixty – nine million and six hundred thousand only

6. 装运口岸：奥胡斯
   Port of loading: Aarhus

7. 目的口岸：天津新港
   Port of Destination: Xingang, Tianjin

8. 装运期限：2019 年 01 月 31 日前
   Time of shipment: Before Jan. 31, 2019

9. 包装及唛头：无包装和集装箱运输，包括必须适于海上运输，坚固并能确保货物安全。每件货物包装上用不褪色的涂料表明毛重、净重、包装号、尺寸及唛头。
   Packing and Shipping Marks: Nude & container shipment. Packing must be suitable for ocean shipment sufficiently strong and with adequate protection of the goods. Each package shall be stenciled with unfading pigment the gross and net weight, package No., measurement and Shipping Marks.
         CNWREECT2018 – 126
         XINGANG, TIANJIN, CHINA

续表

10. 付款条件：在本合同生效、卖方并于 2018 年 10 月 08 日前开来以买方为受益人的相关履约保函前提下，买方通过中国银行电汇合同金额 10% 货款给卖方；卖方全部交货完成后，买方电汇合同金额 90% 货款给卖方，该电汇凭本合同第 11 条规定的单据在中国银行付款。

    Term of payment：Subject to the entry into force of this contract and the relevant performance guarantees issued by the sellers in favour of the buyers before October 08, 2018, the buyers shall pay the sellers 10% of the amount of the contract by TT from the Bank of China；after the completion of the full delivery by the sellers, 90% of the amount of the contract by TT from the buyers shall be paid to the sellers by the Bank of China against the shipping documents as stipulated in Clause 11 of this contract.

11. 单据：各项单据均须使用与本合同相一致的文字，以便买方审核查对。

    Documents：To facilitate the Buyers to check up, all documents shall be made in a version identical to that used in this contract.

    A. 全套已装船清洁海运提单，提单上的到货通知人为本合同卖方，提单注明"运费已付"字样。

       Full set of clean on board ocean Bills of Lading made out to order blank endorsed, showing the contract's Buyers as the notifying party marked "Freight prepaid".

    B. 发票正本一式三份：注明合同号、交货金额、唛头、载货船名等。

       Commercial Invoice in 3 originals, indicating contract No., shipping value, shipping marks, name of carrying vessel and so on.

    C. 装箱单一式三份：注明每件包装的数量、合同号及唛头。

       Packing List in 3 copies, indicating quantity of each package, contract No. and shipping Marks.

    D. 品质证明书一式三份，由生产厂家出具。

       Certificate of Quality of the contracted goods in 3 copies issued by the manufacturer.

    E. 数量证明书一式三份，由生产厂家出具。

       Certificate of Quantity of the contracted goods in 3 copies issued by the manufacturer.

    F. 按合同第 13 条规定的装运通知邮件抄本。

       Copy of email advising shipment according to Clause 13 of this contract.

12. 装运条款：买方负责将本合同所列货物由装运口岸装直达班轮到目的地口岸，中途可分装、不得转船。

    Terms of shipment：The Buyers shall undertake to ship the contracted goods from the port of loading to the port of destination on a direct liner, with partial shipment allowed but transshipment not allowed.

13. 装运通知：卖方须在装运期 30 天前将合同号、品名、件数、毛重、净重、发票金额以邮件方式通知买方。买方须在货物装船 15 天前将载货船名及装船日期以邮件方式通知卖方。

    Advice of shipment：The Sellers shall advise the Buyers by email 30 days before the shipment of the contract No., name of commodity, number of packages, gross and net weights, invoice value. The Buyers shall advise the Sellers by email 15 days before the loading date of name of vessel, loading date.

14. 保险条款：买方负责保险。

    Terms of insurance：By the Buyers.

15. 成本加运费条款：按 Incoterms 2010 FOB 贸易术语执行。

    For FOB terms：according to Incoterms 2010.

16. 检验和索赔：货物到达口岸 30 天内，如发现品质或数量或重量与本合同规定不符时，除属于保险公司或船行责任者外，卖方凭买方的书面证明及不符凭据，或对货物进行修理，或对损坏和丢失的货物进行更换，所有连带损失（特别是利润损失和停产损失等）不在索赔范围之内。

    Inspection & claims：Within 30 days after the arrival of the goods at destination, should the quality, specification or quantity be found not in conformity with the stipulations of the contract except those claims for which the insurance company or the owners of the vessel are liable the Sellers shall upon written notice by Buyers and proof of non-conformity, repair or replace the defective or missing goods. All further claims for effects, especially claims for consequential damages (loss of profit, loss of production and incidental damages) shall be excluded.

续表

17. 品质保证：卖方保证货物是用最好材料，以一流的工艺制作，货物必须全新，不曾使用过。品质规格符合合同规定，品质保证期限为自卖方交货日起30个月或自商品使用之日起24个月内，并以早到期者为准。货物到达口岸后由中国商检机构出具商检证书，如发现品质或数量或规格与本合同不符时，除属于保险公司或船行负责外，或在保险期限内因制造厂商在设计制造过程中的缺陷造成货物损害，卖方凭中国商检机构出具的检验证明书进行换货，或在买方提出索赔时，如果索赔属实，立即予以赔偿。如果发生索赔，所有因索赔引起的直接费用（包括检验费、更换的运费、保险费、仓储费及装卸费）均由卖方负担，所有连带损失（特别是利润和停产损失等）不在索赔范围之内。

    Guarantee of quality: The Sellers guarantee that the commodity hereof is made of the best materials with first class workmanship, brand – new and unused, and complies in all respects with the quality. After the arrival of the goods, at destination, the goods shall be inspected and the Certificate of Inspection shall be issued by Chinese commodity inspection agency. Should the quality, specification, quantity be found not in conformity with the stipulations of the contract, damages occur in the course of operation by reason of inferior quality, bad workmanship or the use of inferior materials, the Sellers shall at their discretion, on the basis of Inspection Certificate issued by Chinese commodity inspection agency, replace defective goods or undertake immediate compensation according to the state the claim is proven to be justified. In case of and specifications stipulated in this contract. The guarantee period shall be 24 months after putting the goods into commercial operation by consumers or 30 months after delivery FOB, whichever comes earlier. All the relevant direct expenses (such as inspection charges, freight for returning the goods and for sending the replacement insurance premium, storage and loading and unloading charges) shall be borne by the Sellers. All further claims for defects, especially claims for consequential damages (loss of profit, loss of production and incidental damages) shall be excluded.

18. 不可抗力：由于一般公认的人力不可抗拒原因（包括罢工和罢工引起的工厂停产）导致不能装船或装船延误，卖方不负责任。但卖方必须在事故发生时立即电告买方，并在事故发生后14日内航空给买方灾难发生地之有关政府机关或商会所签发的证件证实灾害存在。然而在这种情况下，卖方仍然有义务采取一切的必要措施加速货物承运。如果人力不可抗拒事故继续存在2个月以上时买方有权取消合同。

    Force Majeure: The Sellers shall not be responsible for the delay in shipment or non – delivery of the goods due to Force Majeure (including strikes and lockouts), which might occur during the process of manufacturing or in the course of loading or transit. The Sellers shall advise the Buyers immediately by fax of the occurrence mentioned above and within fourteen days thereafter, the Sellers shall send by airmail to the Buyers for their acceptance a certificate of the accident issued by the competent government authorities or the chamber of commerce where the accident occurs as evidence thereof. Under such circumstances the Sellers, however, are still under the obligation to take all necessary measure to hasten the delivery of the goods. In case the accident lasts for more than two months, the Buyers shall have the right to cancel the contract.

19. 延期交货及罚款：如果由于卖方的原因，卖方不能按合同规定的时间交货，卖方同意在15天优惠期之后，付迟交金（而不是罚款）。迟交金按迟交货物的总额计算，每周为0.5%，不到一周按一周计算，迟交金额不超过迟交部分总额的5%。如果迟交金达到了总额，则买方可以终止迟交部分的交货。所有其他损失，特别是连带损失不在索赔的范围之内。

    Delayed delivery and penalty: Should the Sellers fail to make delivery on time as stipulated in the contract, due to the reasons for which he is responsible, the Sellers shall pay, under the acceptance or in the course of loading after a grace period of 15 days, as liquidated damages and not as penalty 0.5% of the value of the delayed material per week of delay up to a maximum of 5% of the value involved in the late delivery. When the full amount of liquidated damages has become due, the Buyers may terminate the non – delivered part of the contract. All further claims for delay, especially claims for consequential damages, shall be excluded.

20. 仲裁：一切因执行本合同或与本合同有关的争执，应由双方通过友好方式协商解决。如经协商不能得到解决时，应提交中国国际经济贸易仲裁委员会，按其仲裁规则进行仲裁。仲裁委员会的仲裁为终局裁决，对双方均有约束力。仲裁费用除仲裁委员会另有决定外，由败诉一方负担。

    Arbitration: All disputes in connection with this contract or the execution thereof shall be settled by friendly negotiation. If no settlement can be reached, the case in dispute shall then be submitted for arbitration to the China International Economic and Trade Arbitration Commission in accordance with its rules of arbitration. The decision made by the commission shall be accepted as final and binding upon both parties. The fees for arbitration shall be borne by the losing party unless otherwise awarded by the commission.

续表

21. 本合同以中英文书就,两种文本具有同等法律效力。
    The contract is concluded in Chinese and English with equal authenticity.
22. 本合同的附件是本合同的组成部分。
    The attachments of this contract are integral parts of this contract.
23. 本合同的签署方为买卖双方,买方持2份正本,卖方4份正本。
    In witness thereof, this contract is signed by two parties, the Buyers hold two originals and Sellers hold four original.

买　方	卖　方
中国水利电力设备有限公司	丹麦维斯塔斯公司
The Buyers	The Sellers
China National Water Resources and Electricity Equipment Co., Ltd.	Danish Vistas Company
（signature）	（签字）

二、国际工程项目招标合同介绍

国际工程项目因其合同主体的多国性、货币和支付方式的多样性、国际政治、经济影响因素的作用巨大、项目规范庞杂且差异性大、项目风险和可变因素众多、项目建设周期较长加之环境错综复杂等特点,对于通过国际招投标成立的国际工程项目合同通常是由一系列的文件共同构成,其中包括合同条件、图纸技术规范或标准、工程量及价格表、合同协议书等。因合同所涉及的内容很多、很广且十分复杂,故现仅提供一份国际工程项目合同的目录,由此感受国际工程项目合同与一般的国际货物采购招标合同的不同。

总目录 TABLE OF CONTENTS

第一部分　合同协议书 Part One　Contract Agreement

一、工程概况 Work Overview

二、工程主要生产技术（或建筑设计方案）来源

Major sources of engineering production technology (or architectural design scheme)

三、主要日期 Main date

四、工程质量标准 Engineering quality standard

五、合同价格和付款货币 Contract price and payment currency

六、定义与解释 Definition and Interpretation

七、合同生效 Contract entry into force

第二部分　通用条款 Part two　General Provisions

第1条　一般规定 Article One　General Stipulations

1.1　定义与解释 Definition and Interpretation

1.2　合同文件 Contract documents

1.3 语言文字 Language

1.4 适用法律 Appliable law

1.5 标准、规范 Standard and norm

1.6 保密事项 Confidentiality

第2条 发包人 Article Two　Article Two Employer

2.1 发包人的主要权利和义务 Main rights and obligations of employer

2.2 发包人代表 Employer's representative

2.3 监理人 Supervisor

2.4 安全保证 Safety guarantee

2.5 保安责任 Security responsibility

第3条 承包人 Article Three　Contractor

3.1 承包人的主要权利和义务 Contractor's main rights and obligations

3.2 项目经理 Project manager

3.3 工程质量保证 Engineering quality guarantee

3.4 安全保证 Safety guarantee

3.5 职业健康和环境保护保证

Guarantee for occupational health and environmental protection

3.6 进度保证 Progress guarantee

3.7 现场保安 Site security

3.8 分包 Subcontract

第4条 进度计划、延误和暂停 Article Four　Progress schedule, delay and suspension

4.1 项目进度计划 Progress schedule of Project

4.2 设计进度计划 Progress schedule of design

4.3 采购进度计划 Progress schedule of procurement

4.4 施工进度计划 Progress schedule of construction

4.5 误期损害赔偿 Delay damages

4.6 暂停 Suspension

第5条 技术与设计 Article Five　Technology and design

5.1 生产工艺技术、建筑设计方案 Production technology, architectural design scheme

5.2 设计 Dsign

5.3 设计阶段审查 Design phase review

5.4 操作维修人员的培训 Training of operation and maintenance personnel

5.5 知识产权 Intellectual property right

第6条 工程货物 Article Six Engineering material

6.1 工程货物的提供 Provision of engineering materials

6.2 检验 Inspection

6.3 进口工程货物的采购、报关、清关和商检 Procurement, declaration/clearance of customs and inspection of imported engineering materials

6.4 运输与超限货物运输 Transportation and transportation of the goods beyond limits

6.5 重新订货及后果 Reorder and consequences thereof

6.6 工程货物保管与剩余 Preservation and surplus of engineering materials

第7条 施工 Article Seven Construction

7.1 发包人的义务 Employer's obligations

7.2 承包人的义务 Contractor's obligations

7.3 施工技术方法 Construction technique and method

7.4 人力和机具资源 Human power and machine resources

7.5 质量与检验 Quality and inspection

7.6 隐蔽工程和中间验收 Concealed work and intermediate acceptance

7.7 对施工质量结果的争议 Disputes over the results of construction quality

7.8 职业健康、安全、环境保护 Occupational health, safety, environmental protection

7.8.1 职业健康、安全、环境保护管理 Occupational health, safety, environmental protection

第8条 竣工试验 Article Eight Completion test

8.1 竣工试验的义务 Obligation to complete test

8.2 竣工试验的检验和验收 Inspection and acceptance of completed test

8.3 竣工试验的安全和检查 Safety and inspection of completion tests

8.4 延误的竣工试验 Delayed completion test

8.5 重新试验和验收 Retesting and acceptance

8.6 未能通过竣工试验 Failure to pass completion test

8.7 竣工试验结果的争议 Controversy over the results of the completed test

第9条 工程接收 Article Nine Engineering receiving

9.1 工程接收 Engineering receiving

9.2 接收证书 Acceptance certificate

9.3 接收工程的责任 Responsibility for receiving works

9.4 未能接收工程 Failure to receive work

第10条 竣工后试验 Article Ten Post-completion test

10.1 权利与义务 Rights and obligations

10.2 竣工后试验程序 Post – completion test procedure

10.3 竣工后试验及试运行考核 Assassment on test after completion and pilot run

10.4 竣工后试验的延误 Delay in testing after completion

10.5 重新进行竣工后试验 Recommencement of post – completion test

10.6 未能通过考核 Fail to pass the assessment.

10.7 竣工后试验及考核验收证书

Post – completion test and certificate of check and acceptance

10.8 丧失了生产价值和使用价值 Lost value of production and use

第11条 质量保修责任 Article Eleven Quality warranty liability

11.1 质量保修责任书 Warranty of quality liability

11.2 缺陷责任保修金 Warranty premium on defects liability

第12条 工程竣工验收 Article Twelve Project completion acceptance

12.1 竣工验收报告及完整的竣工资料

Completion acceptance report and complete completion materials

12.2 竣工验收 Completion acceptance

第13条 变更和合同价格调整 Article Thirteen Amendment and contract price adjustments

13.1 变更权 Right of amendment

13.2 变更范围 Scope of amendment

13.3 变更程序 Amendment procedure

13.4 紧急性变更程序 Emergency amendemnt procedure

13.5 变更价款确定 Determination of amendment price

13.6 建议变更的利益分享 Benefit – sharing of proposed amendment

13.7 合同价格调整 Contract price adjustment

第14条 合同总价和付款 Article Fourteen Total price and payment of contract

14.1 总价和付款 Total price and payment

14.2 担保 Guarantee

14.3 预付款 Advance payment

14.4 工程进度款 Progress payment

14.5 缺陷责任保修金的暂扣与支付

Withhold and payment of defect liability warranty money

14.6 按月工程进度申请付款 Application for monthly progress payment

14.7 按付款计划表申请付款 Application for payment according to payment plan

14.8 付款条件与时间安排 Payment condition and time agrrangement

14.9 付款时间延误 Delay in payment

14.10 税务与关税 Tax and customs duties

14.11 索赔款项的支付 Payment of claim's amount

14.12 竣工结算 Completion settlement

第15条 保险 Article Fifteen Insurance

15.1 承包人的投保 Contractor's insurance

15.2 一切险和第三方责任险 All risks and third party liability risks

15.3 保险的其他规定 Other provisions of insurance

第16条 违约、索赔和争议 Article Sixteen Brcach of contract, claims and disputes

16.1 违约责任 Responsibility of breach

16.2 索赔 Claim indemnity

16.3 争议和裁决 Disputes and awards

第17条 不可抗力 Article Seventeen Force majeure

17.1 不可抗力发生时的义务 Obligations on force majeure

17.2 不可抗力的后果 Consequences of force majeure

第18条 合同解除 Article Eighteen Contract Rescission

18.1 由发包人解除合同 Recission of contract by employer

18.2 由承包人解除合同 Recission of contract by contractor

18.3 合同解除后的事项 Matters after recission of contract

第19条 合同生效与合同终止

Article Nineteen Contract entry into force and contract termination

19.1 合同生效 Entry into force

19.2 合同份数 Copies number of contract

19.3 后合同义务 Post – contractual obligations

第20条 补充条款 Article Twenty Supplementary Terms

第三部分 专用条款 Part Three Particular Condition

第1条 一般规定 Article One General provision

第2条 发包人 Article Two Employer

第3条 承包人 Article Three Contractor

第4条 进度计划、延误和暂停 Article Four Progress schedule, Delay and Suspension

第5条 技术与设计 Article Five Technology and Design

第 6 条　工程货物 Article Six　Engineering Material

第 7 条　施工 Article Seven　Construction

第 8 条　竣工试验 Article Eight　Completion Test

第 9 条　工程接收 Article Nine　Reception of Work

第 10 条　竣工后试验 Article Ten　Post – completion Test

第 11 条　质量保修责任 Article Eleven　Quality Warranty Liability

第 12 条　工程竣工验收 Article Twelve　Project Completion Acceptance

第 13 条　变更和合同价格调整 Article Thirteen　Amendment and Contract Price Adjustment

第 14 条　合同总价和付款 Article Fourteen　Total Contract Price and Payment

第 15 条　保险 Article Fifteen Insurance

第 16 条　违约、索赔和争议 Article Sixteen　Breach, Claims and Dispute

第 17 条　不可抗力 Article Seventeen　Force Majeure

第 18 条　争议解决 Article Eighteen　Dispute Settlement

第 19 条　合同生效与合同终止 Article Nineteen　Contract entry into force and termination

第 20 条　补充条款 Article Twenty　Supplementary Terms

第四节　招标合同签订在跨境项目综合实验教学平台上的操作

一、实验目的及要点

（1）熟悉国际招标合同的框架和主要内容；

（2）熟悉国际招标合同签订的流程。

二、场景模拟操作说明

在跨境项目综合教学实验平台上，通过招投标的一系列工作，最终业主/采购方与中标方须按章签订招标合同，以确定双方在招标项目履约过程中的权责利。下面以国际货物采购项目为例，介绍招标合同签订的具体步骤。

（一）中标方草拟招标合同

见图 6 - 1，中标方（潜在的供应方）登录系统后，点击左侧菜单"招投标业务"项下"投标业务管理"中的"合同管理"，进入合同管理首页，找到相应的信息条（其状态"已发中标通知"）；

点击操作框下【合同】图标，进入合同编辑页面。

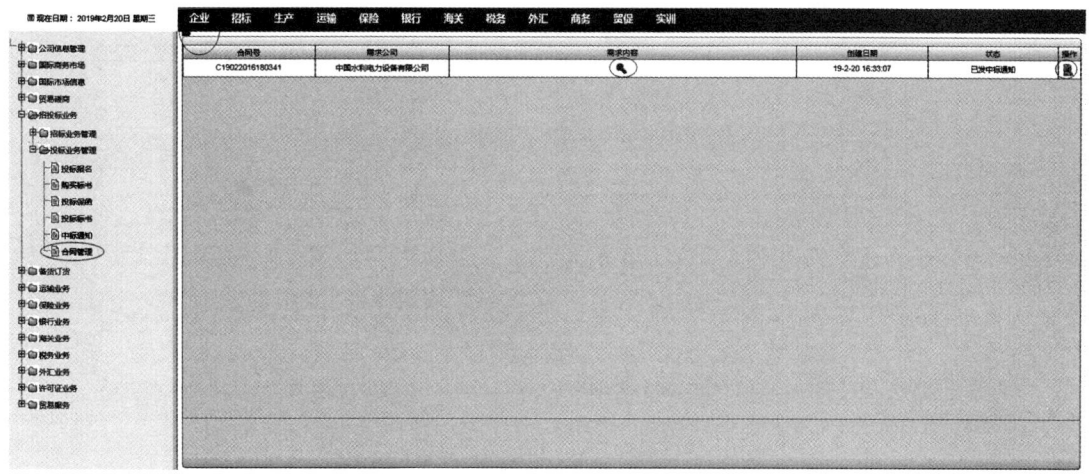

图6-1 签订合同—中标方—进入合同

见图6-2和图6-3，中标方编写合同。

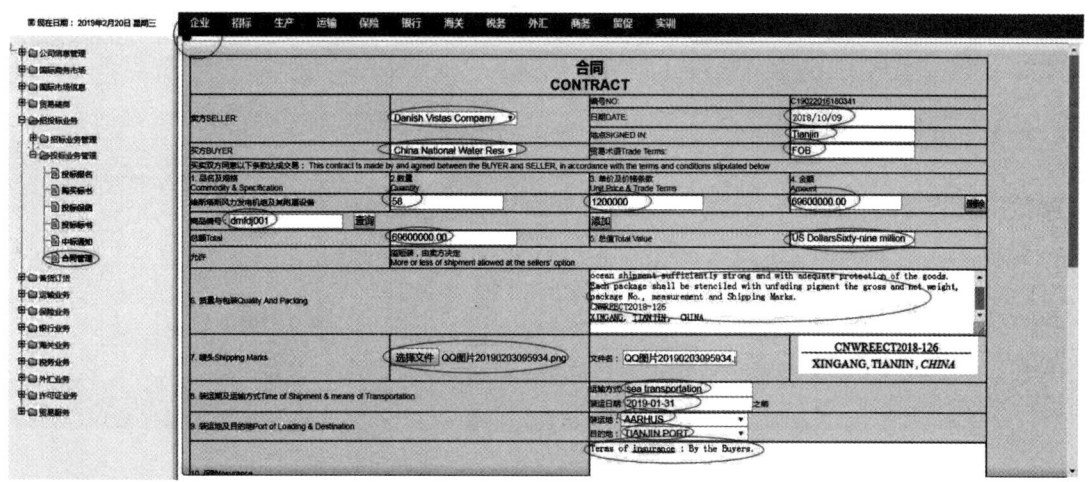

图6-2 签订合同—中标方—草签合同1

见图6-3，合同编辑完成后，点击【发送】按钮，合同自动发送给采购方。

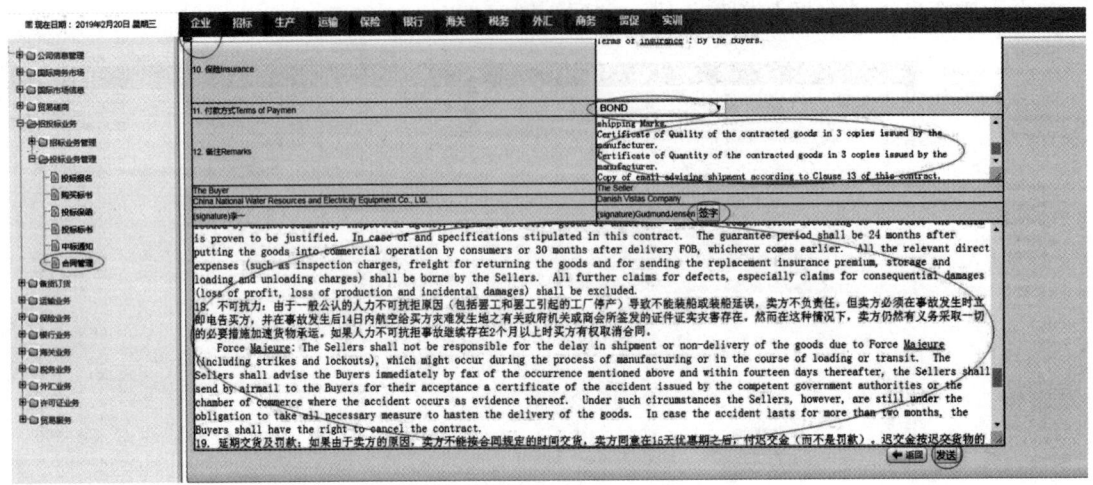

图6-3 签订合同—中标方—草签合同2

点击图6-3中【发送】按钮,中标方页面显示"合同处理中",见图6-4。

图6-4 签订合同—中标方—草签合同发送

(二) 采购方签订招标合同

见图6-5,采购方角色登录系统后,点击左侧菜单"招投标业务"项下"招标业务管理"中的"合同管理",进入合同管理首页,找到采购方发来的合同信息条(有合同编号,合同状态为"合同处理中")。

点击该信息条操作框下【处理】图标,进行合同的处理。

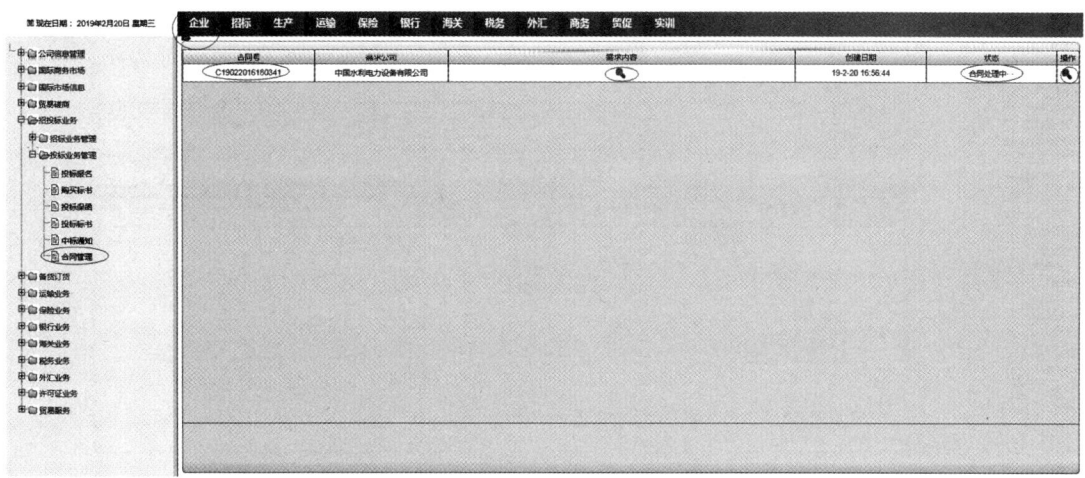

图6-5 签订合同—采购方—进入合同

见图6-6,采购方审核或编辑合同内容;

可直接签订合同或拒绝合同。点击【拒绝】按钮,则本次招标结束,招投标流程不再向下进行。

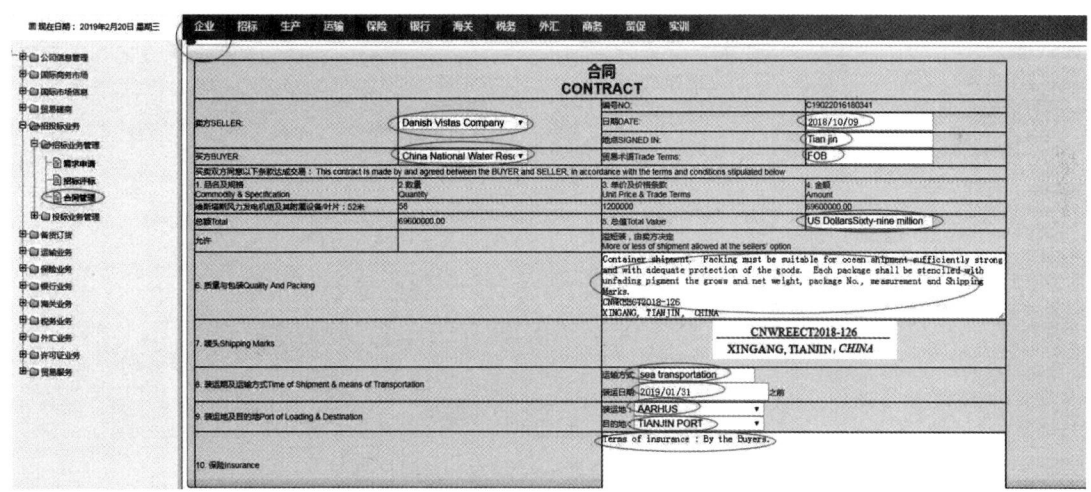

图6-6 签订合同—采购方—处理合同1

见图6-7,或点击【签订】按钮,完成合同签订。

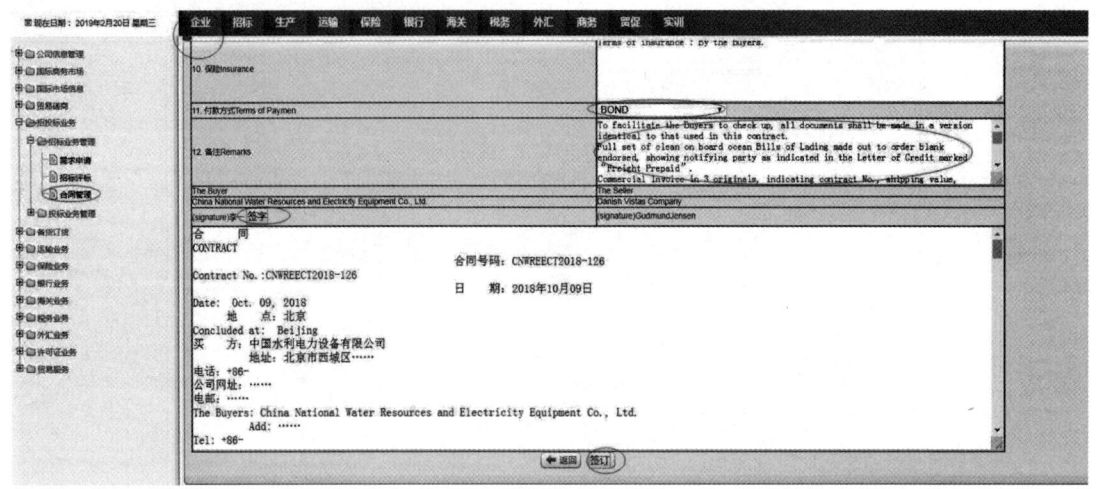

图6-7 签订合同—采购方—处理合同2

采购方完成合同签订后,系统返回合同管理首页。此时,该信息条的合同状态为"合同已签订",见图6-8(注:签订的合同编号为:C19022016180341)。

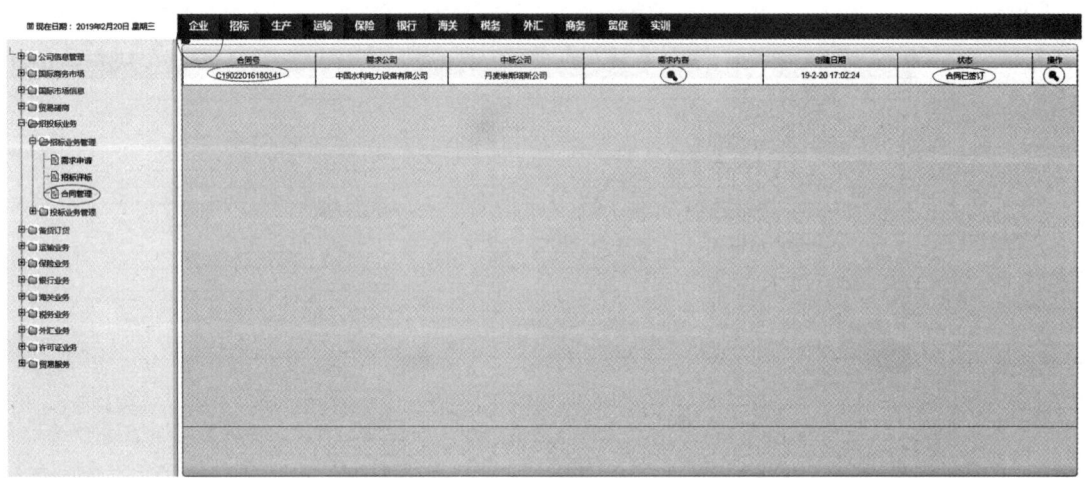

图6-8 签订合同—采购方—合同已签

(三)招标方退还投标保函、供应方提交履约保函

见图6-9,招标方角色登录系统后,点击左侧菜单"退还投标保函",找到相关信息条(其合同状态显示为"合同已签订");

点击该信息条操作框下【退还保函】图标,退还投标方的投标保函。

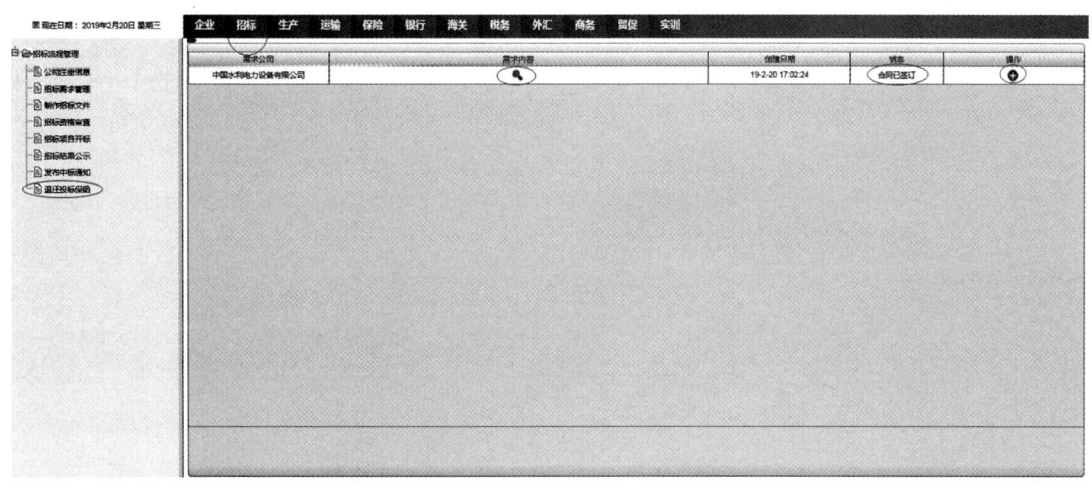

图 6-9　退还保函—招标方—进入投标保函

见图 6-10，退保函后，系统返回退还投标保函首页。该信息条的退保函状态改为"已退还保函"。

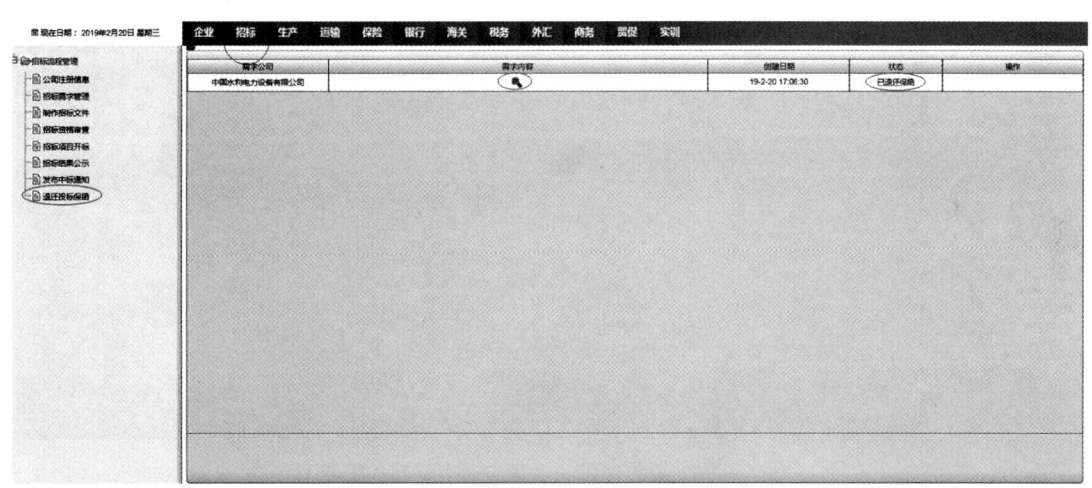

图 6-10　退还保函—招标方—已退保函

供应方（即前面的中标方）角色登录系统后，点击左侧菜单"银行业务"项下"保函业务"中的"履约保函"，找到 C19022016180341 合同信息条，见图 6-11。

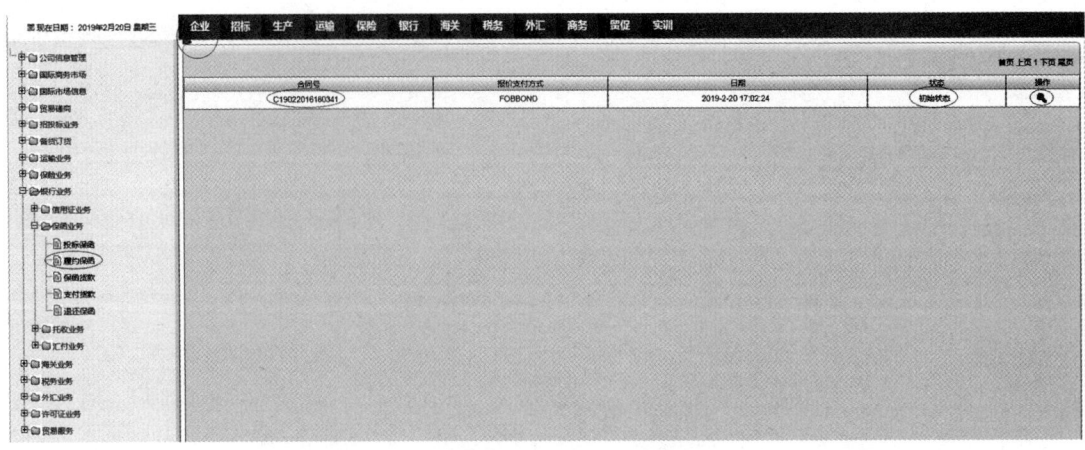

图 6-11　履约保函—供应方—进入履约保函

点击图 6-11 信息条后面操作框下的【履约保函申请】按钮，界面显示"处理中"，见图 6-12。

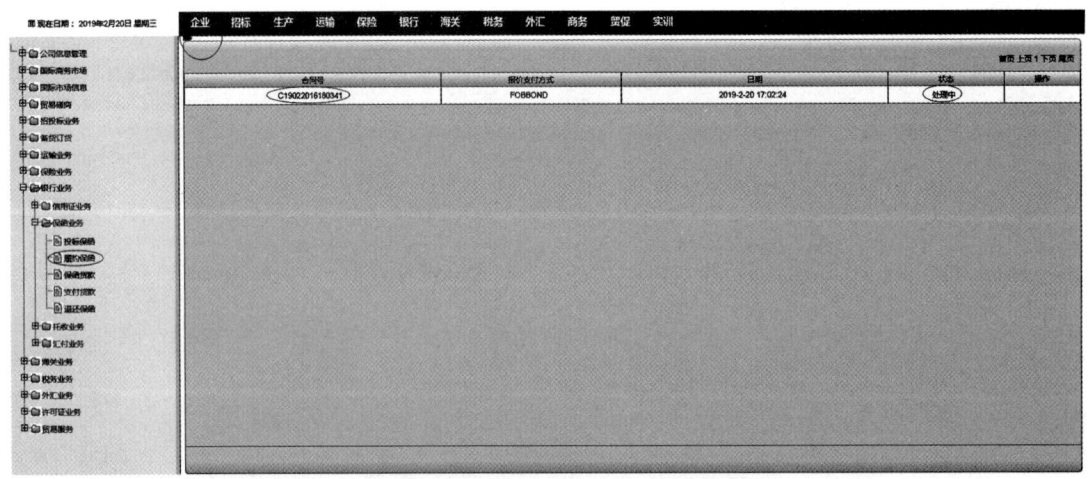

图 6-12　履约保函—供应方—申请履约保函

见图 6-13，银行人员角色登录系统后，点击左侧菜单"银行业务"项下"保函业务"中的"履约保函"，找到相应信息条；

点击信息条后面操作框下的按钮，编辑审核履约保函。

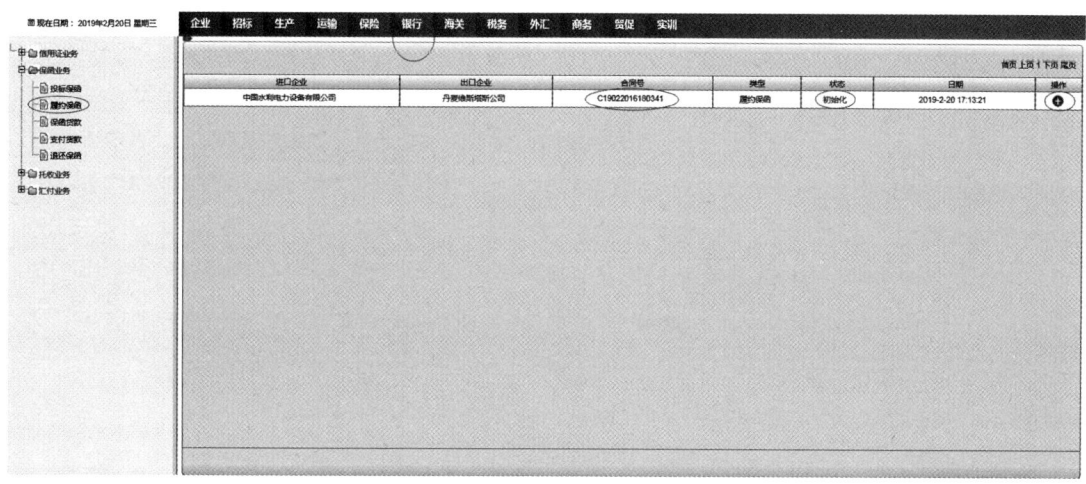

图6-13 履约保函—银行—审核履约保函

点击图6-13【通过】按钮,界面显示为"审核通过",见图6-14。

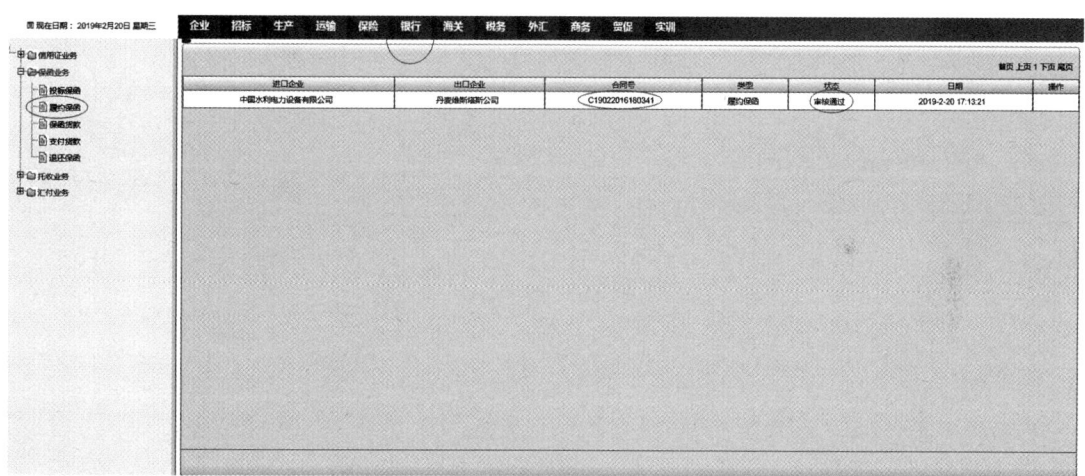

图6-14 履约保函—银行—开立履约保函

第三篇 商务项目实务操作基本流程

第七章　招投标和银行保函交易条件下的项目实务操作流程

教学目标……………………………………………………………………………………

掌握招投标、银行保函和所有贸易术语交易条件下的商务项目交易的实务操作流程。

第一节　C 组术语方式下的实务流程

下面以 CFR、CIF、CPT、CIP 术语为条件，具体介绍在招投标和银行保函方式下的国际货物招标采购项目的实务流程，并配套有图示（见图 7-1）。

一、国际招投标阶段

供应方要将产品推向国际市场，必须通过寻找合适的交易对象。供应方可以通过参加国际招投标打入目标市场。供应方一定会密切注视国际招投标市场动向，一旦有相关招投标项目，必将积极参与项目的投标，争取中标，与采购方达成货物销售合同，实现进入国际市场的目标。

第一步：发出招标通告。采购方根据自身或用户需求，请招标方编制项目招标文件，向公众或特定企业发出招标通告，欢迎所有被邀请的有良好资信的企业参与项目投标。

第二步：提交投标文件。投标方（潜在供应方）按照招标通告向招标方申请购买招标文件，招标方审核投标方（供应方）资信合格后卖标书给投标方。投标方按招标文件精神制作投标文件（包括商务标和技术标）并落实货源、运输、资金等相关事宜，在规定银行办理投标保函，按招标文件要求向招标方呈递投标文件和投标保函。

第三步：中标通知。招标方通过唱标、答疑、评审等多个环节，最终在诸多投标方中确定中标者（供应方），并通知供应方中标。

二、签订招标合同阶段

第四步：签订合同。采购方与供应方就项目合同具体事宜进行必要的磋商，供应方在规定期限内开立履约保函给采购方,采购方将前期的投标保函退还供应方,双方签订招标合同。

三、开立履约保函、预付货款阶段

第五步:开立履约保函。供应方须根据投标文件的承诺在规定的时间内开立出采购方认可的银行履约保函并提交给采购方。

第六步:退还投标保函。采购方在收到供应方合格的履约保函后,将其投标保函退还。供应方将退还的投标保函交银行注销。

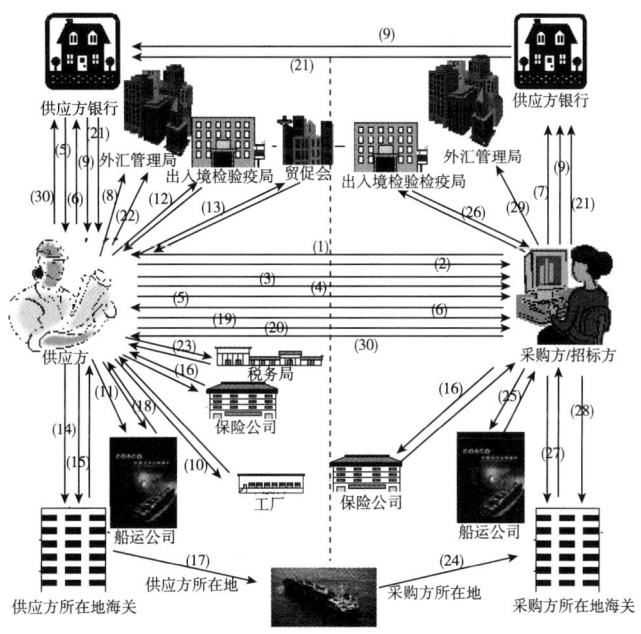

图7-1 国际招投标、C组术语和银行保函方式下的商务项目实务流程图

其中:(1)发出招标通告;(2)提交投标文件和投标保函;(3)通知中标;(4)签订招标合同;(5)供应方向采购方提交银行开立的履约保函;(6)采购方退还投标保函,供应方到银行注销投标保函;(7)采购方向银行申领付汇核销单;(8)申领收汇核销单;(9)采购方通过银行向供应方预付部分货款;(10)备货或订货;(11)租船订舱;(12)出口商检;(13)申请产品产地证;(14)核销备案;(15)出口通关;(16)投保(注:CFR/CPT时采购方投保;CIF/CIP时供应方投保);(17)货物装船出运;(18)取得海运提单;(19)发出货物及装船通知;(20)供应方寄出货物单据给采购方;(21)采购方通过银行向供应方支付剩余货款;(22)收汇核销;(23)出口退税;(24)卸货;(25)办理交单提货手续;(26)进口商检;(27)进口通关;(28)提货;(29)付汇核销;(30)采购方退还给供应方履约保函,供应方到银行注销履约保函。

第七步：申领付汇核销单。为了杜绝各种形式的套汇、逃汇、骗汇等违法犯罪行为，我国当前实施严格的外汇管理制度，规定所有企业在对外经营过程中，任何对外支付外汇必须通过国家审核，实行进口付汇核销制度。因此，采购项目一旦需要对外付汇，采购方必须提前办理付汇核销手续。首先，采购方需要在对外汇款之前到外汇管理局指定银行领取并填写《贸易进口付汇核销单（代申报单）》，以备后面的付汇核销。

第八步：申领收汇核销单。与第七步同样的原因，有外汇管制的国家，供应方出口货物时，必须办理出口收汇核销手续。因此，供应方在货物出境前，需要到外汇管理局指定银行申领并填写《出口收汇核销单》。

第九步：预付部分货款。采购方通过银行向供应方支付部分货款。

四、备货、出运阶段

一旦履约保函提交预付货款到账，招标项目则进入实质性的履行阶段。这个时候，供应方就应该实施下面的一系列工作：

第十步：备货。供应方需要按质、按量、按时通过下订单、一系列生产程序和仓储获得招标项目合同所需的货物。

第十一步：租船订舱。供应方必须与船运公司签订海运合同并承担运费。因此，在备货的同时，供应方要确定船运公司，签订租船或订舱合同。

第十二步：出口商检。一旦货物备妥，供应方需要根据招标合同规定，填写《出境货物报检单》，并准备齐商业发票、装箱单等相关文件向出入境检验检疫局申请出口检验。检验检疫局根据这些文件，按照规定程序对货物进行检验。检验合格则签发相关商检证书。若检验不合格，供应方则需要重新商检。

第十三步：办理原产地证。供应方填妥相关的原产地证明书向该国贸易促进委员会提出申请。贸促会审核无误后，签发出口货物的原产地证明书。

第十四步：核销备案。供应方向海关提示《出口收汇核销单》，请海关核销备案。

第十五步：出口通关。供应方填写《出口货物报关单》，备妥所有相关文件向海关申请货物出口通关。海关审核供应方所交单证，并核实出口货物无误后，签发加盖验讫章的核销单和报关单（出口退税联）给供应方，以便其办理后续的核销和退税。

第十六步：投保。在 CIF/CIP（或 CFR/CPT）术语下，供应方（或采购方）必须负责货物的运输保险。因此，供应方（或采购方）应该根据招标合同规定填写《货物运输保险投保单》，并附上商业发票向保险公司投保。

第十七步：装船出运。供应方安排货物运抵港口，根据货运代理公司的通知将货物装运上船，获得大副签发的收货单。

第十八步：换取提单。供应方凭收货单向货运代理公司换取已装船的《海运提单》。

第十九步：发出装船通知。供应方应该在装船后第一时间，向采购方发出货已装船的充分通知。

五、供应方收汇阶段

进行商务项目的最本质的目的就是要获取利润，收汇工作对供应方的来说是此项活动中最重要的部分。

第二十步：寄单。供应方按照招标合同规定将出运货物的有关单证一并寄交给采购方。

第二十一步：支付余款。采购方在审单无误后，将剩余货款通过银行支付给供应方。

第二十二步：收汇核销。供应方凭上述《出口收汇核销》和其他相关文件到外管局办理收汇核销。外管局核销后，发还《出口收汇核销单》（第三联）。

第二十三步：出口退税。供应方凭《出口收汇核销单》（第三联）、报关单（出口退税联）和商业发票到税务局办理出口退税手续。税务局审核无误后将退税款拨给供应方。就此，供应方的所有正常工作全部完成。

六、采购方提货阶段

在供应方备货出运阶段，采购方需要密切关注供货地各项相关环节的进展情况以及安排接货的准备工作。一旦供应方发运货物，采购方即进入付汇取货阶段。

第二十四步：卸货。货物抵达目的港，装卸公司根据载货清单等相关单证将货物卸到由海关监管的码头仓库。

第二十五步：办理交单提货手续。采购方在收到船运公司货到通知后，将从供应方提交来的海运提单等相关单据交给船运公司换取《提货单》。

第二十六步：进口商检。采购方填写《入境货物报检单》，并备妥提货单、商业发票、装箱单等文件向出入境检验检疫局申请进口货物检验，获得相关检验证书。

第二十七步：进口通关。采购方填写《进口货物报关单》，并备妥所有需要报关的文件向海关申请报关。海关根据相关规定对货物和单证进行核查，并告知收缴各项税款。采购方须在规定的期限内缴纳包括进口关税、增值税和消费税等税款。所有通关手续完成后，海关将签发加盖验讫章的报关单给采购方，以便其办理后续的提货和核销工作。

第二十八步：提货。海关放行后，采购方到码头仓库提取货物。

七、退还履约保函阶段

第二十九步：付汇核销。采购方凭进口付汇核销单和进口货物报关单等到外管局办理付汇核销手续。

第三十步：采购方退还给供应方履约保函，供应方到银行注销履约保函。

第二节 F组术语方式下的实务流程

下面以 FCA、FAS、FOB 术语为条件，具体介绍在招投标和银行保函方式下的国际货物招标采购项目的实务流程，并配套有图示（见图 7-2）。

一、招投标、招标合同签订和支付预付款阶段

国际招投标阶段、招标合同签订阶段和预付款支付阶段的九步工作同 C 组术语的前九步工作完全相同，在此不再赘述。

二、备货、出运阶段

第十步：备货。供应方需要按质、按量、按时通过下订单、一系列生产程序和仓储获得招标项目合同所需的货物。

第十一步：发出通知。一旦货物备妥，供应方立即给采购方有关货物情况通知，以便采购方租船订舱。

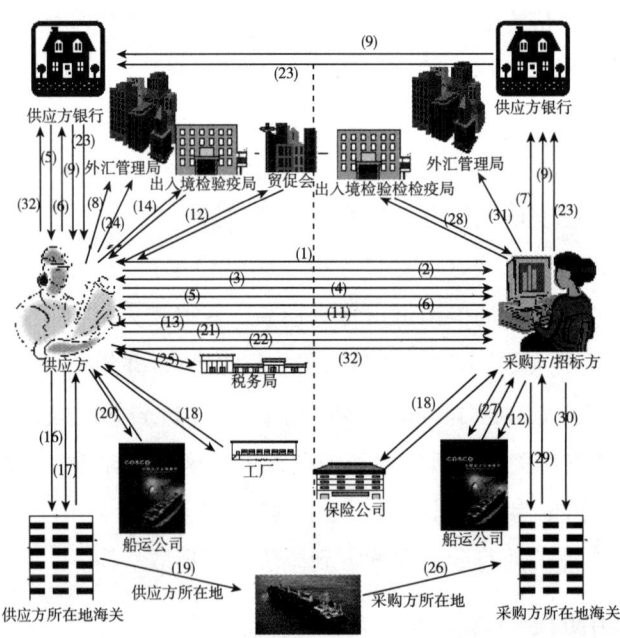

图 7-2 国际招投标、F 组术语和银行保函方式下的商务项目实务流程图

其中：(1) 发出招标通告；(2) 提交投标文件和投标保函；(3) 通知中标；(4) 签订招标合同；(5) 提交履约保函；(6) 退还投标保函；(7) 申领付汇核销单；(8) 申领收汇核销单；(9) 预付部分货款；(10) 备货或订货；(11) 发出货物通知；(12) 租船订舱；

(13)运输通知;(14)出口商检;(15)申领产品产地证;(16)核销备案;(17)出口通关;(18)投保;(19)货物装船出运;(20)取得海运提单;(21)发出装船出运通知;(22)寄出货物单据;(23)支付剩余货款;(24)收汇核销;(25)出口退税;(26)卸货;(27)办理交单提货手续;(28)进口商检;(29)进口通关;(30)提货;(31)付汇核销;(32)还给履约保函。

第十二步:租船订舱。在F组术语条件下,采购方负责与船运公司签订海运合同并承担运费。因此,采购方在接到供应方的货物情况通知后,马上确定船运公司,签订租船或订舱合同。

第十三步:完成租船订舱后,采购方须给予供应方租船订舱情况的充分通知。

第十四至十七步:与C组的第十二至十五步内容完全一致。

第十八步:投保。在F组术语下,采购方负责货物的运输保险。采购方可以自行根据需要向保险公司投保。

第十九至二十一步:与C组的第十七至十九步内容完全一致。

三、收汇、提货即退还保函阶段

第二十二至三十二步:与C组的第二十至三十步内容完全一致。

第三节 D组术语方式下的实务流程

下面以DAT、DAP、DDP术语为条件,具体介绍在招投标和银行保函方式下的国际货物招标采购项目的实务流程,并配套有图示(见图7-3)。

一、招投标、招标合同签订和支付预付款阶段

国际招投标阶段、招标合同签订阶段和预付款支付阶段的九步工作同C组术语的前九步工作完全相同,在此不再赘述。

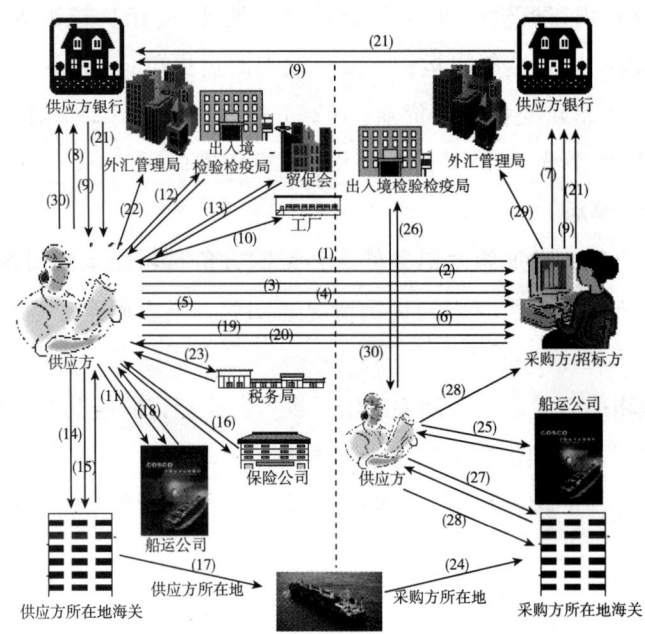

图7-3 国际招投标、D组术语和银行保函方式下的商务项目实务流程图

其中：(1)发出招标通告；(2)提交投标文件和投标保函；(3)通知中标；(4)签订招标合同；(5)提交履约保函；(6)退还投标保函；(7)申领付汇核销单；(8)申领收汇核销单；(9)预付部分货款；(10)备货或订货；(11)租船订舱；(12)出口商检；(13)申领产品产地证；(14)核销备案；(15)出口通关；(16)投保；(17)货物装船出运；(18)取得海运提单；(19)发出装船出运通知；(20)寄出货物单据；(21)支付剩余货款；(22)收汇核销；(23)出口退税；(24)卸货；(25)办理交单提货手续；(26)进口商检；(27)进口通关；(28)提货；(29)付汇核销；(30)还给履约保函。

二、备货出运和收汇阶段

第十至十五步：与C组的第十至十五步内容完全一致。

第十六步：投保。在D组术语下，供应方负责货物的运输保险。供应方应该根据招标合同规定填写《货物运输保险投保单》，并附上商业发票向保险公司投保。

第十七至十九步：与C组的第十七至十九步内容完全一致。

第二十至二十三步：供应方收汇阶段的工作与C组相同，即与C组的第二十至二十三步内容完全一致。

三、提货阶段

第二十四步：卸货。货物抵达目的港，装卸公司根据载货清单等相关单证将货物卸到由海关监管的码头仓库。

第二十五步:办理交单提货手续。供应方在收到船运公司货到通知后,将海运提单等相关单据交给船运公司换取《提货单》。

第二十六步:进口商检。供应方填写《入境货物报检单》,并备妥提货单、商业发票、装箱单等文件向采购地出入境检验检疫局申请进口货物检验,获得相关检验证书。

第二十七步:进口通关。供应方填写《进口货物报关单》,并备妥所有需要报关的文件向采购地海关申请报关。海关根据相关规定对货物和单证进行核查,并告知收缴各项税款。供应方须在规定的期限内缴纳包括进口关税、增值税和消费税等税款。所有通关手续完成后,海关将签发加盖验讫章的报关单给供应方,以便其办理后续的提货和核销工作。

第二十八步:提货。海关放行后,供应方到码头仓库提取货物,并将提取的货物交付给采购方。

四、退还履约保函阶段

第二十九至三十步:与 C 组的第二十九至三十步内容完全一致。

第四节 EXW 方式下的实务流程

下面以 EXW 术语为条件,具体介绍在招投标和银行保函方式下的国际货物招标采购项目的实务流程,并配套有图示(见图 7-4)。

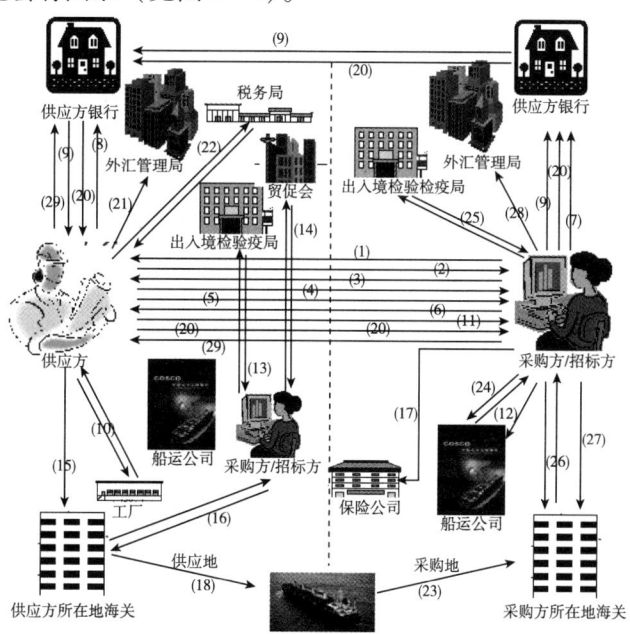

图 7-4 国际招投标、EXW 术语和银行保函方式下的商务项目实务流程图

其中：(1) 发出招标通告；(2) 提交投标文件和投标保函；(3) 通知中标；(4) 签订招标合同；(5) 供应方提交履约保函；(6) 采购方退还投标保函；(7) 采购方申领付汇核销单；(8) 供应方申领收汇核销单；(9) 采购方预付部分货款；(10) 供应方备货或订货；(11) 供应方发出货物通知；(12) 采购方租船订舱；(13) 采购方出口商检；(14) 采购方申领产品产地证；(15) 供应方核销备案；(16) 采购方出口通关；(17) 采购方投保；(18) 货物装船出运；(19) 采购方取得海运提单；(20) 采购方支付剩余货款；(21) 供应方收汇核销；(22) 供应方出口退税；(23) 卸货；(24) 办理交单提货手续；(25) 进口商检；(26) 进口通关；(27) 提货；(28) 付汇核销；(29) 退还履约保函。

一、招投标、招标合同签订和支付预付款阶段

国际招投标阶段、招标合同签订阶段和预付款支付阶段的九步工作同 C 组术语的前九步工作完全相同，在此不再赘述。

二、备货出运和收汇阶段

第十至十二步：与 F 组的第十至十二步内容完全一致。

第十三步：出口商检。一旦货物备妥，采购方负责准备相关文件向供货地出入境检验检疫局办理出口检验。

第十四步：办理原产地证。采购方负责向供货国贸易促进委员会办理出口货物的原产地证明书。

第十五步：核销备案。供应方请海关核销备案。

第十六步：出口通关。采购方负责备妥所有相关文件向海关办理货物出口通关。

第十七步：投保。在 EXW 术语下，采购方自行负责货物的运输保险。

第十八步：装船出运。采购方安排货物运抵港口，装货到自订/租的船上出运。

第十九步：换取提单。采购方凭收货单向货运代理公司换取已装船的《海运提单》。

第二十至二十二步：供应方收汇阶段的工作与 C 组的第二十一至二十三步内容完全一致。

三、提货、退还保函阶段

第二十三至二十七步：EXW 条件下的提货阶段的工作与 C 组第二十四至二十八步内容完全一致。

第二十八至二十九步：EXW 条件下的退还保函阶段的工作与 C 组第二十九至三十步内容完全一致。

第八章 跨境项目综合实验教学平台的项目履行业务流程操作

教学目标

熟悉在跨境项目综合实验教学平台上、在《国际贸易术语解释通则©2010》中的 11 个贸易术语条件下，采用银行保函付款方式下的商务项目履行的实务操作流程。

商务项目的交易条件确定并签订项目合同后，商务项目进入履约阶段。在履约阶段中，项目的甲方和乙方都必须严格按照项目合同的交易条件履行各自的权利、责任和义务。备货、租船订舱、商检、保险、送货、报关、装船出运、交单、结汇、核销、退税，每笔业务都需要经过许多复杂的环节。

对项目供应方而言，一般需要完成如下任务：

备货——保质保量地按时提交项目；

商检——项目提供的货物和服务需要提供符合合同要求的商检报告；

交货——按照项目合同中规定交货，包括可能的通关工作（负责项目货物的报关、上税和出关）、出运任务（负责将货物运输到规定的地点并交付给采购方）和上保险（负责提供国际运输环节的保险）；

通知——按照要求，将项目履行情况充分通知买家，以便买家能够顺利接货；

提供必要的单据——项目合同中所规定的所有付款单据，包括货物发票、装箱单、商检单、报关单、保险单、运单、产地证明等；

收款——按照项目合同规定获得项目应收款项；

后续工作——包括退税、成本核算等。

对项目采购方而言，需要按时进行如下工作：

支付预付款等——按项目合同要求，及时足额支付项目预付款；

接货——按照项目合同中规定及时准确地接货，包括可能的出口和进口通关工作（负责项目货物的报关、上税和出关）、出运任务（负责从供应方处收货并运输到目的地）、上保险（负责给货物上保险）；

付款——按照项目合同规定支付货款，并进行必要的成本核算。

总之，商务项目履行阶段的工作环节很多、专业且复杂，需要有高度专业素养的从业人员认真、负责任地按照商务项目合同的规定完成各自的任务，以保证整个项目的顺利完成，获得预先设定的经济目标。

跨境项目综合实验教学平台模拟了商务项目业务中最常用的支付方式（信用证、汇付、托收、银行保函）和不同贸易术语情况下的整个业务流程。下面主要介绍在银行保函和不同的贸易术语条件下的一笔商务项目履约的整个业务流程情况。

第一节 EXW 或 FCA/FAS/FOB、银行保函条件

表 8-1 为跨境项目综合实验教学平台 EXW 或 FCA/FAS/FOB 贸易术语、银行保函支付条件下的贸易流程表。

表 8-1 跨境项目综合实验教学平台 EXW 或 FCA/FAS/FOB 贸易术语、银行保函支付条件下的贸易流程

	EXW				FCA、FAS、FOB		
序号	买方	卖方	前置条件	序号	买方	卖方	前置条件
1	签订合同	签订合同	0	1	签订合同	签订合同	0
2		履约保函	1	2		履约保函	1
3	付汇备案		2	3	付汇备案		2
4		收汇备案	2	4		收汇备案	2
5	保函贷款		3, 4	5	保函贷款		3, 4
6		备货订货	5	6		备货订货	5
7	租船订舱		6	7	租船订舱		6
8	办理保险		7	8	办理保险		7
9	出口通关		8	9		出口通关	8
10	货物装船		9	10		货物装船	9
11	进口通关		10	11	进口通关		10
12	提货入库		11	12	提货入库		11
13	支付货款		12	13	支付货款		12
14		收汇核销	13	14		收汇核销	13
15		出口退税	14	15		出口退税	14
16	付汇核销		15	16	付汇核销		15
17	退还保函		16	17	退还保函		16

第二节 CFR/CIF/CPT/CIP、银行保函条件

表8-2为跨境项目综合实验教学平台CFR/CIF/CPT/CIP贸易术语、银行保函支付条件下的贸易流程表。

表8-2 跨境项目综合实验教学平台CFR/CIF/CPT/CIP贸易术语、银行保函支付条件下的贸易流程表

CFR、CPT				CIF、CIP			
序号	买方	卖方	前置条件	序号	买方	卖方	前置条件
1	签订合同	签订合同	0	1	签订合同	签订合同	0
2		履约保函	1	2		履约保函	1
3	付汇备案		2	3	付汇备案		2
4		收汇备案	2	4		收汇备案	2
5	保函贷款		3,4	5	保函贷款		3,4
6		备货订货	5	6		备货订货	5
7		租船订舱	6	7		租船订舱	6
8	办理保险		7	8		办理保险	7
9		出口通关	8	9		出口通关	8
10		货物装船	9	10		货物装船	9
11	支付货款		10	11	支付货款		10
12		收汇核销	11	12		收汇核销	11
13		出口退税	12	13		出口退税	12
14	进口通关		13	14	进口通关		13
15	提货入库		14	15	提货入库		14
16	付汇核销		15	16	付汇核销		15
17	退还保函		16	17	退还保函		16

第三节 DAT/DAP/DDP、银行保函条件

表8-3为跨境项目综合实验教学平台DAT/DAP/DDP贸易术语、银行保函支付条件下的贸易流程表。

表8-3 跨境项目综合实验教学平台 DAT/DAP/DDP 贸易术语、银行保函支付条件下的贸易流程表

	DAT、DAP			DDP			
序号	买方	卖方	前置条件	序号	买方	卖方	前置条件
1	签订合同	签订合同	0	1	签订合同	签订合同	0
2		履约保函	1	2		履约保函	1
3	付汇备案		2	3	付汇备案		2
4		收汇备案	2	4		收汇备案	2
5	保函贷款		3,4	5	保函贷款		3,4
6		备货订货	5	6		备货订货	5
7		租船订舱	6	7		租船订舱	6
8		办理保险	7	8		办理保险	7
9		出口通关	8	9		出口通关	8
10		货物装船	9	10		货物装船	9
11	支付货款		10	11		进口通关	10
12		收汇核销	11	12	支付货款		11
13		出口退税	12	13		收汇核销	12
14	进口通关		13	14		出口退税	13
15	提货入库		14	15	提货入库		14
16	付汇核销		15	16	付汇核销		15
17	退还保函		16	17	退还保函		16

第四篇 销售项目履约操作

第九章 履约保函条件下获取预付款

⚖ **实验内容**···

了解履约保函的开立流程;了解外汇核销制度以及收汇核销前期手续;熟悉收款手续;掌握上述实务的模拟操作过程。

履行出口合同的出口商需要按照合同的规定履行交货义务并收取货款。落实信用证是履行出口合同不可缺少的重要环节。在以信用证为支付方式的合同中,出口商为保证收汇的安全,通常在备货前要与进口商就信用证的相关事宜进行沟通,最终拿到自己作为受益人的信用证。

第一节 提交银行履约保函

一、银行履约保函的一般流程

银行保函(Bnaker's Letter Guarantee)分为银行投标保函、银行履约保函、银行预付款保函、银行支付保函、银行质量保证金保函等。对于通过招投标而确定的商务项目而言,在项目签订合同前,供应方常常要提供给采购方银行履约保函。如图9-1所示,银行履约保函业务的一般流程:保函申请人(Applicant,通常是供应方)向担保行(Guarantee Bank)申请开立银行履约保函,并交纳押金支付手续费用;担保行按章核查同意后开立银行履约保函。银行履约保函可以由申请人直接交给受益人(Benificiary,通常为采购方),也可以让担保行再通过通知行(Advising Bank)转交给受益人;受益人收到银行履约保函后,电汇项目合同预付款给申请人;申请人备货、出货,获得所有项目合同规定的单据票证并寄给受益人;受益人收验单据、提货,电汇项目合同尾款给申请人;受益人退还银行履约保函给申请人;申请人向银行申请撤销银行履约保函;担保行同意撤销银行履约保函,并退还或解冻扣押金额。

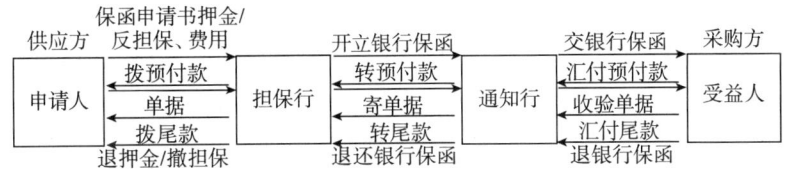

图 9-1　银行履约保函业务的一般流程

二、银行履约保函的申请

(一) 银行保函申请条件

(1) 在申请银行开户；

(2) 具备履行担保项下商务项目合同的能力；

(3) 商务项目符合国家规定；

(4) 提供符合要求的保证金或反担保。

(二) 银行保函办理程序

(1) 申请人填写《银行保函申请书》并提交有关资料；

(2) 银行对申请人的资格、申请手续和项目可行投标保函性进行审查。等银行经办人员报送业务审批完后（一般 3~7 个工作日），银行对申请人的合法性、财务状况的真实性、交易背景的真实性等进行调查，了解其履约、偿付能力，向申请人做出正式答复；

(3) 银行同意开立保函后，与申请人签订委托担保协议，约定担保种类、用途、金额、费率、担保有效期，付款条件，双方的权利、义务，违约责任和双方认为需要约定的其他事项；对于需提供反担保的，还应按银行要求办理反担保手续；

(4) 交纳担保费及保证金（保证金视项目及公司情况而定）；

(5) 开立银行履约保函。

(三) 银行保函申请需要提交的资料

(1) 申请人的统一社会信用代码的营业执照和法定代表人证明文件等；

(2) 对外担保主合同、协议或标书及有关交易背景资料；

(3) 担保涉及的事项按规定须事先获得有关部门批准或核准的，须提供有关部门的批准或核准文件；

(4) 申请人经会计（审计）师事务所审计的上两年财务报表及当期财务报表；

(5) 反担保措施证明文件；

(6) 银行要求的其他资料。

三、银行保函的注意事项

由此可见，企业申请银行保函只能向银行提出，其他金额机构不具备开展此类业务的条件。采用银行保函时，须注意以下事项：

（1）银行保函开立的依据是项目合同，因此，保函申请时就保函内容必须按照项目合同的相关信息申请，如保函金额、保函有效期、要求付款条件等。

（2）对于招投标项目而言，投标保函、履约保函的金额往往都是其投标价格、合同价格的百分比数。出于市场竞争、信息保密的考虑，在保函开立和使用阶段应当尽量保守保函内容不被泄密，特别是保函金额。

（3）开立银行保函一般情况下需要占用企业资金。为此，企业应当尽力说服银行用企业信用额度或合适的百分比押款来开立银行保函。另外，企业最好选择企业基本账户所在的银行来开立银行保函。

（4）一旦商务项目实施完成或与银行保函相关的业务完成，企业应当主动索回保函，尽快办理银行保函的退还、索回保证金。因为一些银行常常不会主动退还其开立的保函，即使保函中明确写明保函的有效期。

（5）银行保函是银行承担付款责任的担保凭证，一旦保函中所规定的责任没有履行，银行必将执行保函中规定金额的赔付。因此，企业万万不可认为请银行开立的保函仅仅是一张纸，银行不可能扣款，或只是完成一个流程而已。以往有很多例子显示，当项目出现违约，银行按保函执行赔付责任时，保函申请人却一种完全没有想到、没有准备的状况。

第二节　收汇备案、获得预付款

一、外汇核销制度之收汇核销

我国实行外汇管制，企业从外汇管理局申领的每一张用于记录外汇买卖的核销单，都在外汇管理局的数据库中有备案和留档。核销单跟随进出国境的业务一路走过海关、银行和税务局，被烙上各种印章或撕开。最终的存根必须回到外汇管理局，以核对原来数据库的电子档案并注销此核销单号码。这一过程就叫作"核销"，表示核销单记录的买卖在外汇的收支上是合法的，准予一笔勾销。核销可分为出口收汇核销和进口付汇核销。

（一）出口收汇核销制度

出口收汇核销制度是国家外汇管理部门根据国家外汇管制的要求，对出口供应方的销售货物实施跟踪监管直到该货物的全部货款（外汇）收回国内进行核销的一种事后监管制度。为此，国家外汇管理局发布了《出口收汇核销管理办法》和《出口收汇核销管理办法实施细则》以作为相关当事人贯彻执行的法规。

1. 出口收汇核销制度的特点

(1) 以出口收汇核销单为核心的管理办法。外汇管理部门通过核销单的发放与收回并办理核销的方式来管理和监督出口供应方的收汇情况。货物出口通关时,海关见核销单才能受理货物的出口验讫手续。

(2) 实行先收汇后核销的方法。出口供应方出货结汇后,凭银行结汇水单才能办理外汇核销手续。

(3) 实行"三单管理"。"三单",即出口收汇核销单、出口货物报关单(外汇核销联)、结汇水单。通过"三单管理"实现外汇管理部门、海关、外汇指定银行之间既分工协作又相互监管的管理目标。

2. 出口收汇核销的原则

(1) 属地管理,即在何地申领核销单就由何地办理核销。

(2) 谁"单"谁用,即谁申领核销单就由谁用。

(3) 领用衔接,即多用多发、不用不发。

(4) 单单对应,即一份核销单对应一份报关单。

(二) 出口收汇核销的基本程序

1. 传统方式下的出口收汇核销

(1) 开户。初次申领出口收汇核销单前须到外汇管理局办理登记手续。为此,所需要的材料有:单位介绍信、申请书;单位被批准经营进出口业务的批件正本和复印件;工商营业执照副本及复印件;海关注册登记证明书及复印件;出口销售合同复印件。

(2) 申领空白核销单。出口供应方凭单位介绍信、开户单位印鉴卡到外汇管理局领取核销单(见表9-1),并当场填写单位名称或加盖单位名称章。核销单自领单日起两个月内报关有效。出口供应方应在时效日前将未使用的核销单退回外汇局注销。

(3) 提交核销单报关出运。

出口供应方在有效期内按出口货物报关单上记载的有关内容填写核销单后,持加盖出口销售单位公章的核销单和相关单据办理报关手续,将出口销售货物按时出运。一份报关单只能申领一份核销单,且不能互相借用。

海关受理出口供应方报关后,核对核销单号码,在核销单"出口退税专用"联签注出口销售货物名称、数量及总价,并在"海关签注栏"加盖"验讫章"后,将核销单退给出口供应方。

(4) 向外汇指定银行交单,银行申报收汇信息。

出口供应方在出口销售货物出运后,将包括核销单在内的结汇文件向外汇指定银行交单。

银行收汇后，制作结汇水单，并在水单上注明核销单号码和国际收支申报号码。与此同时，银行通过"国际收支统计申报系统"向外汇管理部门申报出口供应方收汇情况。银行根据实际收汇情况签退申报第三联给出口供应方，而第一联交外汇管理部门，第二联银行留底。

（5）收汇核销。

出口供应方应在收到货款之日起30日内凭核销单、银行出具的结汇水单（"出口收汇核销专用联"）、海关退回的盖有验讫章的出口货物报关单等向外汇管理部门办理外汇核销手续。外汇管理部门通过"出口收汇核报系统"以及其他相关系统核对出口方申报数据的真实性后在核销单"外管局签注栏"上加盖"出口收汇已核销"印章，并将核销单"出口退税专用"联退给出口方。

2. 电子口岸下的出口收汇核销

出口收汇子系统是电子口岸下的出口收汇核销系统。它包括企业网上核销单申领、核销单出口口岸备案、核销单交单、核销单挂失等操作功能。出口供应方可通过本系统向外汇管理局提交网上申领和提交核销单，对核销单进行出口报关口岸备案，出口收汇核销单挂失处理以及对核销单各项信息进行综合查询。

出口供应方采用出口收汇子系统进行收汇核销的基本步骤是：

（1）网上申请所需领用的核销单数量，之后到外汇管理局领取纸质核销单。外汇管理局将发放的核销单电子底账数据存放到公共数据库。

（2）在出口销售货物报关前，预先将核销单编号上网向出口报关地海关备案。

（3）销售货物出运后上网将已用于出口报关的核销单向外汇管理局交单。

（4）出口收汇后，持核销单、报关单、结汇水单到外汇管理局办理核销手续。

3. 核销单遗失及补办

若遗失了核销单，应在15日内向外汇管理局书面说明情况，申请挂失。外汇管理局核实后会统一登报声明作废。

空白核销单遗失将予以注销；已报关的核销单遗失则凭有关出口凭证办理核销；需要补办出口退税专用联的，出口方凭税务部门签发的与该核销单对应的出口未退税证明，向外汇管理局书面申请后，外汇管理局出具"出口收汇核销单退税联补办证明"。

二、出口收汇备案

根据上述出口收汇核销的基本程序内容，出口收汇核销首先需要出口供应方申领空白核销单，即出口供应方带有关资料到外汇管理局领取核销单（见表9-1），并当场填写单位名称或加盖单位名称章。

表 9-1 出口收汇核销单样本

出口收汇核销单存根 （京）编号：	出口收汇核销单监制章 （京）编号：	出口单位盖章	出口收汇核销单出口退税专用 （京）编号：		
出口单位：	出口单位：		出口单位：		
单位编号：	单位编号：		单位编号：		
出口币种总价：	银行签注栏 / 类别 / 币种金额 / 日期 / 盖章		货物名称	数量	币种总价
收汇方式：					
预计收款日期：					
报关日期：					
备注：	海关签注栏		报关单编号：		
		海关盖章			
此单报关有效期截止到	外汇局签注栏		外汇局签注栏		
年 月 日	年 月 日 （盖章）		年 月 日 （盖章）		

三、预付款收讫

（一）预付款的相关知识

预付款是采购方在招标合同签订后即向供应方支付一定金额的款项。

预付款是合同的内容之一，给付预付款是履行主债的行为；预付款在于帮助合同对方解决资金上的困难，使之更有条件适当地履行合同，具有支援性；预付款在合同正常履行的情况下，成为价款的一部分。在合同没有得到履行的情况下，无论是给付一方当事人违约，还是接受方违约，预付款都要原数返回。

（二）催收预付款

根据上述内容，作为解决招标合同供应方周转资金短缺的一种支付手段，招标合同的供应方就应该按照招标合同的规定，积极催收应得的预付款。所以，一旦招标合同真正成立，即供应方提交履约保函、收汇备案后，供应方就可以催促采购方尽早支付预付款，以便收款后备货。

第三节 收汇备案在跨境项目综合实验教学平台上的操作

有关销售项目和后续的采购项目在跨境项目综合实验教学平台上的履约操作将以本书第六章第三节"表6-2 国际货物采购招标合同"相关内容为例介绍，而且履约过程中的各个环节的业务操作，基本上是以中国国情和中国相关行业制度规章要求进行的，无论所涉及的虚拟角色是哪个国家的。另外，根据本教程第六章第四节图6-8所示，该案例在跨境项目综合实验教学平台上的对应操作，其签订的合同编号为：C19022016180341。

一、实训目的及要点

熟悉外汇管制下的收汇备案。

二、场景模拟操作说明

在跨境项目综合实验教学平台上，供应方角色可以完成收汇备案等工作。

见图9-2，供应方角色登录系统，点击菜单"外汇业务"项下"收汇备案"，进入收汇备案首页，可以看到已完成的或需要操作的收汇备案信息条；

找到C19022016180341合同需要备案的信息，点击其操作框下【备案】图标，申请核销备案。

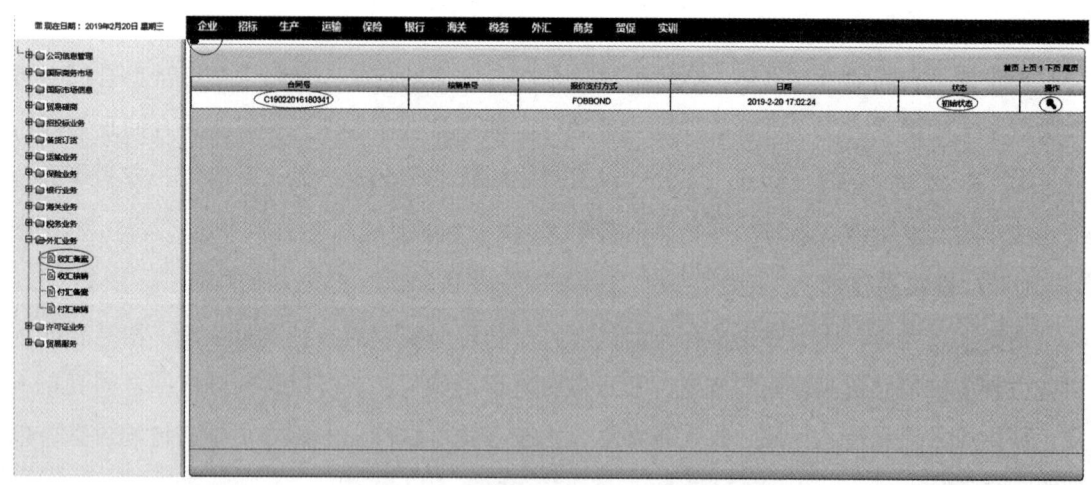

图9-2 收汇备案—供应方—进入申请

备案申请后，系统返回收汇备案首页，该合同信息条的收汇备案状态为"处理中"，见图9-3。

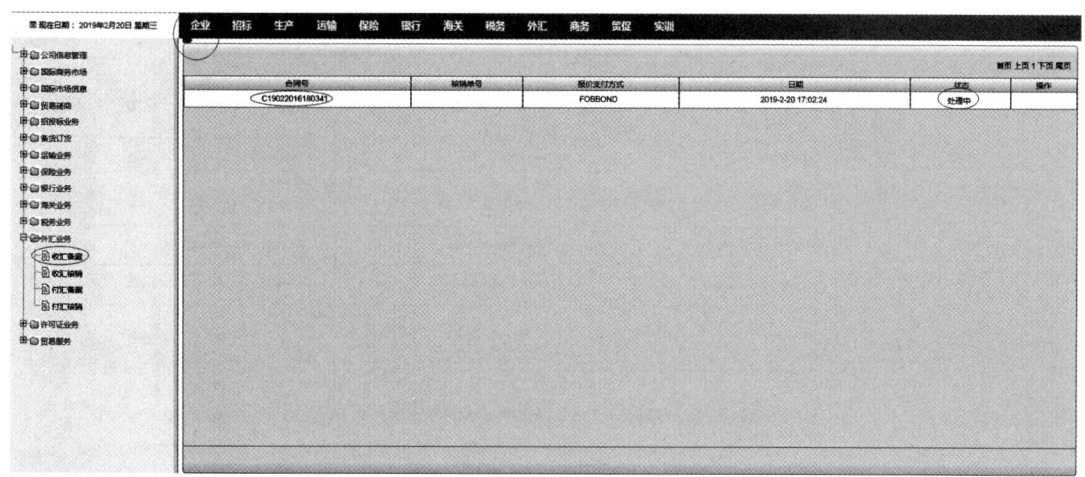

图9-3 收汇备案—供应方—备案处理中

见图9-4，外管局人员角色登录系统，点击左侧菜单的"收汇备案"，进入收汇备案首页，看到供应方的收汇备案申请信息条；

找到C19022016180341合同需要备案申请的信息条，点击此条操作框下【核销单】图标，进入核销单颁发页面。

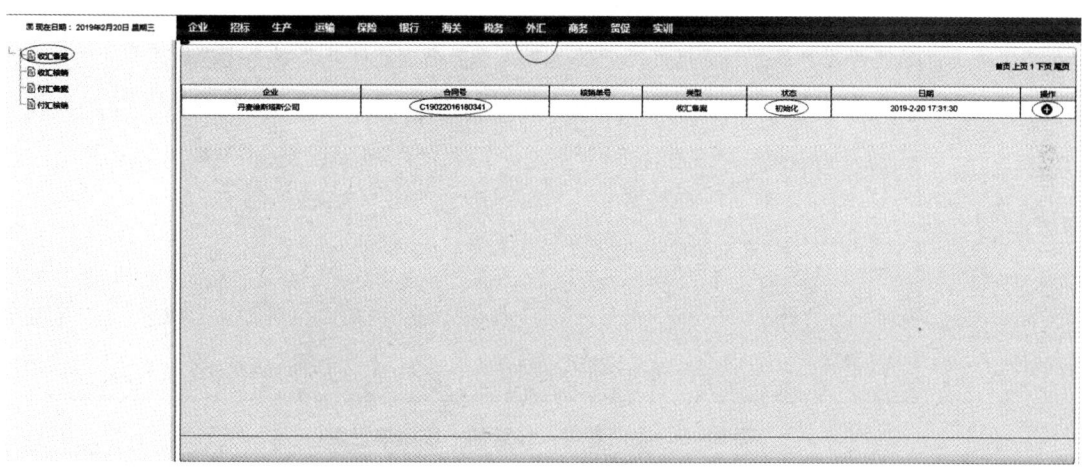

图9-4 收汇备案—外管局—准备备案

见图9-5，填写相关信息后，点击按钮【分配核销单】，完成发放核销单功能，返回收汇备案首页。

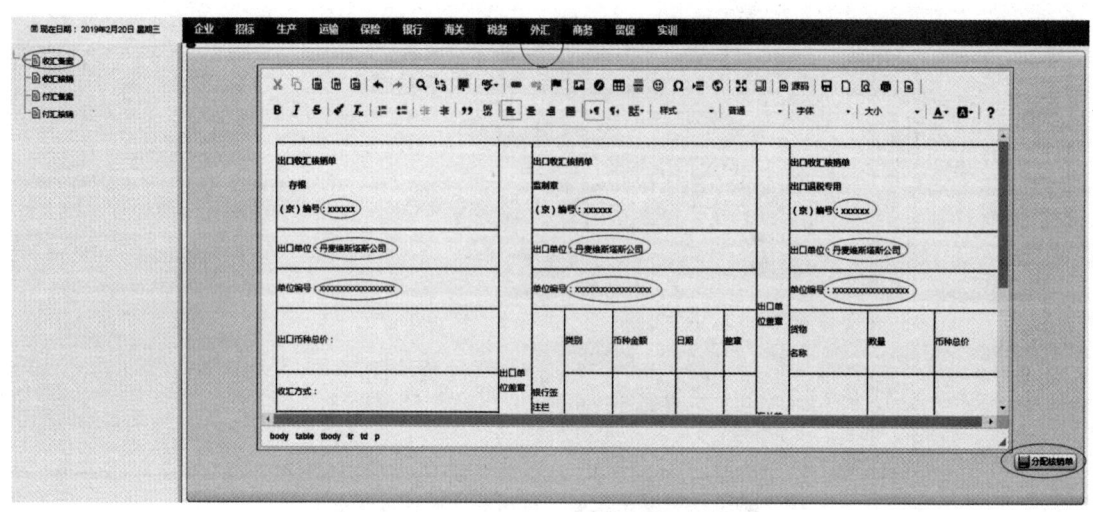

图9-5 收汇备案—外管局—颁发核销单

见图9-6,在收汇备案首页,外管局人员能够看到该合同的收汇备案申请状态变为"审核通过",且收汇核销单编号为:D19022017340342。

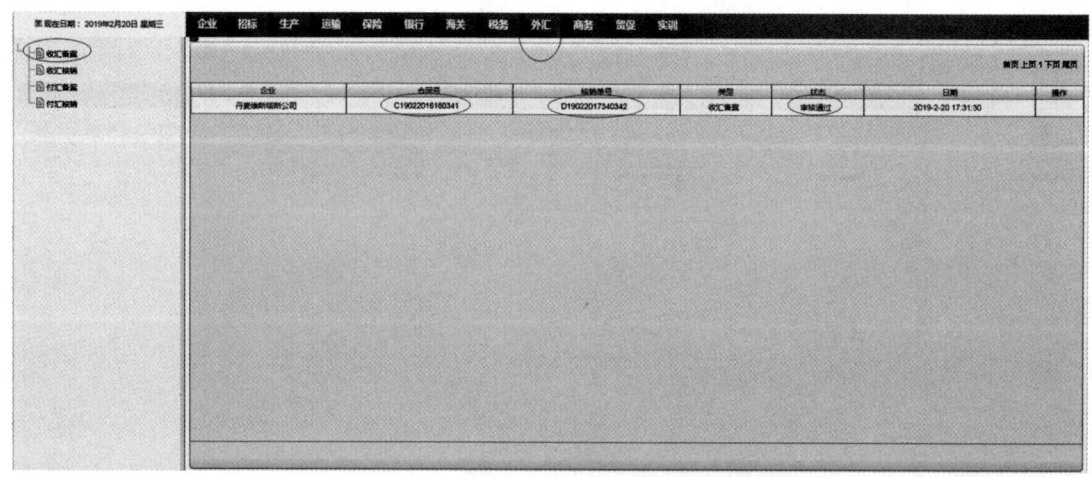

图9-6 收汇备案—外管局—核销单已发

第十章 备货

⚖️ **实验内容**

了解备货的程序；熟悉订货和验货的程序及具体内容；熟悉货物出口报检的程序、时间、地点和主要内容；熟悉出口许可证、原产地证书的办理；掌握上述实务的模拟操作过程。

备货是供应方履行合同最基础的一个环节。供应方是否能够按照合同的内容按质、按量、按时地准备应交付的货物，是合同履行成败的基础，是供应方顺利完成合同义务最重要的工作。

备货工作内容因供应方企业类型不同而有所变化，但无论是哪种类型，有关部门都要对应交的货物进行生产、清点、加工整理、刷制运输标志，办理申请报检和领证等工作。

第一节 订货

在订货环节，不同类型的企业工作内容有所不同：流通性的企业根据合同规定，与生产企业签订采购货物的合同；有进出口经营权的生产企业，应直接向生产部门和有关部门下达生产任务和联系单。

一、签订国内购销合同

没有生产加工实体的流通性企业通常是通过与国内有关生产企业签订国内购销合同来落实备货。对招标合同的供应方来说，国内购销合同是它与国内生产厂商之间关于购销货物之权利和义务的法律文件，是完成和落实招标合同货物的基础与证明。国内购销合同与招标合同内容大致相同，比较简单，用本国语言填写。

根据第六章第三节"表6-2 国际货物采购招标合同"和在跨境项目综合实验教学平台上 C19022016180341 合同的对应操作，知道：

(1) 供应方：丹麦维斯塔斯公司 Danish Vistas Company

地址：丹麦奥胡斯郡……　　Aarhus，Denmark……

银行：丹斯克银行 Danske Bank　公司法人：Gudmund Jensen

（2）生产方：丹麦维斯塔斯制造公司 Danish Vistas Manufacturing Company

（3）销售货物：丹麦维斯塔斯公司制造的维斯塔斯风力发电机组及其附属设备 V52-850

发电量：850 千瓦，叶片：52 米

Vistas Wind Turbine Generator and Its Accessory Equipment V52-850

Power Generation Capacity 850 kW，Blade：52 m

Manufacturer：Danish Vistas Company，Denmark

（4）交货条件：

招标合同价格：单价：每套 120 万美元 FOB 奥胡斯

Unit price：USD 1200000.00/set FOB Aarhus

交货期：2019 年 1 月 31 日前 Before Jan.31，2019

故供应方与生产方签订的国内购销合同中的标的必须与招标合同的标的完全一致，其价格要低于招标合同价格，交货期要早于招标合同时间。

二、下达备货通知单

有进出口经营权的生产型企业的出口备货，一般由出口部门向生产加工部门以及包装、仓储等部门下达出口生产加工通知，即备货通知单（见表 10-1）。由此，企业各个相关部门根据备货通知单对应交的货物进行生产加工、清点、刷制运输标志以及仓储等工作。

表 10-1 出口产品备货通知单例样

出口产品备货通知单				
出口国别/地区：				
合同号：				
年　月　日　第　号				
商品名称	规格		数量	
整装要求	包装	唛头	注意事项	
			信用证号码	
			装运期	
			有效期	
			装运港	
			目的港	
整装结果	件数	毛重	净重	体积
		每件		
		总计		
备注				

第二节　对生产过程和出货的跟单

供应方完成订货后，还必须对供应货物的生产过程以及出货进行跟单。具体工作包括确认样品、跟踪产品的整个物料采购、生产、仓储、检验和包装等过程、制作形式发票/装箱单、并对产品进行验收和出货。

一、审单、确定样品

一旦确定国内采购或生产业务，供应方首先应该审核相关资料，产品名称、规格、包装、数量、单价、总价、交货期、交货方式、支付方式等条件。

之后，需要进行样品的制作，即在供应货物批量生产之前，要求生产企业或部门按照合同的质量条款要求首先进行样品试制。供应方需要将试制的样品寄交采购方，请采购方确认样品。

二、生产跟踪

采购方确认样品后,生产企业或部门即可开始供应货物的生产。首先,生产企业或部门需要将备货通知单转化为工厂生产通知单(见表10-2)、材料耗用明细表(见表10-3)和仓库发料通知单(见表10-4)。工厂将严格按照这些通知单或明细表进行生产加工,有特殊要求的,要在生产通知单上注明。只有这些资料明确,各相关部门才能凭此安排备料生产,做好生产计划。

表10-2 生产通知单例样

生 产 通 知 单

制表:　　　　审核:　　　　编号:

订单编号			品牌		数量	
验货日期			交货日期			

一、生产项目

序号	规格名称	颜色	REF	条形码	产品名称	数量	箱数	包装要求
	合计							

二、生产特殊要求

三、附件

表10-3 材料耗用明细表例样

材 料 耗 用 明 细 表

制表:　　　采购:　　　审核:　　　编号:　　　　　　No.

订单编号		生产单号		数量	
编码	耗用材料名称	单位	所需用量	仓库存量	订购数量	备注

表 10-4　仓库发料通知单例样

仓 库 发 料 通 知 单						
生产通知单： 制表：						损耗率： 编号：
编码	耗用材料名称	单位	计划发出仓库数量	实际发出仓库数量	备注	

供应方应该根据上述三种通知单或明细表来跟踪供应货物的整个物料采购、物料进仓和生产加工全过程。通过材料耗用明细表可以了解采购物料的情况，对物料进仓的跟踪可以清楚每一项物料采购量与送货时间，由此，跟踪物料采购和使用情况使得供应方能够从产品生产的源头把握产品的质量和数量；而按照生产通知单进行生产跟踪最主要是看生产进度是否能够满足订单交货期，产品的品种、数量、质量是否按订单要求进行生产，再根据生产部门的最新生产排程中相应订单完工日来确定是否能按期交货。供应方在进行生产跟踪时，须经常到车间查看产品是否按订货要求进行生产，检验生产部门每生产一种产品的首件是否与订单要求一致。若发现异常，要立即请求生产部门及时修正。

三、验收入库产品

供应货物生产加工完成后，需要进行出口包装。出口包装必须严格按照招标合同要求进行，无论是单件包装、集合包装、包装材料还是包装标志等。整装刷唛头应按合同的要求整理供应货物的包装、刷制出口包装唛头。

供应货物须按照厂商规定和相关要求进行入库验收。供应方通过认真核对供应货物购进入库单（见表 10-5）以及可能有的承运部门的货运记录、供货部门提供的产品质量合格证明、发票来验收货物，以保证供应货源的数量准确、质量完好。

表 10-5　出口产品购进入库（通知）单例样

产品购进入库通知单

第　号　　　　　　　　　　　　　　　　　　　　　　　　　　　　　　　年　月　日

供货部门		摘要				仓库名称：	
编号	合同号	品名及规格	单位	数量	单价（元）	金额（元）	
			包装数量	包装件数			
		合计					

四、出货

出货工作虽然主要是生产厂商的任务，由他们主抓完成这个环节的每个活动，但供应方应该密切关注整个出货过程，做好有关沟通和衔接工作，以保证货物能够安全、准时地出运。

（一）出货联系

出货前几天，供应方应该联系出货相关事宜，把生产单位提供的供应货物形式发票、准确的装箱单、拖柜装货的具体地址、电话、联系人以及路线图等信息传真给货运公司，同货运公司一起查询最近的一班航线以确定船期。

（二）选择货柜

现有的货柜种类很多，在规格上分有 20 尺柜、40 尺柜和 60 尺柜，又分为干货柜、冷冻柜、框架式、罐式、吊挂式等样式。因此，货物出运需要选择适合的货柜，为此，供应方需要与生产厂商和货运公司一起根据所装货物的性质、功能，结合货物包装箱的尺寸以及摆放方式等，选择货柜适合的样式和规格。

（三）出货跟踪

供应方须提醒、监督生产厂商出货前后的工作，确保出货时间准时、出货内容和数量无误、装货顺利，尽早获得货柜车的车牌号码和货柜号码等信息，以方便后续的工作。

五、商业发票和装箱单的制作

（一）商业发票

商业发票（Commercial Invoice）是国际商务项目结算单据中最主要的单据之一，它是供应方开出的凭以向采购方收款的发货价目清单，是供应方对于一笔交易的全面说明，同时，它也是供应方和采购方双方记账的依据以及办理通关、纳税等的凭证。通常情况下，一笔交易应该先开出商业发票,其他项目单据将以此为依据缮制。

商业发票没有固定的格式,但基本栏目大致相同,有首文、本文和结文三部分组成。见表10-6给出商业发票的一种样式。

表10-6　商业发票例样

(Seller's Name & Address)			ORIGINAL
	COMMERCIAL INVOICE		No.： Date： Page：
(Buyer's Name & Address)			
Contract No.： (Transport details)	L/C No.： Country of destination： Station of destination： Dispatch station： Freight notice： Price based on delivery		Our order No.： Gr. wt. of delivery note： Gr. wt. consignment： Carriage free wt. of consignment

Item No.	Description of goods & Shipping mark	Quantity delivered	Unit Price	Amount

SAY TOTAL：
PAYMENT：
(SPECIAL CONDITIONS)
We certify that the invoice is true and correct.　　　　　　　　　(SIGNATURE)

表10-6所示商业发票中的每项内容都应该严格按照招标合同的相关规定填写,其中包括:

Seller's Name & Address 一般由供应方提前印就,包括供应方的中英文名称、地址、联系方式等内容,应与招标合同中供应方保持一致。

Buyer's Name & Address 是发票的抬头,为采购方,即招标合同中的采购方。因此,按招标合同内容详细填写采购方名称、地址等。

COMMERCIAL INVOICE 是本单据的名称——商业发票;No. 是发票号码,由供应方编写;Date 是开发票日期。该日期不能迟于装运期;Page 是发票的页码。

Our order No. 是供应方的订单号码。

Transport details 主要规定启运地、目的地及使用的运输工具。

SPECIAL CONDITIONS 为特殊条款。此项是根据招标合同中是否要求在发票中证明某些事项的条款而制作。

We certify that the invoice is true and correct. 文句以证明发票的真实和正确。否则,此处可换为 E. & O. E. (Errors and Omissions Excepted),即"错漏当查"。

SIGNATURE 一般是采购方的名称及负责人的签字和盖章。

另外，发票的分数应该与合同规定一致，其中至少有一份为正本（在发票上加注"ORIGINAL"字样）。

（二）装箱单

装箱单（Packing List）是对商业发票的补充，也是供应方缮制的。装箱单主要反映货物的包装情况，标明装箱货物的名称、规格、数量、唛头、箱号、件数和重量等。若是定量装箱，需要说明总件数、每箱重量、合计重量；若来证要求提供详细包装单，则必须提供尽可能详细的装箱内容，描述每件包装的细节，包括商品货号、色号、尺寸搭配、毛净重、包装尺码等。

表 10-7 是本书第六章第三节"表 6-2 国际货物采购招标合同"项下的装箱单。

表 10-7 装箱单

Danish Vistas Company				
……Aarhus, Denmark				
（Seller's tel. & email）				
				ORIGINAL
PACKING LIST				

China National Water Resources and Electricity Equipment Co., Ltd.
（Buyer's address）
（Buyer's tel. & email）

PL-No.：18.11.23

Contract No.：C19022016180341　　LC No.：　　　　　　Order No.：CNWREECT2018-126

Quantity/Gross weight：58 sets /25.90MT per set

Packing：Suitable for ocean shipment, sufficiently strong and with adequate protection of the goods. Each package shall be stenciled with unfading pigment the gross and net weight, package no., measurement and shipping marks.

Shipping mark：　CNWREECT2018-126
　　　　　　　　XINGANG, TIANJING, CHINA

Dimension：　52m and ……　——for each set

Package No.	Pieces	style	Color (per style)	Remarks
ALL NUDE				

案例分析训练

根据本书第六章第三节"表 6-2 国际货物采购招标合同"内容和本章节"表 10-7 装箱单"中的信息。

训练任务：

按表 10-6 的格式为供应方 Danish Vistas Company 制作一份商业发票。

第三节 备货的注意事项

供应货物的生产加工虽然不是签订招标合同的供应方或其出口部门的任务，但此环节一旦出现问题，必然牵连其供应任务是否能够顺利完成，因此，产品生产加工环节上的任何闪失对供应方或其出口部门来说都是不能接受，需要避免的。

一、严查货物的品质、规格和数量

供应方必须按招标合同的要求严格检查货物的品质、规格，必要时应进行加工整理，以确保其与招标合同规定一致。

应保证满足招标合同对货物数量的要求。备货的数量应适当留有余量，以防装运时可能发生的包装损坏而换货和适应舱容之用。

二、核实货物的包装

供应方要认真检查和核实货物的包装，使之符合招标合同的规定，并要做到对保护货物和适应运输的要求。若发现包装不良或损坏，应及时进行修补或换装。

供应方应按招标合同规定的样式给出口货物刷制唛头。供应方要特别注意唛头的错刷、漏刷、英文字母颠倒、倒置，保证唛头清楚、醒目、位置大小适当，避免"白板"出口。

三、保证货物出运时间

供应方要特别注意备货的时间问题。应根据招标合同规定，密切关注船期信息，结合船期安排，统筹计划，做好船货衔接工作。

四、货物情况的通知

在 EXW 和 FCA、FAS、FOB 贸易术语情况下，当供应方备货完成后，应该立即将供应货物出运的情况通知采购方，以便采购方租船订舱。这是因为在租船订舱时，采购方需要了解货物出运的详细信息，包括所有包装材质、尺寸和重量，出运时间等，只有这样，采购方才能准确地租船订舱并及时接货装船。当然，在其他贸易术语条件下，因是供应方自己租船订舱，则没有必要通知给采购方货物的情况。

第四节 备货在跨境项目综合实验教学平台上的操作

一、实训目的及要点

(1) 了解出口备货的流程;

(2) 熟悉和掌握合同发票、装箱单等单证的格式制作。

二、场景模拟操作说明

在跨境项目综合实验教学平台上,可以实现出口备货的大致流程,并且能够生成所需的发票、装箱单单证。具体情况如下。

(一) 供应方按照合同要求加工备货

见图 10-1,供应方角色登录系统,点击左侧菜单"备货订货"项下"商品订货",进入备货首页,找到 C19022016180341 合同需要备货的信息条;

点击操作框下【备货】图标,进入订货编辑界面。

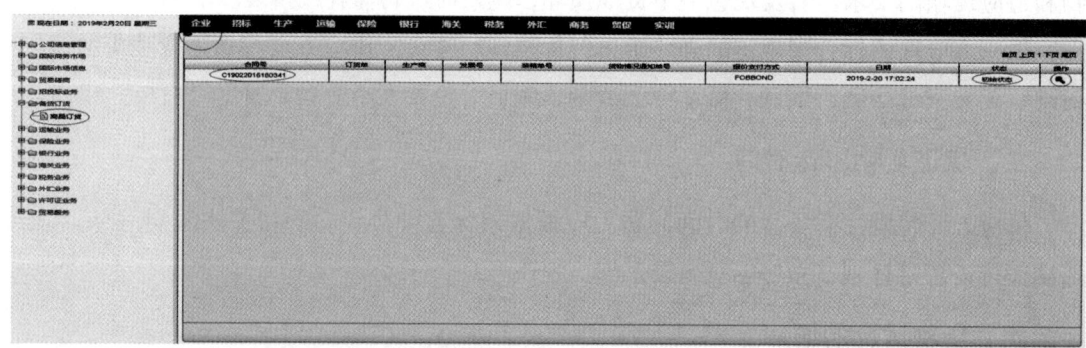

图 10-1 备货订货—供应方—进入订货

见图 10-2,在订货信息界面,供应方需要选择生产商,根据合同编写订货信息;编辑完成后,点击【确认订货】按钮。

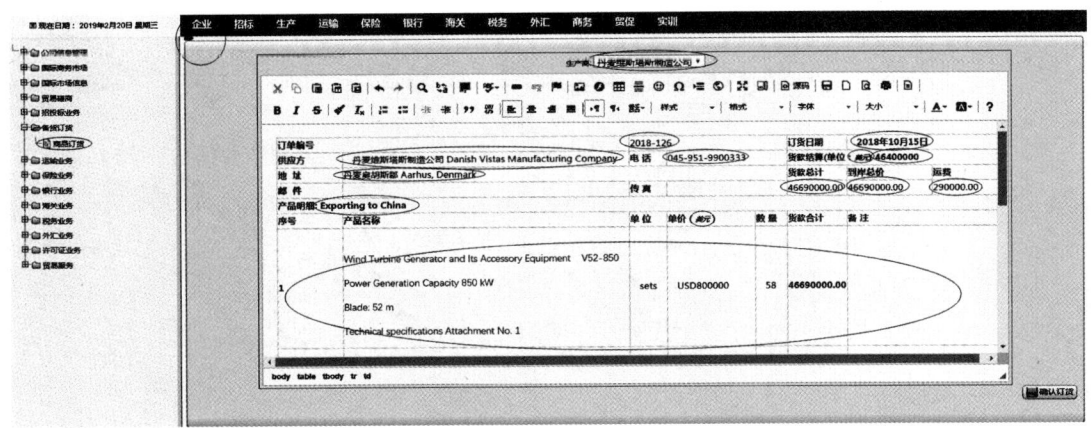

图 10-2　备货订货—供应方—订货信息确认

见图 10-3，确认订货后，系统返回备货订货首页，该合同信息条状态显示"已订货"，且订货单编号为 D19022018350940。

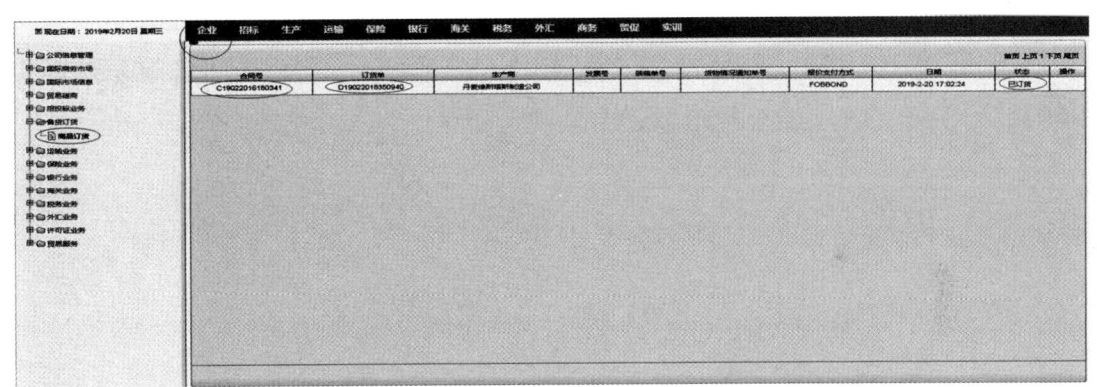

图 10-3　备货订货—供应方—已订货

见图 10-4，生产方角色登录系统，点击左侧"订单管理"菜单，进入订单管理首页，看到供应企业的订货信息条；

生产方找到 D19022018350940 订货单的信息条，点击操作框下【备货】图标，进入货物生产/包装界面。

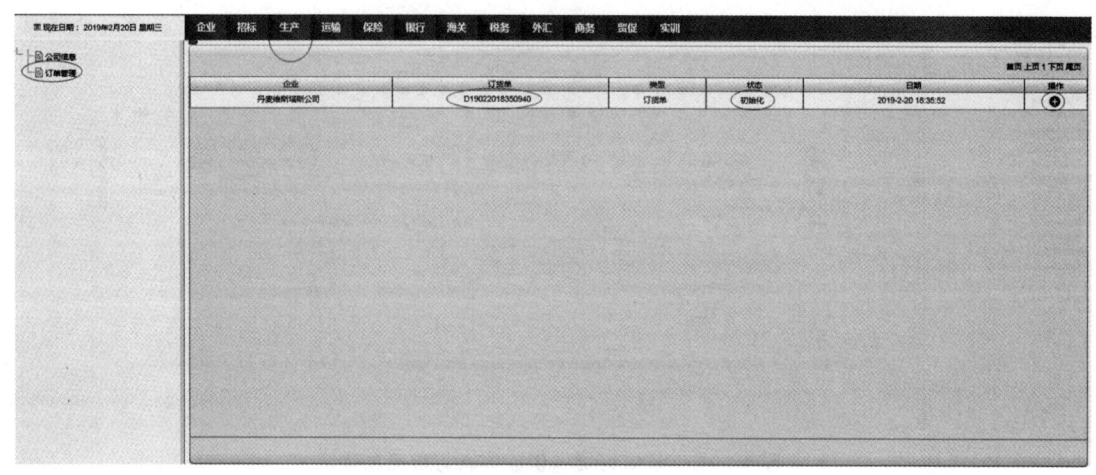

图 10-4 备货订货—生产方—进入备货

在发货单界面填写完相应信息,点击【发货】按钮,完成生产方备货功能,返回订单管理界面,见图 10-5。

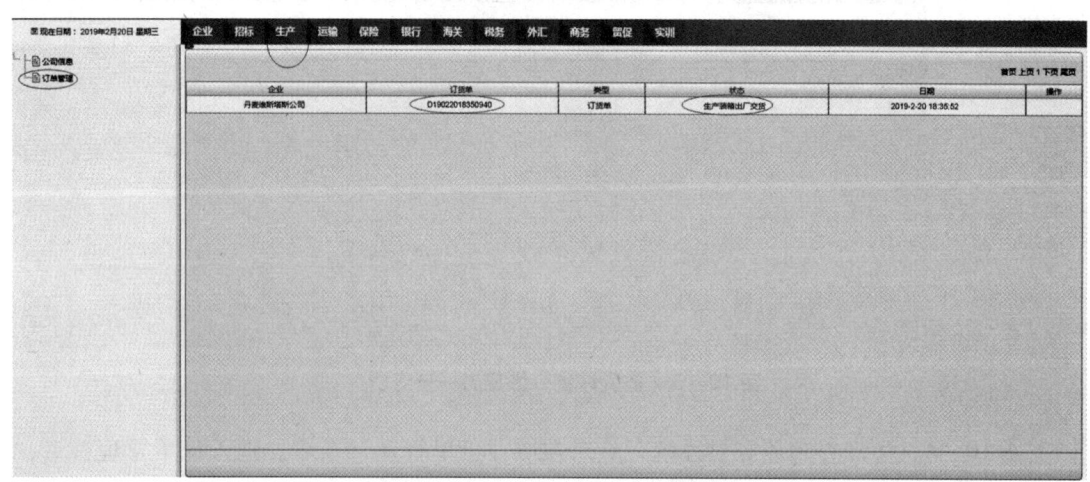

图 10-5 备货订货—生产方—物资发货

(二) 供应方制作发票和装箱单

见图 10-6,供应方角色登录系统后,点击左侧菜单"备货订货"项下"商品订货",可查看到 C19022016180341 合同的订货信息;

点击操作栏里【开发票】图标,进入单据制作界面。

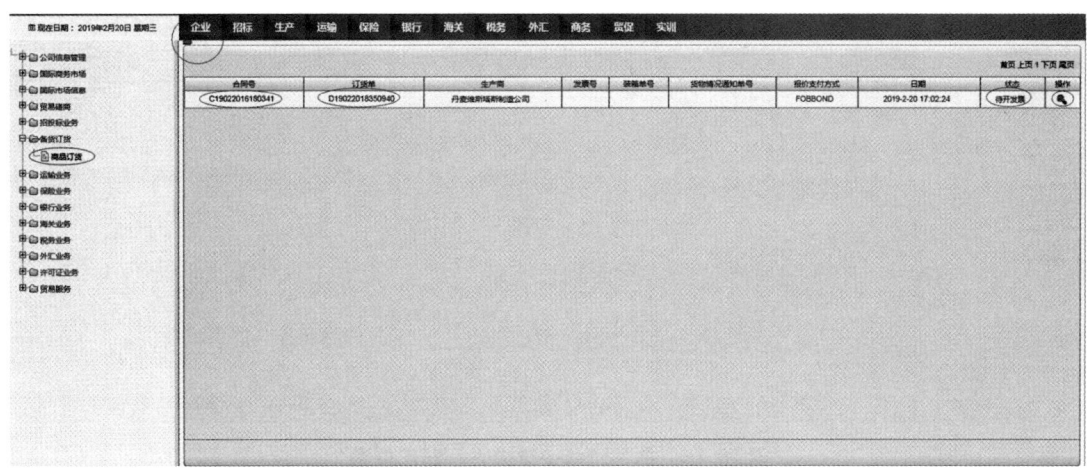

图 10 -6　备货订货—供应方—制作单据 1

见图 10 -7，在此界面，发票单据编辑完毕，点击【制作单据】按钮，系统返回。

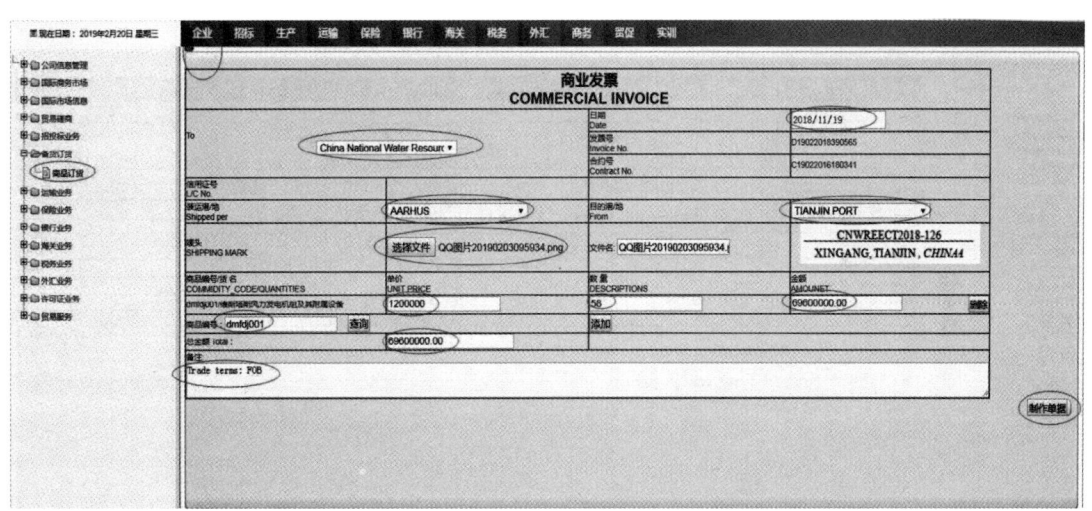

图 10 -7　备货订货—供应方—发票制作

见图 10 -8，返回商品订货界面，该合同的发票编号为 D19022018390565，而合同执行状态栏里显示改为"装箱单未开"。

商务实务教程

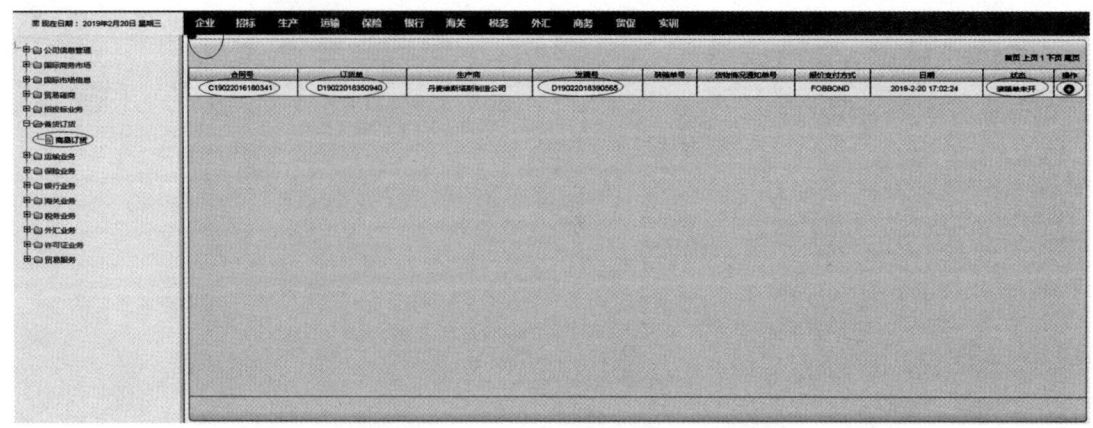

图10-8 备货订货—供应方—制作单据2

点击图10-8【编写装箱单】按钮，界面跳转到装箱单页面，见图10-9；

编辑装箱单。编辑完成后，点击【发货】按钮，合同执行状态显示"货物情况通知单"，或"已备货装箱"。

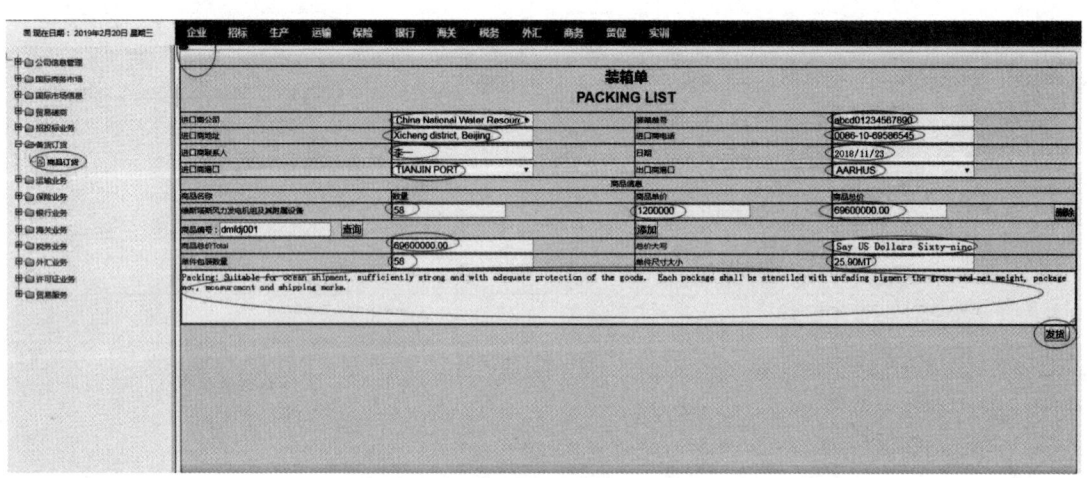

图10-9 备货订货—供应方—装箱单制作

（三）FOB术语下供应方发出货物情况通知

点击图10-9装箱单编辑页【发货】按钮后，返回商品订货界面，相关的装箱单编号为abcd1234567890，合同执行状态显示"货物情况通知单"，见图10-10。

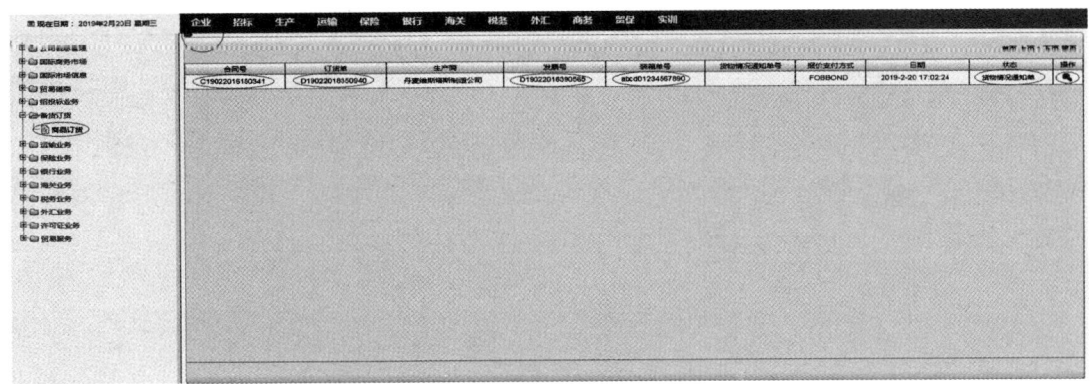

图 10 - 10　备货订货—供应商—制作单据 3

点击图 10 - 10【编写货物情况通知单】按钮，跳转到编写货物情况通知单页面，操作编辑通知单；

编辑完成后，点击【发送通知】按钮，见图 10 - 11。

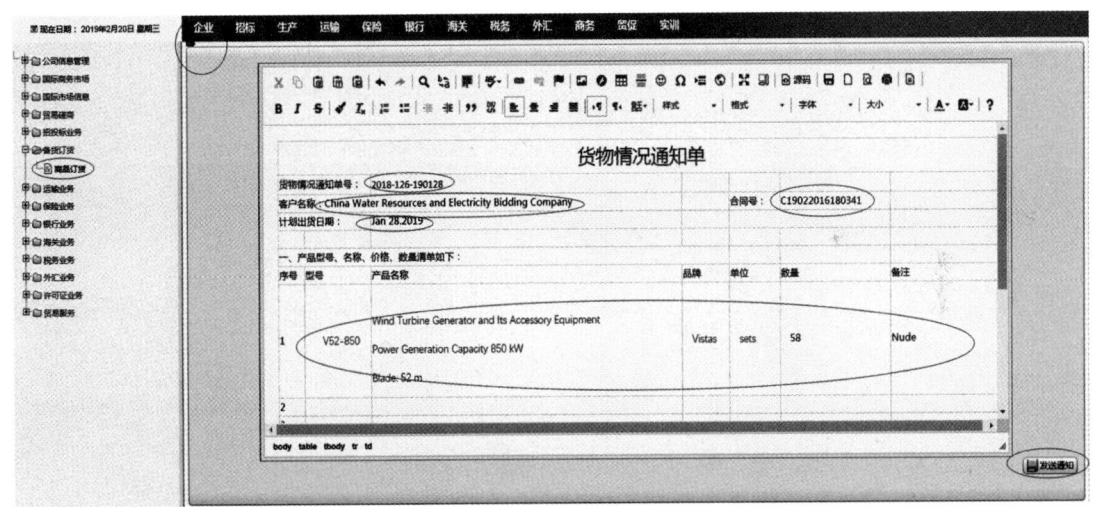

图 10 - 11　备货订货—供应商—编写货物情况通知单

点击图 10 - 11【发送通知】按钮，界面显示"货物情况通知单已发"，备货完成，货物情况通知单编号为 D19022019040995，见图 10 - 12。

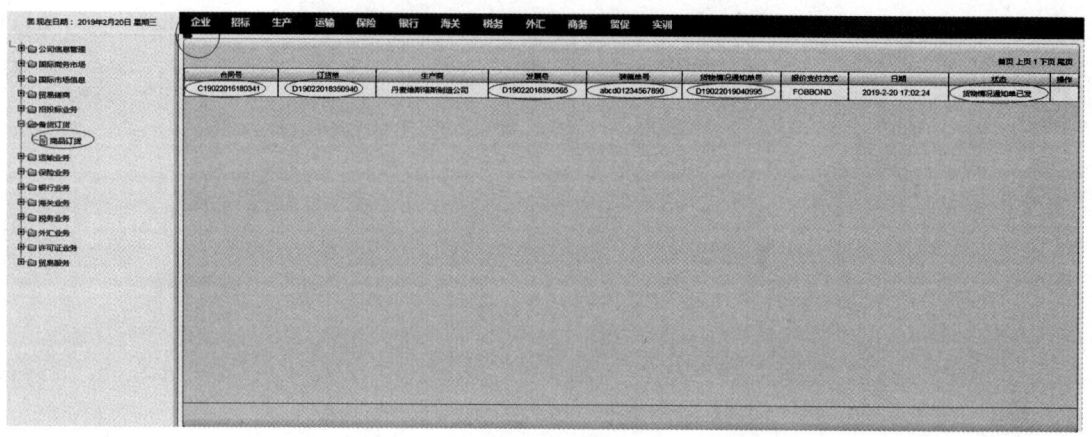

图10-12 备货订货—供应商—已备货

第十一章 货物出口通关、装船

实验内容

熟悉出口货物的报检手续；了解货物通关和装船流程；掌握上述实务的模拟操作过程。

在 FOB 条件下，供应方必须按照合同规定办理货物通关，做好货物出运工作。

第一节 货物通关介绍

一、货物通关概述

任何商务项目的货物在进出口时都必须通过海关检查放行。例如，《中华人民共和国海关法》第八条规定："进出境运输工具、货物、物品必须通过设立海关的地点进境或出境。"因此，由设关地进出境并办理规定的海关手续是出口货物出境和进口货物进境的基本规则，是供应方、采购方或货代的一项基本义务。

通关是指需要海关管理进出境货物所有人或其代理人向海关办理有关手续（即报关），之后海关对其呈交的单证和申请进出口的货物依法进行审核、查验、征缴税费、批准进口或者出口的管理过程。

进出口货物报关单等是由海关总署规定统一格式和填制规范，由报关人填制并由报关员代表进出口方（采购方和供应方）向海关提交办理进出口货物申报手续的法律文件，是海关依法监管货物进出口、征收关税和其他税费、编制海关统计及其他事务的重要凭证。中国出口货物采用《中华人民共和国海关出口货物报关单》等，进口货物采用《中华人民共和国海关进口货物报关单》等。

二、关检融合整合

中国海关总署参照国际标准，尊重惯例，实现单证统一、代码规范、申报系统整合，从 2018 年 8 月 1 日起，海关进出口货物实行整合申报，报关单、报检单合并为一张报关单，形成"四个一"，即"一张报关单、一套随附单证、一组参数代码、一个申报系统"，实现报关报检"一张大表"货物申报，并且同步发布《进出口货物报关单填制规范》（2018年60号）、《进出口货物报关单和进出境货物备案清单格式》（2018年61号）、《进出口货物报关单申报电子报文格式》（2018年67号）等公告。

打印格式的新版报关单具有56个项目，版式为横版，与国际推荐的报关单样式更加接近，纸质单证全部采用普通打印方式，不再印制空白格式单证；报关报检货物申报数据项为105个；其随附单证有统一规范的要求；实现现有参数代码标准化。包括国别（地区）代码、港口代码、币制代码、运输方式代码、监管方式代码、计量单位代码、包装种类代码、集装箱规格代码等；形成一个统一的申报系统。用户由"互联网+海关"、跨境贸易"单一窗口"接入。

在官方网站上，可以进行下面这些关检融合部分通关参数的查询及下载：

- 关区代码表
- 运输方式代码表
- 监管方式代码表
- 征免性质代码表
- 国别（地区）代码表
- 港口代码表
- 企业产品许可类别代码表
- 中华人民共和国行政区划代码表
- 成交方式代码表
- 货币代码表
- 集装箱规格代码表
- 计量单位代码表
- 包装种类代码表
- 征减免税方式代码表
- 国内口岸代码表
- 检验检疫机关代码表
- 关联理由代码表
- 监管证件代码表
- 国内地区代码表
- 用途代码表
- 原产地区代码表
- 危包规格代码表
- 货物属性代码表
- 检验检疫名称参数

三、海关进出口货物报关单的填制

中华人民共和国海关出口货物报关单样式如下（见表11-1）。

表 11-1 中华人民共和国海关出口货物报关单样本

预录入编号：　　　　　海关编号：　　　　　（××海关）　　　　　页码/页数：

境内发货人	出境关别		出口日期		申报日期	备案号	
境外收货人	运输方式		运输工具名称及航次号		提运单号		
生产销售单位	监管方式		征免性质		许可证号		
合同协议号	贸易国（地区）		运抵国（地区）		指运港	离境口岸	
包装种类	件数	毛重（千克）	净重（千克）	成交方式	运费	保费	杂费
随附单证及编号							
标记喷码及备注							

项号	商品编号	商品名称及规格型号	数量及单位	单价/总价/币制	原产国（地区）	最终目的国（地区）	境内货源地	征免
报关人员　　　报关人员证号　　　电话 兹申明对以上内容承担如实申报、依法纳税之法律责任 申报单位　　　　　　　　　　　申报单位（签章）						海关批注及签章		

为规范进出口货物收发货人的申报行为，统一进出口货物报关单的填制，我国海关总署发布有 2018 年第 60 号公告，即"关于修订《中华人民共和国海关进出口货物报关单填制规范》的公告"，就填制进出口货物报关单等进行了重新定义，其填制的主要要求有：

预录入编号：预录入报关单的编号，一份报关单对应一个预录入编号，由系统自动生成。报关单预录入编号为18位，其中第1~4位为接受申报海关的代码（海关规定的《关区代码表》中相应海关代码），第5~8位为录入时的公历年份，第9位为进出口标志（"1"为进口，"0"为出口；集中申报清单"I"为进口，"E"为出口），后9位为顺序编号。

海关编号：海关接受申报时给予报关单的编号，一份报关单对应一个海关编号，由系统自动生成。报关单海关编号为18位，其中第1~4位为接受申报海关的代码（海关规定的《关区代码表》中相应海关代码），第5~8位为海关接受申报的公历年份，第9位为进出口标志（"1"为进口，"0"为出口；集中申报清单"I"为进口，"E"为出口），后9位为顺序编号。

境内收发货人：填报在海关备案的对外签订并执行跨境贸易合同的中国境内法人、其他组织名称及编码。编码填报18位法人和其他组织统一社会信用代码，没有统一社会信用代码的，填报其在海关的备案编码。

进出境关别：根据货物实际进出境的口岸海关，填报海关规定的《关区代码表》中相应口岸海关的名称及代码。其他无实际进出境的货物，填报接受申报的海关名称及代码。

进出口日期：进口日期填报运载进口货物的运输工具申报进境的日期。出口日期指运载出口货物的运输工具办结出境手续的日期，在申报时免予填报。无实际进出境的货物，填报海关接受申报的日期。进出口日期为8位数字，顺序为年（4位）、月（2位）、日（2位）。

申报日期：海关接受进出口货物收发货人、受委托的报关企业申报数据的日期。以电子数据报关单方式申报的，申报日期为海关计算机系统接受申报数据时记录的日期。以纸质报关单方式申报的，申报日期为海关接受纸质报关单并对报关单进行登记处理的日期。本栏目在申报时免予填报。申报日期为8位数字，顺序为年（4位）、月（2位）、日（2位）。

备案号：填报进出口货物收发货人、消费使用单位、生产销售单位在海关办理加工贸易合同备案或征税、减税、免税审核确认等手续时，海关核发的《加工贸易手册》、海关特殊监管区域和保税监管场所保税账册、《征免税证明》或其他备案审批文件的编号。一份报关单只允许填报一个备案号。

境外收发货人：通常指签订并执行出口贸易合同中的买方或合同指定的收货人，境外发货人通常指签订并执行进口贸易合同中的卖方。填报境外收发货人的名称及编码。

运输方式：根据实际运输方式和海关规定的特殊运输方式，按照海关规定的《运输方式代码表》填报。实际运输方式指货物实际进出境的运输方式，按进出境所使用的运输工具分类；海关规定的特殊运输方式指货物无实际进出境的运输方式，按货物在境内的流向分类。

运输工具名称及航次号：填报载运货物进出境的运输工具名称或编号及航次号。填报内容应与运输部门向海关申报的舱单（载货清单）所列相应内容一致。

提运单号：填报进出口货物提单或运单的编号。一份报关单只允许填报一个提单或运单号，一票货物对应多个提单或运单时，应分单填报。

货物存放地点：填报货物进境后存放的场所或地点，包括海关监管作业场所、分拨仓库、定点加工厂、隔离检疫场、企业自有仓库等。

消费使用单位/生产销售单位：消费使用单位填报已知的进口货物在境内的最终消费、使用单位的名称；生产销售单位填报出口货物在境内的生产或销售单位的名称。

监管方式：以跨境贸易中进出口货物的交易方式为基础，结合海关对进出口货物的征税、统计及监管条件综合设定的海关对进出口货物的管理方式。按照海关规定的《监管方式代码表》选择填报相应的监管方式简称及代码。其代码由4位数字构成，前两位是按照海关监管要求和计算机管理需要划分的分类代码，后两位是参照国际标准编制的贸易方式代码。一份报关单只允许填报一种监管方式。

征免性质：根据实际情况按海关规定的《征免性质代码表》选择填报相应的征免性质简称及代码，持有海关核发的《征免税证明》的，按照《征免税证明》中批注的征免性质填报。一份报关单只允许填报一种征免性质。加工贸易货物报关单按照海关核发的《加工贸易手册》中批注的征免性质简称及代码填报。

许可证号：填报进（出）口许可证、两用物项和技术进（出）口许可证、两用物项和技术出口许可证（定向）、纺织品临时出口许可证、出口许可证（加工贸易）、出口许可证（边境小额贸易）的编号。一份报关单只允许填报一个许可证号。

启运港：填报进口货物在运抵我国关境前的第一个境外装运港。根据实际情况，按海关规定的《港口代码表》填报相应的港口名称及代码，未在《港口代码表》列明的，填报相应的国家名称及代码。货物从海关特殊监管区域或保税监管场所运至境内区外的，填报《港口代码表》中相应海关特殊监管区域或保税监管场所的名称及代码，未在《港口代码表》中列明的，填报"未列出的特殊监管区"及代码；其他无实际进境的货物，填报"中国境内"及代码。

合同协议号：填报货物买卖合同（包括协议或订单）编号。未发生商业性交易的免予填报。

贸易国（地区）：发生商业性交易的进口填报购自国（地区），出口填报售予国（地区）。未发生商业性交易的填报货物所有权拥有者所属的国家（地区）；按海关规定的《国别（地区）代码表》选择填报相应的贸易国（地区）中文名称及代码。

启运国（地区）/运抵国（地区）：启运国（地区）填报进口货物启始发出直接运抵我国或者在运输中转国（地）未发生任何商业性交易的情况下运抵我国的国家（地区）；运抵国（地区）填报出口货物离开我国关境直接运抵或者在运输中转国（地区）未发生任何商业性交易的情况下最后运抵的国家（地区）；不经过第三国（地区）转运的直接运输进出口货物，以进口货物的装货港所在国（地区）为启运国（地区），以出口货物的指运港所在国（地区）为运抵国（地区）；经过第三国（地区）转运的进出口货物，如在中转国（地区）发生商业性交易，则以中转国（地区）作为启运/运抵国（地区）。按照海关规定的《国别（地区）代码表》选择填报相应的启运国（地区）/运抵国（地区）中文名称及代码；无实际进出境的货物，填报"中国"及代码。

经停港/指运港：经停港填报进口货物在运抵我国关境前的最后一个境外装运港；指运港填报出口货物运往境外的最终目的港；最终目的港不可预知的，按尽可能预知的目的港填报。按照海关规定的《港口代码表》选择填报相应的港口名称及代码。经停港/指运港在《港口代码表》中无港口名称及代码的，可选择填报相应的国家名称及代码；无实际进出境的货物，填报"中国境内"及代码。

入境口岸/离境口岸：入境口岸填报进境货物从跨境运输工具卸离的第一个境内口岸的中文名称及代码。采取多式联运跨境运输的，填报多式联运货物最终卸离的境内口岸中文名称及代码。过境货物填报货物进入境内的第一个口岸的中文名称及代码。从海关特殊监管区域或保税监管场所进境的，填报海关特殊监管区域或保税监管场所的中文名称及代码。其他无实际进境的货物，填报货物所在地的城市名称及代码；离境口岸填报装运出境货物的跨境运输工具离境的第一个境内口岸的中文名称及代码。采取多式联运跨境运输的，填报多式联运货物最初离境的境内口岸中文名称及代码。过境货物填报货物离境的第一个境内口岸的中文名称及代码。从海关特殊监管区域或保税监管场所出境的，填报海关特殊监管区域或保税监管场所的中文名称及代码。其他无实际出境的货物，填报货物所在地的城市名称及代码。

按海关规定的《国内口岸编码表》选择填报相应的境内口岸名称及代码。

包装种类：填报进出口货物的所有包装材料，包括运输包装（提运单所列货物件数单位对应的包装）和其他包装（包括货物的各类包装，以及植物性铺垫材料等），按海关规定的《包装种类代码表》选择填报相应的包装种类名称及代码。

件数：填报进出口货物运输包装的件数（按运输包装计）。

成交方式：根据进出口货物实际成交价格条款，按海关规定的《成交方式代码表》选择填报相应的成交方式代码。无实际进出境的货物，进口填报 CIF，出口填报 FOB。

运费：填报进口货物运抵我国境内输入地点起卸前的运输费用，出口货物运至我国境内输出地点装载后的运输费用。按海关规定的《货币代码表》选择填报相应的币种代码。

保费：填报进口货物运抵我国境内输入地点起卸前的保险费用，出口货物运至我国境内输出地点装载后的保险费用。按海关规定的《货币代码表》选择填报相应的币种代码。

杂费：填报成交价格以外的，按照《中华人民共和国进出口关税条例》的相关规定应计入完税价格或应从完税价格中扣除的费用。按海关规定的《货币代码表》选择填报相应的币种代码。

随附单证及编号：分有随附单证代码和随附单证编号两栏，分别在代码栏和随附单证编号栏按海关规定的《监管证件代码表》和《随附单据代码表》选择填报相应证件（除许可证件以外的其他进出口许可证件或监管证件、随附单据）代码和编号。

标记唛码及备注：标记唛码中除图形以外的文字、数字，无标记唛码的填报 N/M。

项号：分两行填报。第一行填报报关单中的商品顺序编号；第二行填报"备案序号"，专用于加工贸易及保税、减免税等已备案、审批的货物，填报该项货物在《加工贸易手册》或《征免税证明》等备案、审批单证中的顺序编号。有关优惠贸易协定项下报关单填制要求按照海关总署相关规定执行。

商品编号：填报由 13 位数字组成的商品编号。前 8 位为《中华人民共和国进出口税则》和《中华人民共和国海关统计商品目录》确定的编码；第 9 位、第 10 位为监管附加编号，第 11～13 位为检验检疫附加编号。

商品名称及规格型号：分两行填报。第一行填报进出口货物规范的中文商品名称，第二行填报规格型号。

数量及单位：分三行填报。第一行按进出口货物的法定第一计量单位填报数量及单位，法定计量单位以《中华人民共和国海关统计商品目录》中的计量单位为准。凡列明有法定第二计量单位的，在第二行按照法定第二计量单位填报数量及单位。无法定第二计量单位的，第二行为空。成交计量单位及数量填报在第三行。

单价：填报同一项号下进出口货物实际成交的商品单位价格。无实际成交价格的，填报单位货值。

总价：填报同一项号下进出口货物实际成交的商品总价格。无实际成交价格的，填报货值。

币制：按海关规定的《货币代码表》选择相应的货币名称及代码填报，如《货币代码表》中无实际成交币种，需将实际成交货币按申报日外汇折算率折算成《货币代码表》列明的货币填报。

原产国（地区）：原产国（地区）依据《中华人民共和国进出口货物原产地条例》《中华人民共和国海关关于执行〈非优惠原产地规则中实质性改变标准〉的规定》以及海关总署关于各项优惠贸易协定原产地管理规章规定的原产地确定标准填报。同一批进出口货物的原产地不同的，分别填报原产国（地区）。进出口货物原产国（地区）无法确定的，填报"国别不详"。按海关规定的《国别（地区）代码表》选择填报相应的国家（地区）名称及代码。

最终目的国（地区）：最终目的国（地区）填报已知的进出口货物的最终实际消费、使用或进一步加工制造国家（地区）。不经过第三国（地区）转运的直接运输货物，以运抵国（地区）为最终目的国（地区）；经过第三国（地区）转运的货物，以最后运往国（地区）为最终目的国（地区）。按海关规定的《国别（地区）代码表》选择填报相应的国家（地区）名称及代码。

境内目的地/境内货源地：境内目的地填报已知的进口货物在国内的消费、使用地或最终运抵地，其中最终运抵地为最终使用单位所在的地区；境内货源地填报出口货物在国内的产地或原始发货地。按海关规定的《国内地区代码表》选择填报相应的国内地区名称及代码，并根据《中华人民共和国行政区划代码表》选择填报境内目的地对应的县级行政区名称及代码。无下属区县级行政区的，可选择填报地市级行政区。

征免：按照海关核发的《征免税证明》或有关政策规定，对报关单所列每项商品选择海关规定的《征减免税方式代码表》中相应的征减免税方式填报。

特殊关系确认：根据《中华人民共和国海关审定进出口货物完税价格办法》（以下简称《审价办法》）第十六条的规定，填报确认进出口行为中买卖双方是否存在特殊关系。出口货物免予填报，加工贸易及保税监管货物（内销保税货物除外）免予填报。

价格影响确认：根据《审价办法》第十七条的规定，填报"是"或"否"，以确认纳税义务人是否可以证明特殊关系未对进口货物的成交价格产生影响。出口货物免予填报，加工贸易及保税监管货物（内销保税货物除外）免予填报。

支付特许权使用费确认：根据《审价办法》第十一条和第十三条的规定，填报确认买方是否存在向卖方或者有关方直接或者间接支付与进口货物有关的特许权使用费，且未包括在进口货物的实付、应付价格中。出口货物免予填报，加工贸易及保税监管货物（内销保税货物除外）免予填报。

自报自缴：进出口企业、单位采用"自主申报、自行缴税"（自报自缴）模式向海关申报时，填报"是"；反之则填报"否"。

申报单位：自理报关的，填报进出口企业的名称及编码；委托代理报关的，填报报关企业名称及编码。编码填报18位法人和其他组织统一社会信用代码。报关人员填报在海关备案的姓名、编码、电话，并加盖申报单位印章。

海关批注及签章：供海关作业时签注。

在官方网站上，可以通过下面这些通关参数对照表来完成新海关进出口报关单的填制。

- 运输方式代码表—对原报关代码
- 运输方式代码表—对原报检代码
- 监管方式代码表—对原报关代码
- 监管方式代码表—对原报检代码
- 国别（地区）代码表—对原报关代码
- 国别（地区）代码表—对原报检代码
- 港口代码表—对原报关代码
- 港口代码表—对原报检代码
- 货币代码表—对原报关代码
- 货币代码表—对原报检代码
- 集装箱规格代码表—对原报关代码
- 集装箱规格代码表—对原报检代码
- 包装种类代码表—对原报关代码
- 包装种类代码表—对原报检代码

第二节　货物出口通关程序

出口货物出境时，供应方或其货代必须按规定将货物送到海关指定的仓库向进出境口岸海关请求申报，交验规定的单证，接受海关人员对其所报货物的查验，依法缴纳海关关税和其他由海关代征的税款，之后才能由海关批准货物的放行。放行后，供应方方可办理货物出口装船事宜。

一、申领出口许可证

根据各国出口许可证管理制度规定，供应方对出口许可证管理范围内的商品，必须在货物出口前向出口许可管理部门取得货物出口许可证，在货物出口报关时将其向海关提供，否则海关将不接受报关。

（一）供应方申请出口许可证的程序

目前，我国供应方申请办理出口许可证有下列程序。

（1）明确合同项下货物确实属于出口许可证管理范围内的商品，确定该货物的出口许可证签发机构。目前我国商务部负责制定出口许可证管理办法及规章制度，商务部驻各地特派员办事处和各省、自治区、直辖市及计划单列市经贸委、厅、局为出口许可证发证机构。

（2）填写出口许可证申请表，于货物出口报关前向有权签发该货物出口许可证的发证机关办理出口许可证申请手续。申请时，应提交以下文件：

①加盖印章的出口许可证申请表（正本）1份。实行网上申领的，应认真如实地在线填写电子申请表并传送给相应发证机构。

②加盖对外贸易经营者备案登记专用章的《对外贸易经营者备案登记表》或《中华人民共和国进出口企业资格证书》或外商投资企业批准证书（复印件）。

③若需要，有关出口货物配额或其他有关批准文件。

④出口报关合同一式两份。其中，一份发证机关留存，另一份加盖出口许可证专用章后退回卖方。

（3）发证机构审核卖方申请。经审核同意后，一般在申请之日起3个工作日内签发出口许可证一式三份，一份申报人留存，一份海关留存，一份由海关签印后送当地银行凭以检查结汇。

（二）出口许可证申请表的制作

表11-2展示了中国的出口许可证申请表的项目、结构和内容。

表11-2 出口许可证申请表样本

1. 出口方　　　代码　　　　　　电话：（领证人签名）	3. 出口许可证号
2. 发货人　　　代码	4. 许可证有效截止日期
5. 贸易方式	8. 进口国（地区）
6. 合同号	9. 支付方式
7. 报关口岸	10. 运输方式
11. 商品名称　　　　　　　　商品编码	

12. 规格等级	13. 单位	14. 数量	15. 单价（币别）	16. 总值（币别）	17. 总值折美元
18. 总计					

初审意见： 　　　　　　　　　　经办人： 终审意见：	19. 备注 申请单位（盖章） 申请日期

出口许可证申请表用本国文字填写，按招标合同规定和实际情况填写，其中，"1. 出口方"和"2. 发货人"两栏一般填写供应方和发货人全称，将出口方代码写在规定的方格内（每格一个数字）；"3. 出口许可证编码""初审意见"和"终审意见"栏由发证机关填写；"4. 许可证有效截止日期"一般为3个月或6个月。

表11-3是中国发证机关审核通过供应方提交的出口许可证申请表后，签发的出口许可证。

表 11-3　出口许可证样本

中华人民共和国出口许可证 EXPORT LICENSE OF THE PEOPLE'S REPUBLIC OF CHINA				
1. 出口方 Exporter		3. 出口许可证号 Export license No.		
2. 发货人 Consignor		4. 许可证有效截止日期 Export license export date		
5. 贸易方式 Terms of trade		8. 进口国（地区） Country/Region of purchase		
6. 合同号 Contract No.		9. 支付方式 Payment conditions		
7. 报关口岸 Place of clearance		10. 运输方式 Mode of transport		
11. 商品名称 Description of goods			商品编码 Code of goods	
12. 规格等级 Specification	13. 单位 Unit	14. 数量 Quantity	15. 单价（币别） Unit price	16. 总值（币别） Amount	17. 总值折美元 Amount in USD
18. 总计 Total					
19. 备注： Supplementary details		20. 发证机关签章 Issuing authority's stamp & signature		
		21. 发证日期 License date		

二、办理产地证明书

产地证明书是一种证明货物原产地或制造地的证明文件，是供进口国海关实行差别关税、采取不同的国别政策，或对某些国家采取控制进口配额的依据。产地证明书通常由供应方所在地的公证行或工商团体签发，中国的出证机构为中国国际贸易促进委员会等。

（一）中国产地证的种类

中国出口货物所使用的产地证种类较多，除了像对美国出口的原产地声明书、中国—东盟自由贸易区优惠原产地证明书等，中国针对不同国家或地区出口时所需要的产地证明书外，主要的产地证有：

①普通原产地证（Certificate of Origin, C/O）。该证用于证明货物的生产国别，进口国海关凭以核定应征收的税率。

②普惠制产地证（Generalized System of Preference Certificate of Origin Form A）。有几十个国家给予我国普惠制待遇，因此，凡是向给惠国出口受惠商品，均须提供普惠制产地证。

③纺织品产地证（Certificate of Origin Textile Products）。我国对某些国家出口纺织品时，须提供纺织品产地证。

（二）中国产地证申请程序

（1）注册登记。供应方持营业执照、主管部门批准的对外贸易经营权证明文件及证明货物符合出口货物原产地的有关文件，向所在地签证机构办理注册登记手续。经签证机构审核合格后享有申办产地证资格。

（2）申报。企业申领员最迟于货物报关出运前5日向签证机构申请办理产地证，并严格按签证机构要求，真实、完整、正确地填写以下材料：

①产地证申请书一份；

②供应方自行按标准填制的产地证一套；

③出口货物商业发票一份；

④签证机构认为必要的其他文件。

（3）签发产地证。签证机构受理供应方申请，确认无误后，盖章签发产地证。一般一正本三副本，其中一正本二副本交供应方，一副本和申请书、商业发票等文件由签证机构存档。

（三）普通原产地证申请书和普通原产地证

在中国，普通原产地证是由贸促会等机构签发的。表11-4展示了供应方办理普通原产地证所需要填写的相应申请书，表11-5则是贸促会核发的普通原产地证样本。两表均需要供应方自行填写后交签发机构，其中普通原产地证申请书用中文填写，普通原产地证用英文或其他外文填写。

表11-4 普通原产地证申请书样本

一般原产地证明书/加工装配证明书申请书

申请单位注册号：　　　　　　　　　　　　　　　　　　　　　　　证书号：
发票日期：　　　　　　　　　　　　　　　　　　　　　　　　　　　发票号：
申请人郑重声明：
　　本人被正式授权代表本企业办理和签署本申请书。本申请书及《中华人民共和国出口货物原产地证明书/加工装配证明书》所列内容正确无误，如发现弄虚作假，冒充证书所列货物，擅改证书，本人愿按《中华人民共和国进出口货物原产地条例》的有关规定接受处罚并承担法律责任，现将有关情况申报如下：

商品名称 （中英文）		H. S. 编码 （不少于六位数）	
该批货物实际生产企业			
含进口成分主要制造加工工序			
商品FOB总值（以美元计）		最终目的国/地区	
拟出运日期		转口国（地区）	
包装数量或重量			
贸易方式（请选择□打钩）	A．一般贸易□　B．灵活贸易□　C．其他贸易□		
证书种类（请选择□打钩）	A．一般原产地证□　B．加工装配证明书□		
同时申请认证单证名称与份数			

　　现提交中国出口货物商业发票副本一份，《中华人民共和国出口货物原产地证明书/加工装配证明书》一正三副及其他附件　　份，请予以审核签证。

　　　　申请单位签章：

　　　　　　　　　　　　　　　　　　　　　　　　　　　　　　　申领员签名：
　　　　　　　　　　　　　　　　　　　　　　　　　　　　　　　电话或手机：

说明：1. 灵活贸易包括来料加工、补偿贸易、进料加工贸易。
2. 其他贸易指一般贸易和灵活贸易以外的贸易，如展卖、易货、租赁等贸易方式。
3. 本表适用于CO网上签证遇特殊情况，办理手工制单申请或申办加工装配证明书时填写，同期办理相配套的单证认证只需一并填写，不需另填《涉外商业单证认证申请书》。
4. 申请单位注册号指本单位在×××贸促会的注册号。
5. 申请书请用水笔或钢笔或打字机填写，须填报1式1份。

表11-5 普通原产地证样本

1. Exporter (full name and address)	Certificate No. CERTIFICATE OF ORIGIN OF THE PEOPLE's REPUBLIC OF CHINA		
2. Consignee (full name and address)			
3. Means of transport and route	5. For certifying authority use only		
4. Destination port			
6. Marks and numbers of packages	7. Description of goods; Number and kind of packages	8. HS Code	9. Quantity or weight	10. Number and date of invoices

11. Declaration by the exporter	12. Certification
The undersigned hereby declares that the above details and statements are correct; that all the goods were produced in China and that they comply with the Rules of Origin of the People's Republic of China. Place and date, signature and stamp of authorized signatory	It is hereby certified that the declaration by the exporter is correct. Place and date, signature and stamp of certifying authority

三、出口通关

(一) 出口通关的基本流程

以中国的情况为例,供应方在报关前须做好事前准备工作,包括在指定地点备齐出口货物;取得报关资格。若委托报关,需办理报关委托;准备报关单证,包括基本单证(出口货物发票、装箱单、提单、出口收汇核销单、海关签发的进出口货物征免税证明)、特殊单证(配额出口许可证等各类特殊管理证件)和预备单证(招标合同、货物原产地证明书、委托单位工商执照等有关单证);填制报关单及其他报关单证;报关单预录入。

出口货物的类别不同,其通关的流程也略有不同。一般情况,出口货物的通关可为申报、查验、征税及放行四个基本环节。加工贸易以及其他在放行后一定期限内仍须接受海关监管的货物的通关分为五个基本环节,即申报、查验、征税、放行及结关。图 11-1 给出了出口货物整个通关的基本环节。

1. 申报 (Declare Cargo's Details at Customs)

供应方或其代理人向海关交验规定的单据、证件,请求海关办理出口的有关手续。目前,海关接受申报的方式有三种:口头申报、书面申报及电子数据交换 (EDI) 申报,其中后两种是常用的申报方式。

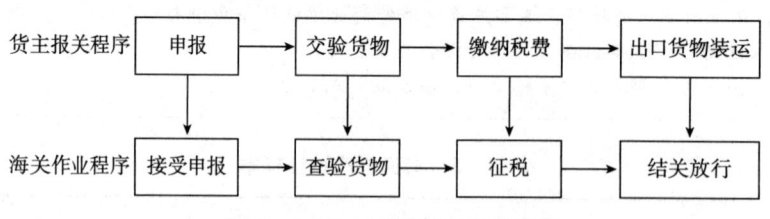

图 11-1 出口货物通关的流程图

申报工作必须在规定的时间和地点内进行。出口货物一般运抵出境地海关监管区或海关指定的监管地点后,运输工具装货的 24 小时前向海关申报。目前对集装箱货物通常在装货的 3 天前开始申报。

2. 查验 (Physical Check by Customs)

海关在接受报关单位报关员申报后,依法为确定出境货物、运输工具和物品的品名、数量、价值、用途、原产地、货物状况等是否与报关单上填报的内容一致,对货物实施调查或检查的行政执法行为。查验分有彻底查验、抽查和外形查验三种方式,具体视申报货物性质、类别和发货人的资信商誉情况而定。

供应方或其代理人在收到"查验通知"时,应及时通知相关部门并共同协助海关查验出口货物。报关员或出口货物的发货人应按海关查验计划时间到达查验现场配合海关查验货物,按海关要求如实答复海关提问并负责搬移、开拆或重封被查验货物的工作等。

海关也可在报关人员不在现场时自行开拆货物进行查验。届时,海关一般通知货物存放场所的管理人并有见证人在场,见证人会被要求在海关的查验记录上签字。

3. **缴纳税费**(Payment of Export Tax & Duty)

出口税费主要包括出口关税、船舶吨位税、海关监管税、超期申报滞报金和逾期缴纳滞纳金等。

出口关税是海关根据国家有关政策、法规对出口货物征收的税费。目前除少数商品外,大部分货物出口免征关税。对于采用从价税方式来征收出口税的商品,其出口关税税额是

$$出口关税税额 = 出口货物完税价格 \times 出口关税税率 \quad (11-1)$$

其中,$出口货物完税价格 = 商品 FOB 价格/(1 + 出口关税税率) \quad (11-2)$

供应方或其代理人接到海关发出的《×××海关出口关税专用缴款书》后,在海关规定的时间内,向海关指定银行办理税费缴纳手续,由银行再缴入海关指定的专门账户。逾期缴纳的,除依法追缴外,由海关按规定收取滞纳金。按《海关法》和《关税条例》的规定,纳税人或其代理人应当自海关填发税款缴款书之日起 15 日内缴纳税款,逾期缴纳的出口货物关税等,由海关征收 0.05% 的滞纳金,滞纳金起征额为 50 元。

$$关税滞纳金金额 = 滞纳应征收税额 \times 0.05\% \times 滞纳天数 \quad (11-3)$$

4. **放行**(Release cargos by Customs)

放行即海关在接受申报、查验和申报单位缴纳税费完成后,对出口货物作出结束海关出境现场监管的决定,允许货物离开海关监管现场的工作环节。在实际工作中,海关的放行方式是在出口货物的海运装货单(或空运总运单)上签盖"海关放行章"。对于需出口退税的货物,海关在报关单上加盖"验讫章",并将其退回给供应方或其代理人。为使供应方办理出口收汇,海关将出具一份盖有海关验讫章的电脑打印报关单交供应方专门用于办理出口收汇核销手续。

5. **结关**(Customs Clearance)

海关放行仅仅是对出境货物的放行,并不等于结关。对于一般货物的出口,海关放行即等于海关结关。但对于三大类货物(保税出口货物、特定减免税后货物、暂准出口货物)放行不等于结关,并未完成海关手续。在一定时间内,已放行的货物仍在海关监管之下,直到发货人或其代理人按规定向海关办理出口货物的核销、销案、申请解除监管手续为止。

总之，报关是放行和结关的前提，放行是结关的前提。没有报关就谈不上放行和结关，但放行和结关不是报关的必然结果。在实际工作中，常常会因单证问题、单货不一致问题等，虽然办了报关但实际未及时被海关放行；而有的货物虽已放行，但未办理核销、销案等手续，因此也不能结关。

（二）中国的报关单的填制和使用

出口货物办理报关时必须填写出口货物报关单，必要时还需要提供出口合同副本、发票、装箱单、重量单、商品检验证书，以及其他有关证件。出口货物报关单（表11-1）的填制要点在本章第一节中已经介绍。但是，海关特殊监管区域企业向海关申报货物出境、出区时，则应填制《中华人民共和国海关出境货物备案清单》（见表11-6）。

表11-6 海关出境货物备案清单样本

预录入编号：		海关编号：		（××海关）		页码/页数：	
境内发货人		出境关别		出境日期		申报日期	备案号
境外收货人		运输方式		运输工具名称及航次号		提运单号	
生产销售单位		监管方式				许可证号	
合同协议号		贸易国（地区）		运抵国（地区）		指运港	离境口岸
包装种类	件数	毛重（千克）	净重（千克）	成交方式	运费	保费	杂费
随附单证及编号							
标记喷码及备注							

项号	商品编号	商品名称及规格型号	数量及单位	单价/总价/币制	原产国（地区）	最终目的国（地区）	境内货源地

报关人员　　　报关人员证号　　　电话

兹申明对以上内容承担如实申报、依法纳税之法律责任　　　海关批注及签章

申报单位　　　　　　　　　　　申报单位（签章）

(三) 中国的出口货物报关注意事项

(1) 涉及法定检验检疫要求的出口商品申报时,供应方(即出口企业)应当填写报检电子回执上的企业报检电子底账数据号,并填写代码"B";对出口集中申报等特殊货物,或者因计算机、系统等故障问题,根据需要出具纸质《出境货物检验检疫工作联系单》。

(2) 海关统一发送一次放行指令,海关监管作业场所经营单位凭海关放行指令为供应方办理货物提离手续。

(四) 电子通关

电子报关(Electronic Customs Clearance)是指进出口货物收发货人或其代理人通过计算机系统,按照《中华人民共和国海关进出口货物报关单填制规范》的有关要求向海关传送报关单电子数据,并备齐随附单证的申报方式。

中国电子通关包括三种系统,分别是海关 H883/EDI 通关系统、海关 H2000 通关系统和口岸电子执法系统。海关 H883/EDI 通关系统是海关早期开发的电子通关系统,现在基本上已经不用了。海关 H2000 通关系统是 H883/EDI 通关系统的升级替代系统,是全国范围的海关信息数据库和作业平台,借助这套系统,报关单位可以在其办公场所办理有关的海关申报、备案工作。中国电子口岸系统又叫口岸电子执法系统,简称电子口岸,由与进出口有关的 12 个国家部委(海关总署、商务部、国家税务总局、国家外汇管理局等部委)利用计算机和互联网技术,将各自管理的进出口业务信息电子底账数据集中存放到公共数据中心,向政府管理机关提供跨部门、跨行业联网数据核查,同时企业可以网上办理各种进出口业务。

报关单位在计算机终端或计算机上输入与纸质报关单相同格式的数据,通过计算机将报关单输入海关的报关自动化系统以向海关申报。海关的计算机对报关单预审后,凡符合海关规定的,海关审单中心就自动地发出海关放行指令或者签发海关"出口查验/放行通知书"(俗称 OK 单)。

电子通关模式的基本程序见图 11-2,其中电子报关单(Electronic Customs Declaration Form)的格式与纸质报关单的格式完全相同。电子报关单打印出来时,一般其正面空白处有海关指令性记录。

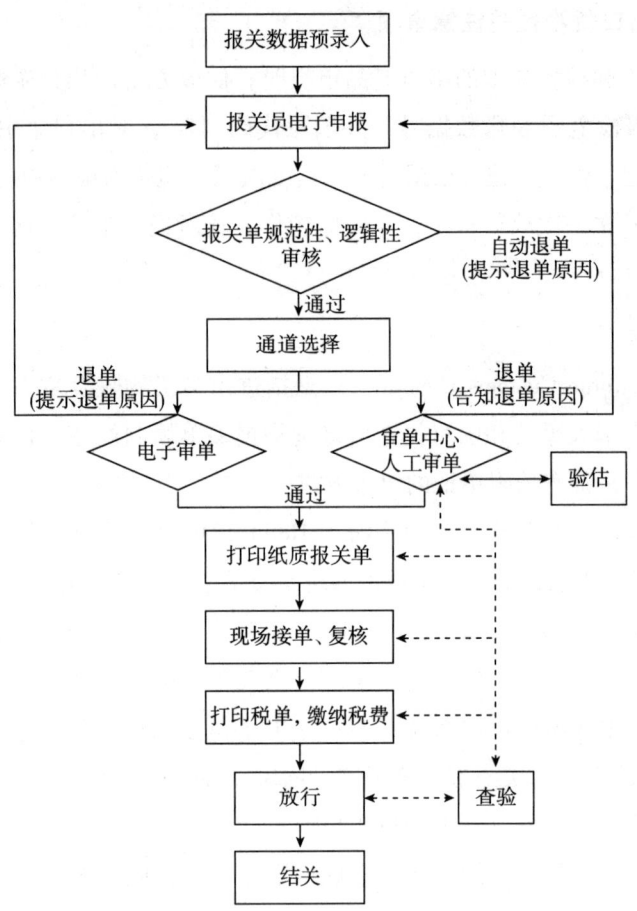

图 11-2 出口货物自动化通关流程图

案例分析训练

1. 阳光化工进出口有限公司出口某货物,成交单价为 CIF 伦敦 USD 3450.00。已知运费为每单位 65.00 美元、保费为 8.40 美元,出口税率为 5%（1 美元 =7.10 元人民币）

训练任务：

海关应征关税单位税额是多少？

2. 国内的南方远东进出口公司与日本东洋贸易株式会社签订销售合同,销售国内某铰链厂生产的产品（HINGE GOLT, H. S. CODE: 8302.1000）。合同主要内容如下：

S/C No.：R123

The Sellers: Henan Yangguang Import & Export Company

The Buyers: Japan Toyo Trade Co., Ltd.

MARKS & NOS.	DESCRIPTIONS OF GOODS	QUANTITY	UNIT PRICE	AMOUNT
CHR JAPAN NO. 1 – UP	HINGE BOLT HINGE BOLT, LEFT SIDE HINGE BOLT, RIGHT SIDE	30000PCS 30000PCS	CIF Nagoya USD0. 40 USD0. 40	USD12000 USD12000

Loading port：Shanghai

Destination：Nagoya, Japan

Partial Shipment：Not allowed

Transshipment：Not allowed

Payment：Bank Guarantee

出口货物存放在上海松江路2号，预订舱位是 DONGFENG V.9W，取得提单 B/L No. COSU63876978，B/L DATE：OCT. 30, 2019。货物装箱情况如下：

Packing G, W/kgs　　N. W/kgs MEAS/（m³）

HINGE BOLT, LEFT SIDE

Packed in 1 wooden case of 15000 pcs each 1380/case　　1370/case　　4/case

HINGE BOLT, RIGHT SIDE

Packed in 1 wooden case of 10000 pcs each 1030/case　　1020/case　　3/case

Packed in TWO 20' Container（集装箱号：ABC2234567；ABC2234587）

另外，运费为40.00美元，集装箱自重3560公斤。

训练任务：

南方远东进出口公司2019年10月22日在吴淞海关（2202）申请报关，请按"表11-1 中华人民共和国海关出口货物报关单样本"的格式填写出口货物报关单。

第三节　货物装船

当供应方或其代理人办理完成出口货物的通关工作后，即将出口货物装船或交单交货给航空公司，以此获得船长或大副签署的收货单 M/R（由此再到船公司换取正本已装船提单）或航空公司签发的航空主运单。同时，供应方将装船通知发给采购方即完成货物出运和通知任务。

一、运输托运程序

1. 海洋运输

在出口货物数量不大，无须整船装运时，由货运代理洽订班轮或租订舱位运输。货运代理具体的业务流程如下,其托运流程图见图11-3。

(1) 供应方或货代填制好船公司提供的全套装货单(Shipping Order,S/O)之后由货代作为托运人向船公司办理货物托运手续。见图11-3中①。

(2) 供应方或货代持船公司签署的S/O,填制出口货物报关单,随同CONTRACT、COMMERCIAL INVOICE、PACKING LIST等有关出口单证向海关办理出口货物报关手续。见图11-3中②。

(3) 海关根据有关规定对出口货物进行查验,如同意出口,则在S/O上盖放行章,并将S/O退还给供应方或货代。见图11-3中③。

(4) 供应方或货代根据船期在仓库提货后送进码头,持海关盖章的由船公司签署的S/O要求船长装货。见图11-3中④。

(5) 货物装船完毕后,由船长或大副签署收货单M/R(Mate's Receipt,又称大副收据),交给供应方或货代。见图11-3中⑤。

(6) 供应方或货代持M/R到船公司换取正本已装船提单。见图11-3中⑥。

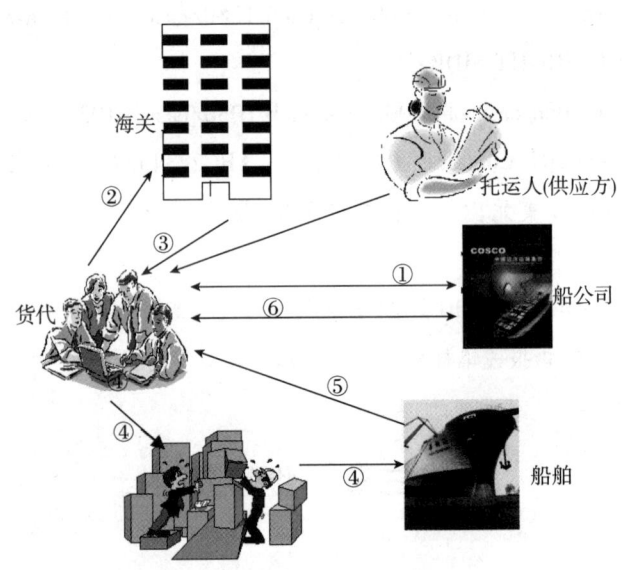

图11-3 海运运输托运流程图

2. 航空运输

由货运代理洽订航班或租订舱位运输时,货运代理具体的整个业务流程如下,其托运业务流程图见图11-4。

(1) 发货人(即供应方)填写货物托运委托书,作为委托货运代理承办航空货物托运的依据,见图11-4中①。

(2) 货运代理缮制托运单向航空公司办理所有货物的订舱手续,在确定航班、日期、运价后通知各货主交单交货,见图11-4中②。

(3) 航空公司向航空货运代理公司签发航空主运单,见图11-4中③。

(4) 航空货物代理将总运单和分运单寄往目的地分公司或代理机构,见图11-4中④。

(5) 货到目的站后,目的地航空货运代理分公司或代理机构凭主运单提货、报关,见图11-4中⑤。

(6) 目的站航空货运代理分公司或代理机构凭分运单向不同的收货人交货,见图11-4中⑥。

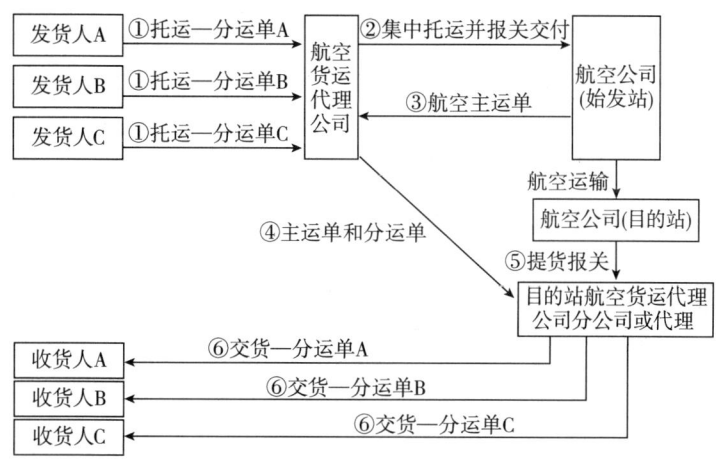

图11-4 航空货物托运运输流程图

二、海洋运输货运单证

(一) 海运货运单证

海运从办理货物托运、装船,直到卸货、交货的整个环节需要编制各种货运单证。货运单证是货方与船方之间办理货物交接的证明,同时,在货物装卸过程中,这些单证既是货方和船方与港方联系工作的凭证,又是划分货、船、港三方责任的依据。货运单证根据各国和各个港口甚至各个公司的要求而定,但其中一些主要单证的基本内容与作用基本是一致的,并使之能在国际航运中通用。部分货运单证见表11-7。

表11-7 海运部分货运单证表

单证名称	制作人	制作时间	制作依据	用途
托运单 (Booking Note,B/N)	供应方或货代	托运货物之前	合同或信用证	订舱委载
装货单/关单/下货纸 (Shipping Order,S/O)	供应方或货代制作,由承运人或船代签发	装船之前	托运单和船舶的配载情况	确定承运,用以报关、通知装船

续表

单证名称	制作人	制作时间	制作依据	用途
装货清单（Loading List, L/L）	承运人或船代	装船之前	装货单留底	供大副编制积载图，理货员理货，港口安排驳运和货物进出库场，承运人掌握备装情况
积载图（Stowage Plan）	大副或船代	船到港前先由船代绘制草图，船到港装货后再由大副与船代正式制出积载图	装货清单	安排泊位、出舱、下驳、搬运、保管、装船、卸船必须查阅的资料
收货单/大副收据（Mate's Receipt, M/R）	船长或大副签署	货物装船之后	根据收货实际情况	是收货凭证，用以划分船、货方的责任并凭以换取正式提单
载货清单/舱单（Manifest, M/F）	承运人或船代	货物装船后	收货单或提单	供海关对货船进出境进行监管的单证，是卸货港船代安排泊位、卸货的依据
货物溢短单（Over Landed & Short Landed Cargo List），货物残损单（Broken & Damaged List）	理货组长与大副共同签署	货物卸船之后	溢/短单根据舱单、货运单据、理货单及理货日报单；残损单根据理货员现场记录	是处理溢、短、残纠纷时划分船、货方之间责任的依据
场站收据（Dock Receipt, D/R）	供应方或货代	托运货物之间及装运过程中	略	集装箱运输五联单，第一联：集装箱货物托运单船代留底；第二联：装货单场站收据副本；第三联：场站收据副本大副联；第四联：场站收据；第五联：装箱理货留底

中国一些口岸的做法是将托运单、装货单、收货单、运费通知单等合在一起，制成一份出口十联单据：第一联是集装箱货物托运单（B/N），货主留底，用于缮制船务单证；第二联是集装箱货物托运单，船代留底；第三联、第四联为运费通知联，一份留存，一份随账单向托运人收取托收运费；第五联为装货单（S/O），经海关加盖放行章后船方收货装船，并在收货后留底；第六联是收货单（M/R）；第七联是场站收据（D/R），货代留底；第八联、第九联为配舱回单。货代订好舱，将船名、关单号填入后把配舱回单返给出口公司；第十联是交纳出口货物港务费申请书，货上船后港区凭以收取港务费用。

（二）海运提单的内容

表11-8　海运提单例样

Shipper（2）		B/L No.（1）	
Consignee（3）		中远集装箱运输有限公司 COSCO CONTAINER LINES TLX: 33057 COSCO CN FAX: +86(021)65458984 **ORIGINAL** Port-to-Port or Combined Transport **BILL OF LADING**	
Notify Party（4）			
Pre Carriage by（5）	Port of Receipt（6）	RECEIVED in external apparent good order and condition except as otherwise noted. The total number of packages or unites stuffed in the container. The description of the goods and the weights shown in this Bill of Lading are furnished by the Merchants, and which the carrier has no reasonable means of checking and is not a part of this Bill of Lading contract. The carrier has issued the number of Bill of Lading must be surrendered and endorsed or signed against the delivery of the shipment and whereupon any other original Bills of Lading shall be void. The Merchants agree to be bound by the terms and conditions of this Bill of Lading as if each had personally signed this Bill of Lading. SEE clause 4 on the back of this Bill of Lading(Terms continued on the back hereof, please red carefully).	
Ocean Vessel Voy. No.（7）	Port of Loading（8）		
Port of Discharge（9）	Place Delivery（10）		

Container/Seal No.	Marks & Nos.	Number & Kind of Packages	Description of Goods	Gross Weight	Measurement
（11）	（12）	（13）	（14）	（15）	（16）
Total Number of Containers and/or Packages（in words）（17）					

Freight & Charges（18）	Revenue Tons	Rate	Per	Prepaid	Collect
Ex. Rate：	Prepaid at	Payable at		Place and Date of Issue（20）	
	Total Prepaid	No. of Original B（s）/L（19）		Signed for the Carrier（21）	

LADEN ON BOARD THE VESSEL
DATE　　　　BY

《海牙规则》中规定海运提单要载明唛头、数量和货物的表面状况三项内容。《汉堡规则》中规定提单必须包括15项内容：货物名称和唛头、货物外表状况、承运人及主要营业场所、托运人、收货人、装运港或收货港、卸货港、提单正本份数、提单签发地、承运人或其代理人签字、收货人应付运费金额及有关说明、受何种公约的约束、关于配载的声明、卸货港交付的日期或期限、协议增加的赔偿责任限额。提单背面印有提单条款，是处理承运人与托运人之间有关运输过程争议的依据。

海运提单的格式很多，每家船公司有自己的提单格式。但其内容和项目基本一致（见表11-8，海运提单例样），其中：

（1）提单编号，是承运人或其代理人规定的提单编号。

（2）托运人，即与承运人签订运输契约的人，也是发货人。

（3）收货人。分有记名式、指示式和不记名式。记名式提单收货人为招标合同指定的收货人名称；指示式提单的收货人可制成"To Order of""×××Co.""To Order of ×××Bank""To Order of Shipper"等；不记名式提单的收货人为"To Bearer"（交持票人），即空白抬头。

（4）被通知人，为接受船方发出货到通知的人，一般为收货人的代理人。

（5）前程运输工具，是指第一程船的船名（当货物需转运时）；无转运情况下为空白。

（6）收货港口，指收货的港口名称或地点（当货物需转运时）；无转运情况下为空白。

（7）船名，是指实际船名，如系班轮加注航次号。当货物需转运时，指第二程船的船名。

（8）装运港，是指实际装运港名称。当货物需转运时，指中转港口名称。

（9）卸货港，是指实际卸下货物的最终港口名称。

（10）最后目的地，信用证上所规定的目的地。

（11）集装箱号，为所有集装箱号码。

（12）唛头，是指信用证上所规定的唛头。

（13）件数、包装种类。与发票或信用证相关内容一致。

（14）货物描述，指货物大类总称，但不能与信用证规定的名称相抵触。

（15）毛重，为总毛重，且与发票、装箱单和托运单等有关单据一致。

（16）尺码，为货物的体积，且与托运单一致。

（17）大写数件，为英文大写包装件数，且与（13）栏的包装件数相符。

（18）运费，为运费率或运费总额。

（19）提单正本份数，是指按信用证规定出具的正本提单份数。

（20）提单签发地点及提单日期。提单签发地点是装货港地点，提单签发日期为装完货的日期。

（21）有效的签章。海运提单必须经装载船只的船长或其船代签字才能生效。

船公司允诺当船抵达目的港时，将货交给拿海运提单（Bill of Lading，B/L）到船公司换取提货单（Delivery Order，D/O）的持单人。

（三）装船通知

装船通知（Shipping Advice），或称"装运通知"，是指供应方在货物装船后发给采购方的包括货物详细装运情况的通知。

装船通知以英文制作，无统一格式，其内容通常包括招标合同编号、货名、装运数量/重量/体积、尺寸、船名、装船日期、装货港、目的港等，且一定要符合招标合同的规定。装船通知范例如表11-9所示。

表11-9 装船通知例样

(Seller's name & address)
SHIPPING ADVICE
Contract No.： Date：
Invoice No.： Date：
Invoice No.：
TO：(Buyer's name & address)
Dear Sir or Madam,
We are pleased to advise you the details of the shipment as follows：
Commodity：
Packing：
Quantity：
Gross Weight：
Net Weight：
Total value：
Name of Vessel：
Voy No.：
Shipping Marks：
Please be informed that these goods have been shipped from _____ to _____
Shipment date：
B/L No.：
Beneficiary's signature：

案例分析训练

1. 已知一笔交易各有关当事人的名称为：出口方：TAIHU LIGHT INDUSTRIAL PRODUCTS CO., LTD；其进出口贸易代理商：SUZHOU LIGHT - INDUSTRTY IMP. & EXP. CO., LTD；其运输代理人：SHANGHAI OCEAN SHIPPING CO., LTD。进口方：JAPAN FAR - EAST TRADING COMPANY；其货运代理为：GIANT INTERNATIONAL SHIPPING AGENCY。

训练任务：

写出下列情况下托运人或收货人：

(1) TAIHU LIGHT INDUSTRIAL PRODUCTS CO., LTD 通过其进出口贸易代理商 SUZHOU LIGHT - INDUSTRTY IMP. & EXP. CO., LTD 托运给 JAPAN FAR - EAST TRADING COMPANY；

(2) TAIHU LIGHT INDUSTRIAL PRODUCTS CO., LTD 直接托运给 JAPAN FAR - EAST TRADING COMPANY；

(3) TAIHU LIGHT INDUSTRIAL PRODUCTS CO., LTD 与 JAPAN FAR - EAST TRADING COMPANY 均通过其货运代理 GIANT INTERNATIONAL SHIPPING AGENCY 办理托运。

2. 见本章第二节"案例分析训练"第2题内容，南方远东进出口公司2019年10月28

日装船（中远集装箱运输有限公司 Voy. No. DONGFENG V102 V. 37 轮的舱位）完毕，提单编号为 ABCD – JXBL8801。

训练任务：

请按"表 11 – 8 海运提单例样"的格式填写其海运提单的主要内容。

3. 根据本章本节（二）"案例分析训练"第 2 题的内容和训练材料。

训练任务：

请代南方远东进出口公司发一封装船通知给 Japan Toyo Trade Co. , Ltd. 。

第四节 货物通关装船在跨境项目综合实验教学平台上的操作

一、实验目的及目标

（1）了解办理出口许可证等过程；

（2）了解办理货物出口报关的程序；

（3）了解货物装船情况。

二、场景模拟操作说明

在跨境项目综合实验教学平台上，可以进行货物出运的各项工作，包括办理出口许可和报关、装船等。

（一）出口通关

1. 办理原产地证书

见图 11 – 5，供应方角色登录系统，点击左侧菜单"贸易服务"项下"原产地证明"，找到 C19022016180341 合同要处理的信息条；

点击操作框下【申请】图标，进入原产地证明申请界面。

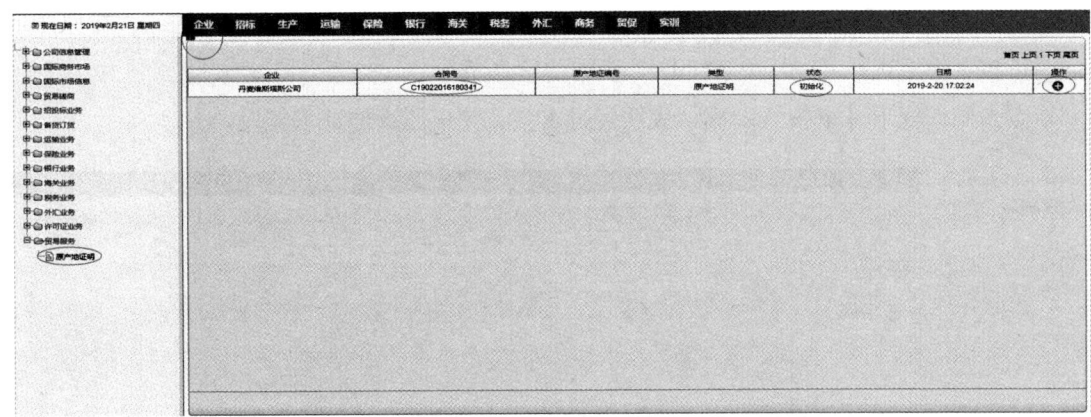

图 11-5　出口通关—供应方—申请原产地证书

见图 11-6，填写申请完成后，点击【申请原产地证明】按钮。之后页面显示"处理中"，见图 11-7。

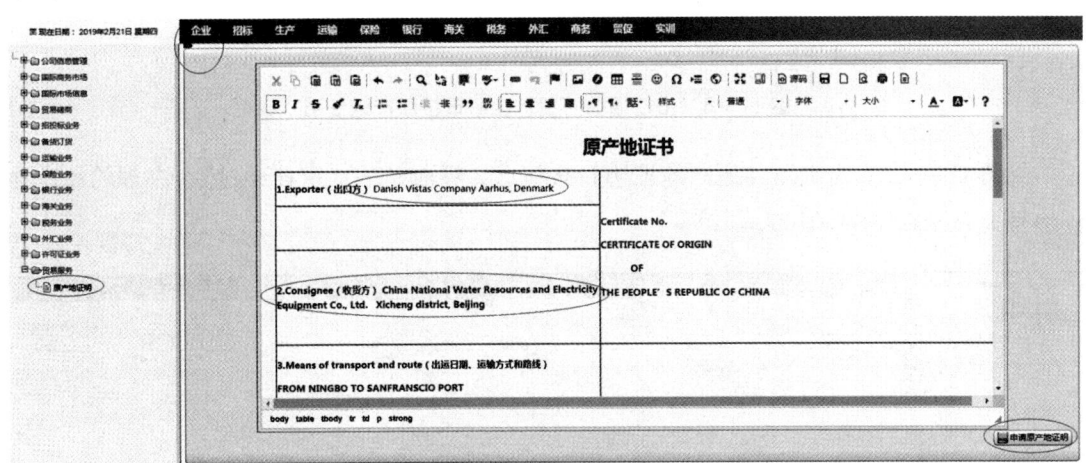

图 11-6　出口通关—供应方—完成申请原产地证书

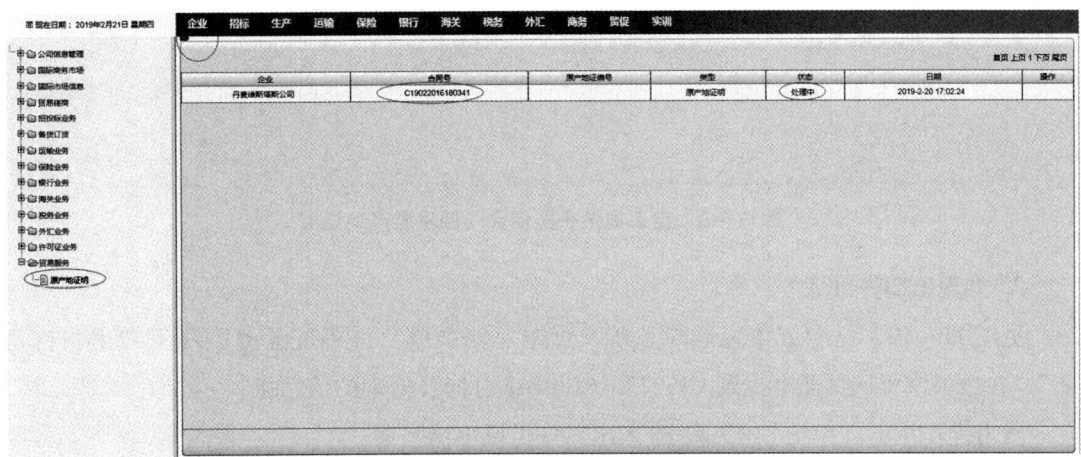

图 11-7　出口通关—供应方—申请处理中

见图11-8,贸促会人员角色登录系统,点击左侧菜单"原产地证明审核",在原产地证明审核页面上选择C19022016180341合同的信息条。

点击操作框下【审核】图标,表明经过审核,完成原产地证书颁发。

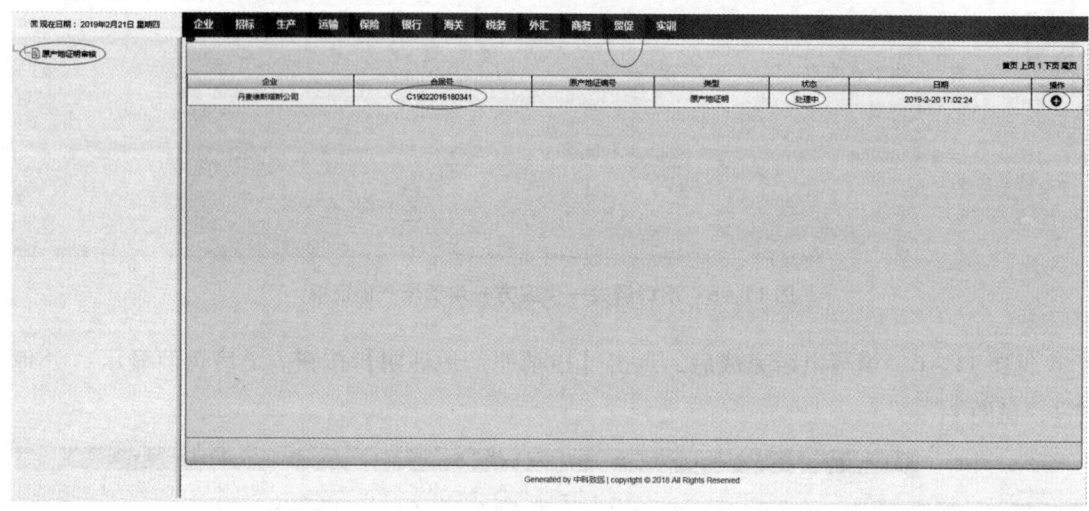

图11-8　出口通关—贸促会—审核原产地证书

见图11-9,点击上图【原产地证明】按钮后,界面显示"审核通过"。办理的原产地证编号为D19022109180105。

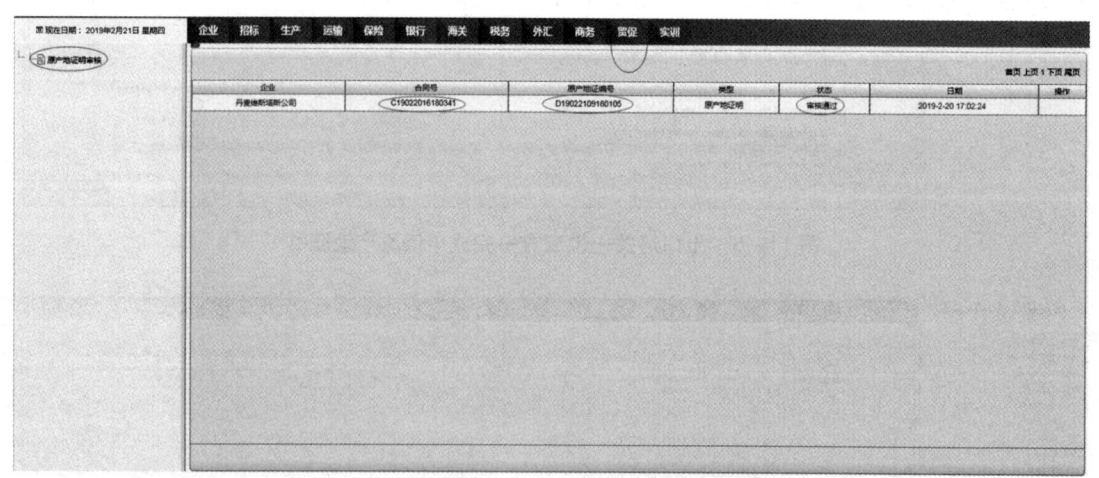

图11-9　出口通关—贸促会—颁发原产地证书

2. 办理出口许可证

见图11-10,供应方角色登录系统,点击左侧菜单"许可证业务"项下"出口许可证",在出口许可证页面上找到C19022016180341合同要处理的信息条;

点击操作框下【申请】图标,进入出口许可证申请页面。

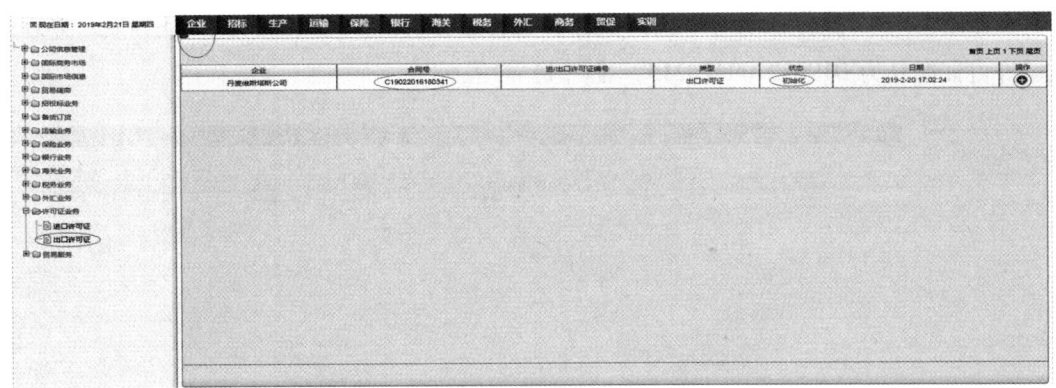

图 11-10 出口通关—供应方—申请出口许可证

见图 11-11，填写申请完成后，点击【申请许可证】按钮。

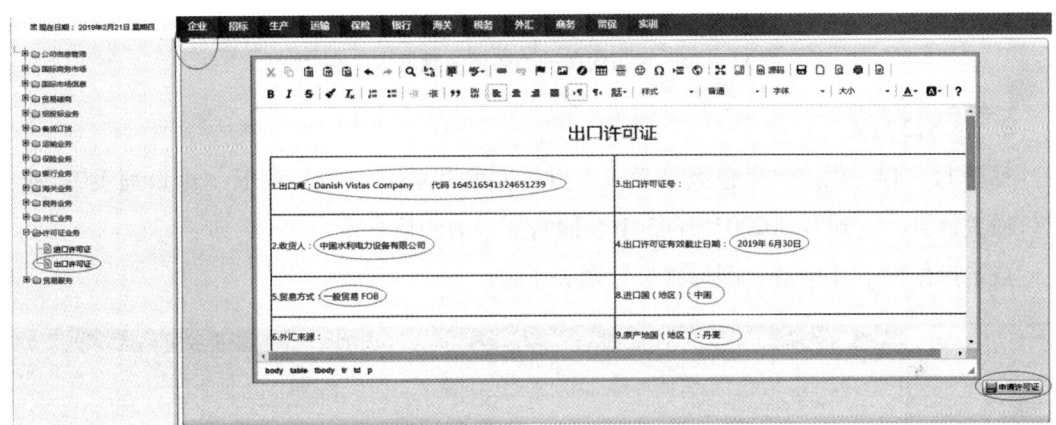

图 11-11 出口通关—供应方—完成申请出口许可证

见图 11-12，商务部人员角色登录系统，点击"出口许可审核"，在出口许可审核页面上选择 C19022016180341 合同的信息条。

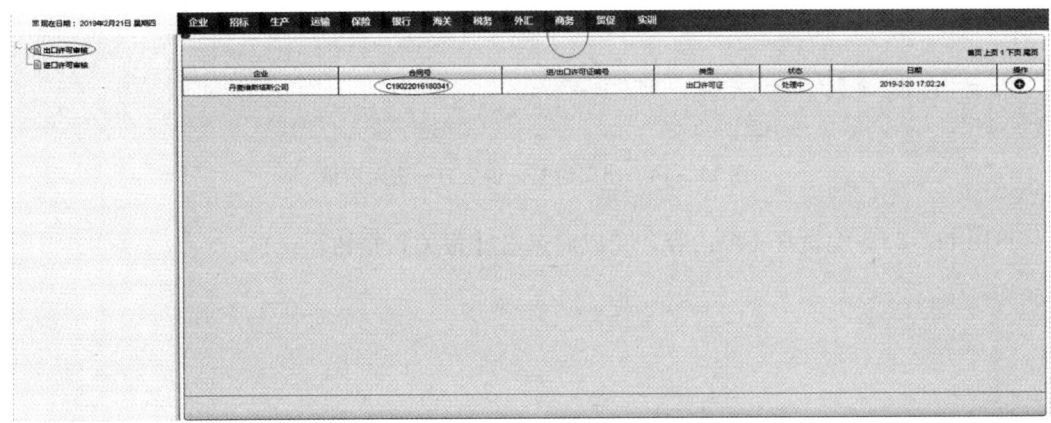

图 11-12 出口通关—商务部—审核出口许可证

点击图 11-12 操作框下【审核】图标，表明经过审核，完成出口许可证颁发。办理的出口许可证编号为 D19022109470215，见图 11-13。

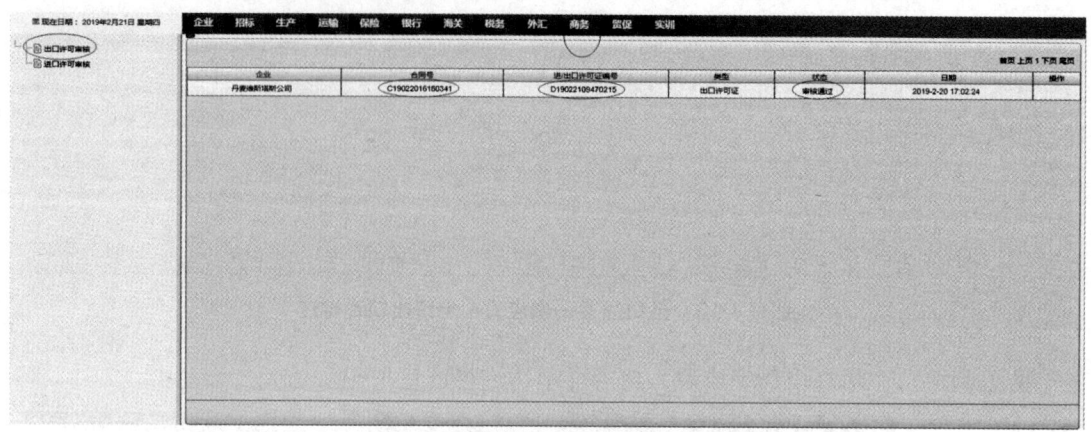

图 11-13　出口通关—商务部－颁发出口许可证

3. 理出口报关

见图 11-14，供应方角色登录系统，点击左侧菜单"海关"项下"出口通关"，进入出口通关首页，找到 C19022016180341 合同需要报关的信息条；

点击操作框下【申请】图标，进行通关申请。

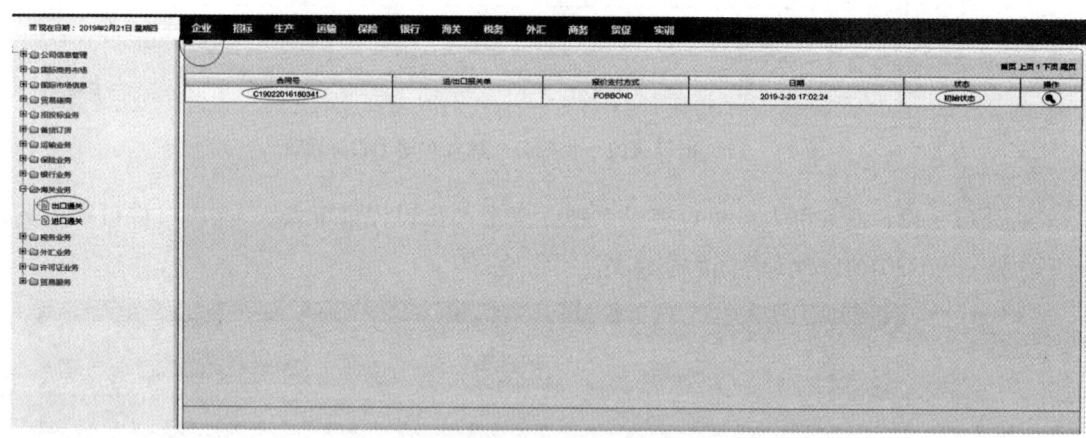

图 11-14　出口通关—供应方—进入申请

见图 11-15，编辑报关单内容，完成后点击【报关】按钮。

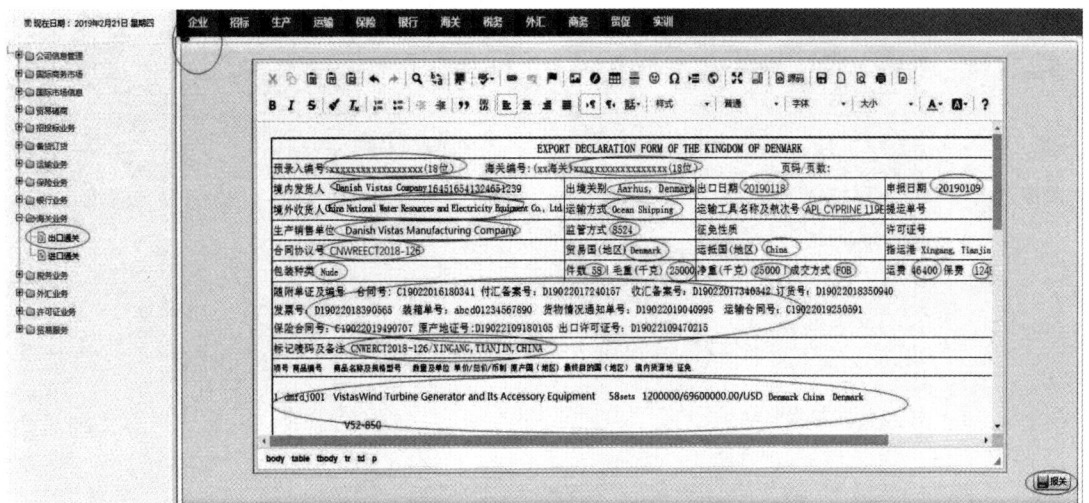

图 11-15 出口通关—供应方—报关

申请报关后,出口通关首页上该合同信息条的通关状态为"处理中",见图 11-16。

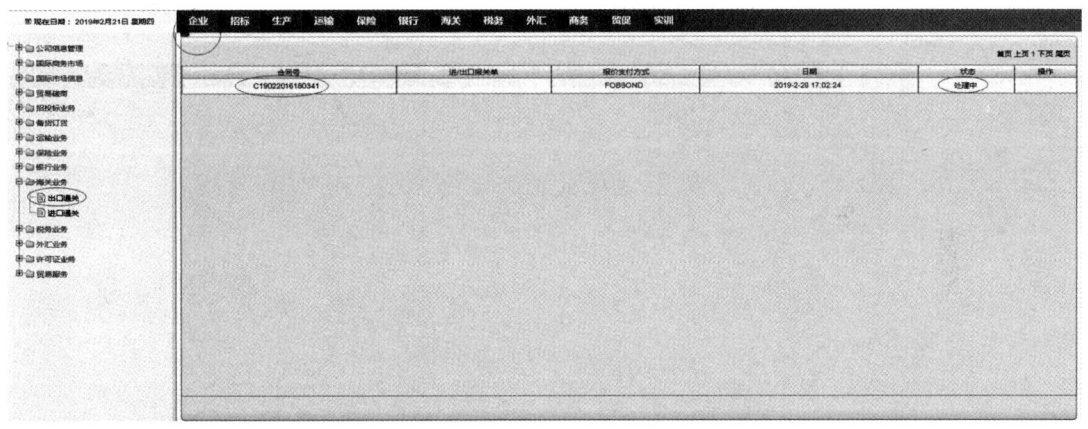

图 11-16 出口通关—供应方—报关处理中

见图 11-17,海关人员角色登录系统,点击左侧菜单"出口通关审核",进入出口通关首页,找到 C19022016180341 合同需要通关申请的信息条;

点击操作框下【审核】图标,完成通关审核。

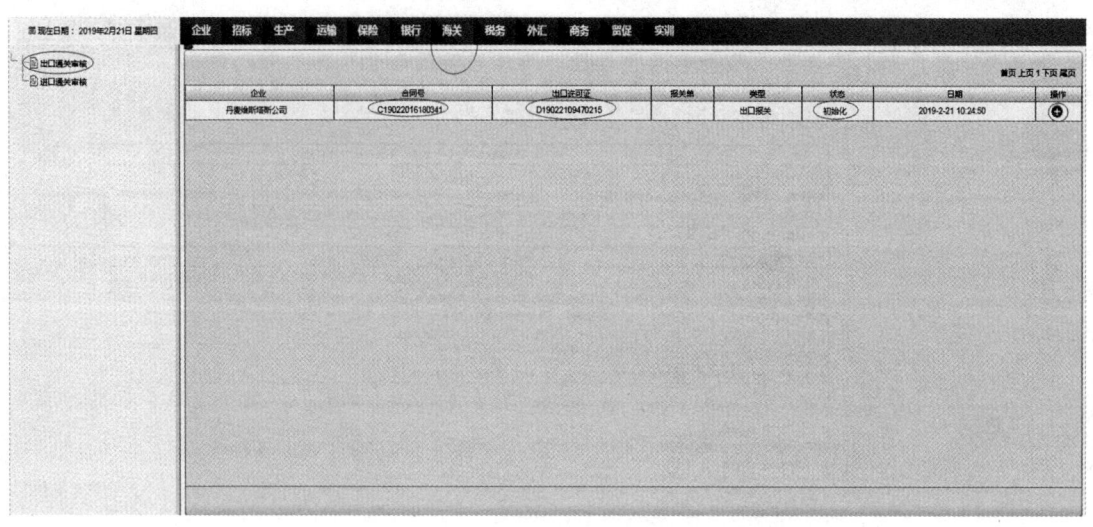

图 11–17　出口通关—海关—通关审核

见图 11–18，通关审核后，出口通关审核首页上该合同信息条的通关状态改为"审核通过"。出口报关单编号为 D19022110240816。

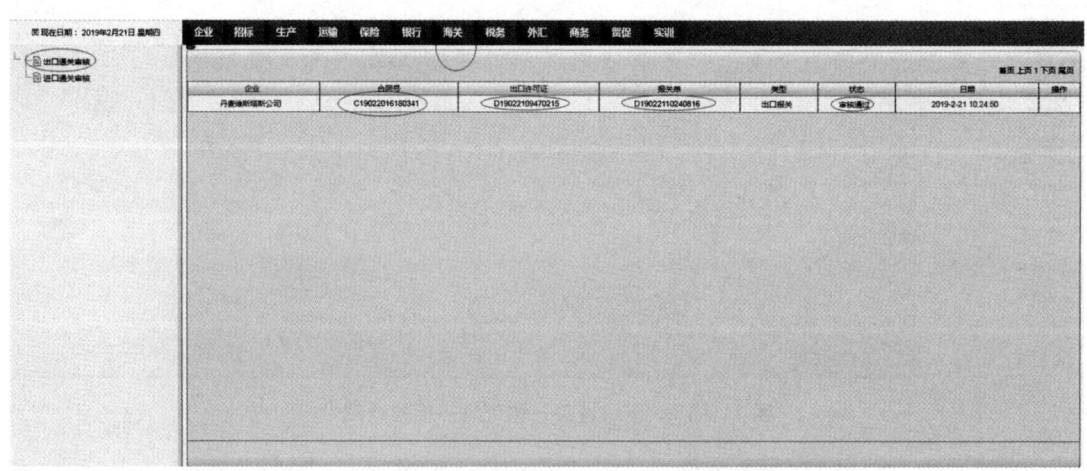

图 11–18　出口通关—海关—通关批准

（二）货物装船

1. 装船出运、出提单

见图 11–19，供应方角色登录系统，点击左侧菜单"运输业务"项下"货物装运业务"，进入物资装运首页，找到 C19022016180341 合同需要装运的信息条；

点击操作框下【申请】图标，完成货物装运申请。

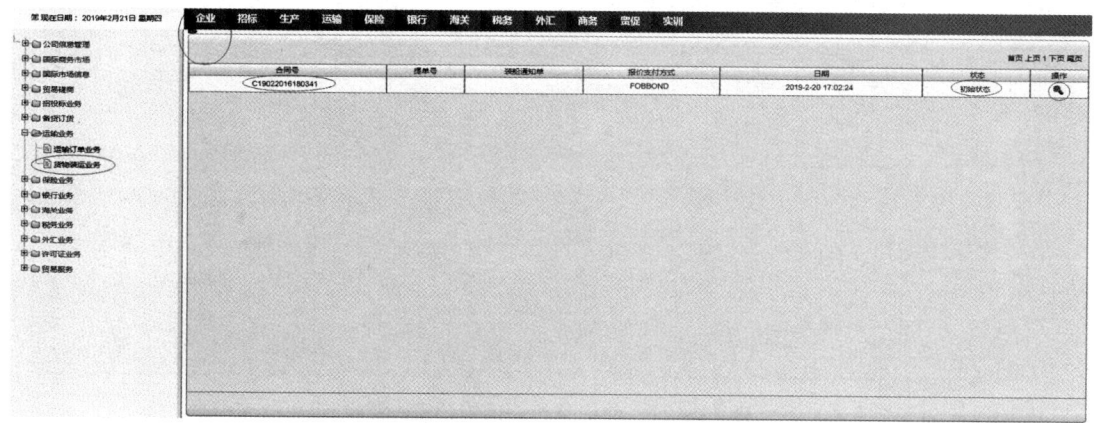

图11-19　物资装船—供应方—申请装运

见图11-20，系统返回运输订单业务首页，该合同信息条的物资装船状态显示"处理中"。

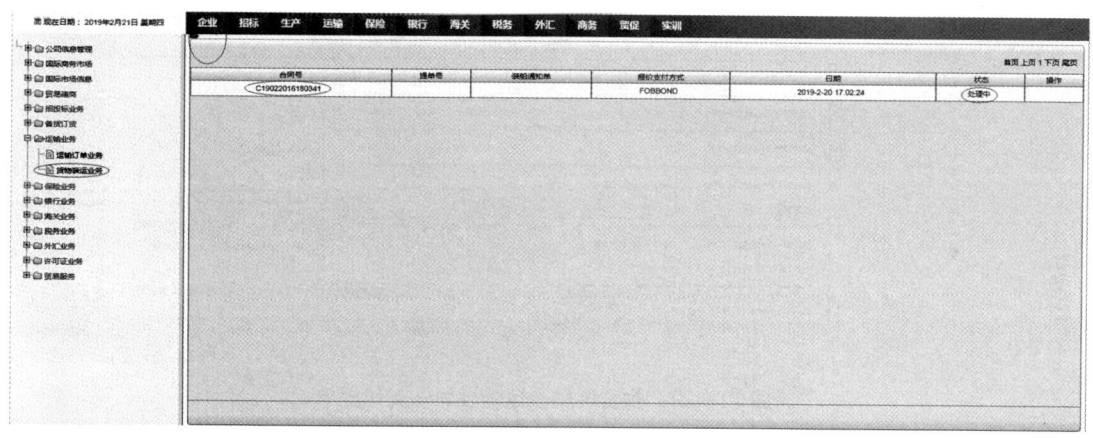

图11-20　物资装船—供应方—申请处理中

见图11-21，运输公司员工角色登录系统，点击左侧菜单"货物装船"，进入物资装船首页，找到C19022016180341合同装船申请信息条；

点击操作框下【装船】图标，进入提单编辑页面。

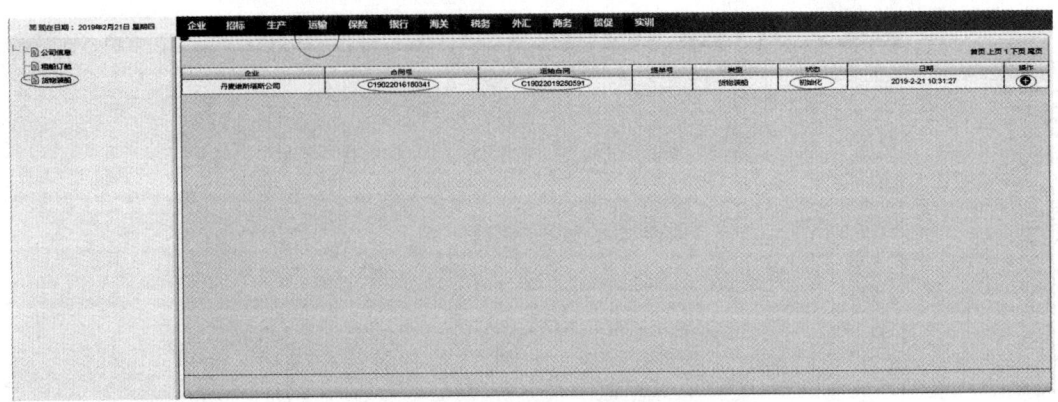

图11-21 物资装船—运输公司—装运

见图11-22,编辑完成后,点击【运输提单】按钮。

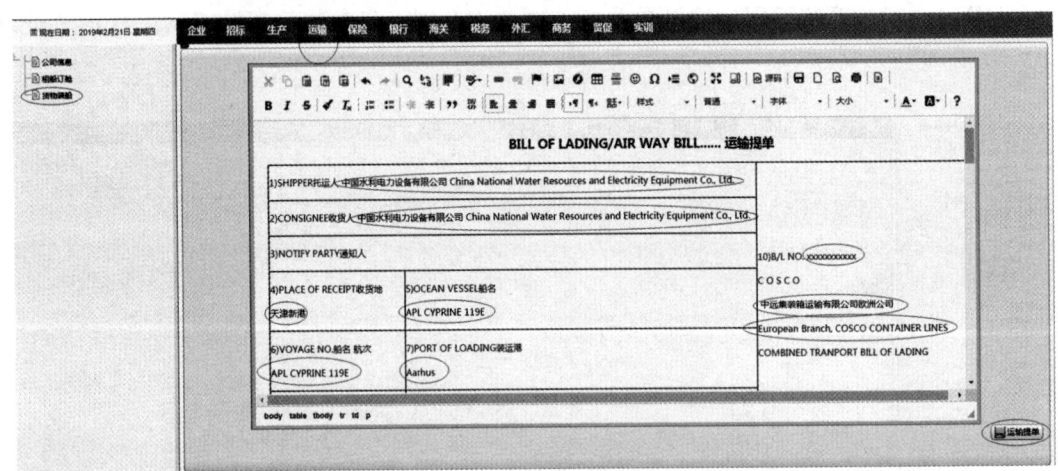

图11-22 物资装船—运输公司—制作提单

见图11-23,系统显示"已发提单"。提单编号为D19022110390201。

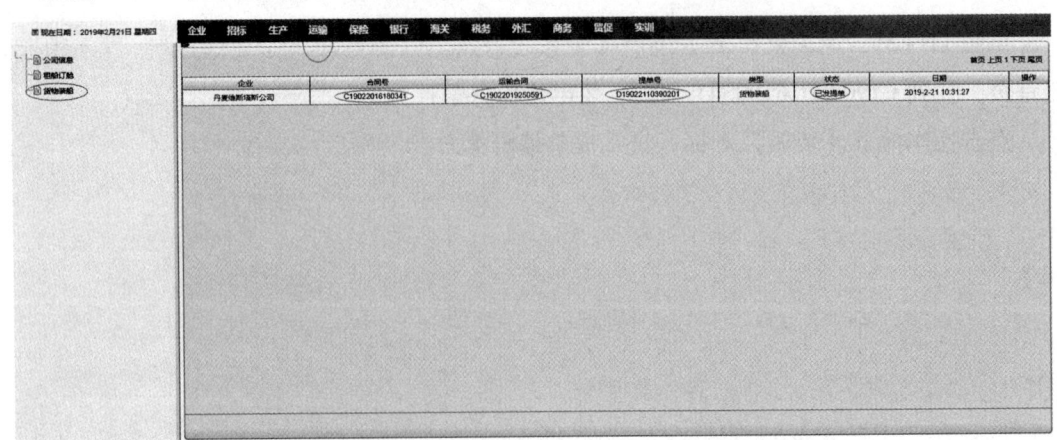

图11-23 物资装船—运输公司—已发提单

2. 发送装船通知

见图11-24，供应方角色登录系统，点击左侧菜单"运输业务"项下"货物装运业务"，进入物资装运业务首页，找到C19022016180341合同信息条（显示供应方"收获提单"）；

点击信息条操作按键，进入装船通知编辑页面。

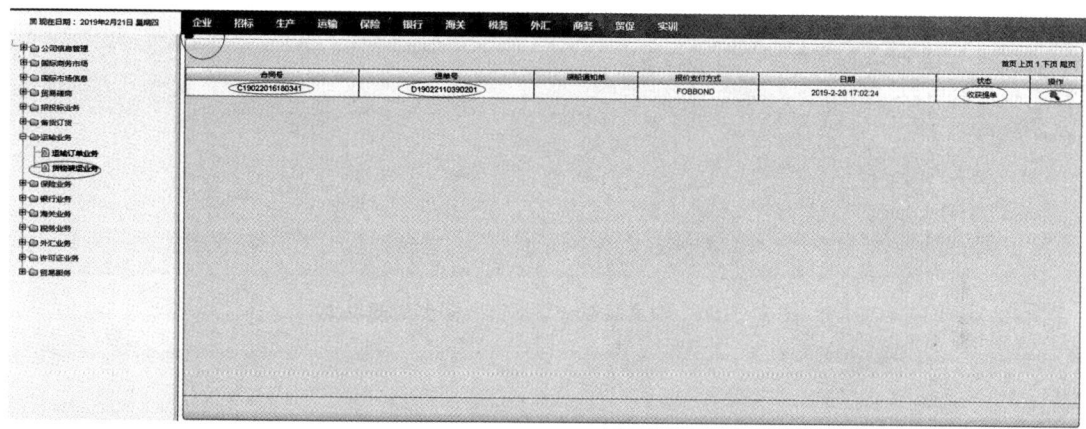

图11-24 物资装船—供应方—已换提单

见图11-25，编辑完成后，点击【发送通知】给采购方。

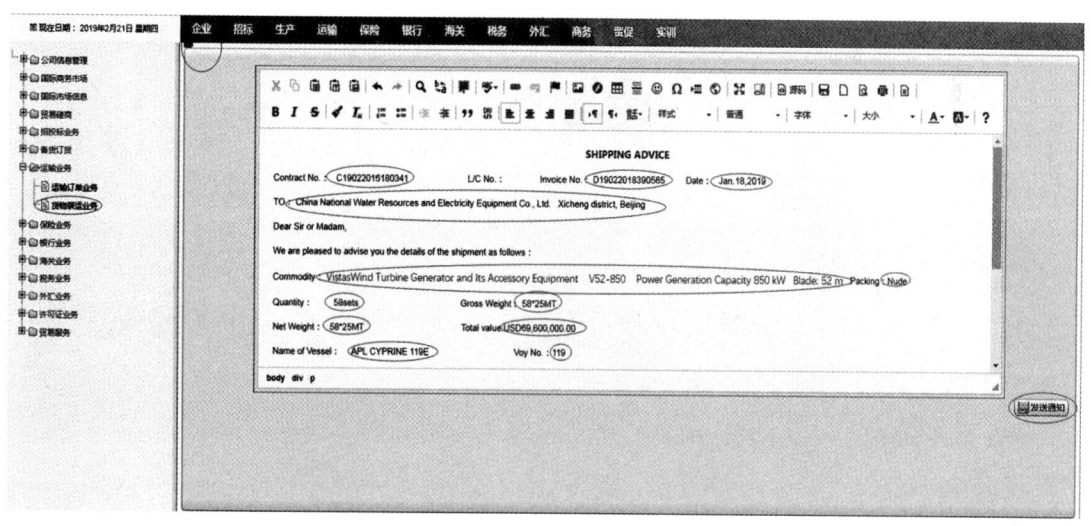

图11-25 物资装船—供应方—装船通知

点击图 11-25【发送通知】按钮后，页面显示"已发装船通知"。装船通知单编号为 D19022110510551，见图 11-26。

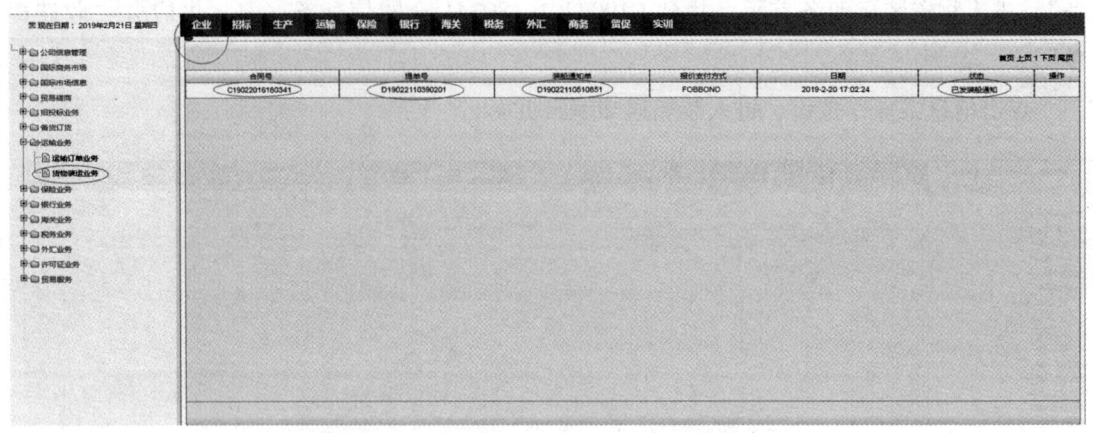

图 11-26　物资装船—供应方—装船通知发出

第十二章　出口结汇、收汇核销和出口退税

> **实验内容**

熟悉出口结汇基本流程；了解收汇核销和出口退税的基本步骤和基本做法；掌握上述实务的模拟操作过程。

第一节　银行保函方式下的出口结汇

出口结汇是指出口方（供应方）按相关要求，在规定的时间内将全套单据送交进口方（采购方）或银行，通过银行收取外汇，并将取得的外汇出售给银行换取人民币的过程。在招标合同履约阶段，供应方将货物出运取得提单后，即可按招标合同规定整理出供应货物的全套单据交给采购方，供采购方查验后向供应方支付货款。供应方在收到采购方的货款后，即可办理出口结汇手续。

一、供应方备齐收款所需单证

凭规定的有效出口单据和出口方（供应方）提供的与销售业务相应的核销单编号办理结汇或入账手续，并给出口方（供应方）出具出口收汇核销专用联。或凭该出口方（供应方）加盖海关"验讫章"的核销单正本办理结汇或入账，并出具出口收汇核销专用联。

越早交单，越有利于供应方早日收汇。银行保函方式下，供应方必须要检附单据并提交给采购方或银行要求采购方付款。供应方检附的单据一般包括汇票、商业发票、提单、装箱单、保险单、原产地证书、商检证书等。其中汇票是由出口商签发的，一式两份，两份性质相同，一份流转，另一份自动失效。

出口收汇结汇基本单据和凭证的审核除按国际结算惯例审核的内容外，按不同结算方式审核单据。在银行保函下，结汇单据必须：自寄单据项下，审核同货到付款；预收货款项下，汇入汇款通知书上的收款人与出口收汇核销单上的单位名称一致。

供应方在提交整套单据时应留一套副本单据存档。当采购方或付款行对单据提出异议时有据可查。

二、结汇

目前,中国出口业务中有收妥结汇、出口押汇和定期结汇三种结汇方法。

(1)收妥结汇。供应方提供给银行出口单据,待收到招标合同货物票款后才按当天外汇牌价将货款折成人民币划入受益人账户。

(2)出口押汇(买单结汇)。银行收到出口单据时,在扣除手续费和利息后将货款按当日外汇牌价折成人民币付给受益人。

(3)定期结汇。银行收到出口单据审核无误寄给采购方后,按交单日起在规定期限内将货款结算成人民币交付给供应方。

第二节 收汇核销

根据中国出口收汇核销制度规定,出口供应方在办理货物装运出口以及制单结汇后,应及时地办理出口收汇核销。出口供应方出口销售货物后应在不迟于预计收汇日期起 30 日内,持结汇水单或货记通知以及有关证明文件,到当地外管局办理核销手续。

根据本书第九章第二节的介绍,首先,供应方填写核销单报关出运销售货物,得到加盖有海关"验讫章"的核销单;其次,供应方交给银行包括核销单在内的结汇单证,银行出具《出口收汇核销专用联》(结汇水单);最后,供应方在收到货物后凭核销单、《出口收汇核销专用联》、报关单等向外管局办理收汇核销手续。

第三节 出口退税

按中国的相关规定,供应方应及时办理出口退税手续。逾期未核销的业务不能办理出口退税。

一、出口退税概述

出口退税是指已报关离境的货物,由税务机关将其出口前在生产和流通环节中已征收的中间税款返还给出口方(供应方)的政策制度。中国出口退税的基本原则是"征多少,退多少,不征不退和彻底退税"。

准予退(免)税的出口货物,除另有规定外,必须同时具备以下条件:

(1)属于增值税或消费税征收范围的出口货物;

(2)已报关离境的货物;

（3）已收汇并经核销的货物；

（4）在财务上作出出口销售处理的货物。

原油、援外出口货物以及国家禁止出口的货物等是不予以退税的。

二、办理出口退税的相关手续

出口方（供应方）在办理出口货物退税申报之前，必须申请出口退税登记：具有进出口货物经营许可的出口方（供应方）应于工商登记证书核发后 30 日内填写《出口企业退税登记表》，并将其报送税务机关审核无误后获得税务机关核发的《出口企业退税登记证》。

（一）出口退税的基本程序

出口退税的基本程序如图 12-1 所示。

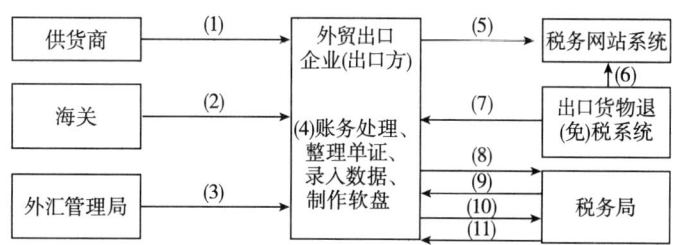

图 12-1　出口方（供应方）出口退税流程图

（二）出口退税提交的单据

出口方（供应方）向税务局申报退税时，须向税务局提供相关凭证。

1. "两单三票"

"两单"，即盖有"验讫章"的报关单（出口退税专用联）、由外汇管理局盖章的出口收汇核销单（出口退税专用）；"三票"为进货增值税发票（税款抵扣联）或普通发票、税收（出口产品专用）缴款书（第二联）或出口产品完税分割单（第二联）、出口商业发票。

2. 出口货物退（免）税申报表

包括出口退税进货凭证申报表（一式两份）、出口货物退税申报明细表（一式四份）和出口退税汇总申报表（一式四份），并经商务主管部门稽核盖章。

3. 出口货物销售明细账

4. 退税申报 U 盘

（1）出口方从供货商处购进商品，取得增值税专用发票、税收（出口退税专用）缴款书；

（2）出口方将出口货物报关，取得出口货物报关单退税联；

（3）出口方在银行结汇后向外汇管理局办理出口收汇核销手续，取得外汇管理局盖章的出口收汇核销单出口退税专用联；

（4）出口方对有关单证资料进行处理，包括审核财务、单证审核和整理等；

(5) 进入国税系统输入报表及纳税申报表；

(6) 将出口货物退（免）税申报系统中的免税数据上传至税务网站；

(7) 出口货物退（免）税系统进行退税申报（申报成功后另存入U盘备份）；

(8) 准备出口退税具体纸质材料并携带U盘前往税务局申报；

(9) 等税务局电话通知拿退税批复；

(10) 等税务局电话通知前往办理退税申请手续（需携带退税批复、公司公章及印鉴章）；

(11) 退税手续办理一周内账款入户。

三、出口退税的计算

（一）计税依据和退税率

计算出口退税首先要确定计税依据和适用退税率。

出口退税的计税依据是指按照出口货物适用退税率计算应退税额的计税金额或计税数量。流通型出口供应方出口货物退增值税的计税依据为出口货物增值税专用发票上所注明的进项金额；生产型出口供应方出口货物退增值税的计税依据为出口货物离岸价折成人民币的金额。出口供应方的退消费税的计税依据为出口消费税应税货物的购进金额或实际出口数量。

出口退税的退税率是根据出口货物退税计税依据计算应退税款的比例，包括增值税退税率、消费税退税率或单位产品退税额。我国目前出口货物增值税退税率基本上为13%、9%和6%三档，消费税仍按照征税率（税额）退税或免税。随国家产业政策和税收政策不断调整，出口货物的退税率也会有所变化。

（二）计税方法

(1) 出口供应方出口货物应退增值税的计算公式有：

①对于一般贸易、加工补偿贸易和易货贸易出口货物：

$$应退税额 = 计税依据 \times 适用退税率 \quad (12-1)$$

②委托加工的出口货物：

$$应退税额 = 原材料金额 \times 适用退税率 + 工缴费金额 \times 适用退税率 \quad (12-2)$$

③进料加工复出口货物：

$$应退税额 = 计税依据 \times 适用退税率 - 销售进口料件应抵减退税额 \quad (12-3)$$

其中：

$$销售进口料件应抵减退税额 = 销售进口料件金额 \times 适用退税率 - 海关对进口料件实征增值税税额 \quad (12-4)$$

(2) 出口供应方出口货物应退消费税的计算公式有

$$从价定率征收公式：应免消费税税额 = 出口销售收入 \times 税率 \quad (12-5)$$

从量定额征收公式：应免消费税税额＝出口销售数量×单位税额　　　（12－6）

案例分析训练

中国企业生产并出电子产品，其 FOB 价格为 40 万美元（汇率为 7.10），征税率为 13%，退税率为 13%。

训练任务：

请计算该企业出口电子产品的应退税额。

第四节　收汇核销和退税在跨境项目综合实验教学平台上的操作

一、实验目的及要点

（1）了解收汇核销的流程；

（2）了解如何出口退税。

二、场景模拟操作说明

在跨境项目综合实验教学平台上，可以简单地进行收汇核销和出口退税操作。

（一）出口收汇核销

见图 12－2，供应方角色登录系统，点击左侧菜单"外汇管理局"项下"收汇核销"，进入收汇核销首页，找到 C19022016180341 合同需要核销的信息条；

点击操作框下【核销】图标，进行核销申请。

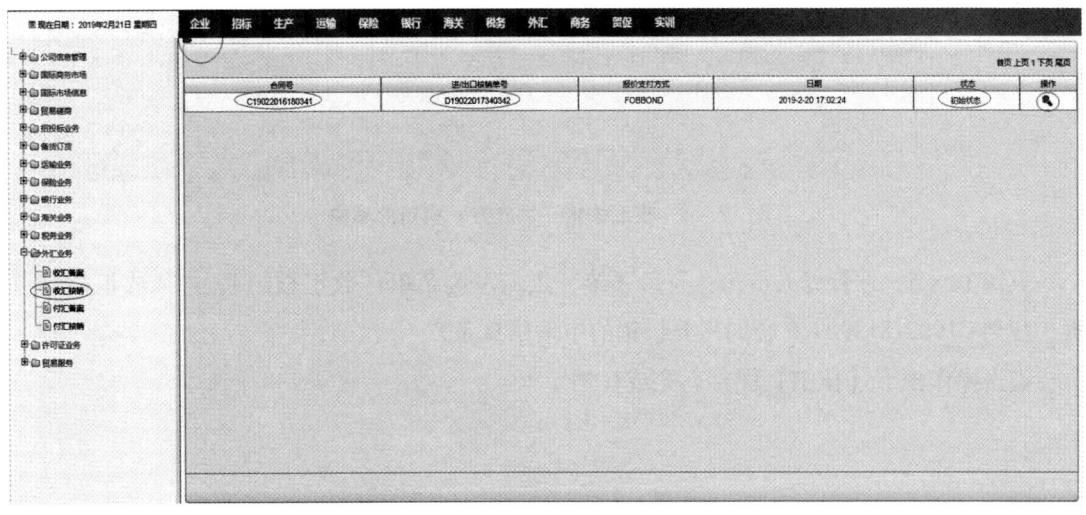

图 12－2　收汇核销—供应方—进入申请

见图12-3，填写核销信息后，点击【收汇核销单提交】按钮，完成核销申请。

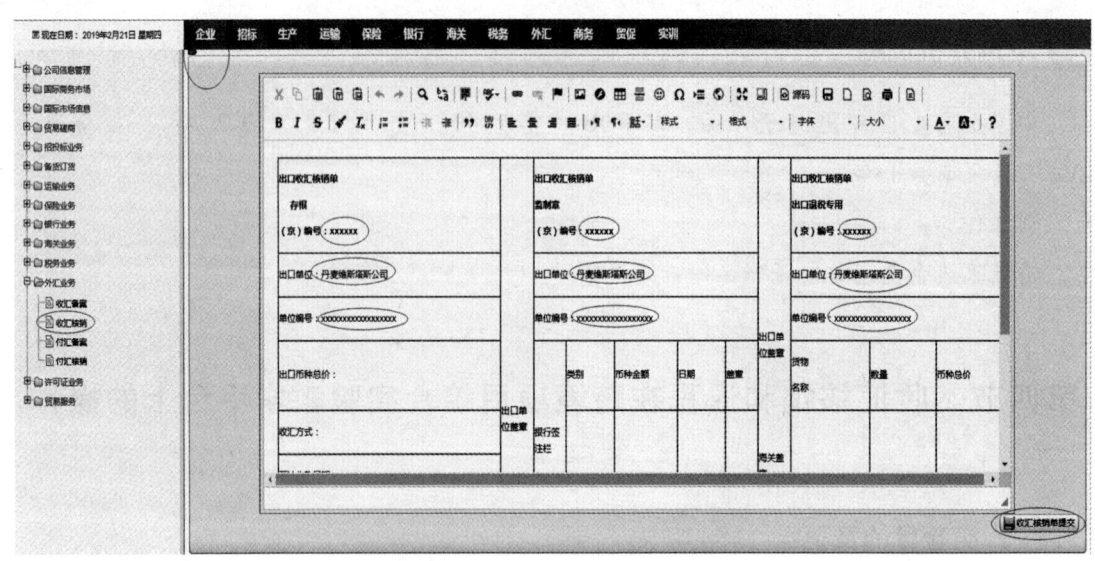

图12-3　收汇核销—供应方—申请核销

系统返回收汇核销首页，该合同信息条的收汇核销状态改为"处理中"，见图12-4。

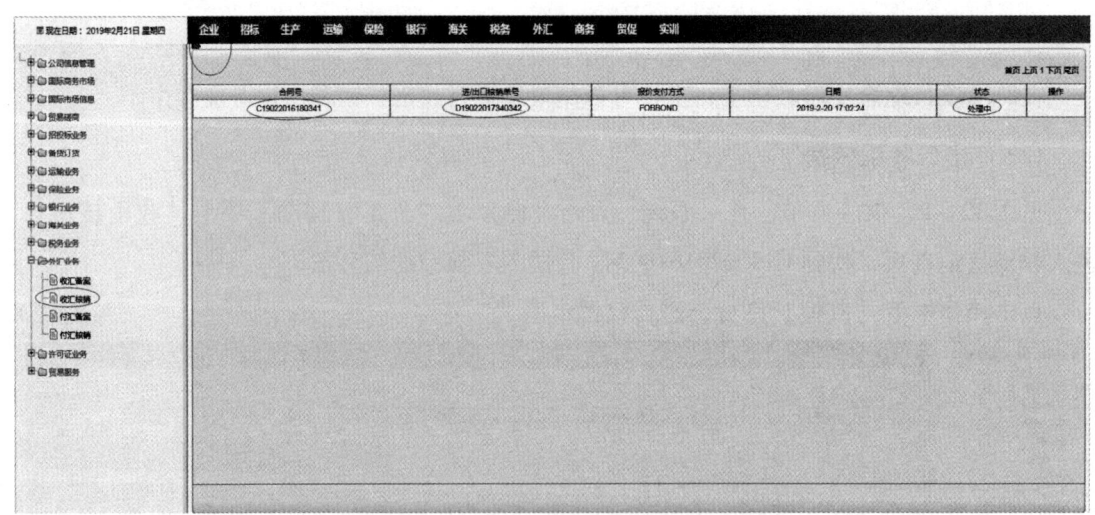

图12-4　收汇核销—供应方—核销处理中

见图12-5，外管局人员角色登录系统，点击左侧菜单"收汇核销"，进入收汇核销首页，找到C1902181890910合同需要核销的申请信息条；

点击操作框下【核销】图标，完成核销审核。

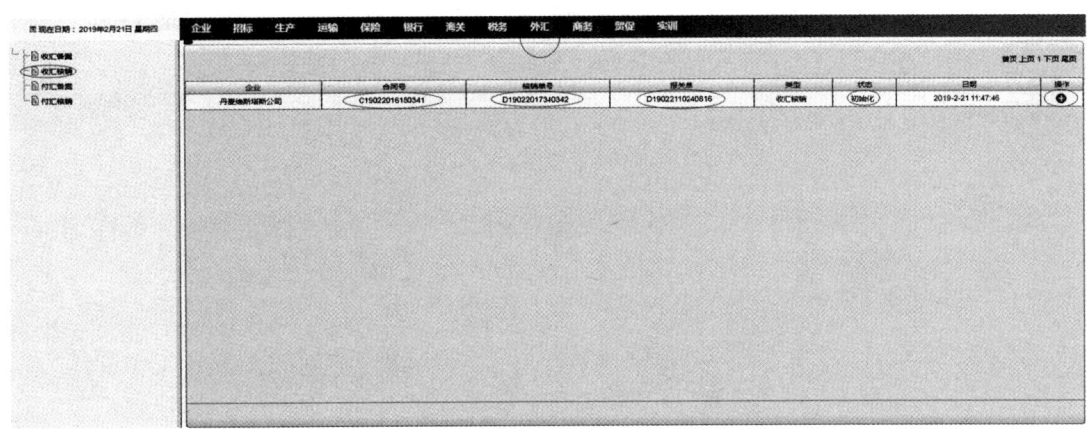

图 12-5　收汇核销—外管局—核销审核

系统返回收汇核销首页,看到该合同信息条的收汇核销状态为"审核通过",见图 12-6。

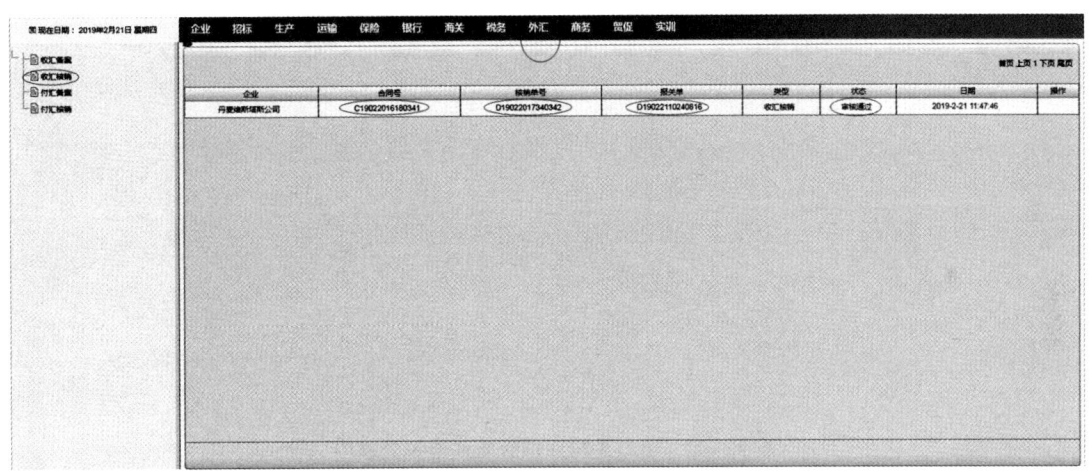

图 12-6　收汇核销—外管局—核销通过

(二) 出口退税业务

见图 12-7,供应方角色登录系统,点击左侧菜单"税务局"项下"退税业务",进入退税首页,找到 C19022016180341 合同的退税信息;

点击操作框下【申请】图标,进入退税申请。

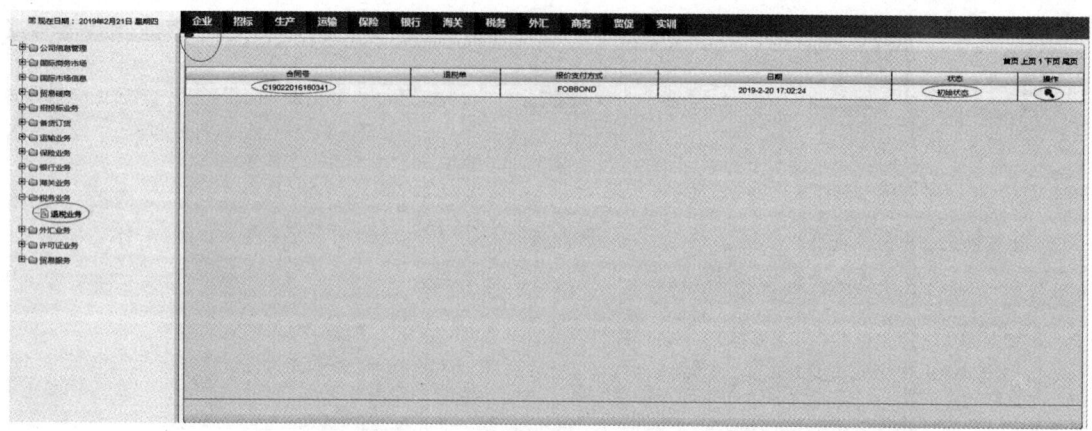

图12-7 出口退税—供应方—进入申请

系统返回退税业务首页，该合同信息条的退税状态为"处理中"，见图12-8。

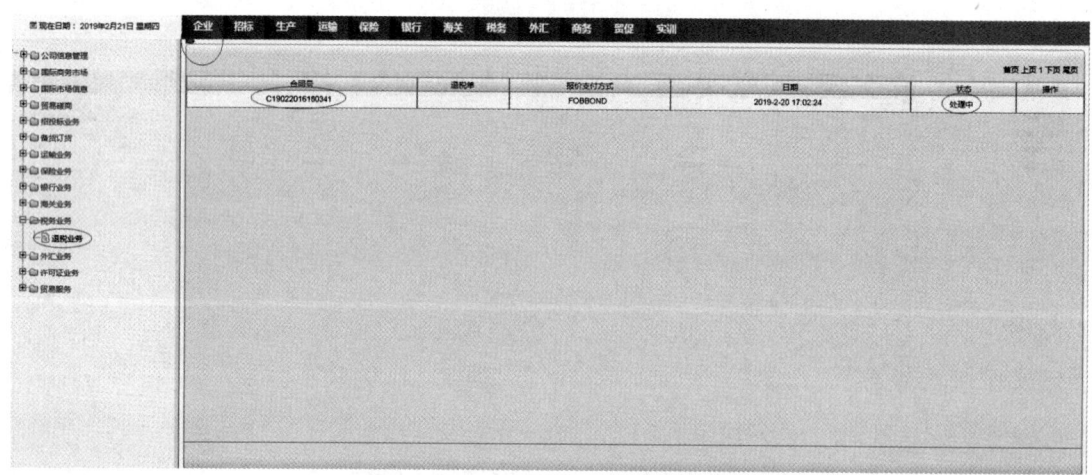

图12-8 出口退税—供应方—退税处理中

见图12-9，税务局人员角色登录系统，点击左侧菜单"出口退税批准"，进入退税审核首页，找到C19022016180341合同的退税审核信息；

点击操作框下【退税】图标，进入退税审核。

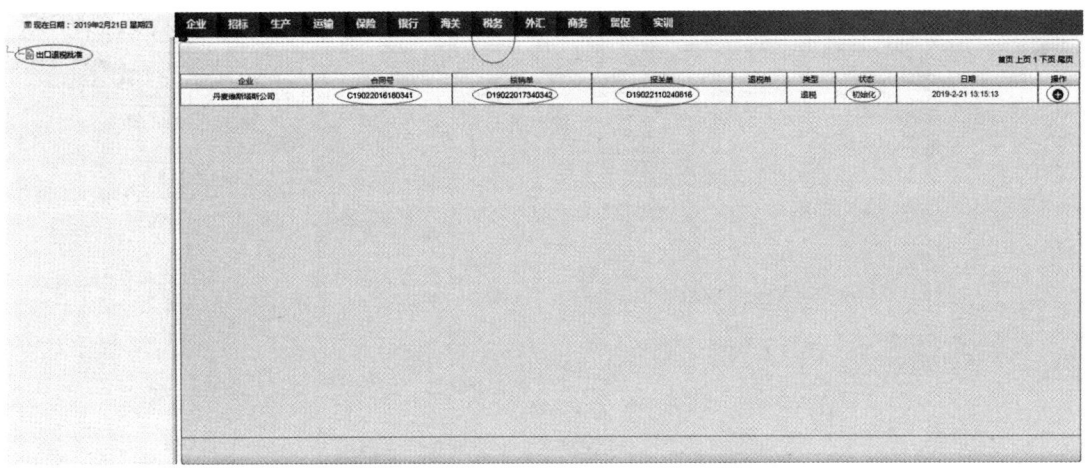

图 12-9　出口退税—税务局—进入审核

见图 12-10，填写相关信息，完成审核后，点击按钮"确认退税"，完成退税审核。

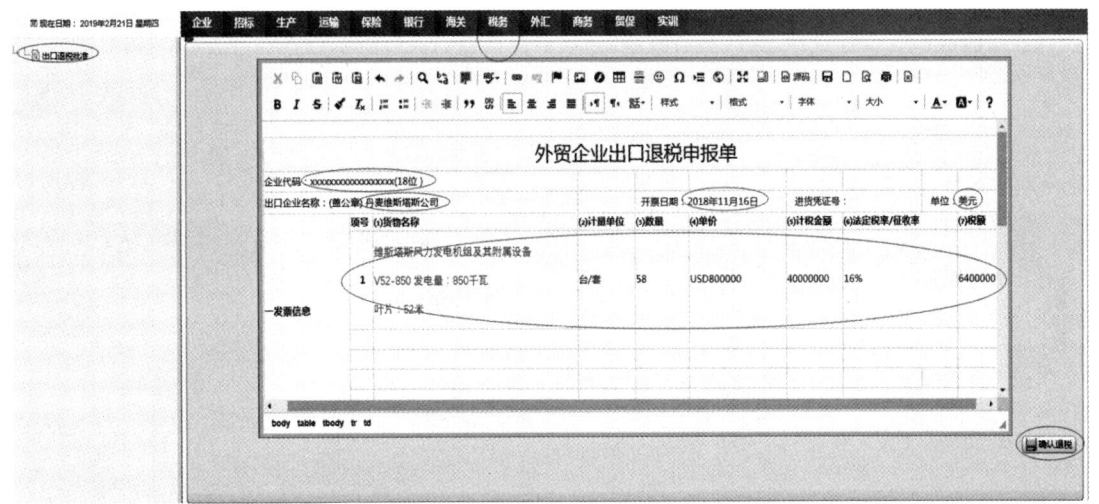

图 12-10　出口退税—税务局—确认退税

系统返回后，该合同信息条的退税状态为"审核通过"。退税单编号为 D19022113240474，见图 12-11。

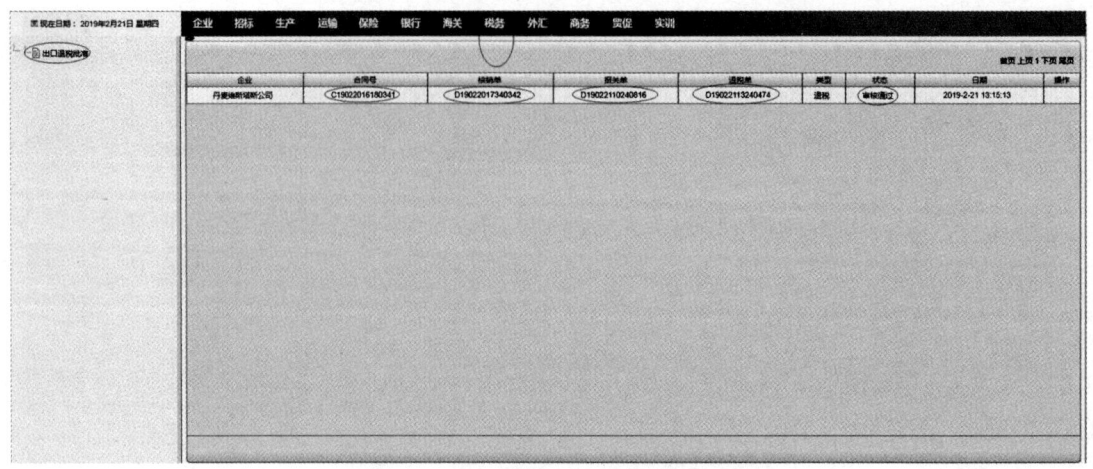

图 12 –11　出口退税—税务局—审核通过

第五篇 采购项目履约操作

第十三章 支付货款

实验内容

熟悉付汇备案的相关知识和手续；掌握预付款和货款的支付程序和有关情况；掌握上述实务的模拟操作过程。

采购方一旦与供应方签订招标合同并受到供应方的履约保函后，就立刻进入采购角色，按照招标合同的规定向供应方支付预付款，当供应方供货完成后，还需要将货款支付给供应方。在一些外汇管制的国家，如中国对外支付外汇，必须按照外汇核销制度规定办理付汇备案手续。

第一节 进口付汇核销

一、外汇核销制度之付汇核销

根据中国外汇管理的规定，进口业务的对外付汇必须进行核销。进口付汇核销制度是国家外汇管理局在海关的配合和外汇指定银行的协助下，对进口采购方的进口付汇实施跟"单"（核销单）直至报关到货的全部过程进行监管、核查的外汇管理制度。随着银行、海关与外管局的联网，核销工作逐渐形成手工操作与网上操作并存的局面。

根据国家外汇管理局 2010 年 4 月 2 日的《货物贸易进口付汇管理改革试点办法》内容，中国对货物贸易项下国际支付不予限制，但进口单位的进口付汇应当具有真实、合法的交易基础，银行应对交易单证的真实性及其与进口付汇的一致性进行合理审查。[①] 为此，中国对进口采购方实行"名录"管理。在外管局公布的"对外付汇进口单位名录"中的进口采购方对外付汇时，一般情况下不需要事先到外管局备案。

进口采购方事先应持营业执照等到所在地外汇管理局办理列入"对外付汇进口单位名

---

① 国家外汇管理局汇发〔2010〕14 号《货物贸易进口付汇管理改革试点办法》第一章第四条。

录"。进口采购方列入"名录"后，向主管海关领取付汇核销用的 IC 卡。发生下列进口付汇情况之一的进口采购方还需要办理《进口付汇备案表》手续：①进口采购方不在"对外付汇进口单位名录"上；②进口采购方被列入"由部门审核真实性的进口单位名单"中；③进口付汇后 90 日内不能到货保管的；④进口采购方到其所在地部门管辖范围外的外汇指定银行办理进口付汇的。

针对每笔进口业务，进口付汇核销的具体程序如下：

首先，领取进口核销单。进口采购方到外汇指定银行领取《贸易进口付汇核销单（代申报单）》（见表 13-1），并按规定如实填写核销单（一式三联）。

其次，对外付汇。进口采购方将填妥的核销单及备案表（若有）连同其他付汇单证一并提交外汇指定银行审核。银行审核无误后，填写核销单（和备案表）上由银行填写的项目，并加盖印章，按核销单上进口采购方的实际付汇需要对外支付外汇。一份核销单只能凭以办理一次付汇；外汇指定银行办理付汇手续后，将核销单第二联退交给进口采购方，第三联与其他付汇单证银行留存备查，第一联将按周向进口采购方所在地部门报送。外汇指定银行对凭备案表付汇的，将备案表第一联与核销单第三联一并留存备查，将第二联与核销单第二联退交给进口采购方，第三联与核销单第一联报送银行所在地部门。一份备案表只能凭以办理一次进口付汇。

最后，核销。进口采购方根据实际到货或未到货情况，依据核销单和备案表及相应栏目的有关数据，如实填写《贸易进口付汇到货核销表》或《贸易进口付汇未到货核销表》，并持操作员 IC 卡，将有关单证及时报送所在地部门审查；外汇管理局检查进口采购方各项进口付汇业务内容无误后为其办理核销手续，允许进口采购方继续进行进口付汇业务。

二、进口付汇备案

（一）进口付汇核销单和核销表

1. 进口付汇核销单的缮制

《贸易进口付汇核销单（代申报单）》是由国家外汇管理局制定格式、进口方（采购方）填写、外汇指定银行审核并凭以办理进口付汇的凭证。

《贸易进口付汇核销单（代申报单）》的格式和具体栏目见表 13-1。

表 13-1 贸易进口付汇核销单（代申报单）样本

贸易进口付汇核销单（代申报单）

印单局代码： 核销单编号：

单位代码	单位名称	所在地外汇局名称
付汇银行名称	收汇人国别	交易编码
收款人是否在保税区：是□ 否□	交易附言	
对外付汇币种	对外付汇总额	其他方式金额
其中：购汇金额	现汇金额	
民币账号	外汇账号	

付汇性质

□正常付汇
□不在名录　　□90 天以上信用证　　□90 天以上托收　　□异地付汇
　　　　　　　□90 天以上到货　　　□转口贸易

备案表编号

预计到货日期	进口批件号	合同/发票号
信用证　90 天以内□　90 天以上□　承兑日期　/ /　付汇日期　/ /　期限　天		
托收 90 天以内□　90 天以上□　承兑日期　/ /　付汇日期　/ /　期限　天		

	预付货款 □	货到付汇	（凭报关单付汇） □	付汇日期//
	报关单号	报关日期//	报关单币种	金额
	报关单号	报关日期//	报关单币种	金额
汇款	报关单号	报关日期//	报关单币种	金额
	报关单号	报关日期//	报关单币种	金额
	报关单号	报关日期//	报关单币种	金额
（若报关单填写不完，可另附纸。）				

其他 □　　　　付汇日期//

以下由付汇银行填写
　　申报号码：＿＿＿＿＿
　　业务编号：　　　　　　　　审核日期：// （付汇银行签章）

进口单位签章

其中，

"印单局代码"为 6 位外汇管理局代码。

"核销单编号"由各印制本核销单的外汇局自行编制。

"单位代码"为企业统一社会信用代码。

"交易编码"是根据每笔付汇交易的性质对应国家外汇管理局国际收支交易编码表编写。常见的交易编码见表 13-2。

表13-2 常见的交易编码表

贸易名称	交易编码	贸易名称	交易编码
一般贸易	0101	来料加工装配进口的设备	0109
国家间、国际组织无偿援助和赠送的物质	0102	租赁贸易	0111
华侨、港澳台同胞、外籍华人捐赠物质	0103	免税外汇商品	0112
补偿贸易	0104	出料加工贸易	0113
来料加工装配贸易	0105	易货贸易	0114
进料加工装配贸易	0106	外商投资企业的进口加工内销的料、件	0115
寄售代销贸易	0107	其他	0116
边境小额贸易	0108	预付货款	0201

"交易附言"是付款人对每笔付款用途的描述,可不填。

"申报号码"共22位。第1~6位为地区标识码,第7~10位为银行标识码,第11位、第12位为金融机构顺序号,第13~18位为每笔贸易进口付汇的付汇日期或付汇的申报日期,最后4位是银行营业部的当日业务流水码。

2. 付汇备案

采购方到外汇指定银行领取《贸易进口付汇核销单(代申报单)》,并按规定如实填写核销单(一式三联)。

第二节 支付预付款

一、招标合同预付款的支付条件和金额

(一)预付款的支付条件

预付货款是指采购方先将货款的全部或者一部分通过银行汇交供应方,供应方收到货款后,根据项目双方事先约定好的合同规定,在一定时间内或立即将货物发运给采购方。

如前所述,招标合同的预付款是招标合同价款的一部分,而且是采购方对供应方履约解决资金上困难所做的帮助,因此,预付款必须在供应方提供了履约保函,招标合同生效的条件下,采购方按招标合同规定支付预付款给供应方。

(二)预付款的支付金额

关于预付款的金额一般没有强制性的规定,主要根据实际情况灵活掌握。例如,包工包料工程的预付款按招标合同约定拨付,原则上预付比例不低于合同金额的10%,不高于合同金额的30%。

二、招标合同预付款的支付

(一) 银行汇款

1. 汇款的一般程序

在办理汇付业务时,需要由汇款人(Remitter,通常为采购方)向汇出行(Remitting Bank)填交汇款申请书,并交付汇款金额、支付银行费用,汇出行有义务根据汇款申请书的指示向汇入行(Paying Bank)发出付款书;汇入行收到汇出行付款书后,有义务向收款人(Payee or Beneficiary,通常为供应方)解付款项。汇付业务的一般流程见图13-1。但汇出行和汇入行对不属于自身过失而造成的损失(如付款委托书在邮递途中遗失或延误等致使收款人无法或迟期收到货款)不承担责任,而且汇出行对汇入行工作上的过失也不承担责任。

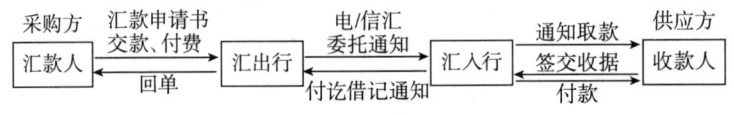

图13-1 汇付业务的一般流程

汇款可以分为预付货款和货到付款两种。

2. 境外汇款申请书

境外汇款申请书是汇款人委托银行(汇出行)办理向海外汇款业务时所填制的书面申请文件,是申请人与该汇出行之间关于具体汇付业务的契约性文件,也是汇出行进行具体汇付业务的依据。境外汇款申请书样本见表13-3。

表13-3 境外汇款申请书样本

境 外 汇 款 申 请 书 APPLICATION FOR FUNDS TRANSFERS (OVERSEAS)

致:(汇出行)
TO:(Name of the Remitting Bank)　　　　　　　　　　　　　　　　日期　　Date

		□电汇 T/T　□票汇 D/D □信汇 M/T	发电等级 Priority □普通 Normal　□加急 Urgent	
20	银行业务编号 Bank Transac. Ref. No.		收电行/付款行 Receiver/Drawn on	
32A	汇款币种及金额 Currency & Interbank Settlement Amount		金额大写 Amount in Words	
其中	现汇金额 Amount in FX		账号 Account No. /Credit Card No.	
	购汇金额 Amount of Purchase		账号 Account No. /Credit Card No.	
	其他金额 Amount of Others		账号 Account No. /Credit Card No.	

续表

50a	汇款人名称及地址 Remitter's Name & Address		□对私	个人身份证号码 Individual ID No.
	□对公 组织机构代码 Unit Code □□□□□□□□－□			□中国居民个人 Resident Individual □中国非居民个人 Non-Resident Individual
54/56	收款银行之代理行 名称及地址 Correspondent of Beneficiary's Bank Name & Address			
57a	收款人开户银行 名称及地址 Beneficiary's Bank Name & Address	收款人开户银行在其代理行账号 Bene's Bank A/C No.		
59a	收款人名称及地址 Beneficiary's Name & Address	收款人账号 Bene's A/C No.		
70	款附言 Remittance Information	只限 140 个字位 Not Exceeding 140 Characters	71A	国内外费用承担 All Bank's Charges If Any Are To Be By □汇款人 OUR □收款人 BEN □共同 SHA

收款人常驻国家（地区）名称及代码 Resident Country/Region Name & Code			□□□		
请选择：□预付货款 Advance Payment □货到付款 Payment Against Delivery □退款 Refund □其他 Others					
交易编码 BOP Transac. Code	□□□□□□ □□□□□□	相应币种及金额 Currency & Amount		交易附言 Transac. Remark	
本笔款项是否为保税货物项下付款	□是 □否	合同号		发票号	
外汇局批件号/备案表号/业务编号					
银行专用栏 For Bank Use Only		申请人签章 Applicant's Signature		银行签章 Bank's Signature	
购汇汇率 Rate		请按照贵行背页所列条款代办以上汇款并进行申报 Please Effect The Upwards Remittance, Subject To The Conditions Overleaf。			
等值人民币 RMB Equivalent					
手续费 Commission					
电报费 Cable Charges					
合计 Total Charges					
支付费用方式 In Payment of the Remittance	□现金 by Cash □支票 by Check □账户 from Account	申请人姓名 Name of Applicant 电话 Phone No.		核准人签字 Authorized Person 日期 Date	
核印 Sig. Ver.		经办 Maker		复核 Checker	

填写前请仔细阅读各联背面条款及填报说明
Please read the conditions and instructions overleaf before filling in this application.

表13-3 境外汇款申请书填写说明：

致（To）：填写汇款人申请委托汇款的银行（汇出行）名称。

日期：汇款人填写此申请书的日期。

汇款方式：在三种方式中选择一种，通常为电汇。电汇是汇出行应汇款人的申请，拍发加押电报或电传（Tested Cable/Telex）或者通过SWIFT给境外汇入行，指示其解付一定金额给收款人的一种汇款结算方式。

发电等级：根据汇款人需要选择一种（普通或加急）。

申报号码：根据国家外汇管理局有关申报号码的编制规则，由银行编制（此栏由银行填写）。

银行业务编号：该笔业务在银行的业务编号（此栏由银行填写）。

收电行/付款行：（此栏由银行填写）。

汇款币种及金额：汇款人申请汇出的实际付款币种及金额。

金额大写：汇款币种及金额大写（英文），与小写一致。例如，USD TWO HUNDRED AND FOURTEEN ONLY。

现汇金额：汇款人申请汇出的实际付款金额中，直接从汇款币种对应的外汇账户中支付的金额。现汇金额与购汇金额之和必须等于汇款金额。

外汇账号：如果现汇金额填了，则本栏填相应外汇账户账号。

购汇金额：汇款人申请汇出的实际付款金额中，向银行购买外汇直接支付的金额。现汇金额与购汇金额之和必须等于汇款金额。

购汇账号：如果购汇金额填了，则本栏填本币账号。

其他金额：汇款人除现汇和购汇外对境外支付的金额。包括跨境人民币交易以及记账贸易项下交易等的金额。

汇款人名称及地址：对公项下指汇款人预留银行印鉴或国家质量监督检验检疫总局颁发的组织机构代码证或国家外汇管理局及其分支局签发的特殊机构赋码通知书上的名称和地址。

组织机构代码：按国家质量监督检验检疫总局颁发的组织机构代码证或国家外汇管理局及其分支局签发的特殊机构赋码通知书上的单位组织机构代码或特殊机构代码填写。

收款银行之代理行名称及地址：中转银行的名称，所在国家、城市及其在清算系统中的识别代码。如没有可不填。

收款人开户银行名称及地址：收款人开户银行名称，所在国家、城市及其在清算系统中的识别代码。

收款人名称及地址：收款人全称及所在国家、城市。

收款人银行账号：收款人的开户银行账号。

汇款附言：汇款人所汇款项的必要说明，可用英文填写且不超过 140 字符（受 SWIFT 系统限制）。

国内外费用承担：由汇款人确定办理对境外汇款时发生的国内外费用由何方承担，并在所选项前的□中打"√"。

收款人常驻国家（地区）名称及代码：该笔境外汇款的实际收款人常驻的国家或地区。代码根据"国家（地区）名称代码表"填写。

交易编码：根据本笔对境外付款交易性质对应的"国际收支交易编码表（支出）"填写。如果本笔付款为多种交易性质，则在第一行填写最大金额交易的国际收支交易编码，第二行填写次大金额交易的国际收支交易编码；如果本笔付款涉及进口核查项下交易，则核查项下交易视同最大金额交易处理；如果本笔付款为退款，则填写本笔付款对应原涉外收入的国际收支交易编码。

相应币种及金额：填写汇款的币种及金额。因根据填报的交易编码填写，若本笔对境外付款为多种交易性质，则在第一行填写最大金额交易相应的币种及金额，第二行填写其余币种及金额。两栏合计数应等于汇款币种及金额；如果本笔付款涉及进口核查项下交易，则核查项下交易视同最大金额交易处理。

交易附言：应对本笔对境外付款交易性质进行详细描述。如果本笔付款为多种交易性质，则应对相应的对境外付款交易性质分别进行详细描述；如果本笔付款为退款，则应填写本笔付款对应原涉外收入的申报号码。

本笔款项是否为保税货物项下付款：根据本笔付款所交易的货物是否为保税货物进行填写。汇款申请书用于支付运费时，此处可不填。

外汇局批件/备案表号/业务编号：指外汇局签发的，银行凭以对外付款的各种批件号、付汇备案表号、业务编号。若本笔付款涉及外汇局核准件，则优先填写该核准件编号。

申请人姓名、电话：填写申请汇款人公司名称及电话。

3. 汇款的注意事项

在商务项目中，采用汇付付款时，需要考虑的事项如下：

（1）如双方商定以预付货款的方式成交，则应在合同中明确规定汇款日期和汇款方式。如果合同中未规定汇款日期，无法约束采购方在交货前付款，也影响按时交货；如果是采用货到付款方式结算，也应在合同中规定采购方的汇款时间和汇款方式。

（2）相对于其他付款方式，汇付具有手续简单、费用较低的特点，同时也具有较大的风险性，因此，采用汇付支付时需要慎重。

（3）在分期付款和延期付款的项目中，采购方往往用汇款方式支付货款，但通常需辅以银行保函等，所以并不是单纯的汇付方式。

作为境外收款人如果想更快收妥款项，则应提示境外汇款人注意以下境外汇款申请书的填写：

①正确填列收款人全称、账号（必须注明收款人开户银行的交换行号）及开户银行英文名全称。

②收款人银行名称要准确，最好要有银行 SWIFT 号码。

③收款人账号要填写收款人在境外账户行的相对应的币种的有关账号。

④备注或附言中应注明实际的收款单位名称和账号（收款人单位账号组成必须是行号+收款人账号，A/C No：×××－－－×××××××）。

(4) 根据国际惯例，境外汇款汇出后，转汇行或解付行一般要从本金中收取一定的费用，此类费用需要汇款人或收款人承担，任何一方银行不负责偿付。

（二）招标合同预付款的支付

一般情况下，采购方按照招标合同规定，通过银行将足额预付款汇付给供应方。

第三节　付汇在跨境项目综合实验教学平台上的操作

一、实验目的及要点

（1）掌握进口付汇备案流程；
（2）掌握支付预付款的流程。

二、场景模拟操作说明

在国际商务综合实训平台上，进口商等虚拟角色可以模拟操作完成申办进口许可证和开立信用证的业务。

（一）付汇备案

见图 13-2，采购方角色登录系统，点击左侧菜单"外汇业务"项下"付汇备案"，进入付汇备案首页，可以看到已完成的或需要操作的付汇备案信息条；

找到 C19022016180341 合同需要备案的信息，点击其操作框下【备案】图标，申请核销备案。

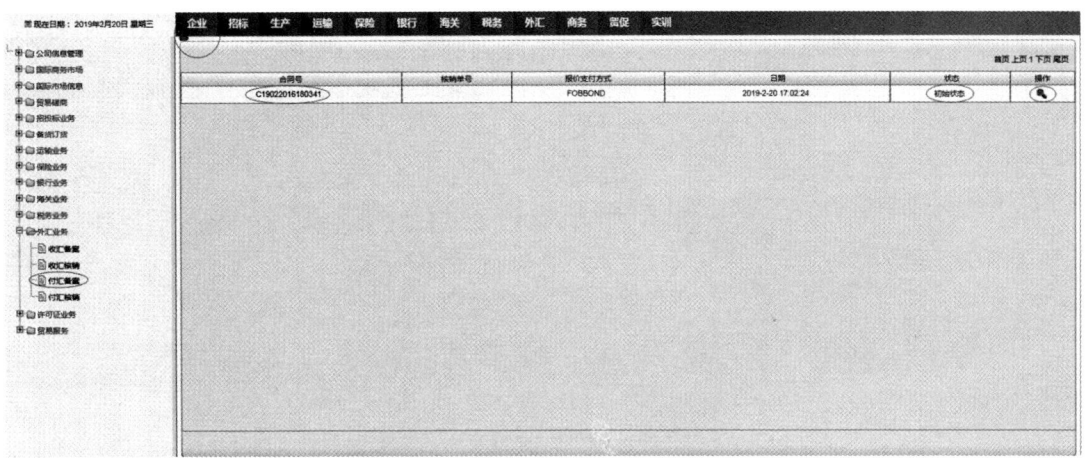

图 13-2 付汇备案—采购方—申请

备案申请后,返回付汇备案首页。该合同信息条状态为"处理中",见图 13-3。

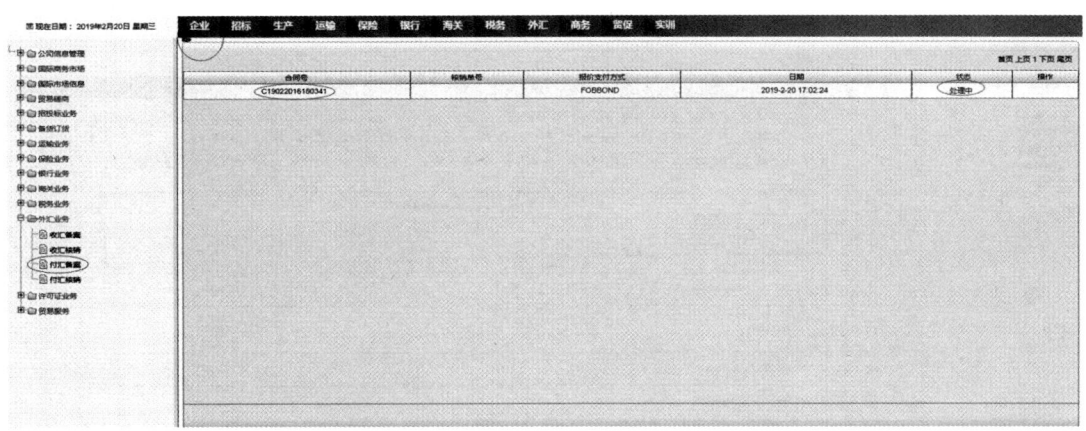

图 13-3 付汇备案—采购方—备案处理中

见图 13-4,外管局人员角色登录系统,点击左侧菜单的"付汇备案",进入付汇备案首页,看到采购企业的付汇备案申请信息条;

找到 C19022016180341 合同需要备案申请的信息条,点击此条操作框下图标,进入核销单颁发页面。

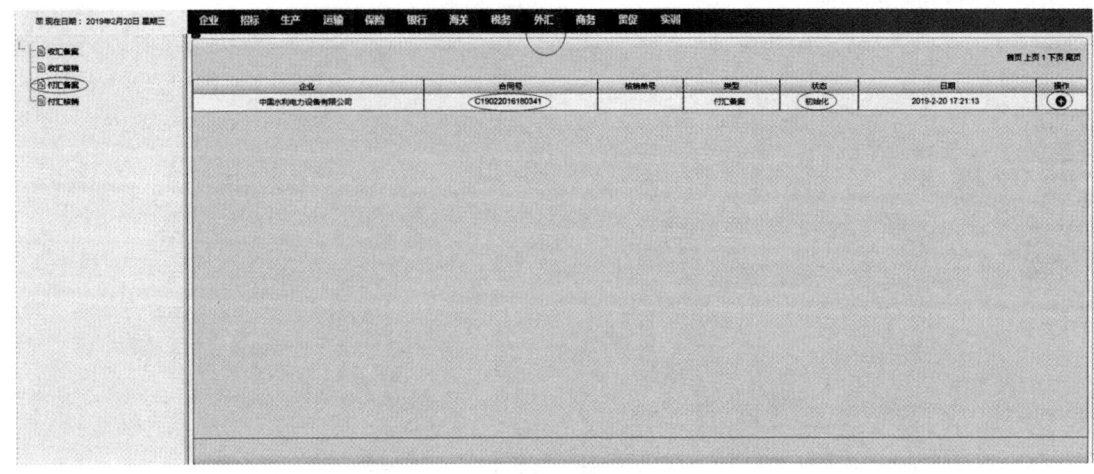

图13-4　付汇备案—外管局—准备备案

见图13-5，填写相关信息后，点击按钮【分配核销单】，完成发放核销单功能，返回付汇备案首页。

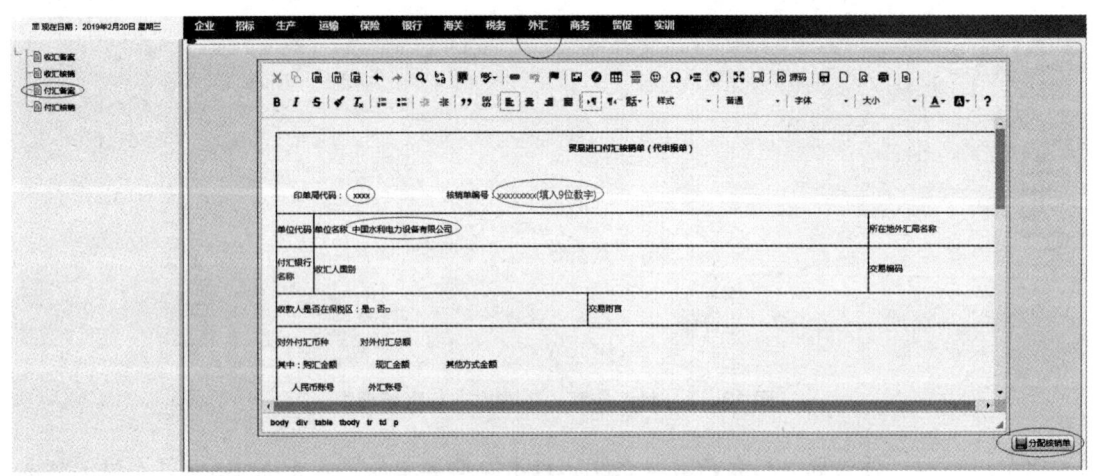

图13-5　付汇备案—外管局—颁发核销单

见图13-6，在付汇备案首页，外管局人员能够看到该合同的付汇备案申请状态变为"审核通过"。付汇核销单编号为D19022017240157。

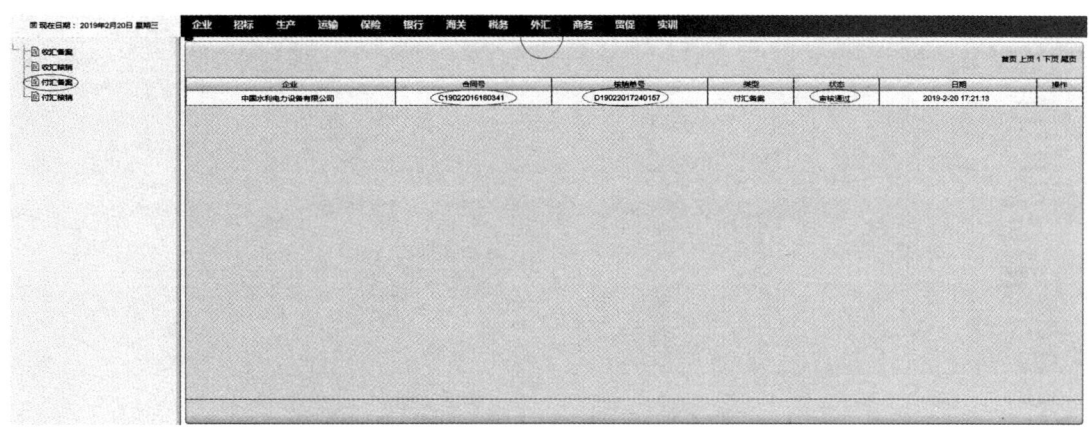

图 13-6　付汇备案—外管局—核销单已发

(二) 支付预付款

见图 13-7，采购方角色登录系统，点击左侧菜单"银行业务"项下"保函业务"中的"保函贷款"，进入保函贷款查询首页，找到 C19022016180341 合同信息条；

点击操作框下【申请】图标，办理第一笔货款（预付款）支付手续。

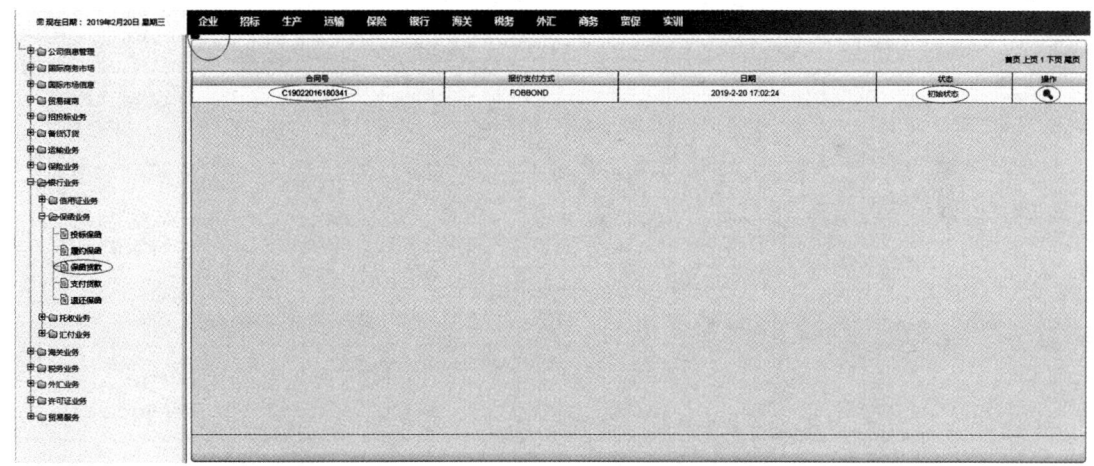

图 13-7　保函贷款—采购方—办理预付款支付手续

见图 13-8，点击图 13-7 按钮后，首页该合同信息条状态改为"处理中"。

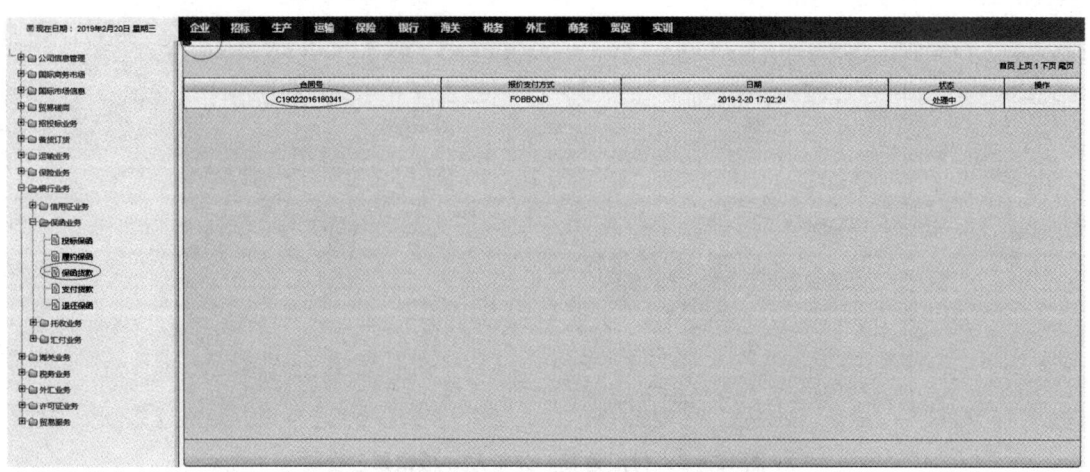

图 13-8　保函贷款—采购方—发出预付款支付指令

见图 13-9，银行角色登录系统，点击左侧菜单"银行业务"项下"保函业务"中的"保函贷款"，进入保函贷款查询首页，找到 C19022016180341 合同信息条；

点击操作框下【审核】图标，审核预付款支付。

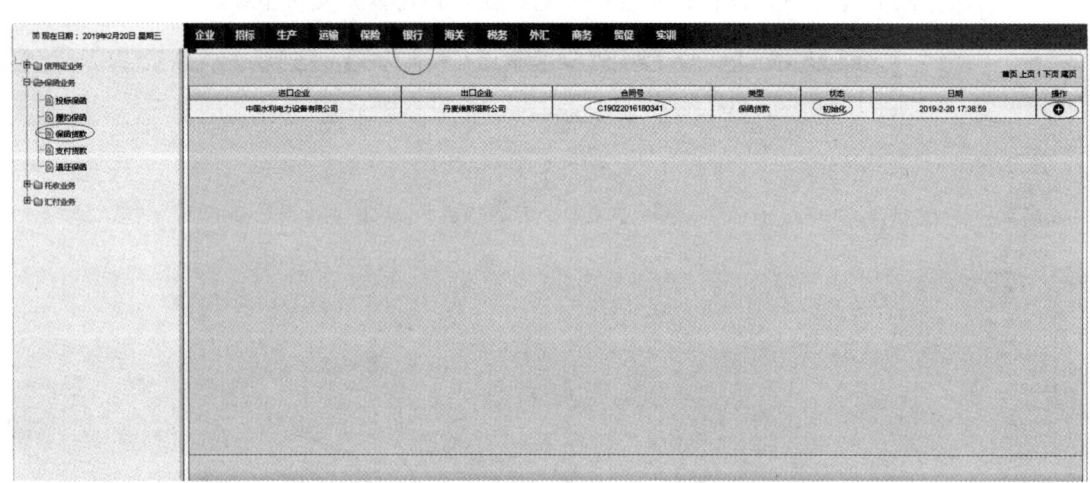

图 13-9　保函贷款—银行—审核支付指令

点击图 13-9【审核】按钮，表示已经审核并支付预付款，则该合同的状态转为"审核通过"，见图 13-10。

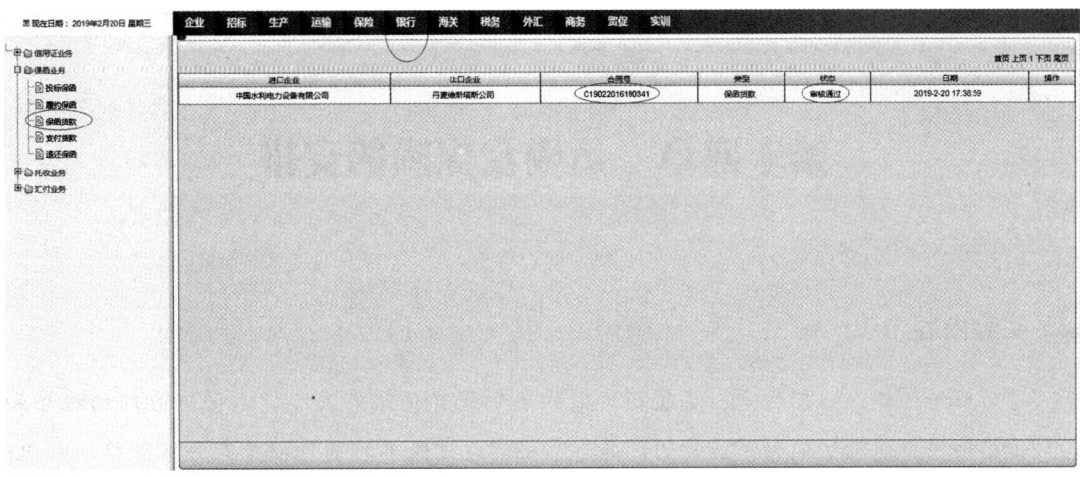

图 13-10　保函贷款—银行—支付预付款

第十四章 运输及保险的安排

⚖️ **实验内容**

了解班轮运输、租船运输、集装箱运输的运费计算；熟悉国际货运保险办理的程序和各种价格条件下保险金额和保险费的计算；掌握货运投保单的制作以及有关保险单的知识；掌握上述实务的模拟操作过程。

货物需要通过运输来实现异地交付，因此供应方和采购方应该遵循"安全、迅速、准确、节省、方便"的原则选择适当的运输方式，组织合理的运输，并及时为运输货物办理一定险别的保险手续。

货物运输方式种类很多，按不同的运输工具主要分为海洋运输、铁路运输、航空运输、大陆桥运输、多式联运等。选择合理的运输方式主要须根据货物的性质、市场需求缓急、货运量大小、路途远近、运费高低、气候等自然条件等因素来决定。根据运输方式的不同货运保险可分为海上货运保险、路上货运保险、航空货运保险等。

第一节 货物运输

一、海洋运输和航空运输

（一）海洋运输航线

世界现在有四大航区：大西洋航区（Atlantic Ocean Routing Area）、太平洋航区（Pacific Ocean Routing Area）、印度洋航区（Indian Ocean Routing Area）和北冰洋航区（Arctic Ocean Routing Area）。

具体而言，海洋运输航线主要有：

（1）北大西洋航线：西欧（鹿特丹、汉堡、伦敦、哥本哈根、圣彼得堡；北欧的斯德哥尔摩、奥斯陆等）—北大西洋—北美洲东岸（纽约、魁北克等）、南岸（新奥尔良港，途经佛罗里达海峡）。

(2) 南大西洋航线：西欧—大西洋—南美东海岸（里约热内卢、布宜诺斯艾利斯等）的海上通道。

(3) 巴拿马运河航线：北美洲东海岸—巴拿马运河（巴拿马城）—北美洲西海岸各港口，是沟通大西洋和太平洋的捷径，对美国东西海岸的联络具有重要意义。

(4) 好望角航线：西亚（阿巴丹等，途经霍尔木兹海峡）、东亚、东南亚、南亚—印度洋—东非（达累斯萨拉姆）—莫桑比克海峡—好望角（开普敦）—大西洋—西非（达喀尔）—西欧，载重量在 25 万吨以上的巨轮无法通过苏伊士运河，需绕过非洲南端的好望角。

(5) 北太平洋航线：亚洲东部、东南部—太平洋—北美西海岸（旧金山、洛杉矶、温哥华、西雅图等），是亚洲同北美各国间的国际贸易航线，随着东亚经济的发展，这条航线上的贸易量不断增加。

(6) 亚欧航线：也叫苏伊士运河航线，东亚（横滨、上海、中国香港等港口，途经台湾海峡、巴士海峡等）、东南亚（新加坡、马尼拉等）—马六甲海峡—印度洋（南亚科伦坡、孟买、加尔各答、卡拉奇等）—曼德海峡（亚丁）—红海—苏伊士运河（亚历山大）—地中海（突尼斯、热那亚）—直布罗陀海峡—英吉利（多佛尔）海峡—西欧各国。

(7) 南太平洋航线：亚太地区国家（悉尼、惠灵顿）—太平洋（火奴鲁鲁）—南美西海岸（利马、瓦尔帕莱索等）往来的通道。

(8) 北冰洋航线：东亚（海参崴）—太平洋—白令海峡—北冰洋—北欧（摩尔曼斯克）—大西洋—西欧。

其中，北大西洋航线、巴拿马运河航线、北太平洋航线和亚欧航线四条航线是世界上比较繁忙的航线，北大西洋航线是世界最繁忙的海上运输路线，好望角航线是石油运量最大的航线，被称为西方国家的"海上生命线"。

针对集装箱运输，目前世界上规模最大的集装箱航线主要有三条，见表 14-1。

表 14-1 世界集装箱主要航线

集装箱主要航线	习惯称呼	包括航线
远东—北美航线	（泛）太平洋航线	远东—北美西岸航线
		远东—北美东岸航线
远东—欧洲、地中海航线	欧地航线	远东—欧洲航线
		远东—地中海航线
		北美东岸、海湾—地中海航线
北美—欧洲、地中海航线	大西洋航线	北美东岸、海湾—欧洲航线
		北美西岸—欧洲、地中海航线

中国大陆以外的世界主要港口见表 14-2。

表14-2 世界主要港口

港口英文名称	港口中文名称	所属国家或地区	港口英文名称	港口中文名称	所属国家或地区
AARHUS	奥尔胡斯	丹麦	ABU DHABI	阿布扎比	阿联酋
ADELAIDE	阿德莱德	澳大利亚	ADEN	亚丁	也门
AMSTERDAM	阿姆斯特丹	荷兰	ANTWERP	安特卫普	比利时
AQABA	亚喀巴	约旦	ATHENS	雅典	希腊
ATLANTA	亚特兰大	美国	AUCKLAND	奥克兰	新西兰
BALTIMORE	巴尔的摩	美国	BANGKOK	曼谷	泰国
BARCELONA	巴塞罗那	西班牙	BELFAST	贝法斯特	英国
BERMINGHAN	伯明翰	英国	BILBAO	毕尔巴鄂	西班牙
BOMBAY	孟买	印度	BOSTON	波士顿	美国
BREMEN	不来梅	德国	BRISBANE	布里斯班	澳大利亚
BUSAN	釜山	韩国	CASABLANCE	卡萨布兰卡	摩洛哥
CAPE TOWN	开普敦	南非	CEBU	宿务	菲律宾
CHENNAI	诚乃	印度	CHICAGO	芝加哥	美国
COLOMBO	科伦坡	斯里兰卡	COLON FREE ZONE	科隆	巴拿马
DAMAN	达曼	印度	DALLAS	达拉斯	美国
DOHA	多哈	卡塔尔	DUBAI	迪拜	阿联酋
DUBLIN	都柏林	爱尔兰	DURBAN	德班	南非
FELIXSTOWN	费力克斯托	英国	FREMANTLE	富利曼托	澳大利亚
GDANSK	格丹斯克	波兰	GDYNIA	格丁尼亚	波兰
GENOA	热那亚	意大利	GHITTAGONG	吉大港	孟加拉
GOTENBURG	歌德堡	瑞典	HAIPHONG	海防	越南
HAMBURG	汉堡	德国	HELSINKI	赫尔辛基	芬兰
HO CHI MINH CITY	胡志明市（西贡）	越南	HONGKONG	香港	中国香港
HOUSTON	休斯敦	美国	INCHON	仁川	韩国
ISTANBUL	伊斯坦布尔	土耳其	JAKARTA	雅加达	印尼
JOHANNESBURG	约翰内斯堡	南非	KAOHSIUNG	高雄	中国台湾
KARACHI	卡拉奇	巴基斯坦	KEELUNG	基隆	中国台湾
KOBE	神户	日本	KUCHING	古晋	马来西亚
KUWAIT	科威特	科威特	LAEM CHABANG	令查邦	泰国
LAGOS	拉各斯	尼日利亚	LA SPEZIA	拉斯佩西亚	意大利
LEGHORN	莱戈恩	意大利	LE HAVRE	勒阿弗尔	法国
LISBON	里斯本	葡萄牙	LIVERPOOL	利物浦	英国
LIVORNO	里窝那	意大利	LONDON	伦敦	英国
LONG BEACH	长滩	美国	LOS ANGELES	洛杉矶	美国
MACAO	澳门	中国澳门	MADRID	马德里	西班牙

续表

港口英文名称	港口中文名称	所属国家或地区	港口英文名称	港口中文名称	所属国家或地区
MALTA	马耳他	马耳他	MANCHESTER	曼彻斯特	英国
MANILA	马尼拉	菲律宾	MARSEILLES	马赛	法国
MELBOURNE	墨尔本	澳大利亚	MIAMI	迈阿密	美国
MILANO	米兰	意大利	MOJI	门司	日本
MOMBASA	蒙巴萨岛	肯尼亚	MONTREAL	蒙特利尔	加拿大
NAGOYA	名古屋	日本	NAPLES	那不勒斯	意大利
NEW YORK	纽约	美国	OAKLAND	奥克兰	美国
OPORTO	波尔图	葡萄牙	OSAKA	大阪	日本
OSLO	奥斯陆	挪威	PENANG	滨城	马来西亚
PERTH	珀斯	澳大利亚	PHILADELPHIA	费城	美国
PHNOM PENH	金边	柬埔寨	PORT KELANG	巴生港	马来西亚
PORT SUDAN	苏丹	苏丹	ROTTERDAM	鹿特丹	荷兰
RANGOON	仰光	缅甸	RIYADH	利雅得	沙特阿拉伯
SAN FRANCISCO	旧金山	美国	SEATTLE	西雅图	美国
SEMARANG	三宝垄	印度尼西亚	SEOUL	首尔	韩国
SIBU	诗巫	马来西亚	SINGAPORE	新加坡	新加坡
SOUTHAMPTON	南安普顿	英国	STOCKHOLM	斯德哥尔摩	瑞典
SURABAYA	泗水	印度尼西亚	SUVA	苏瓦	斐济
SYDNEY	悉尼	澳大利亚	TALLIN	塔林	爱沙尼亚
TOKYO	东京	日本	TORONTO	多伦多	加拿大
SANTOS	桑托斯	巴西	TRIESTE	的利亚斯特	意大利
TUNIS	突尼斯	突尼斯	VALENCIA	瓦伦西亚	西班牙
VANCOUVER	温哥华	加拿大	VENICE	威尼斯	意大利
WARSAW	华沙	波兰	WELLINGTON	惠灵顿	新西兰

(二) 世界主要航空运输航线

国际航线最密集的地区和国家是欧洲、北美及东亚，最繁忙的海域是北大西洋和北太平洋；航线的走向总趋势呈东西向，集中分布在北半球的中纬度地区，大致形成一个环绕圈的航空带；在纬向航空带的基础上，由航线密集区向南辐射，形成一定经向航线分布。

世界上最繁忙的国际货运航空线路主要有：

北大西洋航线：西欧—北美间的北大西洋航空线，历史最悠久、最重要的国际航线，是当今世界上岁繁忙的国际航线之一。这条航线主要连接巴黎、伦敦、法兰克福（德国）、纽约、芝加哥、蒙特利亚（加拿大）等重要航空枢纽。

欧亚航线：西欧—中东—远东航空线，是横穿欧亚大陆、连接大陆东西海岸的重要航线。该航线主要连接西欧各主要机场至远东香港、北京、东京等机场。还途经雅典（希腊）、开罗（埃及）、德黑兰（伊朗）、卡拉奇（巴基斯坦）、新德里（印度）、曼谷（泰国）、新加坡等重要航空站。北线：伦敦—阿姆斯特丹—柏林—莫斯科—伊尔库兹克—海参崴；中线：伦敦—法兰克福—布加勒斯特—德黑兰—乌鲁木齐—北京；南线：伦敦—巴黎—罗马—卡拉奇—北京。

北太平洋航线：远东—北美间的北太平洋航线，是世界上最长的越洋航线，从亚洲东部到北美西海岸。这是一条北京、中国香港、东京等机场经北太平洋上空至北美西海岸的温哥华、西雅图、旧金山、洛杉矶等机场的航空线。并且可以延伸至北美东海岸的机场（北美航线）。太平洋中部的火奴鲁鲁（檀香山）是该航线的主要中继加油站。

北美航线：是指北美大陆东西两岸之间的航线，主要是加拿大、美国两国东部沿海地区的蒙特利尔、多伦多、波士顿、纽约、华盛顿、费城、奥兰多、迈阿密等城市与西部沿海地区的温哥华、西雅图、旧金山、奥克兰、洛杉矶、拉斯维加斯、菲尼克斯等城市之间的航线。也是目前世界上最繁忙的航线之一。

此外，还有欧非、欧洲—拉美航线，北美—拉美、非洲、大洋洲航线，亚洲—大洋洲航线，北极航线。除以上世界主要国际航线外，还有东半球航线、西半球航线、南大西洋航线、远东航线、俄罗斯航线、西伯利亚航线等。

在我国，国际贸易航空货运线和机场主要集中在北京、上海、天津、沈阳、大连、哈尔滨、青岛、广州。南宁、昆明和乌鲁木齐等机场主要接办国际航空货运任务。

目前世界上主要的国际航空港共175个，其中亚洲44个、非洲40个、欧洲41个、拉丁美洲29个、北美洲8个、太平洋岛屿及其他地区13个。世界重要航空站有：

北美：华盛顿、纽约、芝加哥、蒙特利尔（加拿大）、亚特兰大（美国东南）、洛杉矶、旧金山、西雅图。

欧洲：伦敦、巴黎、法兰克福、苏黎世、罗马、维也纳、柏林、哥本哈根、华沙、莫斯科、布加勒斯特、雅典。

非洲：开罗、喀土穆（苏丹首都）、内罗毕（肯尼亚首都）、约翰内斯堡（南非）、布拉柴维尔（东刚果）拉各斯（尼日利亚）、达喀尔（塞内加尔首都）、阿尔及尔（阿尔及利亚首都）。

亚洲：北京、上海、东京、中国香港、马尼拉、曼谷、新加坡、仰光、加尔各答（印度）、孟买（印度）、卡拉奇（巴基斯坦）、贝鲁特（黎巴嫩首都）。

拉美：墨西哥城、加拉加斯（委内瑞拉首都）、里约热内卢（巴西）、布宜诺斯艾利斯（阿根廷首都）、圣地亚哥（智利首都）、利马（秘鲁首都）。

大洋洲及太平洋岛屿：悉尼、奥克兰（新西兰）、楠迪（斐济）、火奴鲁鲁。

二、委托订舱

(一) 签订货物代运委托书

以国际商务项目为例,在进口业务且由采购方负责运输保险项目中,托运、提货、存仓、报关等环节的手续相当复杂,要求经办者充分熟悉业务。除数量较大需要整船运输的货物要委托外运公司或办理租船外,多数单纯的采购方限于人力、物力,很难经济、高效、安全地自行完成货物的运输,因此,采购方会委托外运(代理)公司代为洽订班轮或租订部分舱位运输。目前中国85%以上的进出口货物运输都是通过国际货运代理企业来进行的。

进口货物代运委托书(简称委托书)是委托方(采购方)向被委托方(货运代理人)提出的一种"要约",委托书一经书面确认就意味着双方之间委托代理关系的成立,成为有效的法律文件。进出口货物代运委托书例样见表14-3,要求委托人,即采购方必须详列托运的各项资料和委托办理的事项及工作要求。

表14-3 货物代运委托书例样

INSTRUCTION FOR CARGO BY SEA

SHIPPER (发货人):					TEL:		
ADDRESS (地址):							
DATE (日期):							
CONSIGNEE (收货人):					TEL:		
ADDRESS (地址):							
ALSO NOTIFY (通知人):					TEL:		
ADDRESS (地址):							
PORT OF LOADING (装运港):				PORT OF DESTINATION (目的港):			
OCEAN VESSEL (船名):							
Choice	DESCRIPTION OF GOODS 货物名称及描述	MARKS & NUMBERS 唛头	NO. OF PACKAGE 件数	GROSS WEIGHT/KG 毛重	NET WEIGHT/KG 净重	Meas. 体积	
○							

[添加] [修改] [删除]

RETE AGREED 运费协议	SPECIAL INSTRUCTIONS 特别附注

续表

	货柜				
	拼箱				
柜形及数量	□20′ CONTAINER ×		□40′ CONTAINER ×		□40′ HQ ×
	□20′ REEFER ×		□40′ REEFER ×		□40′ REEFER HIGH ×
	□20′ Platform ×		□40′ Platform ×		
	□20′ Car ×		□40′ Car ×		
IMPORTANT – Please indicate freight payment by whom.		FREIGHT（运费）		□	PREPAID
				□	COLLECT
DOCUMENT 文件单据:	INVOICE 发票#:				
	PACKING LIST 装箱单#:				

CONSIGNOR's DETAIL 委托人资料

CONSIGNOR's NAME & ADDRESS（公司名称及地址）	INSTRUCTION BY：（经手人） SIGNED & CHIPPED：（签字及盖章）

（二）运输托运订舱程序

由货运代理洽订班轮/航班或租订舱位运输时，货运代理的订舱流程图见如图 14-1 所示。

（1）船公司/航空公司根据各口岸提出的要船/航班计划，会同交通部门安排船位/舱位，制定月度海运船期表/空运航班表，分发给各进出口企业和货运代理（简称货代），各供应方/采购方可据此安排订舱托运等有关工作。见图 14-1 中①。

（2）供应方或采购方填制定舱委托书，随同 COMMERCIAL INVOICE、PACKING LIST 等其他必要单据，委托货运代理代为订舱。见图 14-1 中②。

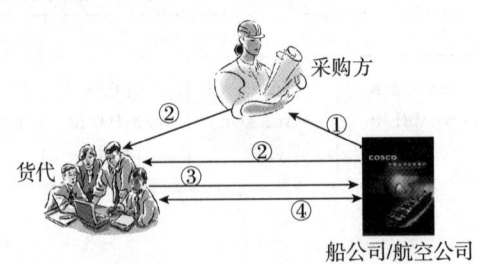

图 14-1 运输订舱流程图

（3）货代接受订舱委托后，缮制货物托运单，随同 COMMERCIAL INVOICE、PACKING LIST 等其他必要单据一同向船公司/航空公司办理订舱。见图 14-1 中③。

以航空托运为例，货代汇总所接受的委托和客户的预报，并输入电脑，计算出个航线的件数、重量、体积，按照客户的要求和货物重、泡情况，根据各航空公司不同机型对不同货物的重量和高度要求，制订预配舱方案，并对每票货配上运单号；之后，货代根据所指定的预配舱方案，按航班、日期打印出总运单号、件数、重量、体积，向航空公司预订舱；再经过接货、标签、配舱后，货代进行订舱，即向航空公司吨控部门领取并填写订舱单，同时提供相应的信息（货物名称、体积、重量、件数、目的地、要求出运时间等）。

（4）船公司/航空公司根据实际情况安排船位/舱位和船只/航班。船公司如接受订舱则在托运单的几联单据上编上与 B/L 号码一致的编号，填上船名、航次，并签署，即表示已确认托运人的订舱，同时将托运单的配舱回单退回，并将装货单（SHIPPING ORDER, S/O）等全套装货单交给托运人填制；订舱后，航空公司签发舱位确认书（舱单），给予装货集装器领取凭证，以表示舱位订妥。货代订舱时，可依据发货人要求，选择最佳航线和承运人，为发货人争取最低、最合理的运价。

后续货物托运业务可参见本书第十一章第三节内容。

（三）采购方委托货代订舱

根据上述运输托运订舱程序的介绍，采购方在了解船公司/航空公司船期表/航班表的基础上，在收到供应方有关采购货物详情通知后，填制定舱委托书，办理委托货运代理代为订舱手续。之后货代向船公司/航空公司办理订舱，获得有关单据以及船名/航班、日期等信息。据此，采购方将这些订舱信息充分通知其供应方，以便供应方及时、顺利地进行货物托运装船/上机。（后续货物托运业务可参见本书第十一章第三节内容）

三、运费的计算

1. 班轮运费的计算

班轮运费由基本运费和各种附加运费构成。基本运费和各种附加费均按班轮运价表计算。使用单项费率运价表的班轮运费只要找到货物列名，就能查到运价和计算单位，再加上有关的各种附加费即是货物的总运价。而使用等级运价表的班轮运费计算程序相对复杂，其程序如下。

（1）根据货物的名称，从货物分级表（见表 14-4）中的货名栏内查明商品等级的计收标准（Basis）和等级（Class）。

表 14-4　货物分级表

货名	等级	计收标准
农业机械	W/M	9
小五金及工具	W/M	10
钟及零件	M	10
玩具	M	20

续表

货名	等级	计收标准
棉布及棉织品	M	10
人参	AV/M	20
未列名豆	W	3

（2）根据货物的等级计收标准从航线港口划分栏内查找基本费率。表14－5是中国—东非航线等级费率表。

表14－5　中国—东非航线等级费率表

等级	费率（Rates）/美元
1	41.80
…	…
9	67.30
10	73.90
…	…
20	187.70
Ad Val	49.50

（3）从附加费部分查出所有应收（付）的附加费项目和数额或百分比及货币种类。

（4）根据基本费率和附加费求出货物的实际总运费：

$$总运费 = 基本运费 + \sum 附加费 = 运费吨 \times 等级运费率 \times (1 + 附加费率) \quad (14-1)$$

2. 租船运费的计算

定程租船的运费是按货物的数量计算。租船人只付运费，隔垫费、装卸费等视租船合同内容而定，其中装卸费的规定有四种：船方管装卸（Liner Terms）、船方管装不管卸（F.O.）、船方管卸不管装（F.I.）、船方不管装卸（F.I.O.）。

定期租船的租金是按船舶的夏季满载载重吨计算。

3. 集装箱运输运费的计算

（1）集装箱的规格。

运输市场上所采用的集装箱种类很多，最常用的是干货集装箱（Dry Cargo Container）（见图14－2）。

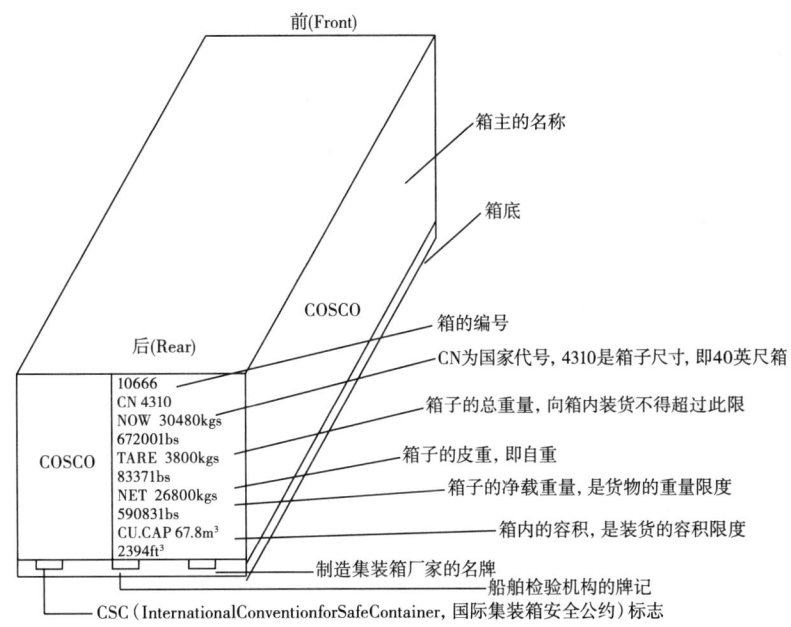

图 14-2　集装箱外部标志示意图

国际上是以"20英尺集装箱单位"（Twenty foot Equivalent Unit，TEU）或"40英尺集装箱单位"（Forty foot Equivalent Unit，FEU）为计算集装箱数量的标准单位。常见集装箱的规格如下表 14-6。

表 14-6　20英尺和40英尺干货集装箱规格

	长（mm）	宽（mm）	高（mm）	箱门开度尺寸		容积（m³）	最大有效承载（kg）*
				宽（mm）	高（mm）		
20′	5897	2348	2385	2337	2272	33	28000
40′	12301	2348	2385	2337	2272	67	26000

注：*集装箱内可承载重量以船公司根据实际情况确定

（2）集装箱海运运费的计算。

集装箱运费包括内陆运输费、拼箱服务费、堆场服务费、海运运费、集装箱及其设备使用费等。集装箱运费计收方法主要有两种。

1）件杂货基本费率加附加费。

①基本费率。参照传统件杂货运价，以运费吨为计算单位，多数航线上采用等级费率。

②附加费。除传统件杂货所收的常规附加费外，还要加收一些与集装箱货物运输有关的附加费。

2）包箱费率。包箱费率将逐步取代件杂货基本费率加附加费。

4. 航空货运运费的计算。

$$运费 = 基本运费 + 附加费 \quad (14-1)$$

普通货物运费计算方法为：

第一步，运费 F1 = 计费重量×相应重量等级的运价；

第二步，运费 F2 = 较高重量等级的起始重量×相应的运价；

第三步，比较运费 F1 和 F2，实收运费 F = min（运费 F1，运费 F2）。

例如，从北京到鹿特丹空运一批货物，其毛重为 43.8kgs，运价如下：

M（起码运价）：320 元

N（标准运价）：50.22 元/kg

Q45：41.53 元/kg

Q300：37.52 元/kg

则第一步，因 43.8kg＜45kg，使用 N 运价号，故 F1 = 43.8×50.22 = 2199.64 元

第二步，选用高一级的运价号 Q45 计算运费，故 F2 = 45×41.53 = 1868.85 元；

三步，因 F2＜F1，故该批货物运费应该是 F = F2 = 1868.85 元。

案例分析训练

1. 见本教材第六章第三节"表 6-2 国际货物采购招标合同"，采购方中国水利电力设备有限公司（China National Water Resources and Electricity Equipment Co., Ltd.）拟打算请 Antwerp Ocean Shipping Agency 代理该合同项下的货物出运工作。

训练任务：

请代采购方中国水利电力设备有限公司（China National Water Resources and Electricity Equipment Co., Ltd.）按招标合同要求并根据第十章第二节"表 10-7 装箱单"以及本章第二节"表 14-8 货物运输保险单"中提供的相关内容，按照表 14-3 的格式填写一份货物代运委托书给 Antwerp Ocean Shipping Agency。

2. 日本某公司进口纯棉衬衫 100 箱（共 800 打），货物毛重为每箱 45.12kgs，每箱尺码为 600mm×400mm×400mm，货物由上海港运往名古屋（Nagoya），计收标准为 M，每运费吨（F/T）为 28 美元。

训练任务：

计算进口运费总额是多少美元。

3. 天津东方国际股份有限公司出口 50 箱蔬菜罐头到日本大阪，每箱体积为 0.02638CBM，每箱毛重为 20.293kgs。

训练任务：

（1）计算本批货物的总体积和总毛重。

（2）本批货物应该选择哪种集装箱运输？

第二节 投保

一、货运保险基本操作

(一) 货运保险基本流程

供应方或采购方安排货物运输保险的基本步骤是：合同中订立保险条款，确定由谁投保→办理投保手续→选择投保险别→申报投保金额→填写投保单→报销单生效→保险索赔。货物运输保险的投保一般采用逐笔投保方式，投保的日期不应晚于货物装船的日期。以 FOB 成交方式为例，在基本确定船次和船期后，采购方即可开始投保。

(1) 采购方据实填写投保单（见表 14-7），并附上有关单据（如招标合同、发票等），将这些单证一并交给保险公司。若是 CIF 等情况，投保单的内容须按照招标合同的规定填写。

(2) 采购方根据具体情况选择合适的险别，以达到既节约保险费又能获得足够的经济保障的目的。由此应考虑的主要因素是货物本身的状况、包装情况、运输情况等。

(3) 采购方确定投保货物的保险金额，交付保险费。

(4) 采购方与保险公司签订保险合同（保险单）（见表 14-8）。

表 14-7 货物运输投保单例样

PICC　　　　　　中国人民保险公司浙江分公司货运输保险投保单

被保险人：
INSURED：
发票号（INVOICE NO.）
合同号（CONTRACT NO.）
信用证号（L/C NO.）
发票金额（INVOICE AMOUNT）　　　　　　　　投保加成（PLUS）
兹有下列物品向中国人民保险公司　　分公司投保：
(INSURANCE IS REQUESTED ON THE FOLLOWING COMMODITIES：)

MARKS & NOS.	QUANTITY	DESCRIPTION OF GOODS	AMOUNT INSURED

启运日期：　　　　　　　　　　　装载运输工具：
DATE OF COMMENCEMENT：　　　　PER CONVERANCE：
自　　　　　　　经　　　　　　　至
FROM　　　　　　VIA　　　　　　TO
提单号　　　　　　　　　　　　　赔款偿付地点
B/L NO.　　　　　　　　　　　　CLAIM PAYABLE AT
投保险别：(PLEASE INDICATE THE CONDITIONS &/OR SPECIAL COVERAGES：)

续表

请如实告知下列情况：（如"是"打"√"，"不是"打"×"）	
1. 货物种类： 袋装 散装 冷藏 液体 活动物 机器/汽车 危险品等级 GOODS BAG/JUMBO BULK REFR LIQUID LIVE ANIMAL MACHINE/AUTO DANGEROUS CLASS 2. 集装箱种类： 普通 开顶 框架 平板 冷藏 CONTAINER： ORDINARY OPEN FRAME FLAT REFRIGERATOR 3. 转运工具： 海轮 飞机 驳船 火车 汽车 BY TRANSIT： SHIP PLANE BARGE TRAIN TRUCK 4. 船舶资料： 船舶 船龄 PARTICULAR OF SHIP： REGISTRY AGE	
备注：被保险人确认本保险合同条款和内容已经完全了解。 THE ASSURED CONFIRMS HEREWITH THE TERMS AND CONDITIONS OF THIS INSURANCE CONTRACT FULLY UNDERSTOOD. 投保日期：（DATE：）	投保人（签名盖章） APPLICANT's SIGNATURE 电话：（TEL） 地址：（ADD）
本公司自用（FOR OFFICE USE ONLY） 费率： 保费： RATE： PREMIUM： 经办人： 核保人： 负责人： 联系电话： 承保公司签章 BY： TEL： INSURANCE COMPANY's SIGNATURE	

（二）投保的基本原则

投保人和保险人（保险公司）签订保险合同、履行各自义务以及办理索赔和理赔工作必须遵循以下原则。

（1）可保利益原则（Principle of Insurable Interest）。投保人必须对保险标的具有可保利益，才能同保险人订立有效的合同。

（2）最大诚信原则（Utmost Good Faith）。在保险义务中，保险合同的签订必须以双方当事人的"最大诚信"为基础。对投保人来说，最大诚信原则主要涉及告知（Disclosure）、陈述（Representation）、保证（Warranty）三方面的内容。

（3）补偿原则（Principle of Indemnity）。当保险标的物发生保险责任范围内的损失时，保险人应按照合同条款履行赔偿责任。

（4）代为追偿原则（Principle of Subrogation）。当保险标的物发生保险责任范围内的由第三者责任造成的损失时，保险人向被保险人履行了损失赔偿的责任后，有权在其已赔付的金额限度内取得被保险人在该项损失中向第三者责任方要求索赔的权利，保险人取得该权利后，即可站在被保险人的角度向责任方进行追偿。

（5）重复保险（Double Insurance）分摊原则。在出现重复保险的情况下，当保险标的发生损失时，把保险标的损失赔偿责任在各保险人之间进行分摊。

（三）保险费的计缴

$$保险费 = CIF \times (1 + 保险加成率) \times 保险费率 \qquad (14-2)$$

$$\text{保险费} = \frac{\text{CFR} \times (1 + \text{保险加成率}) \times \text{保险费率}}{1 - (1 + \text{保险加成率}) \times \text{保险费率}} \qquad (14-3)$$

二、保险单

保险单（Marine Cargo Policy）记载保险人与被保险人之间的保险合同内容，是由保险公司根据投保单内容制作而成的。保险单正面列有各项保险条款内容，背面则详细规定了保险人和被保险人的权利与义务。因此，投保人应该按照招标合同的相关规定填制投保单，而之后由保险公司核发保险单给投保人。表14-8是由中国人民保险公司签发的货物运输保险单。

表14-8 货物运输保险单

PICC	中国人民保险公司 The People's Insurance Company of China 总公司设于北京　　　一九四九年创立 Head Office Beijing　　　Established in 1949

货物运输保险单 CARGE TRANSPORTATION INSURANCE POLICY
发票号（INVOICE NO.）D19022018390565
合同号（CONTRACT NO.）C19022016180341　　　保单号次
信用证号（L/C NO.）　　　　　　　　　　　　　POLICY NO. CY000005
被保险人：中国水利电力设备有限公司
INSURED：China National Water Resources and Electricity Equipment Co., Ltd.

中国人民保险公司（以下简称公司）根据被保险人的要求，由被保险人向本公司缴付约定的保险费，按照本保险单承保险别和背面所载条款与下列特款承保下述货物运输保险，特立本保险单。
THIS POLICY OF INSURANCE WITNESSES THAT THE PEOPLE's INSURANCE COMPANY OF CHINA (HEREINAFTER CALLED "THE COMPANY") AT THE REQUEST OF THE INSURED AND IN CONSIDERATION OF THE AGREED PREMIUM PAID TO THE COMPANY BY THE INSURED, UNDERTAKES TO INSURE THE UNDERMENTIONED GOODS IN TRANSPORTATION SUBJECT OT THE CONDITIONS OF THIS POLICY AS PER THE CLAUSES PRINTED OVERLEAF AND OTHER SPECIAL CLAUSES ATTACHED HEREON.

标记 MARKS & NOS.	包装及数量 QUANTITY	保险货物贸易 DESCRIPTION OF GOODS	保险金额 AMOUNT INSURED
CNWREECT2018-126 XINGANG, TIANJIN, CHINA	58 SETS	Wind Turbine Generator and Its Accessory Equipment V52-850 Power Generation Capacity 850 kW Blade：52 m	USD69600000

续表

总保险金额：
TOTAL AMOUNT INSURED：*U. S. DOLLARS SIXTY – NINE THOUSAND ONLY*
保费：　　　　　　启运日期：　　　　　　　转载运输工具：
PERMIUM：*AS ARRANGED*　DATE OF COMMENCEMENT：*AS Per B/L*　PER CONVEYANCE：*APL CYPRINE* 119*E*
自：　　　　　　　经：　　　　　　　　　至：
FROM：AARHUS*PORT*　　VIA：　　　　　　　TO：XINGANG, TIANJIN
承保险别：
CONDITIONS：*WAR RISKS*；*ICC CLAUSE A*；
所保货物，如发生保险单项下可能引起索赔的损失或损坏，应立即通知本公司下述代理人查助。如有索赔，应向本公司提交保险正本（本保险单共有 1 份正本）及有关文件。如一份正本已用于索赔，其余正本自动失效。
IN THE EVENT OF LOSS OR DAMAGE WHICH MAY RESULT IN A CLAIM UNDER THIS POLICY. IMMEDIATE NOTICE MUST BE GIVEN TO THE COMPANY's AGENTS AS MENTIONED HEREUNDER. CLAIM, IF ANY, ONE OF THE ORIGINAL POLICY WHICH HAS BEEN ISSUED IN 1 ORIGINAL（S）TOGETHER WITH THE RELEVENT DOCUMENTS SHALL BE SURRENERED TO THE COMPANY. IF ONE OF THE ORIGINAL POLICY HAS BEEN ACCOMPLISHED, THE OTHERS TO BE VOID.
中国人民保险公司 　　　　　　　　　　　　　　　　　　　　　　The People's Insurance Company of China
赔款偿付地点 CLAIM PAYABLE AT 　*BEIJING, CHINA*　 出单日期 ISSUING DATE 　2019 – 01 – 07　　　　　　　　　　××× 　　　　　　　　　　　　　　　　　　　　　　Authorized Signature
地址（ADD）：中国北京　　　　　　　　　　电话（TEL）：×××××××
邮编（POST CODE）：××××××　　　　　邮箱（EMAIL）：××××××××

保险单的内容应与有关单证的内容衔接。例如，保险险别与保险金额，应与招标合同的规定相符；保险单上的船名、装运港目的港、大约开航日期以及有关货物的记载，应与提单内容相符；保险单的签发日期不得晚于提单日期，保险单上的金额，一般应相当于发票金额加一成的金额。

案例分析训练

安徽黄山有限公司出口工艺品 100 件（Pieces），USD 100.00/piece CIF Istanbul。该公司为此向中国人民保险公司安徽分公司投保了一切险和战争险，其保险费率分别为 0.7% 和 0.03%，按发票金额 110% 投保。

训练任务：

该批工艺品的投保金额和保险费各是多少？

第三节　租船订舱投保在跨境项目综合实验教学平台上的操作

一、实验目的及目标

（1）了解商务项目中办理运输业务流程；
（2）了解商务项目中保险业务的办理。

二、场景模拟操作说明

FOB术语条件下，由采购方负责向船公司租船订舱，并办理保险。跨境项目综合实验教学平台可以模仿租船订舱和投标情况。

（一）租船订舱

1. 委托货物运输

见图14-3，采购方角色登录系统，点击左侧菜单"运输业务"项下"运输订单业务"，进入运输订单首页，找到C19022016180341合同需要租船订舱的信息条；

点击操作框下【申请】图标，进入运输申请编辑界面。

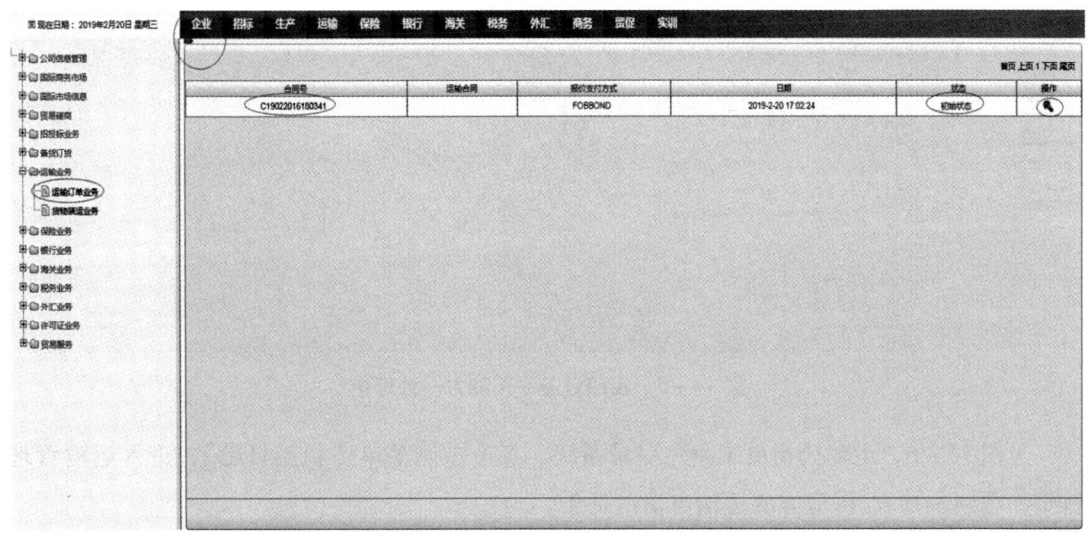

图14-3　租船订舱—采购方—进入委托

见图14-4，选择运输公司，然后根据合同编写运输申请信息。编辑完成后，点击按钮【租船订舱申请】。

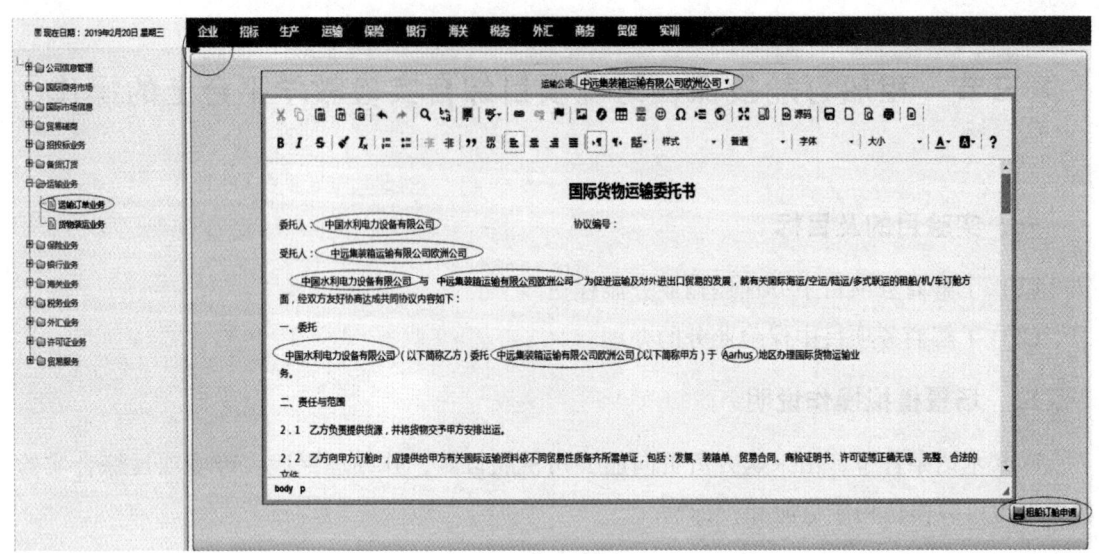

图 14-4　租船订舱—采购方—订舱委托

图 4-14 申请后系统返回运输订单业务首页，该合同信息条状态显示"处理中"，见图 14-5。

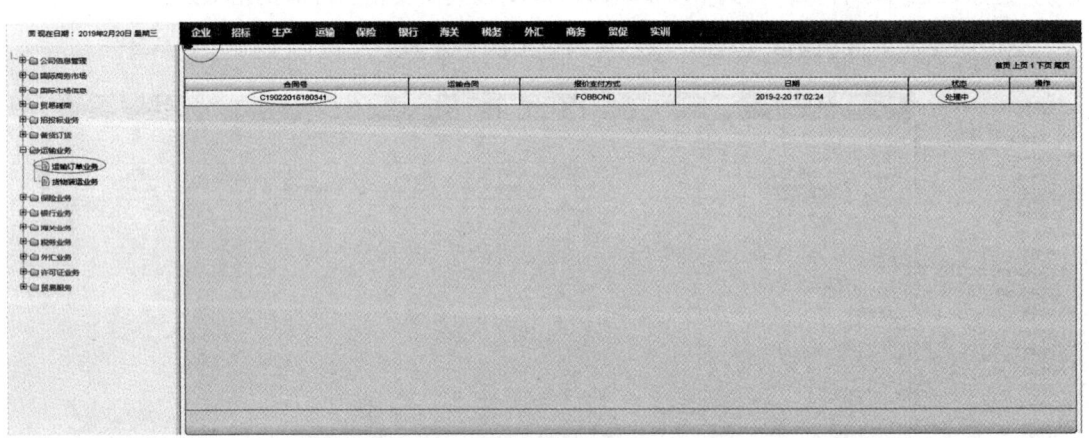

图 14-5　租船订舱—采购方—处理中

见图 14-6，运输公司员工角色登录系统，点击左侧菜单"租船订舱"，进入运输管理首页，看到采购方/供应方的运输申请信息条。

找到 C19022016180341 合同运输申请的信息条，点击操作框下【合同】图标，进入运输合同操作界面。

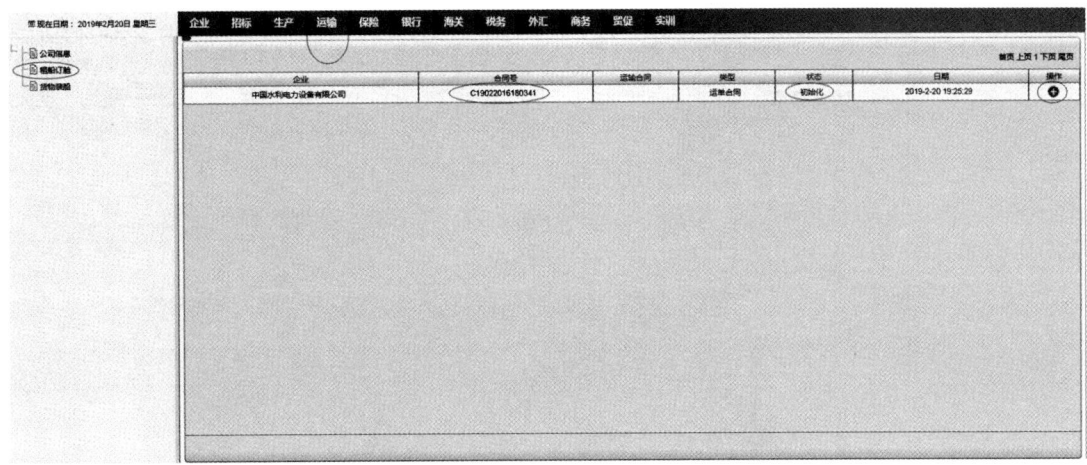

图 14-6 租船订舱—运输公司—提取委托信息

见图 14-7，运输合同编辑完成后，点击按钮【生成运输合同】，完成运输合同签订，返回租船订舱首页。

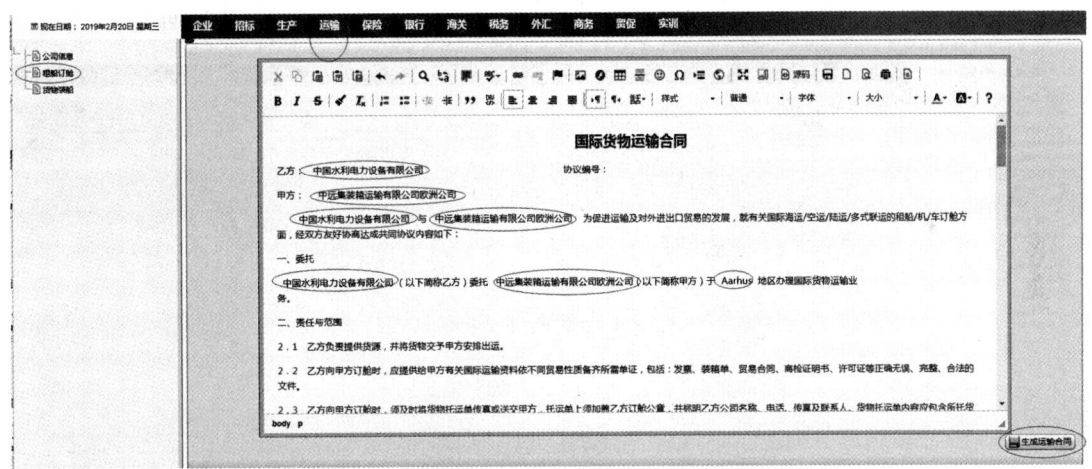

图 14-7 租船订舱—运输公司—签订运输合同

运输公司签订运输合同后，该合同信息条的租船订舱信息状态为"审核通过"。草拟的运输合同编号为 C19022019250591，见图 14-8。

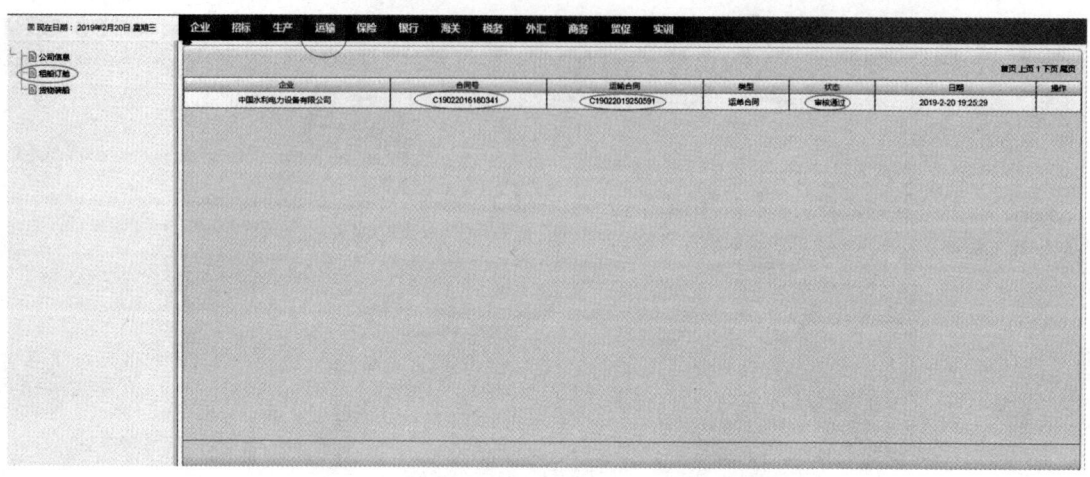

图 14-8　租船订舱—运输公司—运输合同通过

见图 14-9，图 4-18 业务完成后，采购方运输订单业务首页该合同信息条的状态改为"运输公司已签订"。

采购方点击该合同信息条操作框下【签订】图标，进入运输合同操作界面。

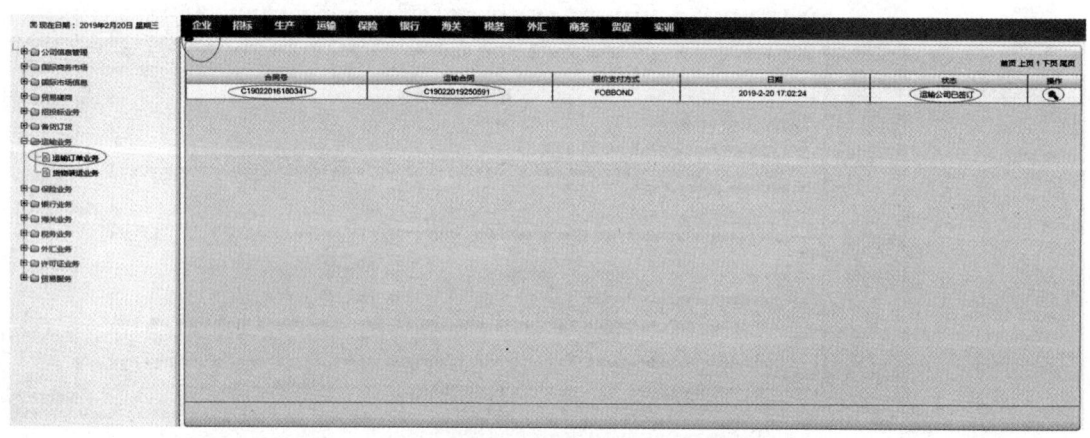

图 14-9　租船订舱—采购方—处理运输合同

见图 14-10，查看运输公司发过来草拟运输合同。若同意，点击【签订运输合同】，完成运输合同的签订。

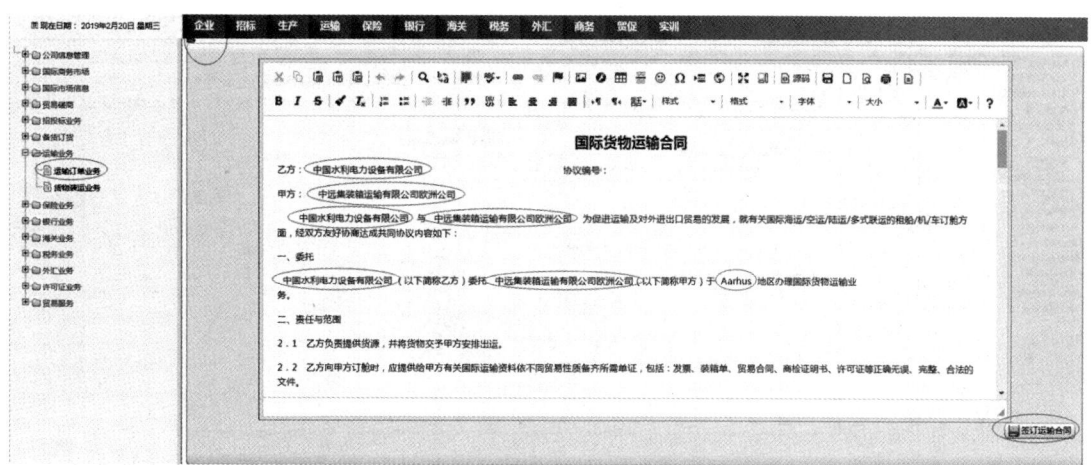

图 14-10　租船订舱—采购方—签订运输合同

2. 出订舱情况通知

采购方点击图 14-10【签订运输合同】按钮后，界面显示"待发运输通知"，见图 14-11。

点击【运输通知】按钮，跳转到运输通知查询页面。

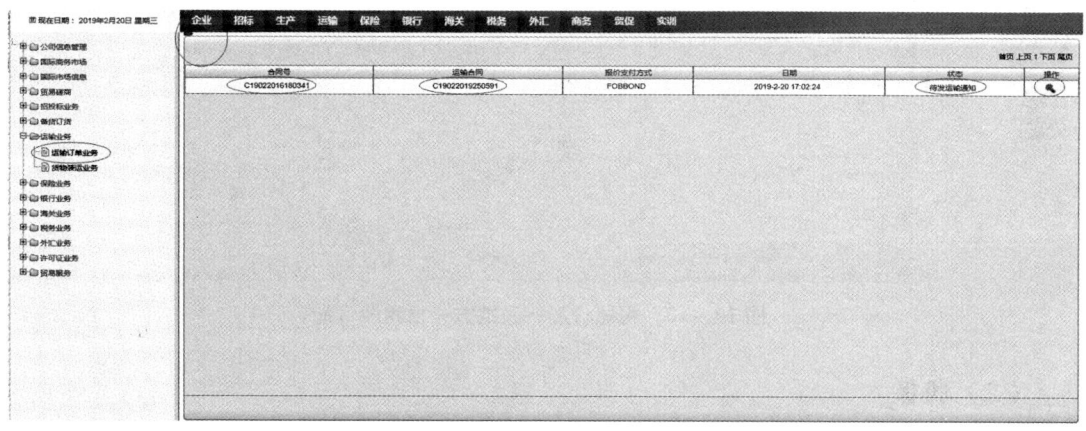

图 14-11　租船订舱—采购方—待发运输通知

见图 14-12，采购方在运输通知查询页面进行租船通知编辑操作。编辑完成后，点击【运输通知】按钮。

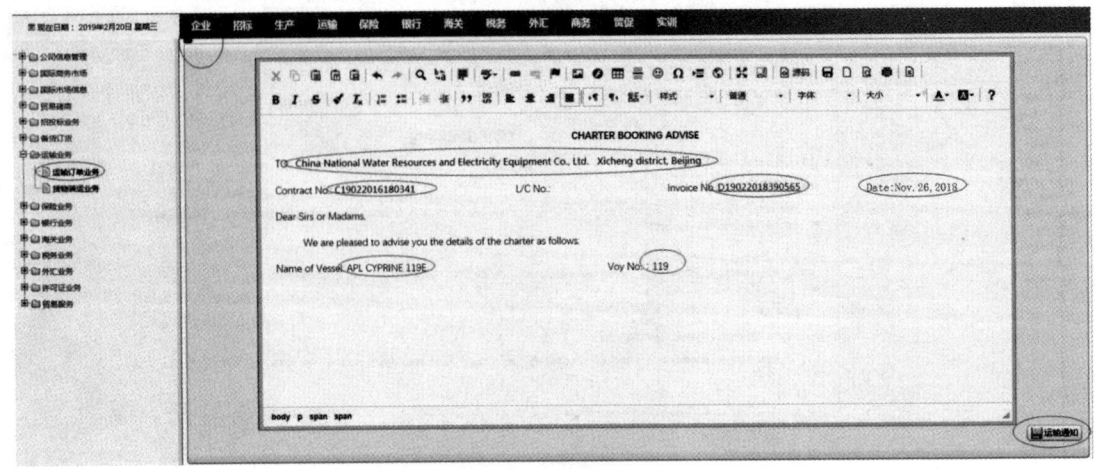

图 14-12 租船订舱—采购方—编辑运输通知

点击图 4-12【运输通知】按钮，该合同信息条的租船订舱状态改为"已租船订舱"，见图 14-13。

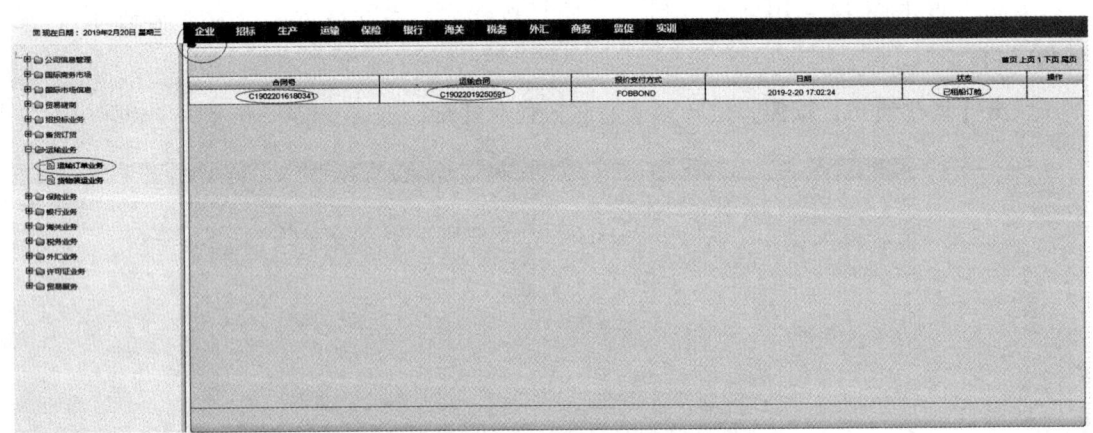

图 14-13 租船订舱—采购方—已租船订舱

（二）投保

见图 14-14，采购方角色登录系统，点击左侧菜单"保险业务"项下"保险业务处理"，进入投保首页，找到 C19022016180341 合同需要保险的信息条。

点击操作框下【申请】图标，进入投保申请编辑界面。

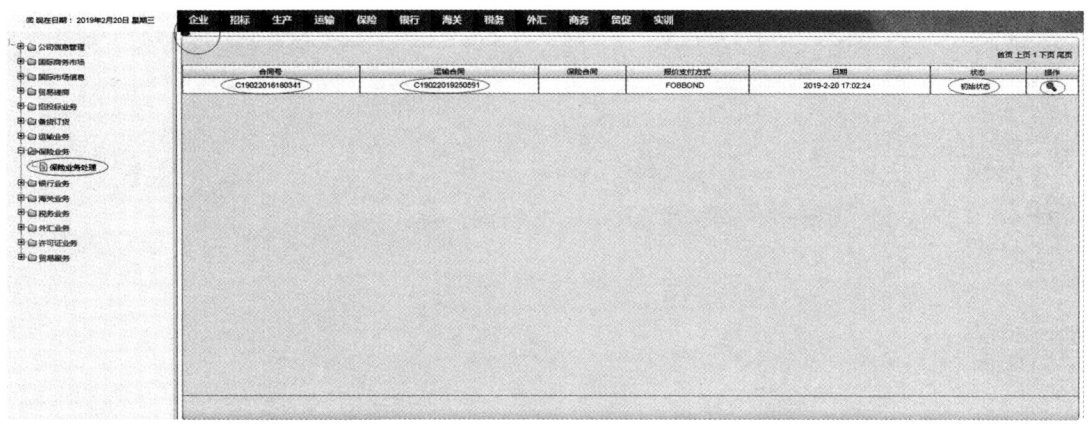

图 14-14　办理保险—采购方—进入申请

见图 14-15，选择保险公司，根据合同编写投保单信息。编辑完成后，点击按钮【保险合同申请】，发送投保单。

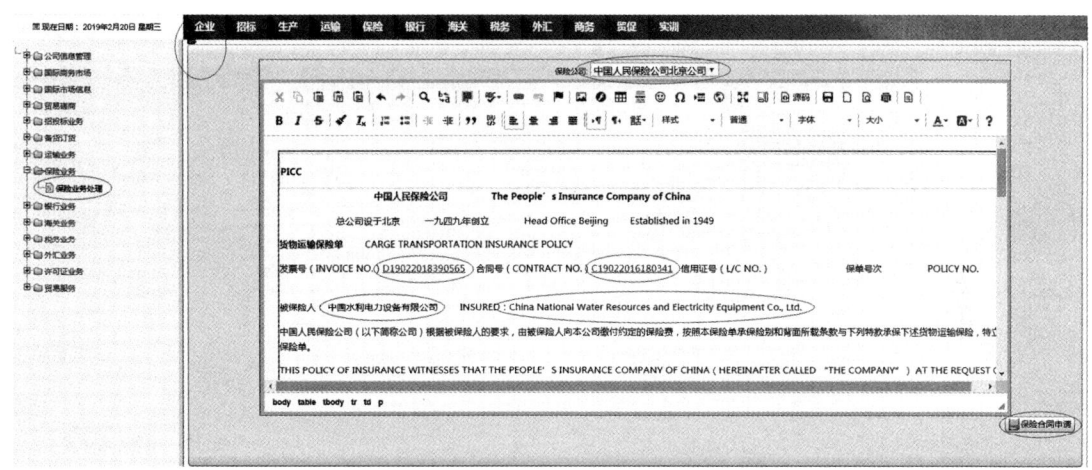

图 14-15　办理保险—采购方—投保单

点击图 14-15 按钮【保险合同申请】后，系统返回保险业务处理首页，该合同信息条的投保状态显示"处理中"，见图 14-16。

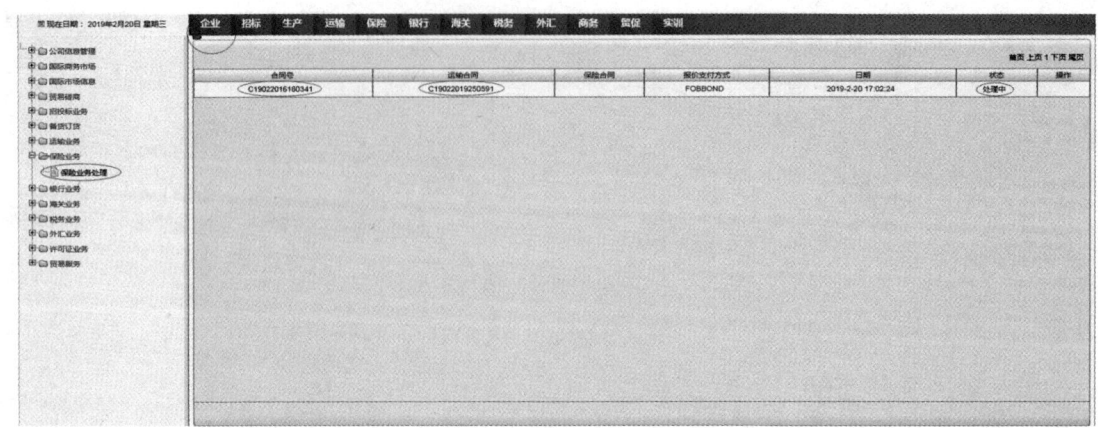

图 14-16　办理保险—采购方—投保处理中

见图 14-17，保险公司员工角色登录系统，点击左侧菜单"保单业务"，进入保险管理首页，找到 C19022016180341 合同的保险申请的信息条。

点击操作框下【保险单】图标，进入保险单编辑界面。

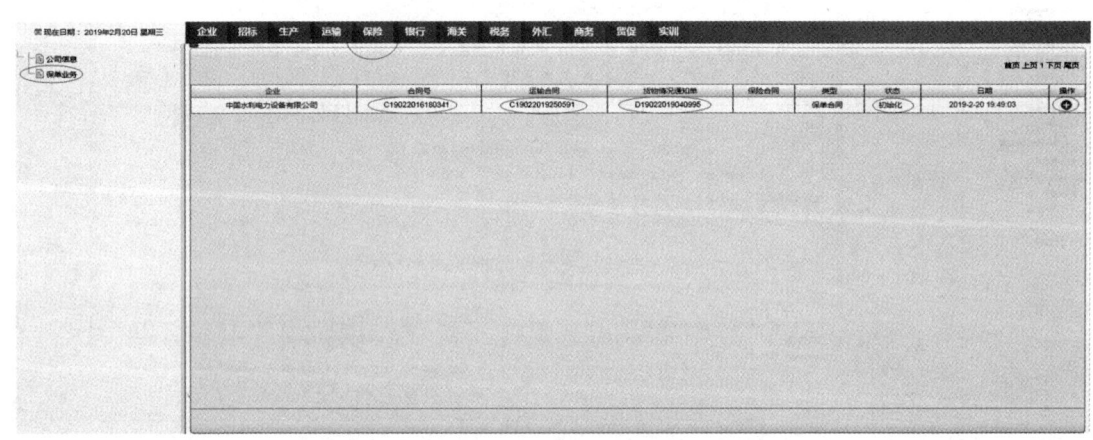

图 14-17　办理保险—保险公司—进入保险单

见图 14-18，编辑保险单完成后，点击按钮【确认保险单合同】，完成保险单的签订。

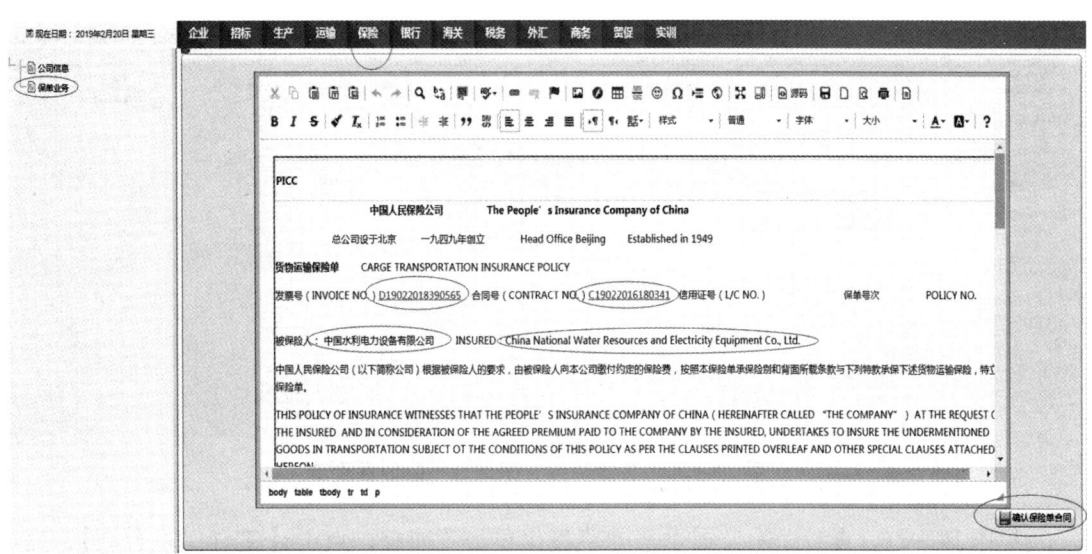

图 14-18　办理保险—保险公司—草签保险单

保险公司草签保险单后，该合同信息条的保单信息状态为"审核通过"。草拟的保险合同编号为 C19022019490707，见图 14-19。

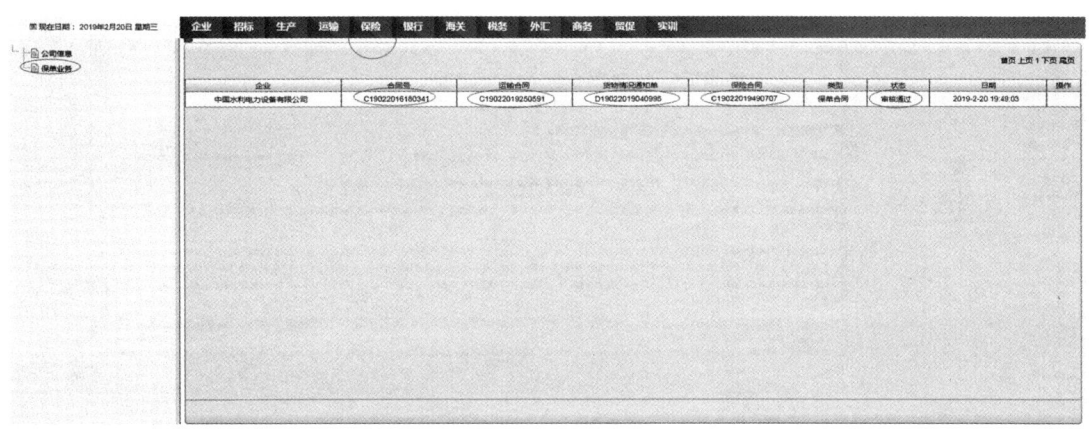

图 14-19　办理保险—保险公司—出保险单

上图操作完成后，采购方在该合同信息条的投保状态改为"保险公司已签订"，见图 14-20。

点击操作框下【签订】图标，进入保险单界面。

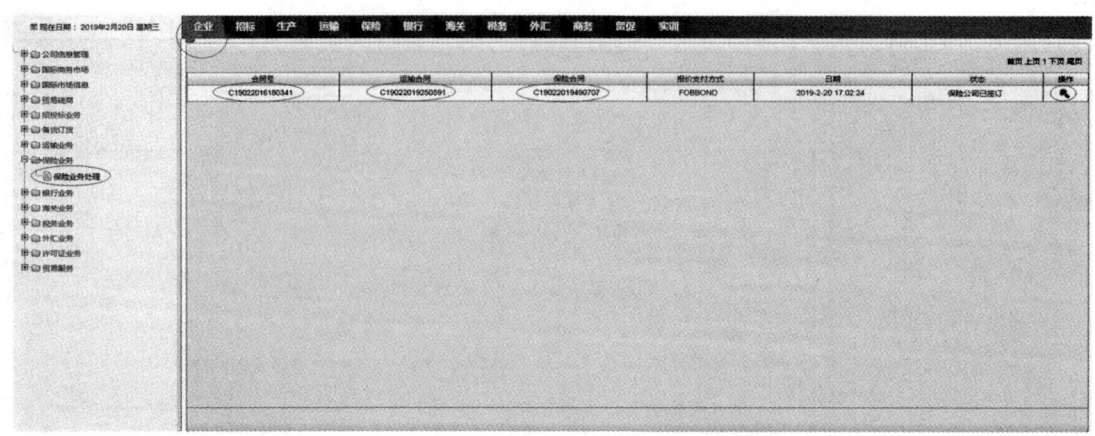

图 14-20　办理保险—采购方—处理保险单

见图 14-21，查看保险公司发来的草签保单。若同意，点击【签订保险合同】，完成保险单的签订。

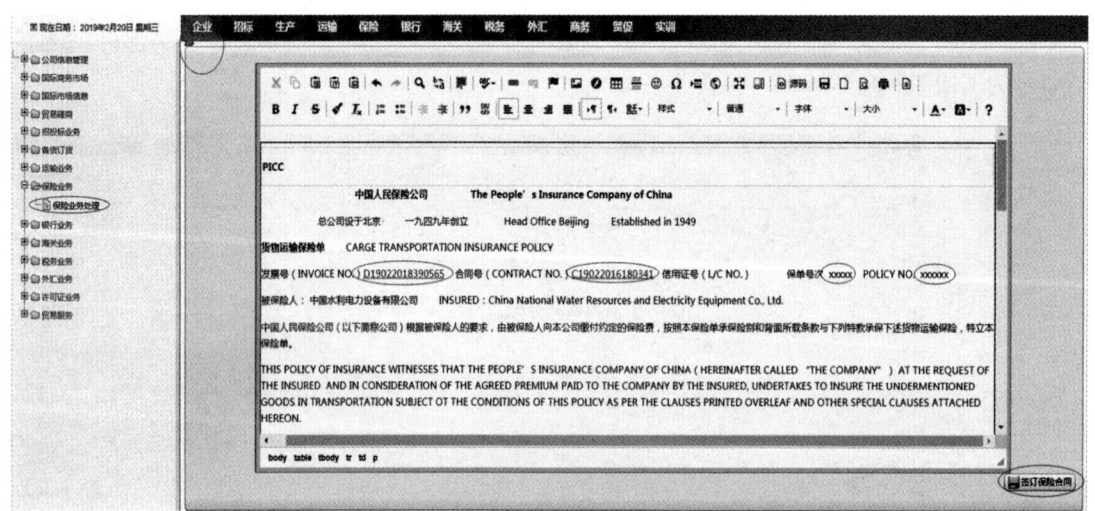

图 14-21　办理保险—采购商—签订保险单

系统返回保险业务处理首页，看到该合同信息条的投保状态为"已生成保险合同"，见图 14-22。

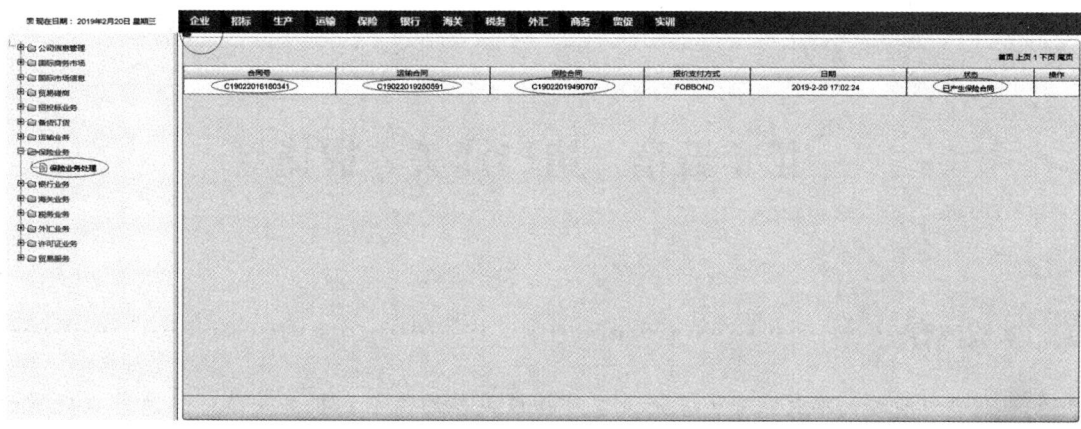

图14-22 办理保险—采购方—保险单成立

第十五章 进口通关、提货

实验内容

熟悉进口货物的通关程序；掌握进口货物报关单的填制和报关手续；熟悉进口提货的情况和手续；掌握上述实务的模拟操作过程。

第一节 进口货物通关

进口通关是进口货物的收货人（采购方）或其代理人向海关办理有关手续，海关对其呈交的单证和申请进口的货物依法进行审核、查验、征缴税费、批准货物进口的整个过程。进口货物的报关是进口业务中对进口方（采购方）来说是十分重要的工作。当进口货物到港后，进口方应及时接货，正确办理相应的报关手续。进口货物报关不及时或报关过程中出现问题不能及时、合理地解决使得进口方（采购方）蒙受损失的情况时有发生，因此，进口方（采购方）必须正确掌握相关知识和规定，做好进口货物的报关工作。

一、办理进口许可证

进口许可证（Import License）管理作为各国货物进口许可制度的核心管理，是限制进口的一种主要管理形式。在中国，对商务部发布的年度《进口许可证管理商品目录》中的进口货物实行进口许可证管理。因此，招标合同中的标的物属于《进口许可证管理商品目录》中的货物，采购方必须在进口前为该批货物办理进口许可证，海关凭进口许可证接受申报和验放。

申领进口许可证。进口许可证由商务部授权配额许可证事务局统一管理和签发，许可证机构与商务部驻各地特派员办事处和各省、自治区、直辖市、计划单列市及商务部授权的其他省会城市商务厅（局）为进口许可证发证机构。除另有规定外，采购方应在指定的发证机构申领进口许可证。

采购方申请进口许可证时，应提交以下文件：①进口许可证申请表（正本）一份，并加盖印章。实行网上申领时，应在线填写电子申请表并传送给相应的发证机构；②加盖采购方备案登记专用章的《对外贸易经营者备案登记表》或《中华人民共和国进出口企业资格证书》或外商投资企业批准证书（复印件）；③其他有关批准文件。

发证机构经审核同意后，在自收到合格的申请之日起 3 个工作日内签发相关进口货物的进口许可证（见表 15-1）。

表 15-1 进口许可证例样

中华人民共和国自动进口许可证 AUTOMATIC IMPORT LICENCE OF THE PEOPLE's REPUBLIC OF CHINA No.				
进口商 Importer			自动进口许可证号 Automatic import license No.	
进口用户 Consignee			自动进口许可证有效截止日期 Automatic import license expiry date	
贸易方式 Terms of trade			贸易国（地区）Country/Region of trading	
外汇来源 Terms of foreign exchange			原产国（地区）Country/Region of origin	
报关口岸 Place of clearance			商品用途 Use of goods	
商品名称 Descriptions of goods				商品编码 H. S. Code	设备状态 Tatus of equipment
规格等级 Specification	单位 Unit	数量 Quantity	单价 Unit Price	总值 Amount	总值折美元 Amount in USD
总计 Total					
备注 Supplementary details			发证机关盖章 Issuing authority's stamp 经办人签字 Signature 发证日期 License date		

中华人民共和国商务部监制（2019）

如需要对进口许可证内容进行变更，采购方应在进口许可证的有效期内将进口许可证退回原发证机构，重新换取进口许可证。

进口许可证的有效期不超过一年，且有效期是截止日期不得超过次年 3 月底，逾期自动失效。因故在进口许可证有效期内未使用或未使用完，采购方可以申请将进口许可证延期使用：采购方应在进口许可证有效期内向原发证机构提出延期申请，发证机构收回原证，在发证计算机管理系统中注销未使用的原证或对未使用完的原证核销并扣除已使用的数量后,重新换发进口许可证,并在备注中注明延期使用和原证证号。进口许可证只能延期一次,延期最长不超过3个月。

倘若发生进口许可证遗失,采购方应立即向进口许可证证面上注明的进口口岸地海关及相关发证机构书面报告,并在全国性经济类报刊中登载"遗失声明",发证机构凭遗失声明并经核实该证确未通关后,可注销该证,核发新证。

二、进口货物通关程序

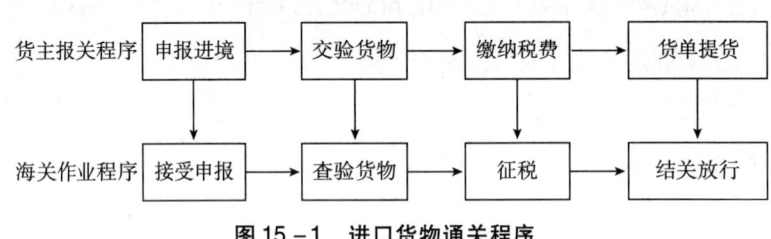

图15-1 进口货物通关程序

图15-1所示的是进口货物的整个通关程序。具体做法如下。

(一)申报进境

进口报关必须由海关准予注册登记的报关企业或有进口经营权的企业指派经海关考核认可的报关员直接办理。进口货物到达目的地后,进口货物的收货人或其代理人必须在运输工具申报进境之日起14日内向海关申报验放。过期申报,海关将根据时长按进口货物的CIF或CIP价格征收一定比例的滞报金(滞纳金 = 进口货物完税价格 × 0.05% × 滞报天数);超过3个月未申报,海关可将其变卖,以弥补运输、装卸、储存等费用及税款。若尚有余款,还给已申请的收货人;超过一年尚无人申请,变卖款项则上缴国库。

收货人或其代理人在申报货物进境时,需如实填写《中华人民共和国海关进口货物报关单》(见表15-2)或《中华人民共和国海关进境货物备案清单》(见表15-3)。

收货人或其代理人在申报货物进境并提交货物报关单/备案清单时,还必须向海关同时递交有关单证。报关有关单证包括基本单证、特殊单证和预备单证:基本单证是因进口交易而产生的货物成交、包装、运输、结算和保险等商业单据。主要有发票、装箱单、提单、保险单等;特殊单证是国家规定实行特殊管制的证件。主要包括进口货物许可证、重要工业品进口申请书、特殊贸易减免税证明及其他各类特殊管理证件;预备单证是在办理进口货物手续时,海关可能需要查阅或收取的证件。主要有进口合同(即招标合同)、原产地证明等。

(二)审单查验

收到申报后,海关对进口货物收货人或其代理人提交的报关单/备案清单及有关单证在形式和内容上进行全面而详细的审核。

对报关单/备案清单和有关单证审核无误后，除海关批准免验进口货物外，海关将对进口货物实施查验（为此，海关将打印《查验通知单》给收货人或其代理人）。进口货物的收货人或其代理人须事先将进口货物放置海关规定的场所。海关将在规定的时间和场所对货物进行查验，此时进口货物的收货人或其代理人必须在场陪同并按要求配合查验工作。海关查验工作结束时，收货人或其代理人需在《查验记录单》上签名确认。

（三）缴纳税费

进口货物的收货人或其代理人还必须按相关规定计算进口货物的关税和其他税费，取得《税款缴款通知书》，在规定期限内缴纳进口税费。进口货物的进口税费包括进口货物关税、海关代征税和其他税费。

海关根据《进出口税则》对进口货物征收进口关税。海关有权对进口货物进行分类估价，核算到岸价格，依实税税率计征进口关税或依法减免。海关估算完税价格并计算好关税后，海关开出《税款缴款通知书》。《税款缴款通知书》开出之日起15日内收货人或其代理人须按通知规定缴纳税款，逾期按日征收税款总额万分之一的滞纳金。

海关代征税是由国内其他税法所规定，由海关代其他机关在进境环节征收的税项。代征税代征的是国内税，主要有增值税、消费税、船舶吨税。

其他税费是海关征收的监管手续费、反倾销税、反补贴税等其他税费。

（四）放行

进口货物的收货人或其代理人凭报关单/备案清单和完税凭证向海关申请放行。海关在前期审单和验货无误后，在报关单/备案清单及货运单据（或者由海关签发提货单）上签章放行，以示海关同意货物进境。海关统一发送一次放行指令，海关监管作业场所经营单位凭海关放行指令为企业办理货物提离手续。

海关对享受特定减免税待遇的进口货物，在放行后仍将进行后续监管。

（五）提货

海关放行后，进口货物的收货人或其代理人即可凭有海关放行章的报关单/备案清单及相关单证到海关监管仓库或指定场所提货。

三、进口货物报关单/备案清单的填制

采购方的报关员必须能够按照《中华人民共和国进出口货物报关单填制规范》（在本书第十一章第一节"三、海关进出口货物报关单的填制"中已经介绍）的要求，完整、准确、有效地完成《中华人民共和国海关进口货物报关单》（见表15-2）的填制任务。

表15-2 进口货物报关单例样

预录入编号：		海关编号：	（××海关）		页码/页数：	
境内发货人		进境关别	进口日期	申报日期	备案号	
境外收货人		运输方式	运输工具名称及航次号	提运单号	货物存放点	
消费使用销售单位		监管方式	征免性质	许可证号	启运港	
合同协议号		贸易国（地区）	启运国（地区）	经停港	入境口岸	
包装种类	件数	毛重（千克）	净重（千克）	成交方式	运费	保费	杂费
随附单证及编号							
标记喷码及备注							

项号	商品编号	商品名称及规格型号	数量及单位	单价/总价/币制	原产国（地区）	最终目的国（地区）	境内货源地	征免

报关人员　报关人员证号　电话	
兹申明对以上内容承担如实申报、依法纳税之法律责任	海关批注及签章
申报单位　　　　　　　　　　申报单位（签章）	

海关特殊监管区域企业向海关申报货物进境、进区时，则应填制《中华人民共和国海关进境货物备案清单》（见表15-3）。

涉及法定检验检疫要求的进口商品申报时，企业可以通过"单一窗口"（包括通过"互联网+海关"接入"单一窗口"）报关报检合一界面向海关一次申报。如需使用"单一窗口"单独报关、报检界面或者报关报检企业客户端申报的，企业应当在报关单随附单证栏中填写报检电子回执上的检验检疫编号，并填写代码"A"；对入境动植物及其产品，在运输途中需提供运递证明的，出具纸质《入境货物调离通知单》。

表15-3 进境货物备案清单例样

预录入编号：　　　　　海关编号：　　　　　（××海关）　　　　　　　　　　页码/页数：

境内发货人	进境关别	进境日期		申报日期	备案号	
境外收货人	运输方式	运输工具名称及航次号		提运单号	货物存放点	
消费使用销售单位	监管方式			许可证号	启运港	
合同协议号	贸易国（地区）	启运国（地区）		经停港	入境口岸	
包装种类	件数	毛重（千克）	净重（千克）	成交方式	运费	保费	杂费
随附单证及编号							
标记喷码及备注							

项号	商品编号	商品名称及规格型号	数量及单位	单价/总价/币制	原产国（地区）	最终目的国（地区）	境内货源地	征免

报关人员　　　　报关人员证号　　　　电话
兹申明对以上内容承担如实申报、依法纳税之法律责任　　　　海关批注及签章
申报单位　　　　　　　　　　　申报单位（签章）

四、进口货物关税的计算

目前，中国对进口关税采取的计征标准主要有：从价关税、从量关税和复合关税等。

（一）进口从价关税的计算

1. 计算公式

$$\text{进口货物应纳关税税额} = \text{完税价格} \times \text{适用的进口关税税率} \quad (15-1)$$

其中，

$$\text{完税价格} = \text{CIF（CIP）价格} \quad (15-2)$$

或

$$\text{完税价格} = \frac{\text{CFR（CPT）价格}}{1 - \text{保险费率}} \quad (15-3)$$

或

$$完税价格 = \frac{\text{FOB 价格} + \text{运费}}{1 - \text{保险费率}} \quad (15-4)$$

2. 计算步骤

（1）按照归类原则确定税则归类，将应税货物归入恰当的税目税号；

（2）确定进口关税类别对应的应税货物所适用的税率；

（3）按照完税价格审定办法和上述完税价格公式，确定应税货物的完税价格，并将其折算成人民币；

（4）按上述计算公式计算应征税款。

（二）进口从量关税的计算

1. 计算公式

$$进口货物应纳关税税额 = 进口货物数量 \times 适用的单位税额 \quad (15-5)$$

2. 计算步骤

（1）按照归类原则确定税则归类，将应税货物归入恰当的税目税号；

（2）确定进口关税类别，找到应税货物所适用的单位税额；

（3）确定实际进口量；

（4）按上述计算公式计算应征税款。

（三）进口复合关税的计算

1. 计算公式

进口货物应纳关税税额 = 完税价格 × 适用的进口关税税率 + 进口货物数量 × 适用的单位税额

$$(15-6)$$

其中，

$$完税价格 = \text{CIF（CIP）价格} \quad (15-7)$$

或

$$完税价格 \frac{\text{CFR（CPT）价格}}{1 - \text{保险费率}} \quad (15-8)$$

或

$$完税价格 \frac{\text{FOB 价格} + \text{运费}}{1 - \text{保税费率}} \quad (15-9)$$

2. 计算步骤

（1）按照归类原则确定税则归类，将应税货物归入恰当的税目税号；

（2）确定进口关税类别，找到应税货物所适用的税率和单位税额；

(3) 按照完税价格审定办法和上述完税价格公式，确定应税货物的完税价格，并将其折算成人民币；

(4) 确定实际进口量；

(5) 按上述计算公式计算应征税款。

案例分析训练

2019年北方机电设备贸易有限公司从德国进口仪器共计1个20英尺集装箱，成交单价为USD4220.00/Set FOB Wolfsburg，运费为USD52.00/CBM（方），保险费率合计为0.65%。已知：进口仪器价格高于或等于5000美元/台时税率为3%，否则征收3000元从量税，另加4%的从价税。（1美元 = 7.10元人民币）

训练任务：

计算该进口仪器的关税税款。

第二节 进口提货

采购方（进口方）或其代理人办妥进口货物的通关后，即可办理进口货物的提货事宜等工作。

采购方持提单（B/L）、应付费用发票等有关单据到船公司换领小提单（Delivery Order, D/C），即提货单。

若货物已放置在仓库，则采购方或其代理人办妥通关后，即可备妥货车，凭海关放行凭证和提货单到仓库缴纳相关费用，办理货物出库手续。之后，采购方或其代理人将货物装车运走；若货物为集装箱整箱运输，则采购方或其代理人须前往集装箱堆场（CY），待办妥通关，凭小提单和拖车公司的提箱申请书等到箱管部办理相关费用的押款手续后，用拖车将集装箱运走。空箱返回指定堆场后采购方或其代理人及时凭押款凭证办理集装箱费用的结算手续；若货物为集装箱拼箱运输，则采购方或其代理人应前往集装箱集散站（CFS），待办妥通关，按照集装箱运输业务部的通知单到箱管部缴纳相关费用后，凭小提单和相关单据提货，雇卡车将货物运走。

对于货物是危险品、易腐品、活动物或数量庞大无法进仓的货物，一般实施船边提货：采购方或其代理人将小提单交给船长或大副，直接以船上的吊杆将货物吊到买方或其代理人的货车或驳船上，待海关查验通关完成后直接运走。

第三节 进口通关提货在跨境项目综合实验教学平台上的操作

一、实训目的及要点

(1) 了解进口通关的相关知识和一般程序;
(2) 熟悉进口提货环节。

二、场景模拟操作说明

在跨境项目综合实验教学平台上,模拟角色可以完成进口通关和提货业务。具体步骤如下。

(一) 进口通关

1. 办理进口许可证

见图15-2,采购方角色登录系统,点击左侧菜单"许可证业务"项下"进口许可证",找到C19022016180341合同的要处理的信息条。

点击操作框下【申请】图标,进入进口许可证申请界面条。

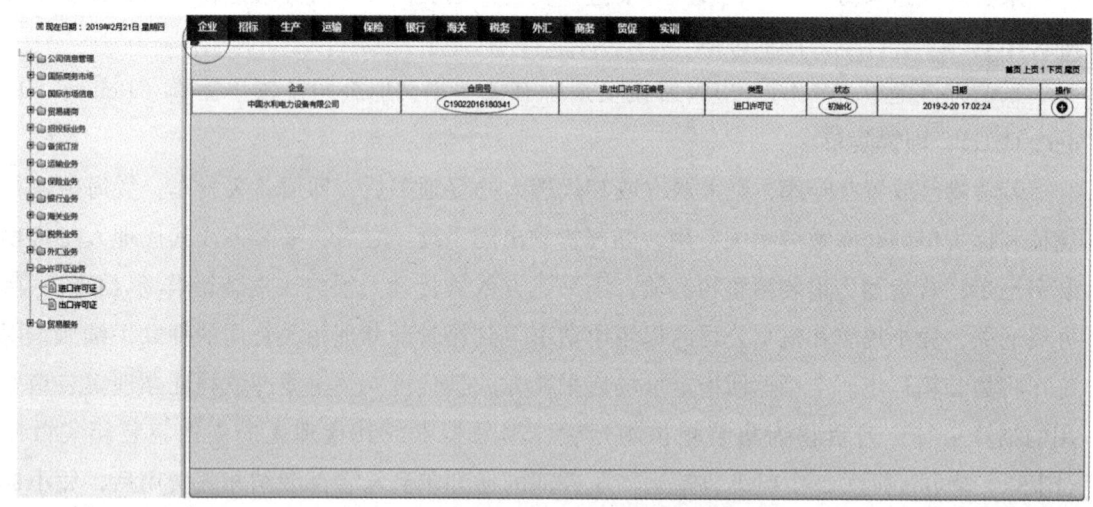

图15-2 进口通关—采购方—进口许可证申请

见图15-3,填写申请完成后,点击按钮【申请许可证】,完成申请。

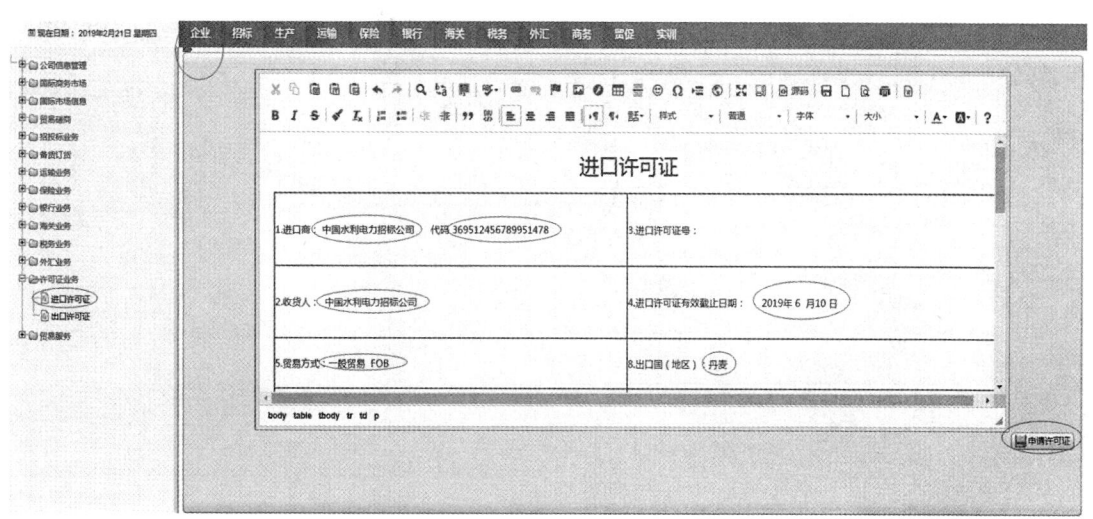

图 15-3　进口通关—采购方—提交进口许可证申请

见图 15-4，商务部人员角色登录系统，点击左侧菜单"进口许可审核"，选择 C19022016180341 合同的信息条。

点击操作框下【审核】图标，进行进口许可证的颁发。

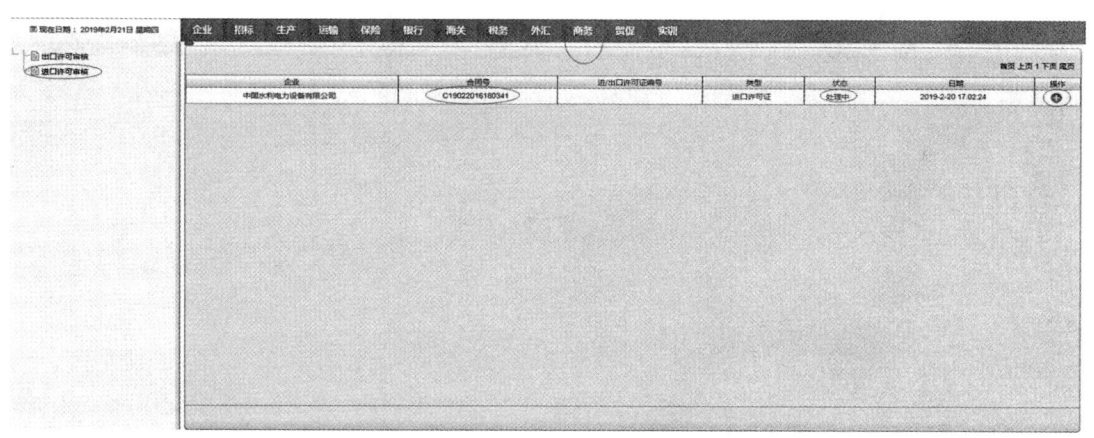

图 15-4　进口通关—商务部—审核进口许可证

点击图 15-4 操作框下【审核】图标后，系统该合同的信息条状态改为"审核通过"，即进口许可证已经颁发。进口许可证编号为 D19022111210796，见图 15-5。

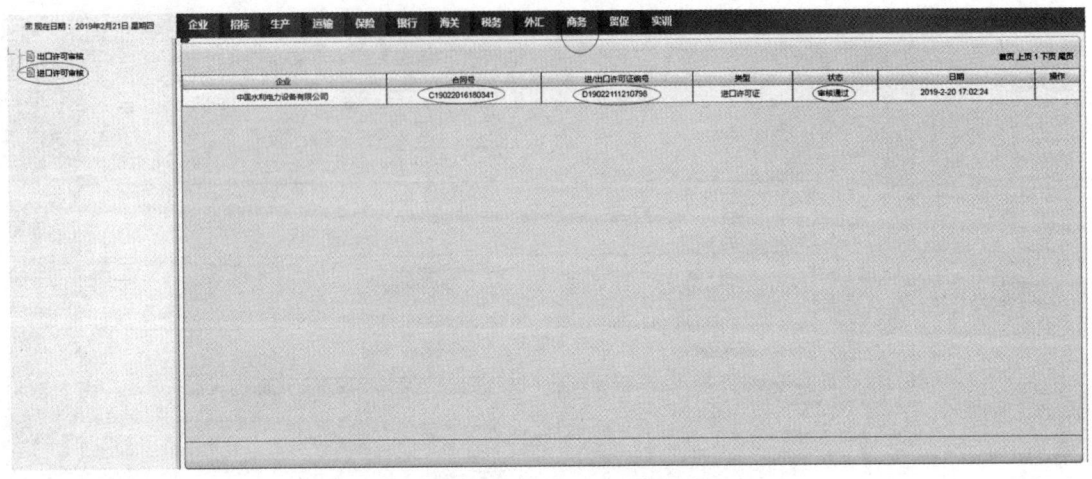

图 15-5　进口通关—商务部—颁发进口许可证

2. 进口通关

见图 15-6，采购方角色登录系统，点击左侧菜单"海关业务"项下"进口通关"，进入进口通关首页，找到 C19022016180341 合同需要报关的信息条。

点击操作框下【申请】图标，进行报关。

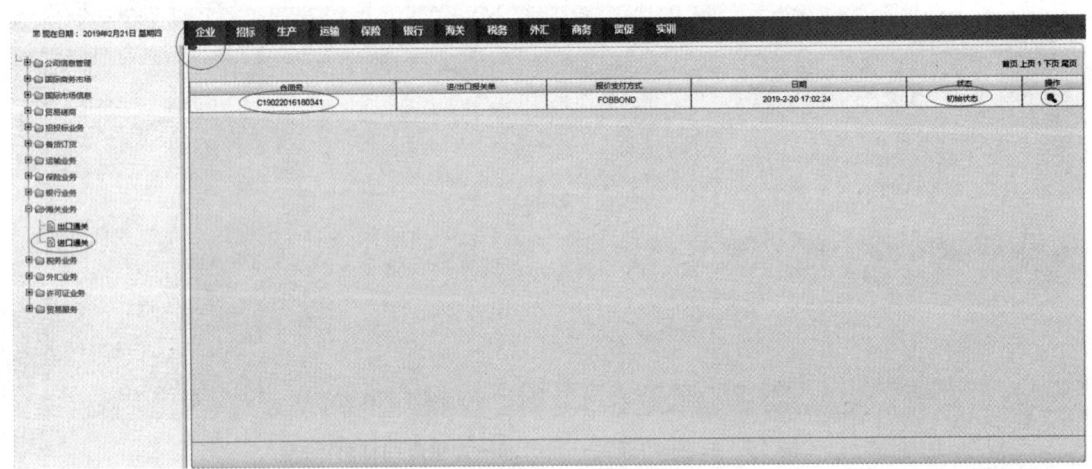

图 15-6　进口通关—采购方—进入申请

见图 15-7，采购方填写报关单相关内容后，点击按钮【报关】，系统返回进口通关首页。

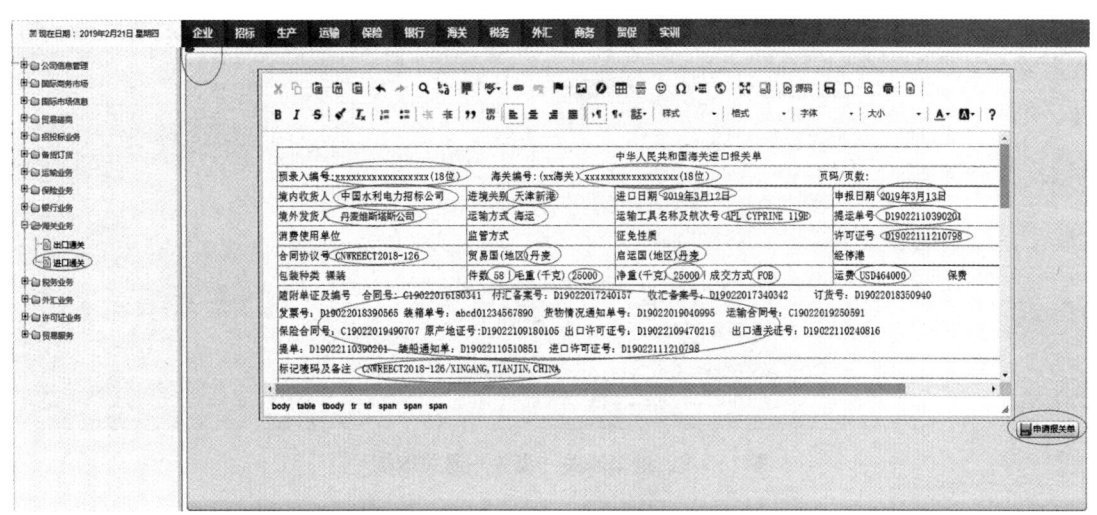

图 15-7 进口通关—采购方—申请报关

报关后,进口通关首页上该合同信息条的通关状态为"处理中",见图 15-8。

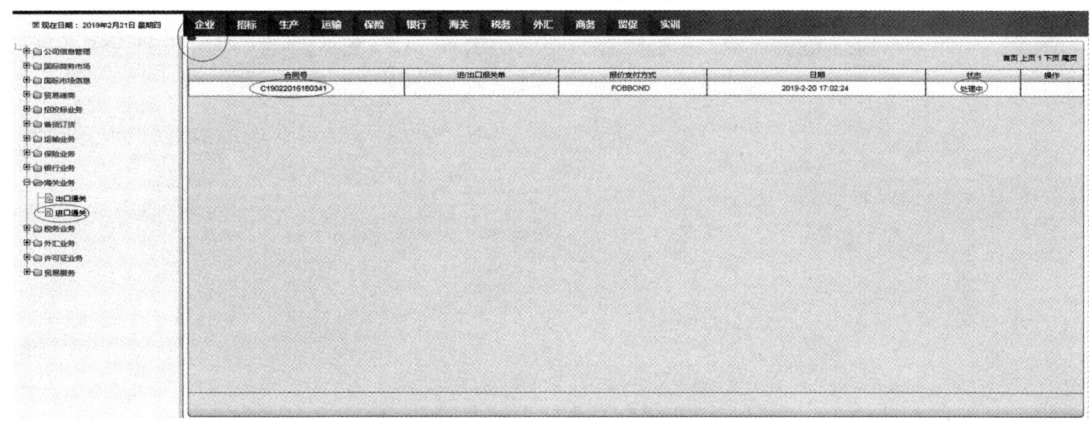

图 15-8 进口通关—采购商—报关处理中

见图 15-9,海关人员角色登录系统,点击左侧菜单"进口通关审核",进入进口通关首页,找到 C19022016180341 合同需要通关申请的信息条。

点击操作框下【审核】图标,进行通关审核。

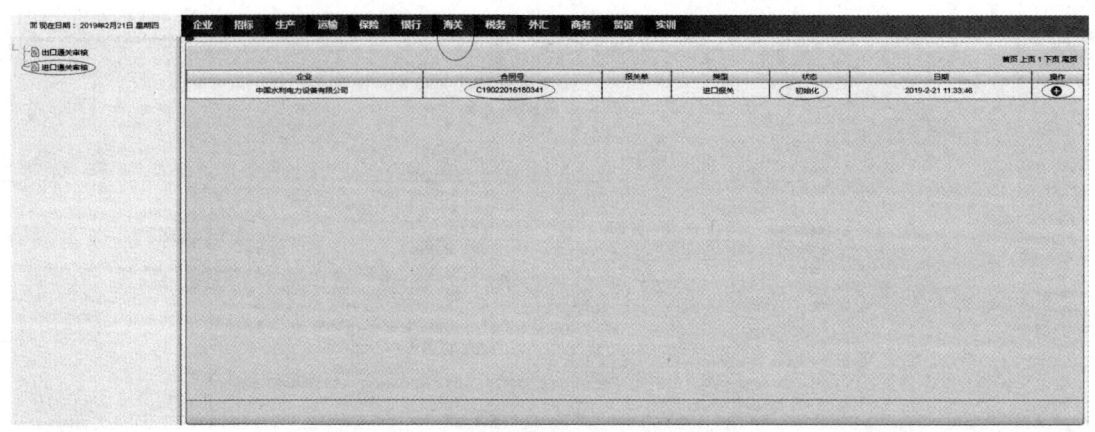

图 15-9 进口通关—海关—通关审核

审核完成后,系统返回进口通关审核首页,该合同信息条的通关状态改为"审核通过"。进口报关单编号为 D19022111330209,见图 15-10。

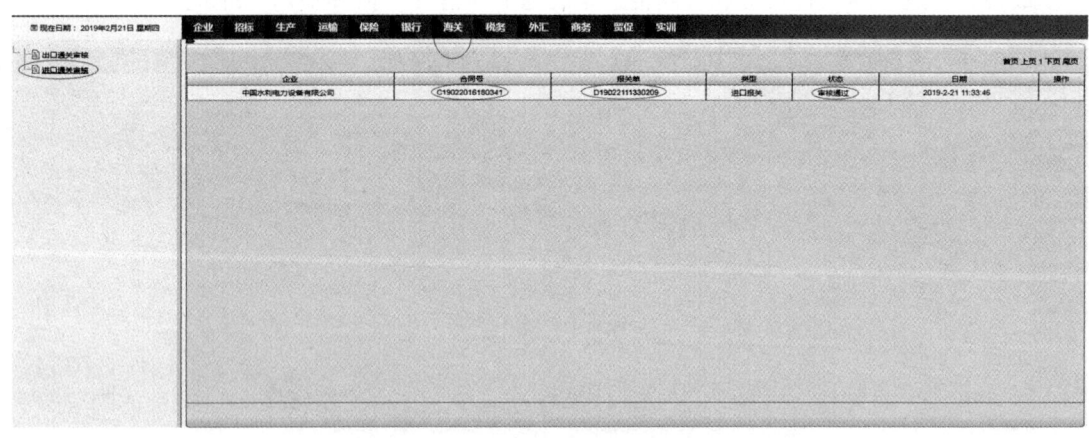

图 15-10 进口通关—海关—审核通过

（二）提货

见图 15-11,采购方角色登录系统,点击左侧菜单"公司信息管理"项下"公司仓库管理"中的"提货入库",进入提货入库首页,找到 C19022016180341 合同需要入库的信息条。

点击操作框下【入库】图标,进行物资提货入库操作。

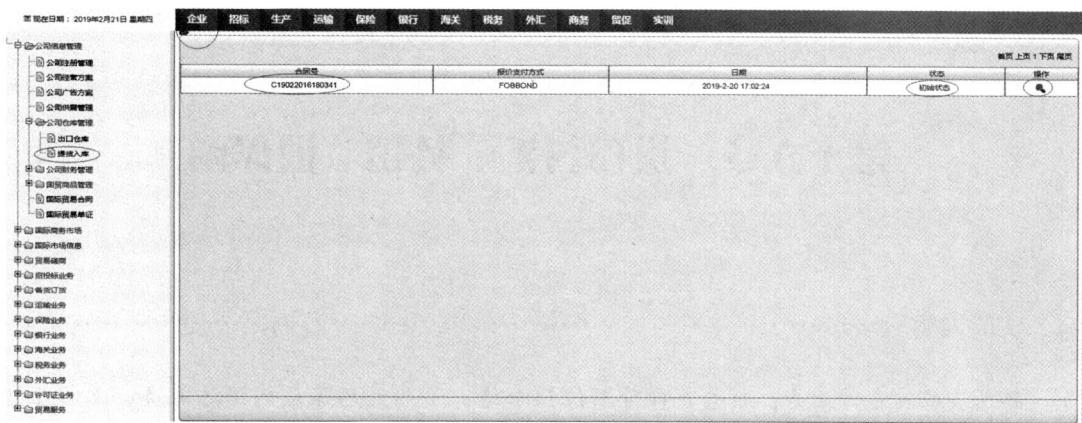

图 15-11　提货入库—采购商—提货

点击图 15-11 提货入库后，页面显示为"已提货入库"，见图 15-12。

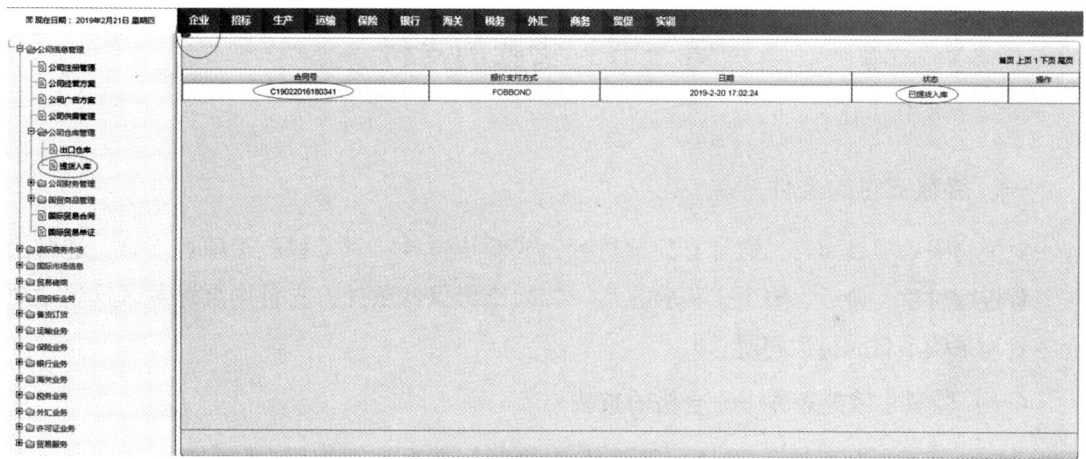

图 15-12　提货入库—采购商—已提货入库

第十六章 进口付汇、核销、退保函

实验内容

熟悉货款的支付业务；熟悉进口付汇核销手续；了解履约保函的退还业务；掌握上述实务的模拟操作过程。

第一节 货款的支付

一、货款支付的条件

对货物采购项目而言，通常有验单付款，或验货付款；对工程施工项目而言，通常会按工程进度付款，最后，整个工程验收后，扣除维修保修款外，支付剩余尾款。这里主要介绍货物采购项目的付款问题。

（一）验货付款的条件——合格的货物

验货付款是采购方只有在供应方按招标合同指定地点交货并与招标合同及所附单证验对相符后才承担付款责任的支付方式。

使用验货付款方式时，采购方为了防止供应方装运不符合标准品质或合约规格的货物，或为符合采购国海关的规定，在接受货物及支付款项之前，要核对货物的检验证明书与货品的实物是否相符，查验货物的数量及品质是否与合同相符。只有在符合合同规定的条件时，付款人才予以付款。

（二）验单付款的条件——合格的单证

采购方在供应方按招标合同规定交付合格的单证核验无误后，即承担付款责任的支付方式。供应方交单和采购方付款或承诺付款互为条件，也就是说，当供应方按照招标合同的规定，备妥所有合格的付款所需的单证，即可认为供应方已经按约完成了供货任务，采购方就应该将货款支付给供应方。

很明显，对采购方而言，验单付款要比验货付款风险大。为防范验单付款中的风险，验单（即审单）环节的工作就尤为重要。采购方验单主要是审核供应方提交的汇票、发票、提单，确保"单证相符、单单相符、单内相符"。

验单工作不是简单的文字核对，采购方必须从整笔业务出发对单据进行审核。

（1）汇集招标合同项下要求的所有单据，不可遗漏。

（2）对每一份单据的项目、格式、内容、文字、签发日期、签字以及其他事项进行认真审核，确保与招标合同的要求一致。

（3）以商业发票为中心对全套付款单据的一致性进行审核。

在验单工作过程中，综合审单是把好单证质量关的一个非常重要的环节。采购方必须高度重视这个环节的工作，认真负责，保证付汇的单证正确、齐全和完整。

二、支付货款

按照中国对经常项目外汇管理的规定：经常项目外汇支出，应当按照国务院外汇管理部门关于付汇与购汇的管理规定，凭有效单证以自有外汇支付或者向经营结汇、售汇业务的金融机构购汇支付。[①] 根据外汇管理规定，对本书介绍的这些商务项目用汇不加限制，并非是用人民币就可以任意地购买外汇，这种购汇和对外支付必须是真实的需要，购汇企业需提交证明这种真实需要的凭证，经银行审核后才能售汇或从企业的外汇账户中对外支付。

根据《中华人民共和国合同法》第一百五十九条买受人应当按照约定的数额支付价款，第一百六十条买受人应当按照约定的地点支付价款，以及第一百六十一条买受人应当按照约定的时间支付价款。因此，当供应方完成合同规定的货款支付条件后，采购方应按照招标合同规定的时间地点、具体的汇付方式和汇付金额向供应方支付货款。

第二节 付汇核销

一、进口付汇核销

根据中国法规规定，境内机构的进口付汇，应当按照国务院关于进口付汇核销管理的规定办理核销手续。当采购方按招标合同支付货款后，需要按规定进行付汇核销。

本书第十三章第一节的内容介绍了付汇核销的程序，即采购方根据货物情况，如实填写《贸易进口付汇到货核销表》（见表16-1）或《贸易进口付汇未到货核销表》，并持操作员IC卡，将有关单证及时报送所在地外管局相关部门审查，办理核销手续。其中，报送部

[①] 中华人民共和国国务院令第532号《中华人民共和国外汇管理条例》第二章第十四条。

表 16-1 进口付汇到货核销表

　　　　年　　月贸易进口付汇到货核销表

进口单位名称：　　　　　　　　进口单位编码：　　　　　　　　核销表编号：

序号	核销单号	备案表号	付汇情况				报关单号	到货企业名称	应到货日期	报关到货情况					备注
			付汇币种金额	付汇日期	结算方式	付汇银行名称				报关币种金额	报关日期	与付汇差额		凭报关单付汇	
												退汇	其他		

付汇合计笔数：　　　　　付汇合计金额：　　　　　到货报关合计笔数：　　　　　到货报关合计金额：　　　　　退汇合计金额：　　　　　凭报关单付汇合计金额：

至本月累计笔数：　　　　至本月累计金额：　　　　至本月累计笔数：　　　　　至本月累计金额：　　　　　至本月累计金额：　　　　至本月累计金额：

填表人：　　　　　负责人：　　　　　填表日期：　　年　　月　　日

第二联：进口单位留存　　　　本核销表内容无

门审查的单证有：①《贸易进口付汇到货核销表》（一式三份，加盖公司章）或《贸易进口付汇未到货核销表》；②贸易进口付汇核销单（第二联）；③进口付汇备案表（若为"正常付汇"，进口方可不提供备案表）；④进口货物报关单正本（付汇证明联）（若为"货到付汇"，进口方可不提供报关单）；⑤结汇水单及收账通知单（除"境外工程使用物资"及"转口贸易"情况外，进口方可不提供该单据）；⑥外汇管理局要求提供的其他凭证和文件。

采购方办理完进口付汇核销手续后，应将核销表第二联、核销单第二联、备案表第二联以及所附其他单证妥善保存，以备检查。核销单证的保存期限为5年。

二、进口付汇核销制度改革

国家外汇管理局发布汇发〔2010〕14号《货物贸易进口付汇管理改革试点办法》，在天津、江苏、山东、湖北、内蒙古、福建（自治区、直辖市）分局以及青岛市分局所辖地区进行试点，实施进口付汇核销制度改革，逐步实现进口付汇管理由逐笔核销向总量核查、由现场核销向非现场核查、由行为监管向主体监管转变。外汇局利用"贸易收付汇核查系统"采集进口单位货物流与资金流的电子信息，以进口单位为主体进行非现场总量核查及监测预警，识别异常的资金流动和交易行为，同时结合现场监督核查情况对进口单位进行考核分类，实施分类管理。

外汇局对进口单位进口付汇情况进行非现场总量核查和监测预警，对异常资金流动情况进行现场监督核查；外汇局在非现场总量核查及监测预警的基础上，结合现场核查情况和进口单位遵守外汇管理规定等情况，将进口单位分为"一类进口单位""二类进口单位"和"三类进口单位"，实行分类管理；进口单位依法取得对外贸易经营权后，应当持有关资料到外汇局办理"进口单位付汇名录"（以下简称名录）登记手续，并签署进口付汇业务办理确认书；外汇局统一向银行发布名录。不在名录的进口单位，银行不得直接为其办理进口付汇业务；进口单位应当根据结算方式、贸易方式以及资金流向，按规定凭相关单证在银行办理进口付汇业务；进口单位应当按规定进行进口付汇核查信息申报。银行应当按规定向外汇局报送相关信息；第十四条 付汇单位与合同约定进口单位、进口货物报关单经营单位应当一致。代理进口业务，应当由代理方负责进口、付汇。

第三节 履约保函的退还

履约保函的退是招标合同业务的最终环节，这一程序对于确定履约保函三方当事人的最终权利与义务而言具有重要意义。退还履约保函意味着保函失效，亦即保函责任解除。

根据责任解除原因，保函失效可分为已兑付保函失效和未兑付保函失效两类。已兑付保函失效是指保函项下已无可付金额、保函责任自动解除的情形；未兑付保函失效包括保函有效期届满和履约解除两种情况。保函责任已履行：保函申请人按照保函约定被保函受益人履行了保函承诺的责任，即自受益人划走保函金额之日起，担保责任即解除；保函有效期届满：保函有效期是受益人要求申请人承担规定的某种/些责任的权利存续期间。当保函的有效期届满时，受益人要求申请人承担这种/些责任的权利消失，申请人免除相应责任。因此有效期届满受益人未向申请人主张这种/些责任的，申请人可自有效期届满次日起解除这种/些责任。

退还保函是保函申请人取回保证金的前提。通常，在开具保函时，以银行为代表的担保人通常会要求申请人质押部分保证金作为反担保保证金。履约保函退还事关申请人（供应方）授信额度或保证金的释放，因此保函失效后，申请人应携带保函原件去办理保证金退还手续。

关于履约保函退回流程并没有统一的做法，通常需要供应方提出取回保函申请，准备妥所有需要的证明文件，在约定的时间前往办事窗口提交资料核验后给予办理。而证明材料包括取回保函申请，受益人同意取回保函的证明，办理人有效身份证明，项目验收合格证明文件（核原件、收存复印件）等。

第四节　货款支付在跨境项目综合实验教学平台上的操作

一、实训目的及要点

（1）了解货款的支付情况；

（2）了解进口付汇核销的一般程序；

（3）了解履约保函的退还流程。

二、场景模拟操作说明

在跨境项目综合实验教学平台上，模拟角色可以完成货款支付、进口付汇核销和履约保函退还业务。具体做法如下。

1. 支付货款

见图16-1，采购方角色登录系统，点击左侧菜单点击"银行业务"项下"保函业务"中的"支付货款"，找到C19022016180341合同付款的信息条；

点击操作框下【申请】图标，办理支付货款手续。

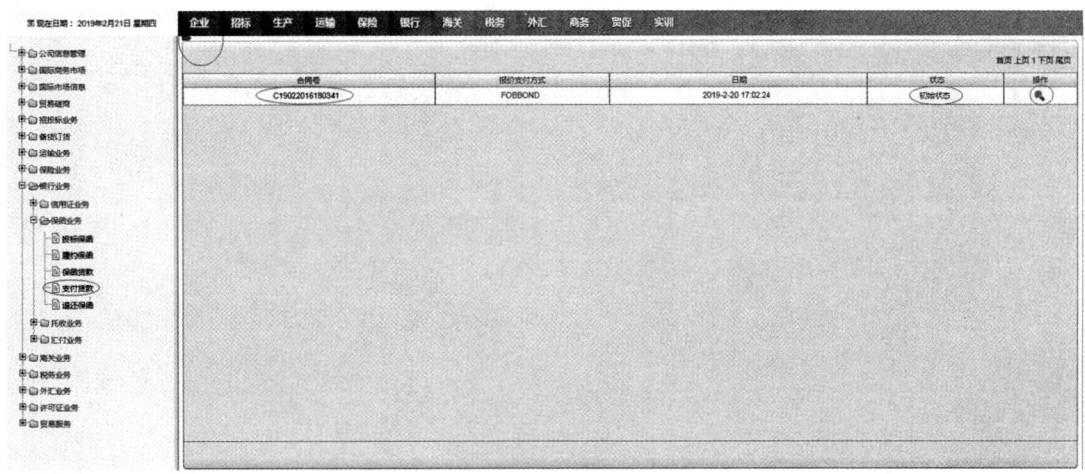

图 16-1　支付货款—采购方—进入支付

系统返回支付货款申请首页，该合同信息条的付款状态为"处理中"，见图 16-2。

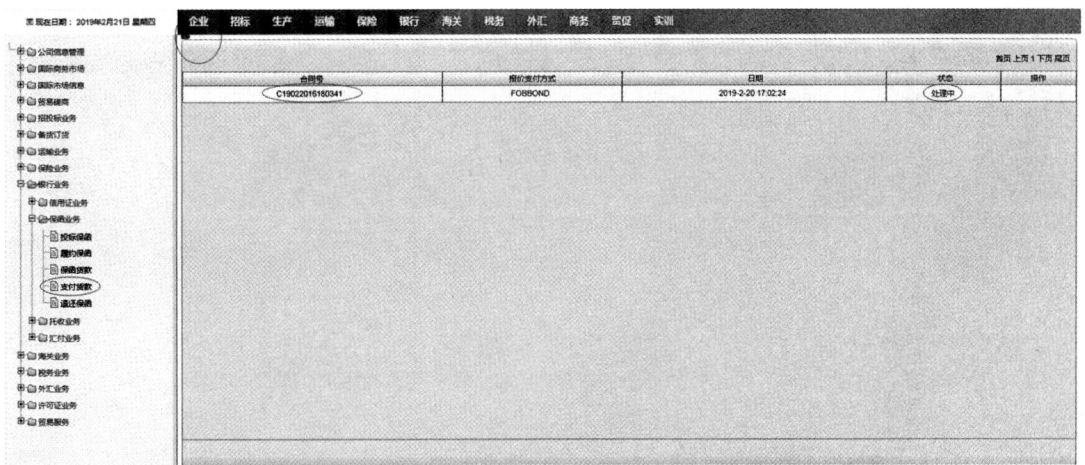

图 16-2　支付货款—采购方—付款处理中

见图 16-3，银行员工角色登录系统，点击左侧菜单"保函业务"项下"支付货款"，找到 C19022016180341 合同付款的信息条。

点击操作框下【确认并支付货款】图标，银行审核确认货款。

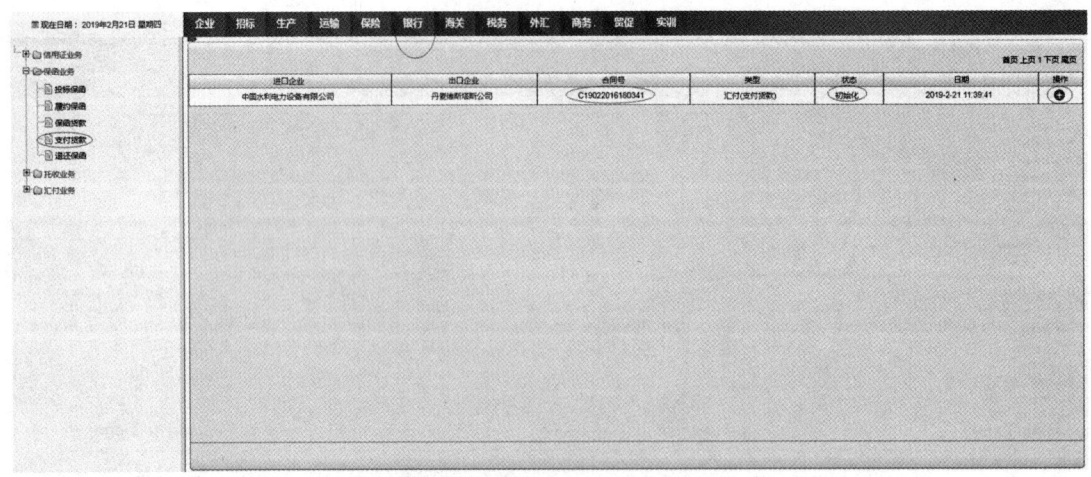

图16-3 支付货款—银行—进行支付确认

点击图16-3【确认并支付货款】按钮,系统返回首页,该合同信息条的付款状态为"审核通过",见图16-4。

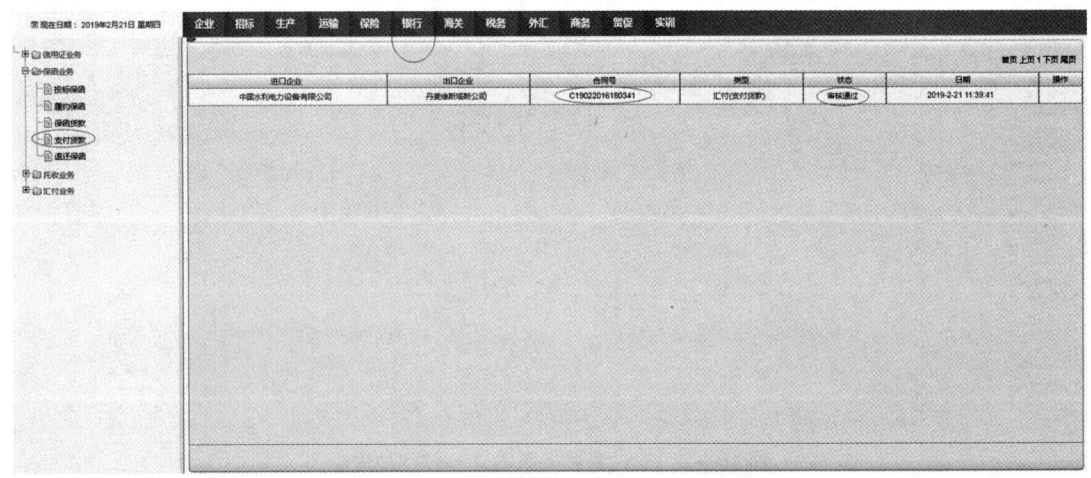

图16-4 支付货款—银行—已支付货款

2. 进口付汇核销

见图16-5,采购方角色登录系统,点击左侧菜单"外汇业务"项下"付汇核销",进入付汇核销首页,找到C19022016180341合同需要核销的信息条。

点击操作框下【核销】图标,进行核销申请。

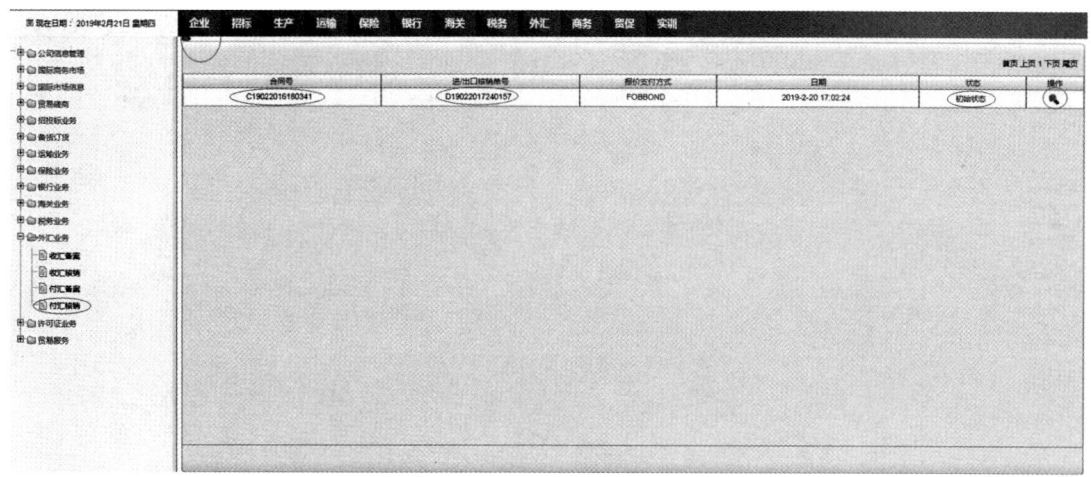

图 16-5 付汇核销—采购方—进入申请

见图 16-6，填写核销信息后，点击按钮【付汇核销单提交】，完成核销申请。

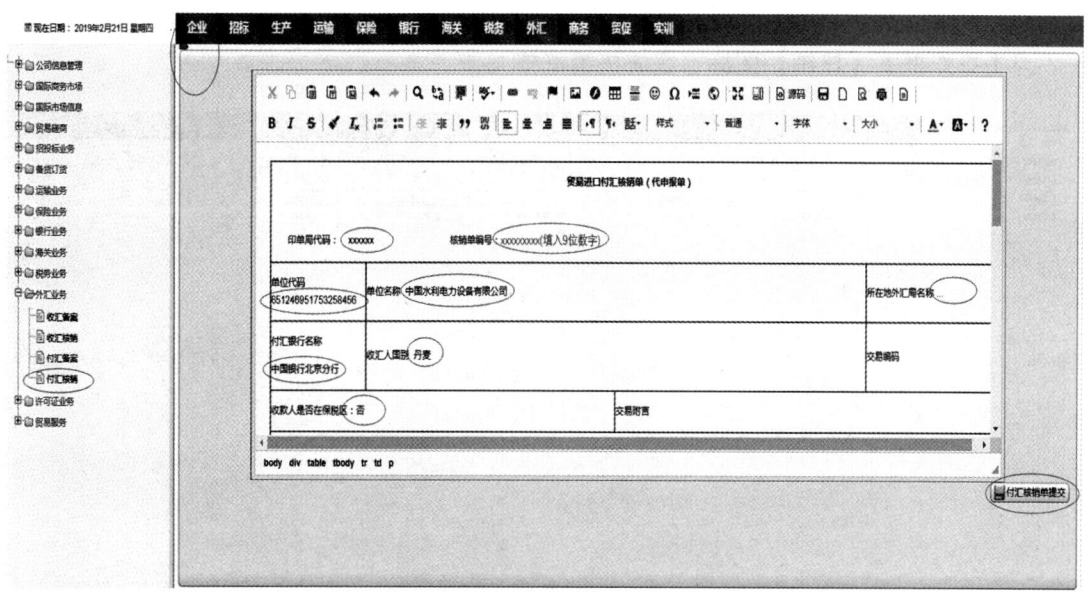

图 16-6 付汇核销—采购方—申请核销

系统返回付汇核销首页，该合同信息条的付汇核销状态改为"处理中"，见如图16-7。

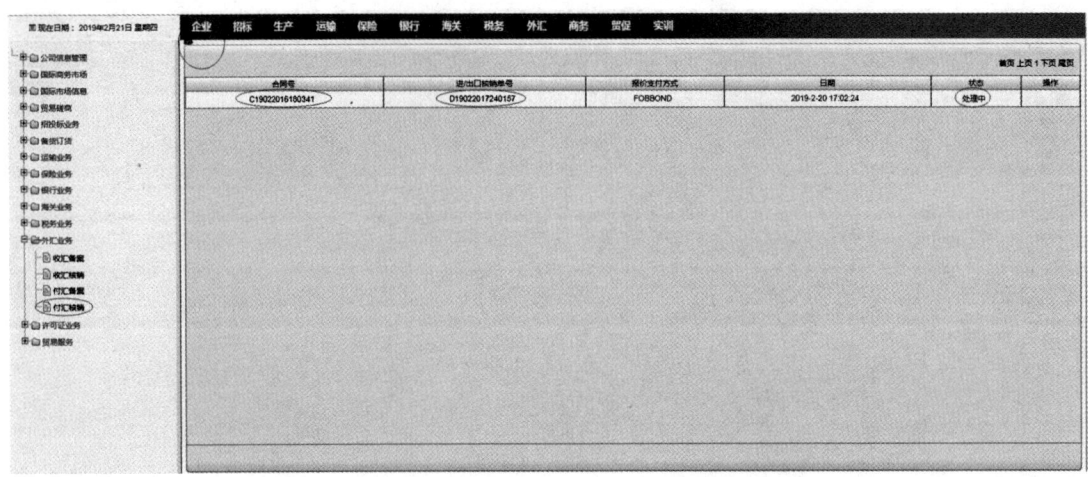

图 16-7 付汇核销—采购方—申请处理中

见图 16-8，外管局人员角色登录系统，点击左侧菜单"付汇核销"，进入付汇核销首页，找到 C19022016180341 合同需要核销的申请信息条。

点击操作框下【核销】图标，完成核销审核。

图 16-8 付汇核销—外管局—核销审核

系统返回收汇核销首页，看到该合同信息条的付汇核销状态为"审核通过"，见图 16-9。

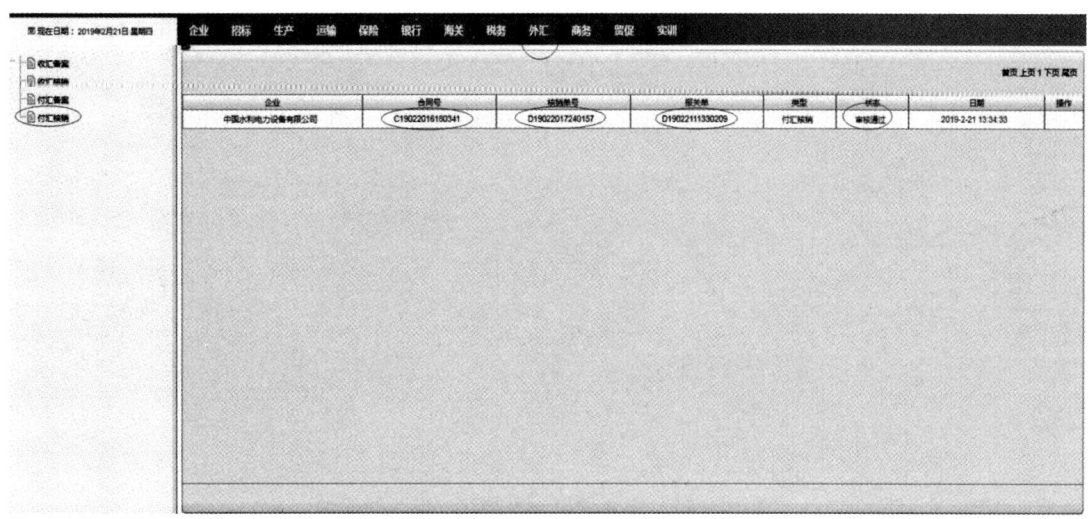

图 16-9 付汇核销—外管局—审核通过

3. 退还履约保函

见图 16-10，采购方角色登录系统，点击"银行业务"项下"保函业务"中的"退还保函"，找到 C19022016180341 合同需要退保函的信息条。

点击操作框下【申请】图标，完成履约保函退还申请。

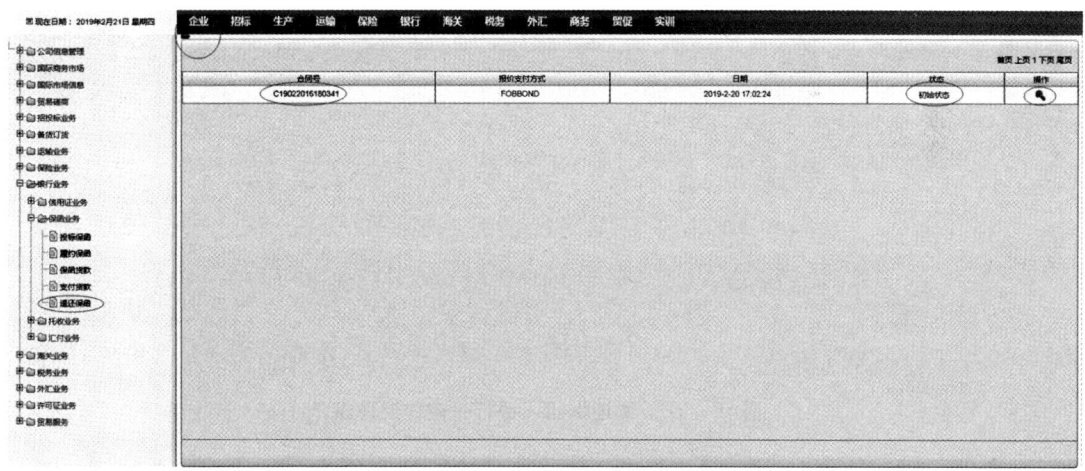

图 16-10 退还保函—采购商—申请退还保函

系统返回退保函业务首页，该合同信息条的状态为"处理中"，见图 16-11。

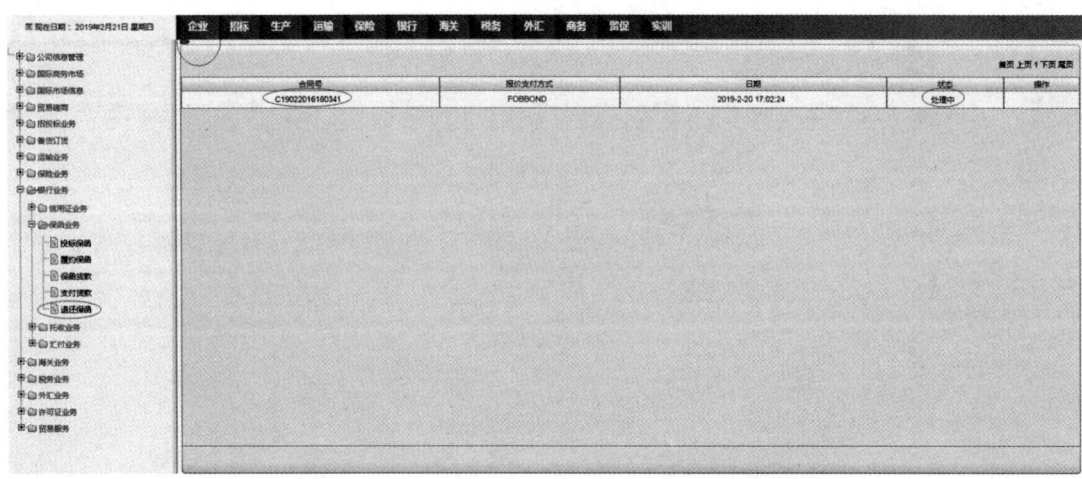

图 16-11 退还保函—采购商—申请处理中

见图 16-12，银行人员角色登录系统，点击左侧菜单"保函业务"项下"退还保函"，找到 C19022016180341 合同需要退保函的信息条。

点击操作框下【通过】图标，进行履约保函退还审核。

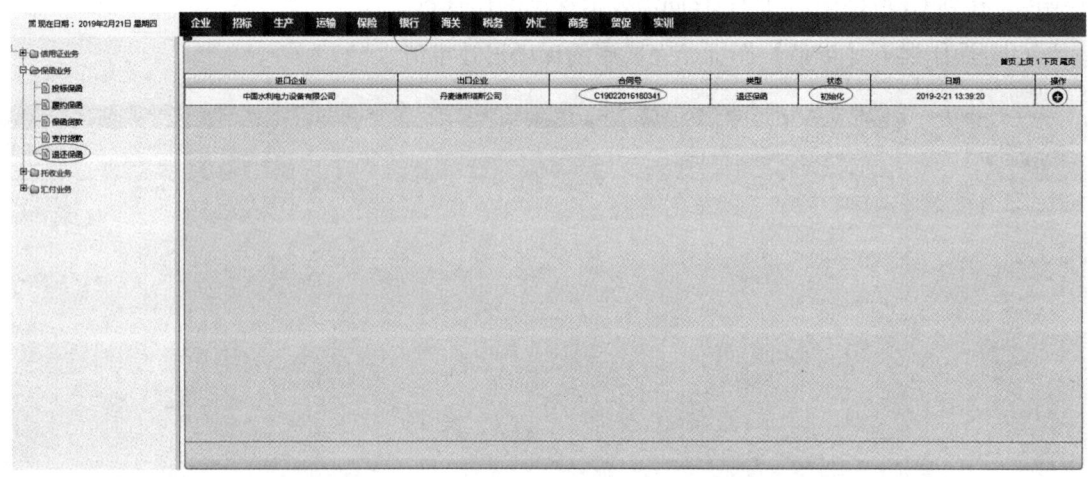

图 16-12 退还保函—银行—审核退还保函

点击上【通过】按钮后，系统返回退保函业务首页，该合同信息条的状态为"审核通过"，见图 16-13。

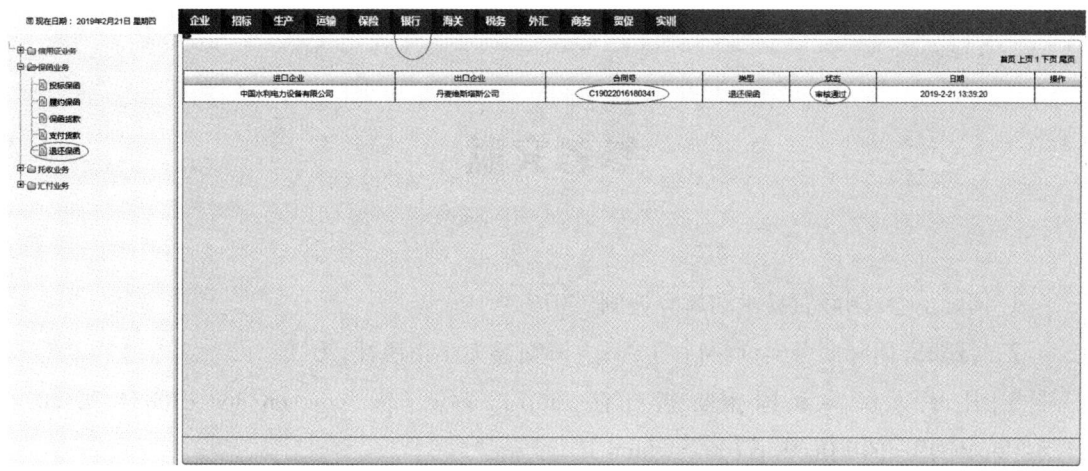

图 16-13　退还保函—采购商—已退履约保函

至此，招标合同所有环节的工作完成。

参考文献

[1] 国际商会.国际贸易术语解释通则©2010.

[2] 钟懿辉.国际商务实训[M].上海:上海交通大学出版社,2011.

[3] 中华人民共和国招标投标法,http://www.npc.gov.cn/npc/c30834/201801/01c573f6c46340edb0bc0cc0ca97d6a5.shtml.

[4] 李伟民.金融大辞典[M].哈尔滨:黑龙江人民出版社,2002.11.

[5] 李小琳.招标采购专业实务[M].北京:中国计划出版社,2015.

[6] 赵勇.招标采购专业知识与法律法规[M].北京:中国计划出版社,2015.

[7] 中顾招标投标网[引用日期2013-01-18].

[8] 钟懿辉.跨境贸易实务与实训[M].北京:中国铁道出版社,2019.

[9] 中国人民共和国商务部网站,http://www.mofcom.gov.cn/.

[10] 中华人民共和国中央人民政府网站,http://www.gov.cn/.

[11] 全国人民代表大会网站,http://www.npc.gov.cn/.

[12] 国家税务总局网站,http://www.chinatax.gov.cn/.

[13] 中华人民共和国海关总署网站,http://www.customs.gov.cn/.

[14] 关于深化增值税改革有关政策的公告,http://www.chinatax.gov.cn/chinatax/n810214/n810641/n2985871/n2985888/n2985983/c4160372/content.html.

[15] 海关总署2018年第60号(关于修订《中华人民共和国海关进出口货物报关单填制规范》的公告),http://www.customs.gov.cn/customs/302249/302266/302267/1898145/index.html.

[16] 海关总署公告2019年第18号(关于修订《中华人民共和国海关进出口货物报关单填制规范》的公告),http://www.customs.gov.cn/customs/302249/302266/2480148/2480536/index.html.